会计学国家级一流专业建设系列教材

成本会计学

刘丽波 主编
章丽萍 王芸 杨青 副主编

东北财经大学出版社
Dongbei University of Finance & Economics Press
大连

图书在版编目（CIP）数据

成本会计学 / 刘丽波主编．—大连 ：东北财经大学出版社，2024.6
（会计学国家级一流专业建设系列教材）
ISBN 978-7-5654-5173-7

Ⅰ．成…　Ⅱ．刘…　Ⅲ．成本会计-高等学校-教材　Ⅳ．F234.2

中国国家版本馆CIP数据核字（2024）第053466号

东北财经大学出版社出版
（大连市黑石礁尖山街217号　邮政编码　116025）
网　址：http://www.dufep.cn
读者信箱：dufep@dufe.edu.cn
大连雪莲彩印有限公司印刷　东北财经大学出版社发行

幅面尺寸：185mm×260mm　字数：567千字　印张：23.5
2024年6月第1版　2024年6月第1次印刷

责任编辑：王　莹　刘慧美　责任校对：那　欣
封面设计：张智波　版式设计：原　皓

定价：52.00元

前言

新一代信息技术的突飞猛进以及新一轮科技革命和产业变革的加速推进，极大地改变了人类的生产生活方式和社会治理方式。信息化与新型工业化、城镇化等加速融合，正成为转变发展方式、优化经济结构、转换增长动力的关键力量。进入新时代，经济社会的生产方式、发展方式和发展环境等都发生着深刻变革。会计是国际化商业语言，为适应发展变革，更好地服务经济社会，包括我国在内的各国会计准则都日趋与国际接轨和等效。育人之本，在于立德铸魂。习近平总书记在全国高校思想政治工作会议上强调，要坚持把立德树人作为中心环节，把思想政治工作贯穿教育教学全过程，实现全程育人、全方位育人。党的二十大报告明确指出，教育是国之大计、党之大计。培养什么人、怎样培养人、为谁培养人是教育的根本问题。育人的根本在于立德。因此，新时代的经济社会发展变革和落实立德树人根本任务对高校会计人才的培养和素质能力都提出了更高的要求。教材是会计理论和方法的重要载体，也是会计知识学习和传授的重要来源，必须紧跟时代步伐，主动适应新变化，及时补充完善，努力满足会计人才培养的新需要。

成本会计是会计类专业的核心课程之一，会计理论方法的专业性和实务的操作性都较强，而且与人类的生产生活方式密切相关。因此，随着社会经济和管理学科的发展，特别是新时代的新变化、新需求，会计类专业系列课程教材亦需从中汲取营养，不断丰富和完善。我们在总结多年一线教学科研实践的基础上，借鉴与吸收国内外成本会计理论和实务的教学科研成果，立足新时代的新要求，编写了本教材。在编写过程中，我们努力体现以下特点：

一是将思政元素与专业教学全程贯通。编者针对立德树人的根本任务和“把思想政治工作贯穿教育教学全过程”的明确要求，结合大学生成长和思想特点，系统梳理并深入挖掘教学过程中应蕴含的思政元素，以“培根铸魂”栏目的形式融入教材，努力实现思想政治教育与课堂专业教学的有机融合和全程贯通。

二是体现成本会计理论方法的系统性、时代性。随着经济社会的发展变革，企业的生产环境、生产方式和生产流程都更为复杂多样。本教材力争全面系统地介绍成本费用归集、分配和成本核算的理论方法，尽量做到不回避复杂问题或选择性讲解，使学生全面、深入地掌握知识，毕业后能从容面对科技革命和产业变革加速推进的新时代，尽快将所学运用到实践中，胜任本职工作。

三是突出成本会计实务操作的实践性、指导性。成本会计实务的操作性强，本教材对每种方法的讲授都尽可能联系实际，并通过举例详细讲解，使学生准确理解和掌握该方法的适用条件、范围、方法、步骤及注意事项等。

四是注重会计类专业各课程知识的贯通。本教材既注重会计类专业系列课程教材表述内容和方法等知识的前后衔接、递进贯通，又尽力避免彼此之间的内容重复，使学生在较完整的会计专业理论体系下掌握成本会计的基本理论方法。

五是反映交通类院校会计人才培养需求和特色。交通运输业是国民经济发展的基础和经济支柱产业，在现代经济社会发展中的作用愈加重要。本教材补充完善了铁路运输企业、公路运输企业、水路运输企业和航空企业的成本核算内容，在一定程度上满足了交通类院校培养有工程背景的交通领域会计专业人才的需求。

六是适应环境会计核算基本需求。中国推动经济社会发展全面绿色转型，坚定不移走生态优先、绿色低碳的高质量发展道路，对企业在环境保护和资源利用方面提出了更高要求，企业应履行环境责任。本教材补充完善了环境成本会计的相关内容，使学生了解环境成本确认与计量等基本知识。

本教材编写组由华东交通大学经济管理学院长期从事会计专业一线教学研究的教师组成，其中，刘丽波老师担任主编，负责全书统稿；章丽萍、王芸、杨青老师担任副主编，协助主编审核书稿。全书共十八章，第一章由王芸老师执笔，第二章、第五章由章丽萍老师执笔，第三章、第四章、第十八章由杨青老师执笔，第六章、第七章、第八章、第九章、第十章、第十一章、第十二章、第十三章由刘丽波老师执笔，第十四章、第十五章由李雄飞老师执笔，第十六章、第十七章由于海燕老师执笔。

在本书的撰写过程中，我们参考借鉴的学者论文、专著和教材尽可能在参考文献中列出，在此深表感谢。若有遗漏，敬请谅解，并致谢意。同时，本书的出版得到了华东交通大学教材工作委员会、国家自然科学基金项目（72362016）课题组、华东交通大学经济管理学院领导、会计系主任胡俊南等同仁以及东北财经大学出版社的大力支持和指导帮助，在此表示衷心感谢。

本书是会计学国家级一流专业建设系列教材之一，既适用于会计学专业和经济管理相关专业的本科教学，也适用于企业财会人员培训和自学。会计是一门不断发展的学科，会计理论和实务随着经济社会的发展而不断完善。受编者水平所限，书中难免存在不当和疏漏之处，敬请广大读者和同行批评指正，以便再版时做进一步的修改完善。

编 者

2024年5月

目录

第一章

总论

培根铸魂

开学第一课——踔厉奋发，勇毅前进

“踔厉奋发”一词出自韩愈（唐）的《柳子厚墓志铭》——“俊杰廉悍，议论证据今古，出入经史百子，踔厉风发，率常屈其座人”，用以形容精神振作，意气风发。2022年4月25日，习近平总书记在中国人民大学考察时强调：“广大青年要做社会主义核心价值观的坚定信仰者、积极传播者、模范践行者，向英雄学习、向前辈学习、向榜样学习，争做堪当民族复兴重任的时代新人，在实现中华民族伟大复兴的时代洪流中踔厉奋发、勇毅前进。”

同学们是祖国的未来、民族的希望，既是追梦者，也是圆梦人。追梦需要激情和理想，圆梦需要奋斗和奉献。希望你们保持对知识的渴望，保持对探索的兴趣，刻苦学习，努力实践，成长为祖国的栋梁之材，将来为实现中华民族伟大复兴和全面建成社会主义现代化强国贡献力量。

▸▸▸▸▸▸▸ 第一节　成本的含义及作用

一、成本的含义

成本作为一个价值范畴，是会计理论中一个十分重要的问题。研究“成本会计”首先遇到的问题是：成本是什么。美国会计学会在1951年提出的《成本概念与标准委员会报告》中将成本定义为“为实现一定的目的而付出（或可能付出）的用货币测定的价值牺牲”①。这个定义有三个含义：

（1）成本是一种价值牺牲，可以是现金支出，也可以是物资消耗，还可以是劳动消耗或是从外部提供的劳务消耗。

（2）这种价值牺牲是为了实现一定的目的。

（3）这种牺牲可以用货币计量。

这一定义的外延非常广泛，远远超出了产品成本的概念。

在社会主义市场经济中，成本也是客观存在的。加强成本管理，努力降低成本，无论对提高企业经济效益，还是对提高整个国民经济的宏观经济效益，都是极为重要的。

马克思在《资本论》中对成本的概念进行了解释：“按照资本主义方式生产的每一个商品W的价值，用公式表示为W=c+v+m。如果从这个产品价值中减去剩余价值m，那么，在商品中剩下的只是一个在生产要素上耗费的资本价值c+v的等价物或补偿价值”②。

“商品价值的这个部分，即补偿生产所消耗的生产资料价值和所使用的劳动力价格部分，只是补偿商品使资本家自身耗费的东西，所以对资本家来说，这就是商品的成本价格。”③

从上述论述可以看出，马克思既从耗费角度指明成本是由物化劳动和活劳动中必要劳动的价值所组成的；又从补偿角度指出成本是补偿商品使资本家自身耗费的东西。由此可见，成本是商品价值的重要组成部分，是耗费和补偿的统一体。如果企业在生产过程中所发生的成本不能得到补偿，则企业不仅不能进行扩大再生产，就连简单再生产也无法进行。

在我国社会主义市场经济体制下，作为与商品经济密切相关的成本，仍然作为一个经济范畴而存在。马克思的成本价格理论，同样适用于社会主义市场经济，只是由于所有制的不同，其具有了新的内涵。在社会主义市场经济中，产品的价值仍然由三个部分组成：

（1）已耗费的生产资料转移的价值（c），如生产中消耗的原材料价值。

（2）劳动者为自己劳动所创造的价值（v），如支付给工人的劳动报酬。

（3）劳动者为社会劳动所创造的价值（m），如企业缴纳的税金和利润。

---

① 番场嘉一郎．会计学大词典（条目选译）[M]．司徒淳，译．北京：中国展望出版社，1981：274.

② 马克思，恩格斯．马克思恩格斯全集（第25卷）[M]．中共中央著作编译局，译．北京：人民出版社，2001.

③ 马克思，恩格斯．马克思恩格斯全集（第25卷）[M]．中共中央著作编译局，译．北京：人民出版社，2001.

从理论上讲，上述（1）和（2），即c+v，是商品价值中的补偿部分，它构成商品的理论成本。

二、成本的实际内容

从理论上讲，产品成本应该是物化劳动转移的价值与活劳动转移的价值之和。但在实际工作中，为了促进企业加强经济核算、减少生产损失，对于劳动者为社会劳动所创造的某些价值，如财产保险费等，以及一些不形成产品价值的损失性支出，如工业企业的废品损失、季节性和修理期间的停工损失等，也计入成本。可见，实际工作中的成本开支范围与理论成本包括的内容是有一定差别的。当然，对于成本实际开支范围与成本经济实质的背离，必须严格限制，否则，成本的计算就失去了理论依据。目前我国对成本开支范围并没有统一的具体规定，但其基本内容在基本会计准则、具体会计准则和相关会计制度中都有体现。

综合这些规定，成本开支范围主要包括以下几项：

（1）为制造产品而消耗的原材料、辅助材料、外购半成品和燃料的原价和运输、装卸、保险、整理等费用。

（2）为制造产品而耗用的动力费。

（3）企业生产单位支出的职工薪酬，包括工资、奖金、津贴、补贴、社会保险等其他工资性支出。

（4）生产用固定资产的折旧费、租赁费（不包括融资租赁费）等。

（5）企业生产单位因生产原因发生的废品损失，修理期间的停工损失。

（6）企业生产单位为管理和组织生产而支付的办公费、水电费、差旅费，以及运输费、保险费、设计制图费、实验检验费和劳动保护费等。

另外，为了严肃财经纪律、加强成本管理，会计制度还明确规定，以下各项开支不得计入产品成本：

（1）购置和建造固定资产、无形资产和其他长期资产的支出。这些支出效益涵盖若干会计年度，属于资本性支出，应计入相关资产成本，按期逐月摊销。

（2）对外投资的支出以及分配给投资者的支出。

（3）管理费用、销售费用和财务费用。

（4）被没收的财物，支付的滞纳金、罚款、违约金、赔偿金，以及企业赞助、捐赠等支出；

（5）在公积金中开支的支出等。

由此可见，成本的开支范围是以成本的经济内涵为基础，同时考虑企业实行独立核算的要求而制定的，既考虑了耗费和补偿的关系，又使得企业在正常的生产经营条件下能够补偿生产过程中的耗费，可以实现合理的利润。

国家经济管理部门应根据经济发展的实际情况，对理论成本和实际成本的内容进行分析和论证，及时对成本开支范围进行调整，使宏观经济管理政策能更好地为企业提高经济效益，降低成本服务。

三、产品成本的作用

成本的种类不同，其作用也不同，产品成本的作用主要表现在以下几个方面：

（1）产品成本是生产耗费的补偿尺度，也是确定企业盈利的依据。企业生产的耗费必须从产品销售的收入中得到补偿。产品成本是衡量这一补偿份额大小的尺度，只有按照产品成本数额足额补偿，才能保证再生产的顺利进行；否则，企业不能按照原有规模正常生产，更谈不上持续发展。另外，产品成本也是确定企业盈利的依据，在市场经济条件下，企业盈余的多少，主要取决于产品成本的高低。因此，产品成本作为补偿尺度，对于评价企业经济效益、正确处理国家和企业之间的分配关系，具有十分重要的意义。

（2）产品成本是反映企业工作质量的综合指标。产品成本是生产耗费的综合反映，它在很大程度上反映了企业各方面的工作业绩，如产品设计的优劣、生产工艺的合理性、劳动生产率的高低等。另外，通过产品成本核算，可以反映和监督各项消耗定额及成本计划的执行情况，控制生产过程中人力、物力和财力的耗费，提高利用效率，从而做到增产节约、增收节支。同时，利用成本核算指标可以开展对比分析，还可以查明企业生产经营的成绩和缺点，从而采取措施，改善经营管理，促使企业进一步降低生产消耗，不断提高经济效益。

（3）产品成本是制定价格的重要依据。在市场经济条件下，产品的价格是产品价值的货币表现，价格的制定应该符合其价值的要求。在目前的情况下，人们无法直接计算产品的价值，只能间接地通过产品成本进行反映。因此，产品成本就成为制定产品价格时应该考虑的重要因素。

（4）产品成本是企业进行经营决策的重要依据。在社会主义市场经济条件下，提高企业的竞争力是企业生存的必要条件。企业要想在激烈的市场竞争中立于不败之地就必须提高经济效益，在复杂的市场环境下作出正确的经营决策。成本是进行经营决策必须考虑的重要因素，只有提供及时、准确的产品成本信息，使决策活动建立在可靠的基础之上，才能作出正确的经营决策方案，使企业在激烈的市场竞争中处于有利地位。

（5）产品成本是企业产品进入国际市场、接受反倾销调查的重要指标。随着中国市场经济的发展，部分企业走出国门，参与国际竞争，而成本指标是企业融入世界贸易市场的重要指标。如果企业产品的成本较低，就会以较强的竞争力进入国际市场，否则，就会失去竞争的优势。另外，企业在接受反倾销调查时需要提供产品成本的构成、计算方法等资料，因此，企业设置的成本项目、选择的成本费用分配方法和成本计算方法等都非常重要，如果符合会计准则和国际惯例，就会使企业在反倾销调查中处于有利地位。

综上所述，企业应根据会计准则的要求，结合本企业的生产特点，选择合适的费用分配方法及产品成本计算方法，使企业产品成本的计算准确、合理。

四、降低产品成本的意义

企业不断降低产品成本具有十分重要的作用，主要表现在如下几个方面：

（1）降低产品成本可以提高企业经济效益，增加利润。根据“收入-费用=利润”可知，产品成本越高，利润相应就越少，因此，产品成本降低会增加企业利润，为企业、投资者带来较好的收益，也为国家提供更多的财富积累。利润的增加使企业的生产能正常地进行下去，企业的扩大再生产就有可靠的保证。

（2）降低产品成本可以节约人力、物力的消耗。用尽量少的人力和物力生产出尽量多的产品不仅可以降低产品成本，还可以节约资源、保护环境，增强企业可持续发展能力。

（3）降低产品成本是降低产品价格的重要条件。在企业所采取的竞争战略中，低成本战略是保持企业竞争优势的重要方法。因为，降低成本不仅会增加企业盈利，还会增强企业的发展后劲和竞争能力。因此，要想提高产品销量，提升市竞争能力，就应在同等质量情况下不断降低产品成本，从而不断降低产品价格。

（4）降低产品成本可以使企业生产规模不断扩大。企业产品成本降低的同时，可以有更多的资金用于投资，进而扩大企业的生产规模和生产条件，又使产品成本进一步降低，形成良性循环。

五、降低产品成本的途径

降低产品成本的途径有很多，归纳起来主要有以下几个方面：

（1）提高劳动生产率。提高劳动生产率是降低产品成本的主要途径。劳动生产率提高会使单位产品中的劳动消耗量减少，人工成本降低。要提高劳动生产率，就须采用新技术、新设备，并对生产员工进行必要的培训，提高企业员工的素质。

（2）节约材料的消耗。在一些加工行业，材料成本在产品成本中通常占有较大的比重，所以，不断降低产品成本中的材料成本，也是降低产品成本的重要途径。材料的消耗量越大，降低材料消耗的潜力就越大，企业应采取有效的措施，不断减少产品的材料消耗，从而降低产品成本。

（3）控制生产损失的发生。在产品的生产过程中，必然要发生一些损失，如废品损失、停工损失等。大部分损失都列入产品成本，因而，减少生产损失是降低产品成本的重要途径。企业应针对损失发生的具体情况，采取行之有效的措施控制生产损失。

（4）控制制造费用。制造费用也是产品成本的重要组成部分，制造费用的项目繁多，应对每项费用采用不同的控制方法，促其不断降低。例如，对低值易耗品、办公费等应制定相应的费用定额和开支标准。

（5）采用高新技术。随着科学技术的不断发展，新技术、新设备不断涌现。这些新技术、新设备的使用极大地提高了企业的劳动生产率，降低了单位产品成本；同时减少了废品损失、生产事故的发生，从另一个角度相对降低了成本。

（6）优化企业价值链，实现集团优势。企业应从战略成本管理的角度出发，分析产业价值链中企业的优势和劣势，组建企业集团，实行分工合作，降低企业整体的成本水平。

▸▸▸▸▸▸▸ 第二节　成本的分类

为了适应成本核算、成本控制的需要，寻求进一步降低成本的方法和途径，成本可依据不同的目的，按照不同的标准进行划分。

一、以计算产品成本和确定损益为目的的分类

（一）按成本的经济用途或职能分类

成本按经济用途或职能可划分为制造成本和非制造成本两大类。

1.制造成本

制造成本是指产品在制造过程中所发生的各项成本，具体又可分为：

（1）直接材料。直接材料是指直接构成产品实体或主要部分的原料、主要材料、外购半成品，以及有助于产品形成的辅助材料等。例如，木材是构成木制家具实体的主要材料，油漆是其生产过程中使用的辅助材料。应注意的是，有些有助于产品形成的材料如果占产品成本的比重较小，根据成本效益原则，可简化产品成本核算，将其并入制造费用。例如，制造家具用的胶剂、铁钉等就可以计入制造费用。

（2）直接人工。直接人工是指在生产过程中对材料进行直接加工制成产品所耗用的工人的工资、奖金和各种津贴，提取的职工福利费等。

（3）制造费用。制造费用是指在生产过程中发生的那些除了直接材料和直接人工以外的各种费用，具体指企业各个生产单位（分厂、车间）为组织和管理生产所发生的费用，以及生产车间、机器设备等的折旧费、机物料消耗费、设计制图费、试验检验费、劳动保护费 、季节性停工和修理期间的停工损失等费用。

由于各企业生产特点不同，因此企业可根据各项费用支出的比重和成本管理的不同要求，在上述成本项目的基础上按需要适当增加成本项目。例如，如果企业的外部加工费用较多，可增设“外部加工费”成本项目；如果燃料和动力费用较多，可增设“燃料及动力”成本项目；如果废品损失金额较多，可增设“废品损失”成本项目。

对于上述三个成本项目又可按照不同方式进行组合，得到一些不同的成本概念。例如，直接人工与制造费用之和，称为加工成本，它是指产品加工时所发生的各项成本；直接材料和直接人工之和称为主要成本，它们通常是成本的主要组成部分。但是，随着科技的发展，高科技产品和高新技术被广泛使用，企业制造环境发生了较大的改变，也使得企业的产品成本结构发生重大的变化，企业的制造费用占制造成本的比例逐渐增加。在这种情况下，直接材料和直接人工之和已不再是企业的主要成本。此外，在高度自动化企业中，生产工人往往必须完成多种工作，而且直接人工只占制造成本的极小部分，很难或不值得花费较大精力将人工费用归属到各产品成本中。所以，这时企业可将直接人工成本与制造费用合并为一个成本项目，称为加工成本，直接材料则单独列为一项成本。

2.非制造成本

非制造成本（又称非生产成本）是指与产品制造过程没有直接联系的非生产性成本耗

费。非制造成本包括销售费用、管理费用和财务费用三类，通常视为期间成本，称为期间费用。非制造成本随着企业生产经营活动持续期的长短而相应增减，与产品生产没有直接联系，而是直接计入当期损益，对于确定损益具有重要意义。

成本按经济用途划分，是最基本的分类。采用这种成本分类方式，可以了解制造成本中各成本项目的金额，分析产品的成本结构是否合理，寻求降低成本的有效途径；按照不同成本项目的特点，采用不同的方法将费用在各种产品当中进行分配，合理计算产品成本；确定非制造成本的类别，正确计算企业的当期损益。

（二）按成本与特定产品的关系或分配方式分类

成本按与特定产品的关系或分配方式可分为直接成本与间接成本。

1.直接成本

直接成本也称可追溯成本，其与某一特定产品之间具有直接联系，能够经济而又方便地直接计入该产品的成本。在企业的产品生产过程中，为某一特定产品所消耗的费用就是直接费用，可直接计入该产品成本。例如，为生产某种产品而领用的特种材料，由于其他产品并不使用这种材料，这些材料费用就可以直接计入该种产品的成本；某些生产工人专门生产某一种产品，并不生产其他产品，这些生产工人的工资就可以直接计入该种产品的成本。在一般情况下，直接材料和生产工人的计件工资都属于直接成本。

2.间接成本

间接成本是指与某一特定产品之间没有直接联系或者虽有联系但不能经济而又方便地计入各种产品的成本。由于间接成本是被几种产品所共同消耗，不能直接分配给某种产品，所以需要按适当的标准分配计入各产品成本。例如，几种产品所消耗的直接材料、工人的计时工资和制造费用等，由于是多种产品共同消耗，属于间接成本，通常按一定的标准分配计入各有关产品成本。

区分直接成本与间接成本并非单纯按成本项目或费用的性质来决定，还应考虑以下几点：

（1）该项成本占产品成本比重的大小。如果占产品成本比重很小，即使同特定产品具有直接联系，也不值得花费很大精力将其追溯到各产品。

（2）计算技术水平。例如，某些费用在手工操作状态下，很难直接计入特定产品成本，但是采用计算机进行数据处理后，可以简便地作为直接成本处理。

（3）生产设备布局。如果一组生产设备专门用于生产某一特定产品，那么该组生产设备的相关费用均可作为直接成本。

（4）生产工人工资制度和原材料利用方式。生产工资可以采用计件工资和计时工资制度，前者则属于直接成本，后者则属于间接成本。原材料有一料一用和一料多用两种方式，用于生产某一特定产品的原材料可以直接追溯计入该产品成本，几种产品共同耗用的原材料则需采用分配方式计入各产品成本。

（5）企业生产特点。如果企业生产单一产品，产品制造过程中发生的各项成本都是直接成本；如果企业生产联产品，则制造过程中全部成本均属于间接成本。

将成本划分为直接成本和间接成本，对于正确核算产品成本是十分重要的。凡是直接成本必须根据原始凭证直接计入该种产品成本；对于间接成本则要选择合理的分配标准和方法将其分配给相关产品。这样不但可以准确地计算每种产品的成本，还可以减少成本计算的工作量。分配标准的选择是否合理将直接影响成本计算的正确性。在实务工作中，应尽量正确区分直接成本和间接成本，使成本计算更加准确。

二、按成本习性或可变性分类

成本习性是指成本总额与业务量（产量或销量）之间的依存关系，成本按其习性可分为变动成本、固定成本和混合成本。

（一）变动成本

变动成本是指总额随着业务量的变化而呈正比例变化的成本。例如，产品生产中使用的材料费用、计件工资，它们是随着产量的增减而呈正比例变动，这就属于变动成本，但这种变动是就其费用总额而言的；就单位产品成本而言，该部分成本是不变的（如图 1-1 所示）。应注意的是，变动成本与业务量之间的正比例变动关系是有一定范围的，超过这一范围，变动成本与业务量之间的比例关系可能会发生改变。

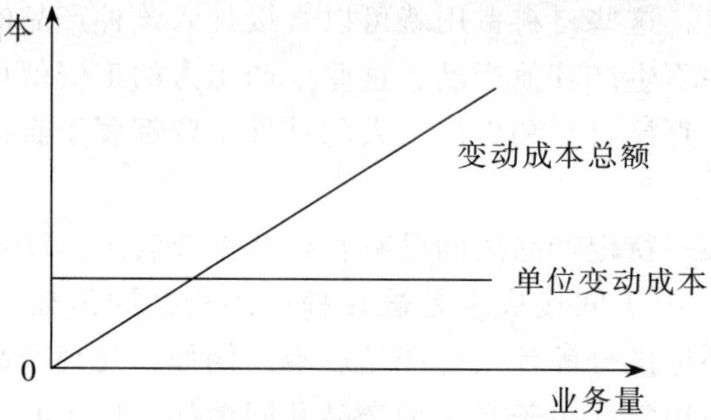

图 1-1　变动成本与业务量之间的关系

（二）固定成本

固定成本是指在一定期间和一定业务量范围内，其总额不随业务量增减变动而变动的成本，保持相对固定，但单位产品成本中的固定成本则随着业务量的增加而减少。例如，企业厂房的折旧费是根据厂房的原值、使用年限等资料计算确定的，与产品生产量无关，因此不论生产多少件产品，其折旧费是固定不变的，但随着产量的增加，单位产品分担的折旧费是逐渐降低的。属于固定成本的还有房屋、建筑物的租金、保险金、企业管理人员工资、机器设备的折旧费等。固定成本和业务量的关系如图 1-2 所示。

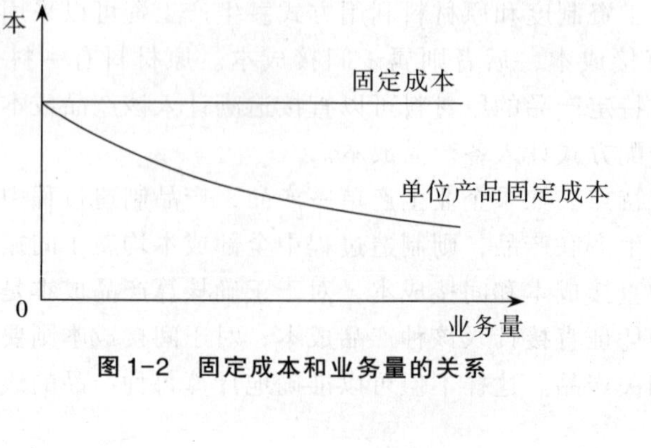

图 1-2　固定成本和业务量的关系

（三）混合成本

混合成本是指总额虽受业务量变动的影响，但其变动幅度不与业务量的变动幅度保持严格比例关系的成本。混合成本还可以进一步分为半变动成本、半固定成本、延期变动成本和曲线变动成本。

1.半变动成本

半变动成本又称为标准式混合成本。这种成本通常有一个初始量，相当于固定成本，在此基础上，随着业务量的增加，成本也会相应增加，又类似变动成本。这种费用一般都包括一个基数，不管是否使用都必须支付一定的费用，这部分成本的性质属于固定成本；除此之外，根据用量多少，按比例交纳费用，这部分成本的性质属于变动成本。例如，工业用电价格包括基本电价和电度电价，基本电价一般按月支付，电度电价按用电量支付，江西的基本电价为42元/千瓦·月，电度电价为0.6287元/度。半变动成本和业务量的关系如图1-3所示。

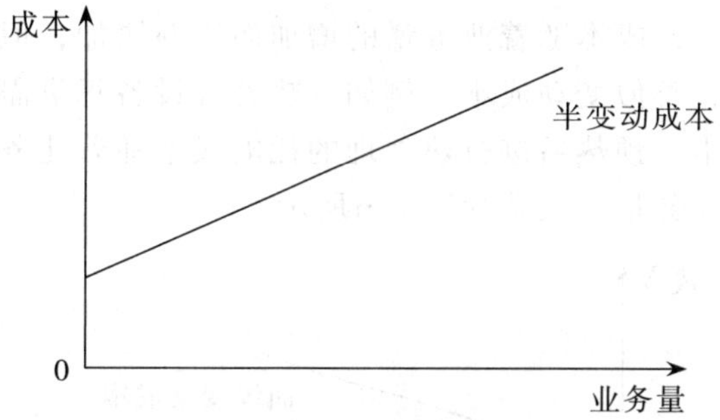

图1-3 半变动成本和业务量的关系

2.半固定成本

半固定成本又称为阶梯式混合成本，是指当业务量在一定范围内增长时，其发生额固定不变，但在业务量增长超过一定限度时，其成本就会跳跃式上升，然后在新业务量的一定范围内又保持不变量，直到出现新一次的跳跃，如图1-4所示。所以，半固定成本是逐渐增加的成本，为阶梯式递增形态。以化验员、检验员的工资为例，当产量增加超过一定限度时，就要增加化验员和检验员的数量，从而使工资费用跳跃式增加。

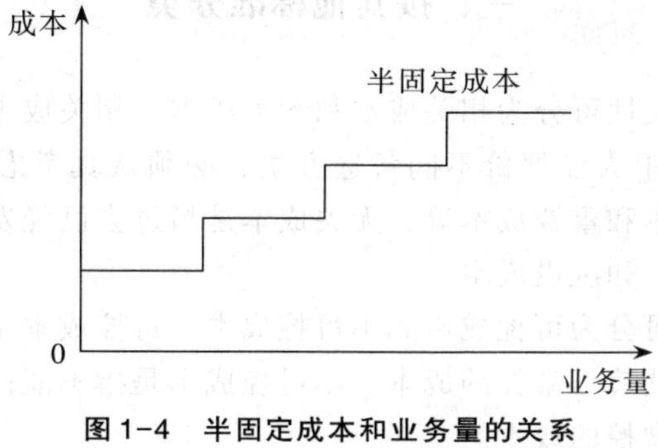

图1-4 半固定成本和业务量的关系

3.延期变动成本

延期变动成本又称为低坡式混合成本，是指在正常工作时间范围内发生额固定不变，当工作时间超过正常时间时，发生额随着业务量的变动而变动的成本。例如，企业对一般职工在正常工作时间内支付的工资是固定不变的，但在加班时则需按加班时间长短支付加班工资。延期变动成本和业务量的关系如图1-5所示。

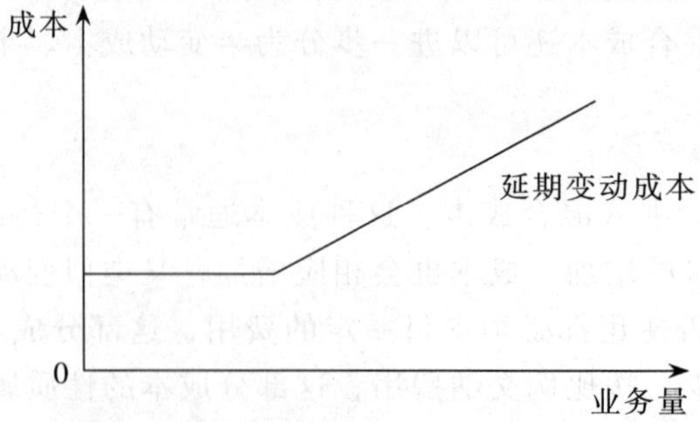

图1-5　延期变动成本和业务量的关系

4.曲线变动成本

曲线变动成本又称为曲线式混合成本。曲线变动成本通常有一个初始量，相当于固定成本，在初始量的基础上，成本随着业务量的增加而逐渐增加，但其增长幅度呈抛物线式上升，而不是直线上升，类似变动成本。例如，热处理设备每班需要预热，因预热而发生的耗电成本属于固定成本，预热后进行热处理的耗电成本随着业务量的增加而呈抛物线式上升。曲线变动成本和业务量的关系如图1-6所示。

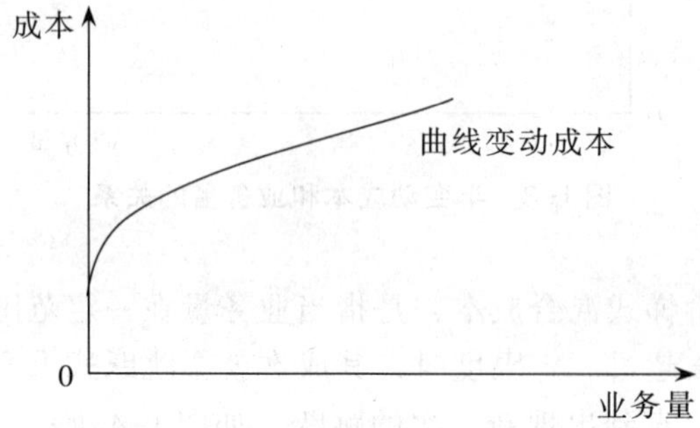

图1-6　曲线变动成本和业务量的关系

三、按其他标准分类

成本按与决策的相关性可分为相关成本和无关成本。相关成本是指与决策有关联的未来成本，即在决策过程中为了评价不同备选方案，必须认真考虑的各种成本，如专属成本、差别成本、机会成本和重置成本等。无关成本是指过去已经发生，或虽未发生但对未来决策没有影响的成本，如沉没成本。

成本按可控制程度可分为可控成本和不可控成本。可控成本是指能由一个责任单位或个人在职责范围内加以调节、掌控的成本。不可控成本是指不能由一个责任单位或个人在职责范围内加以调节、掌控的成本。

▸▸▸▸▸▸▸ 第三节　成本会计的形成和发展

成本会计是随着经济社会生产发展的需要而逐步形成和发展起来的，至于成本会计是在什么年代产生的，学者们的观点并不一致。一种观点认为，成本会计的若干理论和方法早在14世纪就已经产生①；另一种观点认为，成本会计是在19世纪下半叶为了决定价格而产生的②。两种说法显然有很大差别。多数学者认为，1880—1920年是成本会计奠基时期，成本会计随着社会经济的发展，先后经历了早期成本会计、近代成本会计和现代成本会计三个阶段，才逐步成熟完善起来。

一、早期成本会计阶段（1880—1920年）

成本会计起源于英国，后来传入美国及其他国家。19世纪30年代末，英国首先完成了产业革命，成为资本主义最发达的国家，产业革命既是生产技术的巨大革命，也是社会生产关系的大变革，它促进了资本主义生产力的迅速发展。随着产业革命的完成，机器劳动代替手工工场劳动，企业规模逐渐扩大，出现了竞争，生产成本得到企业管理者的普遍重视，英国会计人员为了满足企业管理的需要，对成本会计进行研究。他们起初是在会计账簿之外，用统计方法来计算成本，随后为了提高成本计算的准确性、满足企业外部审计人员的要求，将成本计算同复式簿记结合起来，形成了成本会计。美国的利特尔顿在《20世纪以前的会计发展》一书中说："英国人只是把成本会计科目引入复式会计系统就花了许多年。"这个时期是成本会计的初创阶段。由于当时的成本会计仅限于对生产过程中的生产消耗进行系统的汇集和计算，用来确定产品生产成本和销售成本，所以称为记录型成本会计。

在早期成本会计阶段，成本会计取得了以下进展。

（一）建立材料核算和管理办法

例如，设立材料账户和材料卡片，对材料进行管理控制，以确保材料既能满足生产需要，又可以节约使用资金；建立材料管理的"永续盘存制"，采取领料单制度（当时称领料许可证）控制材料耗用量，按先进先出法计算材料耗用成本。

（二）建立工时记录和人工成本计算方法

例如，采用使用时间卡片的方法，登记工人的工作时间和完成产量；将人工成本先按部门归集，再分配给各种产品，以便控制和正确计算人工成本。

（三）确立间接制造费用分配方法

随着工厂制度的建立，企业生产设备大量增加，间接制造费用增长很快，成本会计改变了将间接制造费用作为生产损失的做法，将间接制造费用同直接材料、直接人工一

---

① 佚名．成本会计之史的发展——美国会计学会所属成本会计委员会之初步报告之一［J］．工商经济月刊，1948，2（3）．

② 番场嘉一郎．会计学大词典（条目选译）［M］．司徒淳，译．北京：中国展望出版社，1981．

同计入产品生产成本，在实践中先后提出了按实际数额进行分配和间接费用正常分配的理论。

(四) 提出了产品成本计算方法

制造业根据生产特点，采用分批成本计算法或分步成本计算法计算产品成本。1750年，英国的多德森在《会计人员或簿记方法》一书中介绍了分批成本计算方法。1777年，英国的汤姆逊以亚麻制袜为例，从亚麻存货账户开始，记录了不同步骤的消耗，最后算出每双袜子的成本，可以说是分步成本法的萌芽。

(五) 理论研究日益深入

随着理论研究的不断深入，许多成本会计著作相继出版。被称为“第一本成本会计著作”的《制造成本》由梅特尔夫在1885年出版，书中介绍了一种新颖的成本表，并阐述了此表的记录和计算方法。英国电力工程师加克和会计师费尔斯合著的《工厂会计》于1887年出版，该书提出了在总账中设立“生产”“产成品”“营业”等账户来结转产品成本，最后通过“营业”账户借贷双方余额的结算确定营业毛利。该书试图把成本核算引入复式簿记，对于成本会计的建立具有极为重要的意义，在会计发展史上被认为是19世纪最著名、最有影响的成本会计专著。

(六) 建立成本会计组织

美国于1919年成立了全国成本会计师联合会；同年，英国成立了成本和管理会计师协会。这些成本会计组织成立后，开展了一系列成本会计研究，为奠定成本会计的理论和方法基础作出了贡献。

早期研究成本会计的会计专家劳伦斯对成本会计做过如下定义：“成本会计就是应用普通会计的原理、原则，系统地记录某一工厂生产和销售产品时所发生的一切费用，并确定各种产品或服务的单位成本和总成本，作为工厂管理当局制定经济有效的和有利的产销政策的参考。”

二、近代成本会计阶段（1921—1945年）

这一阶段成本会计的进展主要包括以下方面。

(一) 标准成本制度的实施

20世纪初，资本主义社会从自由竞争阶段向垄断阶段过渡。1880年以后，泰罗在钢铁公司进行试验，系统研究和分析人工操作方法和劳动时间，逐步形成了科学管理理论和方法，被后人称为“科学管理之父”。泰罗科学管理制度的主要内容是研究操作合理化，把工人的合理操作归结为某种标准操作法，再要求一般工人普遍实施，同时制定劳动定额，实行差别工资制。这种管理方法大大提高了生产效率，为资本家谋取了高额利润，资本主义国家的企业普遍推行泰罗制。另外，重工业和化学工业大大发展，企业规模更大，分工更细，生产开始走向机械化和自动化，劳动生产力得到了提高，也为成本会计的发展提供了更大的空间。19世纪末，英国的加克和费尔斯提出了标准成本的观念，之后，美国工程师埃默森倡导了标准成本的应用，为生产过程的成本控制提供了条件。在此之前，没有成本控制，成本发生多少算多少，生产中出现的浪费只有在事后计算实际成本时才知道。实行标准成本制度后，成本会计不只是事后计算产品的生产成本和销售成本，还要事先制定成本标准，并据以控制日常的生产消耗和定期分析成本。成本会计的职能扩大了，发展成为管理成本和减少成本的手段，成本会计的理论和方法有了进一步完善和发展，形成了管理成本会计的雏形。它标志着成本会计已经进入一个新的阶段。

（二）预算控制方法的完善

西方国家普遍认为控制成本最有效的办法除了制定标准成本外，还有进行预算控制，标准成本制度和预算控制是成本控制的两大支柱。1921年，美国国会公布了《预算和会计法案》，对于民间企业实行预算控制产生了很大影响。1922年，芝加哥大学麦金赛教授出版了《预算控制》一书，对预算控制的发展产生了重大影响，被誉为预算控制研究的第一部专著。同年，美国全国成本会计师协会第三次会议以“预算编制和使用”为专题展开研究。但是，当时的预算都是单项预算，如销售预算、现金预算等，各自独立，没有结合在一起，后来才发展成为全面预算，即以利润为目标把各个单项预算密切联系在一起。预算控制的初始，是采用固定预算（也称静态预算）方法，即根据预算期间某一业务量（如产量）计划水平来确定其相应的预算数。但是，由于产量变动使间接费用预算数和实际数无法比较，影响了预算控制的实际效果。1928年，美国西屋公司的一些会计师和工程师根据成本与产量的关系，设计了弹性预算方法，即根据计划期内可以预见某一业务量的各种水平来确定相应的预算标准。企业分别编制弹性预算和固定预算不仅可以使间接费用实际数同预算数更具有可比性，而且可以合理地控制不同属性的费用支出，有效控制成本，正确考核经营者的工作业绩。

（三）成本会计的应用范围更加广泛

在这一时期，成本会计的应用范围从原来的工业企业扩大到各种行业，并由企业的制造部门深入应用到其他主要部门，特别是应用到企业经营的销售环节。

（四）形成完全独立的成本会计学科

在近代成本会计的后期，出现了不少成本会计著作，如美国尼科尔森和罗尔巴克合著的《成本会计》、陀耳所著的《成本会计原理和实务》等。这些研究成果使成本会计具备了完整的理论和方法，成为完全独立的学科。这一时期成本会计的定义可引用英国会计学专家杰·贝蒂的表述：“成本会计是用来详细描述企业在预算和控制它的资源（指资产、设备、人员及所耗的各种材料和劳动）的利用情况方面的原理、惯例、技术和制度的一种综合术语。”

三、现代成本会计阶段（1945年以后）

第二次世界大战以后，科学技术迅速发展，生产自动化程度大大提高，产品更新换代速度加快，企业规模越来越大，跨国公司大量出现，市场竞争日益激烈。为了满足社会经济发展和现代化大生产的需要，管理也要加速现代化。随着管理现代化，运筹学、系统工程和电子计算机等各种科学技术成果在成本会计中广泛应用，成本会计发展到一个新的阶段，即成本会计发展重点已由如何在事中控制成本、在事后计算和分析成本转变为如何预测、决策和规划成本，形成了新型的侧重管理的经营型成本会计。其主要内容如下。

（一）开展成本的预测和决策

为了主动控制成本，现代成本会计逐步转向把成本的预测和决策放在重要地位：运用预测理论和方法，建立起数量化的管理技术，对未来成本发展趋势作出科学的估计和测算；运用决策理论和方法，依据各种成本数据，按照成本最优化的要求，研究各种方案的可行性，选取最优方案，谋取企业的最佳效益，从而使成本会计向预防性管理方向发展。

（二）实行目标成本计算

随着目标管理理论的应用，成本会计有了新的发展。目标管理是由美国管理学家彼得·德鲁克在20世纪50年代所著的《管理实务》一书中首次提出的，1965年乔治·奥迪奥恩在《目标管理》一书中对此进行了全面论述。其核心理念是，在产品设计之前，按照客户所能接受的价格确定产品售价和目标利润，然后确定目标成本，用目标成本控制产品设计，使产品设计方案达到技术适用、经济合理的要求。这就要求成本管理的重点由生产制造阶段转为产品开发设计阶段，体现了“源流管理”的本质属性。这种成本管理方法的应用突破了单纯经济方法，使成本会计与工程技术、组织措施有机结合起来，有助于企业形成产品品质和功能优化、成本低的竞争优势。由此，成本会计扩展到技术领域，从经济着眼，从技术着手，把技术和经济结合起来，有效地促使成本降低。

（三）实施责任成本计算

第二次世界大战后，随着美国企业规模的日益扩大，管理由集权制转向分权制，变得日趋复杂。为了加强企业内部各级单位的业绩考核，1952年，美国会计学家希琴斯倡导责任会计，提出建立成本中心、利润中心和投资中心相结合的会计制度，将成本目标进一步分解为各级责任单位的责任成本，进行责任成本核算，使成本控制更为有效。

（四）实行变动成本计算法

变动成本计算模式只把变动成本计入产品成本，而把当期固定费用从销售收入中扣除，免去了固定成本的分配计算程序。变动成本计算法在1936年由美国会计师哈里斯提出，这种方法既减少了成本计算工作量，又为企业进行预测和决策创造了便利条件，是企业进行经营管理的重要方法之一。但由于这种方法没有将固定生产费用计入产品成本，不符合公认会计原则，因此没有得到广泛认可，只停留在企业内部使用。

（五）推行质量成本核算

随着工业生产的发展，企业对质量管理日益重视。20世纪60年代，质量成本概念基本形成，并确定了质量成本项目以及质量成本的计算和分析方法。质量成本是企业为保证和提高产品质量而支出的一切费用和因未达到质量水平而造成的一切损失之和。质量成本一般包括预防成本、鉴定成本、内部损失成本和外部损失成本。质量成本的分析方法有很多种，包括定性分析方法和定量分析方法。质量成本核算的推行扩大了成本会计的研究领域。

由此可见，现代成本会计是根据会计资料和其他有关资料，对企业生产经营活动过程中所发生的成本，按照成本最优化的要求，有组织、系统性地进行预测、决策、控制、计划、核算、分析和考核，促使企业提高产品质量，降低成本水平，实现生产经营的最佳运转状态，不断提高企业经济效益。

综上所述，成本会计的方法和理论体系随着发展阶段的不同而有所区别。

从成本会计的方法来看：在早期成本会计阶段，主要是采用分批或分步成本会计方法计算产品成本，以确定存货成本及销售成本；在近代成本会计阶段，主要采用标准成本制度和成本预算制度，为生产过程中的成本控制提供了条件；现代成本会计阶段则加强事前成本控制，广泛应用管理科学的成果，其发展重点趋向预测、规划及决策，实施最优化控制。

从成本会计的理论体系来看：成本会计开始属于财务会计体系，主要以财务会计理论来研究成本计算，并纳入会计账簿体系；到了近代成本会计阶段，成本会计具备了完整的理论和方法，形成了独立的学科；随着经营管理的发展，成本概念日益广泛，成本会计范围更加开阔，逐步向经营型成本会计发展，形成了企业会计下财务会计、成本会计和管理会计的三分局面。

▸▸▸▸▸▸ 第四节　成本会计的职能和任务

一、成本会计的职能

成本会计的职能，是指成本会计作为一种管理经济的活动，在生产经营过程中所能发挥的功能与作用。当前，我国会计学界的成本会计专家和学者对成本会计的职能表述不一，主要有“二职能论”、“四职能论”和“七职能论”。学术界主张“七职能论”，认为这一观点能够充分、明确、完整地表述现代成本会计的职能体系。

(一) 成本预测

成本预测是指根据与成本有关的各种数据及其各种技术经济因素的依存关系，采用一定的程序、方法和模型，对未来的成本水平及变化趋势作出科学的推测。

通过成本预测，可以减少经营活动的盲目性，有利于选择最优方案，挖掘减少成本、费用的潜力。成本预测是成本决策的前提，企业不仅应该在成本决策之前进行成本预测，为成本决策提供依据，还应该在成本计划执行过程中进行成本预测，以便及时掌握成本变化趋势，为进行成本事中控制提供帮助，从而保证企业完成成本计划。进行成本预测有助于企业减少盲目生产，选择最优方案，提高企业降低成本的自觉性。

(二) 成本决策

成本决策是指在成本预测的基础上，按照既定或要求的目标，运用专门的方法，从若干个与经营活动成本有关的方案中，选择最优方案。进行成本决策对于企业正确地制定成本计划并在执行过程中完成计划，从而提高企业经济效益具有十分重要的作用。

（三）成本计划

成本计划是根据成本决策制定的目标成本具体规定在计划期内为完成经营任务所需支付的成本、费用，确定各个成本对象的成本水平，并提出为达到目标成本水平所应采用的各种措施。

成本计划执行的过程，也是进行成本控制的过程。成本计划是建立成本管理责任制的基础，对于企业进行成本控制、挖掘降低成本的潜力具有重要作用。在会计期末，当企业计算出实际消耗的各种生产费用后，可与计划成本进行对比，以分析企业成本计划的实际完成情况。所以，成本计划是进行成本控制、成本分析和成本考核的重要依据。

（四）成本控制

成本控制是指在经营活动过程中，根据成本计划具体制定原材料、燃料、动力和工时等消耗定额和各项费用定额，对各项实际发生的成本、费用进行审核、控制，并及时反馈实际费用与标准成本之间的差异及原因，进而采取措施，以保证成本计划的执行。

企业应在规定的成本费用开支范围内，分别制定标准原材料、燃料、工资等有关成本项目的费用消耗标准和数量消耗标准，并根据制定的标准控制生产过程中实际发生的各项费用，以保证完成成本目标和成本计划水平。成本控制包括：

（1）事前控制，如在进行成本预测、成本决策和成本计划的过程中进行的成本控制。

（2）事中控制，如在生产经营过程中，将实际发生的费用控制在限额标准之内。

（3）事后控制，如成本核算和成本事后分析。

进行成本控制，有利于实现预期的成本目标和不断降低成本。

（五）成本核算

成本核算是对经营活动过程中实际发生的成本、费用按照一定的对象和标准进行归集和分配，并采用适当的成本计算方法，计算出各对象的总成本和单位成本。

成本核算是成本会计工作的核心。成本核算的过程，既是对产品生产过程中的各种劳动耗资进行如实反映的过程，也是对产品生产过程中各种费用的发生实施控制的过程，通过成本核算提供的资料，不仅可以揭露生产经营中存在的问题，为制定产品价格提供依据，还可以反映成本计划的完成情况，为编制下期成本计划、进行未来的成本预测和成本决策提供依据。

（六）成本分析

成本分析是根据成本核算所提供的成本数据和其他有关资料，通过与本期计划成本、上年同期实际成本、本企业历史先进成本水平，以及国内外先进企业的成本等进行比较，分析企业成本水平与构成的变动情况，研究成本变动的因素和原因，挖掘降低成本的潜力。

成本分析一般在事后进行，其主要内容包括全部产品成本计划完成情况分析、可比产品成本计划完成情况分析、单位产品成本分析、生产费用预算执行情况分析、主要经济技术指标变动对成本影响的分析、国内外同类产品成本对比分析等。通过成本分析，可以正确认识和掌握成本变动的规律，明确影响成本升降的原因和责任，还可以为成本考核提供依据，为未来成本的预测和决策以及编制新的成本计划提供资料。

（七）成本考核

成本考核是指企业将计划成本或目标成本指标进行分解，制定企业内部的成本考核指标，分别下达给各内部责任单位，明确它们在完成成本指标时的经济责任，并定期对成本计划的执行结果进行评定和考核。

在经济活动完成之后，将成本、成本效益的实际指标同计划指标进行比较，可以评价企业成本计划的完成情况，以提高企业的成本管理水平和经济效益。但应注意的是，成本考核应当与奖惩制度相结合，以充分调动各成本责任单位和企业职工执行成本计划、提高经济效益的积极性。

成本会计的各项职能相互联系、相互补充，形成一个有机整体，在这一体系中，成本核算是成本会计最基本、最重要的职能。成本预测、成本决策和成本计划必须以过去的成本核算资料为重要依据；成本控制也需依据成本核算提供的各种信息实施控制；成本考核和成本分析更需要成本核算提供成本计划实际完成情况的数据资料。没有成本核算就没有成本会计，没有成本核算职能，就不存在成本会计的其他职能。只进行成本核算和分析的成本会计是狭义的成本会计，对成本进行预测、决策、计划、控制、核算、分析和考核的成本会计是现代的广义的成本会计，实际上也就是成本管理。

二、成本会计的任务

作为会计的一个重要分支，成本会计是企业经营管理的重要组成部分。因此，成本会计的任务受企业经营管理的要求所决定。但是，成本会计不可能全面地实现企业经营管理的各个方面的要求，而只能在成本会计的对象和职能范围内，为企业经营管理提供所需的数据和信息，并参与经营管理，以达到减少成本、费用，提高经济效益的目的。因此，成本会计的任务还受成本会计的对象和职能制约。

根据我国经济发展的客观要求和企业经营管理的现实需要，成本会计的任务是在保证产品质量的前提下，促进企业尽可能节约产品生产经营过程中的物化劳动和活劳动消耗，不断提高经济效益。成本会计的具体任务包括以下方面。

（一）正确计算产品成本，及时提供成本信息

产品成本计算是成本会计的基础工作。企业只有正确计算产品成本，及时提供成本信息，才能保证盈亏计算和存货计价的正确性，有效地考核成本计划的完成情况，为成本的预测、决策和成本目标的规划，以及财务报表的编制提供成本信息。为此，企业要严格遵守成本开支范围规定，依据会计准则等有关要求，根据企业生产特点采用相应的成本计算方法，正确、及时地计算产品成本。

（二）加强成本预测，进行成本决策

做好成本预测和决策工作，是成本会计适应经济社会生产发展而承担的新任务。成本预测和成本决策联系密切，加强成本预测是优化成本决策的前提，而优化成本决策是加强成本预测的结果，二者的有机结合可以为企业挖掘降低成本水平的潜力、提高经济效益指明方向。

（三）制定目标成本，加强成本控制

目标成本是企业在一定时期内为保证实现目标利润而制定的成本控制指标。目标成本制定得正确与否，直接影响着成本控制的有效性。因此，目标成本的制定，必须以可靠的数据为依据、切实可行。成本控制是在目标成本分解的基础上进行的，是目标成本的实施过程。加强成本控制，必须对目标成本的分指标进行归口分级控制，以产品成本形成的全过程为对象，结合生产经营各阶段的特点进行有效控制，从人力、物力和财力的使用效果出发，立足于成本效益的提高。

（四）做好成本分析，严格成本考核

成本分析是在成本核算的基础上进行的。将实际成本与计划成本、上期实际成本、本企业的历史先进成本水平等进行对比，可以确定差异、分析原因，以便采取措施消除不利差异、扩大有利差异，保证成本目标的实现。

现代企业应建立成本责任制。把成本责任指标分解落实到各部门、各层次和各相关人员，实行责、权、利相结合，以提高全体职工降低成本的责任心和积极性，从而增强企业活力。成本考核是成本责任制顺利进行的保证，有助于正确评价各责任单位的工作成绩，从而不断提高企业的经济效益。

▶▶▶▶▶▶ 第五节　成本会计的基础工作和工作组织

一、成本会计的基础工作

成本会计的基础工作是进行成本会计工作的首要条件。不重视基础工作，成本会计工作就不能顺利开展，无法完成预期任务。成本会计的基础工作包括以下内容。

（一）建立原始记录制度，制定合理的凭证传递流程

原始记录是反映企业生产和经营活动实际情况的最初书面凭证，是提供计算数据的主要方式，它是按照规定的格式，将企业生产经营活动中材料的领用、工时的耗费、生产设备的运转、动力的消耗、费用的开支、废品的发生、产品质量的检验、在产品在生产过程中的转移、产成品和自制半成品的交库等，记录在具有一定格式的凭证中。这种直接记录具体事实的凭证，就是原始凭证。建立严格的原始记录制度、制定合理的凭证传递流程，对加强企业经营管理，具有重要意义。

原始记录的种类繁多，而且往往需要几个部门共同填制，因此，应按要求填写原始记录，及时送交有关部门。与会计有关的原始记录，主要包括：

（1）反映物资情况的原始记录，如限额领料单、领料单、补料单和自制半成品入库单等；

（2）反映生产情况的原始记录，如生产通知单、产量与工时记录单、停工通知单和能

源耗用记录单等；

（3）反映产成品情况的原始记录，如产成品入库单、产成品报废单和产成品盈亏报告单等；

（4）反映人力资源情况的原始记录，如职工录用通知单、职工调动通知单、请假单和考勤记录表等；

（5）反映财务情况的原始记录，如现金支付凭证、报销单和发票等。

企业应健全原始记录制度，制定各种原始记录的传递程序，这种凭证传递流程最好用流程图来表示。原始记录要符合成本管理的要求，有利于班组开展经济核算，力求简明，讲求实效，并根据实际使用情况及时修改，以充分发挥原始记录的作用。

（二）建立健全材料物资的计量、验收、领发和清查制度

做好物资的计量、验收、领发和清查工作，是正确计算成本的基本条件，也是加强经营管理的重要前提。

企业一切物资的收发都要有严格的手续和制度，均需经过计量、验收和办理必要的凭证手续，为此要做到：

（1）提高人们对这项工作的重要意义的认识，同时还应根据不同的计量对象，配置必要的计量器具；

（2）设置专职的质量检验机构，辅之以群众性的质量把关活动，形成专职机构与群众检查相结合，而以专职机构为主的质量检验制度；

（3）建立计量仪器和器具的管理与定期检查制度，对零部件和产品的质量不定期进行抽查，以检查质量验收制度的执行情况。

领发材料、半成品、工具等物资，有消耗定额的，按定额发料。对于每月或每批生产剩余的物资应及时办理退库手续或结转到下期继续使用，以便使计入产品成本的物资消耗正确无误。库存物资应定期进行清查、盘点，做到账物相符，以保护财产物资的安全。

（三）建立定额管理制度，制定科学的消耗定额

定额是指企业在生产经营过程中，对人力、物力、财力的利用应达到的标准。制定科学合理的定额，是企业编制计划的基础，是进行成本核算的依据，也为开展成本控制和成本分析提供了客观尺度。因此，加强定额管理具有重要意义。

与成本有关的定额按其内容可分为：

（1）劳动定额，如工时定额、产量定额、出勤率等；

（2）材料、动力、工具消耗定额，如原材料消耗定额、材料利用率等；

（3）费用定额，如有关制造费用或管理费用的限额；

（4）质量定额，如产品合格率、一级品率、废品率、返修率等；

（5）固定资产利用定额，如设备利用率、固定资产利用率等。

各项定额制定的基本方法有经验统计法和技术分析法两种。企业采用什么方法比较合适，要从实际出发，根据需要与可能的条件来确定。但是，无论采用何种方法，制定定额时必须既要先进，又要切合实际，并随着企业生产技术条件的变化和管理水平的提高而定期修订，否则定额就失去了应有的控制作用。

（四）建立健全的内部结算制度，制定内部结算价格

建立内部结算制度，制定内部结算价格，有利于贯彻推行成本责任制、正确考核企业内部各单位的业绩；也有助于简化和减少成本核算工作，便于成本计划和成本控制工作的开展。

内部结算是指对企业内部各部门、车间之间的经济事项，运用货币形式进行等价交换结算，以明确经济责任的一种管理形式。内部结算价格是指企业内部各单位之间计价结算的价格。对于原材料、辅助材料、燃料、动力、在产品、半成品和各种劳务等，都要制定合理的内部结算价格。这就要求制定的内部结算价格既要保证企业整体利益与各内部单位利益一致，又要兼顾各内部单位的利益，使其感到公平合理，可以接受。企业内部结算价格的制定涉及企业各个方面，应由有关部门共同制定。

内部结算价格的制定通常是以产品的计划单位为准，也可以产品的计划单位成本加上一定的利润为准，不论采用哪种方法制定内部结算价格，均应保持相对稳定，但也要根据企业生产经营情况的变动而定期予以调整。内部结算价格应由企业统一颁布，各责任单位严格执行，不能擅自改变价格标准。

（五）建立责任考核制度，制定成本责任奖励制度

成本责任考核制度是适应经济责任制的要求，以成本责任单位为对象，以责任成本为内容的一种内部控制考核评价制度。其主要内容是：根据分级管理的原则，在企业内部设立若干成本单位，将企业的成本目标进行层层分解，分配落实到各个责任单位；各个责任单位对本单位的责任成本负责，厂长对全厂的全部成本负责；通过责任成本核算，反映实际与预算数的差异，并分析其形成原因，对各责任单位的工作业绩作出客观评价，按照制度办法实施奖惩。

必须指出，做好成本会计工作，除了要建立和健全以上各项基础工作以外，还必须提高企业全员的成本意识和素质，特别是工程技术人员更要提高成本意识和素质，把经济性和技术性很好地结合起来。

二、成本会计工作组织

为了有效地进行成本会计工作，充分发挥其应有作用，必须加强成本会计工作的组织建设，也就是要建立健全成本会计机构，配备必要的成本会计人员，制定和推行合理的成本会计制度。

（一）成本会计的组织机构

成本会计的组织机构必须与企业体制、企业组织机构和会计工作组织形式相适应；必须与企业业务的特点和规模相协调；必须体现精简高效的原则；要适应成本会计工作的内容和目的，贯彻落实经济责任制，做到技术与经济相结合，有利于群众性成本工作的开展。

1.成本工作的领导机构

根据技术与经济相结合的原则，一般企业成本工作的领导核心应由厂长或经理、总会

计师、总工程师和总经济师组成。厂长是成本工作组织的领导者，并对本单位的成本负完全责任；总会计师、总工程师、总经济师应从经济、技术以及两者的结合上组织企业成本工作，并采取有效的措施降低成本。“一长三师”应融为一体，分工协作，负责组织全厂的成本工作，具体工作内容如下：

（1）制定企业成本工作的基本方针和政策，以及批准成本会计制度。

（2）建立健全工厂成本工作的组织机构，协调各部门成本工作中的问题和矛盾。

（3）审定工厂的目标利润和目标成本，批准工厂成本计划和费用计划，综合研究和决定各项重大的降低成本方案。

（4）组织和领导各项重大的成本决策。

（5）动员全厂各部门、各级和全体职工管理成本。

2.成本会计的职能机构

大中型企业单位设成本处或成本科作为成本会计的职能机构，也有企业在会计机构中设置成本股或成本组；至于规模小的企业，一般是在会计部门中指定一些员工专门负责成本会计工作。

厂部成本会计职能机构是成本会计的综合部门，其主要任务是：组织成本的集中统一管理，为企业领导提供各种成本信息；进行成本预测和决策，编制企业成本计划，并分解下达给各部门和车间；实行成本控制，监督生产费用支出，准确地核算全厂产品成本；检查和考核工厂的成本计划执行情况，开展成本综合分析；组织车间的成本核算和管理，加强对班组经济核算的指导和帮助；制定全厂的成本会计制度，不断总结和推广成本管理、降低成本方面的先进经验。

成本会计工作在厂部成本职能部门和企业内部各单位之间，可以采用集中核算和非集中核算两种组织形式。在集中核算形式下，企业的一切成本会计业务都集中在厂部成本职能部门进行，其他职能部门、车间一般只负责提供原始资料。这种核算方式的优点是，厂部会计机构可以比较及时地全面掌握企业的有关成本信息，便于集中使用计算机进行成本数据处理，还可以减少成本会计机构的层次和成本会计人员的数量；缺点是不便于实行责任成本核算。在非集中核算形式下，车间成本或部门费用支出的计划、核算和分析等，一般由这些单位的成本员或负责成本工作的人员担任，因此各责任单位需配备专职或兼职的成本会计人员，而厂部成本部门主要负责成本数据的汇总，处理不便于分散到各单位去进行的成本工作，以及对各单位成本会计工作进行业务监督和指导。它的优缺点与集中核算方式的优缺点恰好相反。企业采用哪一种组织形式，要从有利于更好地完成成本会计任务的角度出发，并根据企业规模的大小和经营管理水平等条件来决定。

3.成本归口管理部门

根据成本责任制，企业的其他职能部门都应对成本承担一定的责任，具体内容如下：

（1）生产部门：负责制定生产资金定额和控制外部加工费用；编制和落实生产、作业进度计划，组织均衡生产；提高工时利用率，保证完成产量、品种等计划指标；对计划指标进行分析，力求缩短生产周期，减少在产品、半成品的资金占用。

（2）质量检验部门：负责全面质量管理，提高优级品率，减少不合格产品和废品损失，并按期提出质量成本分析报告。

（3）物资供应、储运部门：负责制定物资储备定额，控制物资的消耗，合理组织物资的采购、运输，节约物资的采购和保管费用。

（4）技术工艺部门：负责制定物资消耗定额，从产品设计和工艺技术上保证产品质量优、成本低、适销对路，减少材料物资的消耗，节约工时，讲究效益。

（5）设备管理部门：负责制定设备利用定额，提高设备完好率和利用率，降低设备修理成本，减少维修保养费用。

（6）动力供应部门：负责水、电、气消耗定额的制定和管理，在保证生产需要的前提下，努力控制能源消耗。

（7）人力资源部门：负责劳动力的合理组织，制定定员和工时定额，提高工时利用率和劳动生产率，控制工资、福利和奖金的支出，合理节约劳动保护费用开支。

（8）行政管理部门：负责有关管理费用的预算编制、日常控制和定期分析工作等。

（9）销售部门：负责编制产成品销售计划，合理组织产成品的销售，编制并控制销售费用预算。

（10）其他部门：负责与其本身责任有关的成本工作，提高工作效率，减少费用开支。

在上述职能部门管理和控制的指标中，有些指标直接和成本相联系，属于成本指标；也有些指标，如产量、废品率、劳动生产率、工时利用率和设备利用率等，其本身不是成本指标，但其完成的好坏必然影响产品成本水平的升降。所以，管理和控制成本不应局限于几个成本指标，必须同时从技术与经济、创收和节约等不同方面着手，才能全面提高经济效益。

4.班组经济核算

班组是基层环节，产品生产过程中的各种消耗大多数是在班组中发生的。所以，班组对成本控制得如何，直接影响成本的高低。我国一些企业根据班组的大小，配备专职或兼职核算员，把班组成本控制和班组核算结合起来。其内容包括：将消耗指标分解，落实到个人；核算和控制班组、个人的生产消耗；检查分析定额和费用指标的实现。这是组织工人参与成本管理的一种好形式，也是具有中国特点的责任会计形式，对于降低成本发挥着重要的作用。

（二）成本会计人员

企业配备必要的胜任成本工作的会计人员，是顺利进行成本会计工作、充分发挥成本会计职能的关键。

成本会计工作要求从事该项业务的人员不仅要具备成本会计的专业知识和基本职业道德，还应该满足以下几方面的能力：

（1）不仅要懂会计和财务管理，还要懂经营管理，特别是要熟悉生产技术。

（2）要熟练掌握现代成本会计的理论和方法，学会分析、预测、决策，具备过硬的岗位本领。

（3）学会使用电子计算机进行信息处理，以适应经济发展对成本会计越来越高的要求。

根据成本人员职业要求，目前我国的有些企业在成本岗位上配备了成本工程师，从而有利于成本工作的技术与经济相结合，充分发挥成本职能作用，更好地完成成本会计任务。

（三）成本会计制度

成本会计制度是组织和从事成本会计工作必须遵循的规范和具体依据。因此，正确地制定和执行成本会计制度是做好成本会计工作的重要条件。企业成本会计制度要以企业会计准则、企业会计制度的有关规定为依据，不仅要体现社会主义市场经济的要求，满足宏观调控的需要，还要适应企业的生产和经营特点，以及内部经营管理的具体要求，同其他有关规章制度相协调。成本会计制度的内容包括对成本进行预测、决策、计划、控制、核算、分析和考核等作出规定，一般涉及以下几个方面：

（1）成本岗位责任制度。

（2）成本预测和决策的制度。

（3）目标成本制定，编制成本计划的制度。

（4）成本控制制度。

（5）成本核算制度。

（6）成本报表制度。

（7）成本分析制度。

（8）企业内部价格制定和结算制度。

（9）成本岗位考核标准。

（10）其他有关成本会计的规定。

必须指出，成本会计制度一经制定，应认真、严格地执行，保持相对的稳定性。但是，随着客观形势的发展，以及人们对客观事物认识的深化，成本会计制度也必须适当地进行修改。制度的修订是一项严肃的工作，必须既积极又慎重，不能轻易废弛。在新制度未形成以前，原有制度要继续执行，以便使成本会计工作处于有章可循的正常状态，充分发挥其应有的作用。

思考与练习

1.成本的含义是什么？成本核算有什么作用？

2.早期成本会计阶段取得了哪些成果？

3.近代成本会计阶段取得了哪些进步？

4.成本会计的职能是什么？

5.成本会计的基础工作包括什么？其主要内容是什么？

6.如何制定内部结算价格？

7.成本会计人员的主要职责是什么？

第二章

成本核算概述

培根铸魂

向潘序伦先生学习，做诚信会计人

潘序伦（1893—1985），江苏宜兴人，立信会计师事务所、上海立信会计金融学院创始人，是发展我国会计事业和培养我国会计人才的先驱、中国现代杰出的会计学家和著名教育家，被誉为“中国现代会计之父”。

潘序伦将现代会计的复式簿记方式及其理论引入中国，奠定了中国现代会计学的发展道路。创办了中国第一家会计师事务所，创立了一个闻名中国的会计品牌“立信”，创建了事务所、学校、出版社“三位一体”的立信会计事业。立信会计学校发展成为如今的上海立信会计金融学院，培养了大量的会计专业人才。

潘序伦先生的格言是：没有信用，也就没有会计；会计99分不算合格，只有100分才算合格；会计师应具有公正之品格，诚笃之心地，廉洁之操守，勤奋之精神，以恢张其信用，而发挥其效能。

社会给予潘序伦先生极高的评价，我国社会主义会计工作和会计制度的奠基人之一杨纪琬教授曾评价道：“立信会计师事务所、立信会计学校和立信会计丛书，在我国会计工作、会计教育和会计理论研究的发展史中，都留下了不可磨灭的一章。”

▸▸▸▸▸▸ 第一节　成本核算的含义和作用

一、成本核算的含义

成本核算，是指利用货币单位计量各种经济资源的价值牺牲或耗费。企业为了实现一定的经营目标，必须提供适应社会需要、具有市场竞争力的产品或劳务。为了正确确定这些产品或劳务的价格，必须以产品或劳务为对象，对制造加工过程所耗费的各种经济资源作出全面、分类、综合的确认、计量和归集分配，以计算其花费的成本。在制造业，生产经营一般分为采购、生产、销售三个环节，相应地，成本核算分为采购成本核算、生产成本核算和销售成本核算。成本核算是成本会计的基本内容，它为企业的管理目标提供成本信息，并把成本信息传递给有关使用者。

二、成本核算的目标

在成本会计发展史上，成本核算的目标是逐渐丰富与完善的。起初，成本核算旨在正确确定企业存货价值及利润，为编制对外的会计报表服务。为了确定企业盈亏，需要在确认已实现收入的同时，正确计算实现这些收入所发生的产品销售成本。要确定产品销售成本，就必须确定产品生产成本。20世纪20年代后，受科学管理思想的影响，控制成本的概念得以强化，成本核算开始关注各级经营管理人员的责任及履行情况，期望能对经营活动产生积极的作用。成本核算的目标有了新的发展，不仅需要定期计算成本，还应根据管理需要随时提供发生成本超支或节约的信息，以便有效地促进企业生产经营。成本核算目标发展的最高阶段，是有效地服务于经营决策。确定盈亏及存货价值，或提供成本差异的信息，都属于事后控制，只能反映事实，不能做到事前控制，而管理实践发展已十分迫切地提出事前控制要求。由此可见，成本核算的目标可归结为三个：①确定盈亏及存货价值；②促进优化管理行为；③服务经营决策。

三、成本核算的作用

成本核算是现代成本会计的基础环节，它在企业管理中的作用表现在以下几个方面：

（1）成本核算提供的资料是企业经营决策的依据。通过成本核算取得的实际成本资料，是进行预测、决策的重要依据，为企业管理部门及经营管理者服务。例如，进行产品成本核算，可以反映和监督各项消耗定额及成本计划的执行情况，并进行分析对比，查明企业生产经营的成绩和不足，采取措施，改善经营管理，作出相关决策，进一步降低成本，提高企业竞争力。

（2）成本核算提供的资料是制定产品价格的基础、确定企业盈利的依据。在定价政策中，最简单、最常用的方法是成本加成法，即在产品成本的基础上加上一定百分比的利润，形成产品的售价。企业只有在取得足够利润的条件下，才能在市场竞争中快速发展。

（3）成本核算提供的资料是衡量企业经营管理水平的一个重要标志。企业人力、物力消耗水平的高低，决定企业的竞争能力，综合表现为成本水平的高低，它是衡量企业经营管理水平的重要标志。比如，通过产品成本核算，可以反映在产品资金的增减变动和结存情况、加强在产品的管理、提高资金的周转速度和利用效率。

▸▸▸▸▸▸▸ 第二节　成本核算的原则和要求

一、成本核算原则

由于生产特点和管理要求等方面的不同，企业的成本核算也具有不同的特点。但是，对于任何企业来讲，成本核算提供的信息都应具备相关性、及时性和准确性的特征。成本核算提供的信息只有符合基本特征才能充分发挥其应有的作用。因此，会计人员在成本核算时应遵循以下基本原则。

（一）实际成本计价原则

实际成本计价亦称历史成本计价，它包含三方面的含义：

（1）对生产所耗用的原材料、燃料和动力等费用，都要按实际成本计价。具体地说，原材料、燃料和动力在数量方面要按其实际耗用数量计算；在价格方面，不一定必须采用实际价格，也可按计划价格计价，但是在计入产品成本时，要对计划价格与实际价格的差异作调整。

（2）对固定资产折旧必须按其原始价值和规定使用年限计算。

（3）对完工产品成本要按实际成本计价，但它并不排斥“产成品”账户及其明细账也可按计划成本计价，对于实际成本与计划成本之间的差额，另设“产品成本差异”账户登记。

按实际成本计价，可以正确计算企业期末存货状况和当期的盈利水平，但当物价变动较大时，历史成本就不能真实地反映资产的现值。

（二）成本分期核算原则

企业生产经营活动是连续不断的，为了确定一定期间所生产产品的成本，企业就必须将其生产经营活动划分为若干个相等的成本会计期间，分别计算各期产品的成本。成本核算的分期，必须与会计年度的分月、分季、分年相一致，这样有利于考核企业业绩并实施奖惩。但需指出，成本核算的分期与产成品（完工产品）成本的计算期不一定一致，不论生产类型如何，成本核算中的费用归集、汇总和分配，都必须按月进行。至于完工产品的成本计算与生产类型有关，可以是定期的，也可以是不定期的。例如，分批法下完工产品的成本计算就可以是不定期的，而品种法下的成本计算则一定是定期的。

（三）合法性原则

合法性原则是指计入成本的费用必须符合国家法律法规，不符合规定的费用不能计入成本。例如，目前的制度规定，凡属于增加固定资产而发生的各项资本性支出，不能直接计入成本；购入无形资产的支出、对外投资支出、被没收的财物、各项罚款性质的支出等不能列入成本开支；管理费用、财务费用和销售费用等作为期间费用处理，不能计入产品成本。

(四) 重要性原则

在进行成本核算时，所采用的成本计算步骤、费用分配方法和成本计算方法等，都应根据每个企业的具体情况进行选择。对于一些主要的产品和费用，应采用比较详细、准确的方法进行分配和计算，而对于一些次要的产品和费用，则可采用简化方法，进行合并计算和分配。这样，既能减少成本核算的工作量，也提高了成本核算的效率。

(五) 一贯性原则

企业在进行成本计算时，一般应根据企业的生产特点和管理要求选择不同的成本计算方法。产品成本计算方法一经确定，没有特殊的情况，不应经常变动，以使计算出来的成本资料便于进行前后期比较。如因特殊情况确需改变原有的成本核算方法，应在有关会计报告中加以说明，并对原成本计算单中的有关数字进行必要的调整。

(六) 权责发生制原则

在进行成本核算时，应遵循权责发生制原则。权责发生制是以收入和支出是否在本期发生作为确认其应否计入本期收入和支出的一种方法。权责发生制的基本内容是：凡是应计入本期的收入或支出，不论款项是否收到或付出，都应确认为本期的收支；凡是不应计入本期的收入和支出，即使款项已经收到或付出，也不能确认为本期的收支。在成本会计中运用权责发生制原则，主要是指在成本核算时，对于已经发生的支出，如果其受益期不仅包括本期，还包括以后各期，就应按其受益期分摊，不能全部列入本期成本；对于虽未发生但应由本期负担的费用，则预提计入本期费用，待实际支出时不再列入费用。

二、成本核算的要求

(一) 严格遵守国家规定的成本开支范围和费用开支标准

成本开支范围是根据企业在生产过程中生产费用的不同性质，按照成本的内容以及加强经济核算的要求，由国家经济管理部门统一制定的。企业在生产过程中发生的费用多种多样，其用途不同，开支渠道也不同。因此，企业进行成本核算时，应根据国家法规和制度的要求，对企业的各项费用进行审核，看其应不应该开支，应不应该计入产品成本。例如，企业为生产产品所发生的各项费用应列入产品成本；企业进行基本建设、购建固定资产、日常经营管理支出等费用，则不能计入产品成本。

费用开支标准是对某些费用支出的数额、比例所作出的具体规定。例如，固定资产和低值易耗品的划分标准、工会经费的计提比例等都应严格按照国家规定的标准进行划分和计提。企业应严格遵守国家规定的成本开支范围和费用开支标准，以保证产品成本的真实可靠，使不同企业和同一企业不同时期的产品成本内容一致，具有可比性。严格遵守成本开支范围和费用开支标准是国家对企业产品成本核算提出的一项基本要求，每个企业都应遵照执行。

（二）正确划分各种费用支出

为了正确核算产品成本，保证产品成本的真实可靠，必须正确划分以下几个方面的成本费用。

1.正确划分收益性支出与资本性支出

收益性支出是指与当期收入相配比的费用支出，应全部列作当期的成本、费用，也称为营业支出，如工资支出、折旧费用等。资本性支出是指效益涉及两个或两个以上会计年度的各项支出，应由各受益期的营业收入分期负担，如购置固定资产、无形资产的各项支出。区分收益性支出和资本性支出是为了正确计算各期的损益，正确反映资产的价值。如果把收益性支出列作资本支出，结果是少计了当期费用，多计了资产的价值，会虚增当期利润；反之，如果把资本性支出作为收益性支出，则少计了资产，多计了当期费用，会导致当期利润减少。

2.正确划分产品制造成本与期间费用

产品制造成本是指企业为制造产品在生产过程中所消耗的材料、人工和制造费用。期间费用是指在会计期间内为企业提供一定的生产条件，以保持经营管理、产品销售和企业财务工作正常运作所发生的费用，包括销售费用、管理费用和财务费用等。制造成本在产品销售后作为产品的销售成本计入企业损益，期间费用在发生时直接计入当期损益。为了正确计算产品成本、正确核算各期损益，必须正确划分产品的制造成本和期间费用，避免出现混淆产品制造成本和期间费用以调节各月产品成本和损益的错误做法。

3.正确划分本期成本费用和非本期成本费用

为了正确考核和分析成本计划的执行情况、正确计算各月盈余，企业发生的费用必须严格按照权责发生制的原则，划分本期成本费用和非本期成本费用，将成本费用正确计入所属期间的产品成本，正确确定产品销售利润。

4.正确划分各种产品成本

如果企业生产的产品不止一种，为了正确计算产品成本，必须将应计入本月生产成本的生产费用，在各种产品之间以正确的方法进行分配。产品成本中的直接材料、直接人工可以直接计入各种、各批或各步骤的产品成本。制造费用，以及其他不能直接归属于某种产品的费用，不能直接计入各种、各批或各步骤的产品成本，应采用合理的分配标准和分配方法，在有关产品之间进行分配。所以，划清不同产品成本的界限可以正确计算各种产品成本，防止在盈利产品与亏损产品之间、可比产品与不可比产品之间任意转移生产费用，借以掩盖成本超支或以盈补亏的错误做法。

5.正确划分完工产品成本和在产品成本

在月末计算产品成本时，如果某种产品全部完工，那么这种产品归集的生产费用就是该完工产品成本；如果某种产品全部未完工，那么这种产品归集的生产费用就是该产品的月末在产品成本；如果某种产品月末既有完工产品又有在产品，那么该种产品所归集的生产费用要在完工产品和月末在产品之间进行分配，分配时要根据在产品实际完工程度和投料情况正确确定所汇集费用总额中月末在产品成本所占的份额，以正确计算完工产品的总成本和单位成本。正确划分完工产品成本和在产品成本，可以防止任意提高或降低月末在产品成本、人为调节完工产品成本。

（三）做好各项成本核算的基础工作

为了保证成本核算的质量，加强成本审核、控制，企业要重视成本核算的基础工作，做好以下几个方面的工作：

1.建立和健全成本核算的原始记录，设计合理的凭证传递流程

进行成本核算和成本分析都要以数据可靠、内容齐全的原始记录为依据。例如，企业对于材料的领用、工时的消耗、生产设备的运转、废品的发生、产成品和自制半成品的交库、产品质量的检验等，都要建立原始凭证制度。原始凭证要规定填制份数，在内容上要正确填制经济活动的时间、内容、计量单位及数量、填表人及负责人的签章等项目。同时，成本会计部门要根据成本管理体制的需要，制定各种原始凭证的传递程序，以规范成本信息流程，满足成本控制的基本需要。

2.制定必要的消耗定额，加强定额管理

定额是企业在进行生产经营活动的过程中，对人力、物力、财力的配备、利用和消耗，以及获得的成果等方面所应遵守的标准或应达到的水平。在成本会计中，企业要根据管理的目的和自身的特点，制定既有一定先进性，又切合实际的定额，并随着生产技术水平的提高而定期修订。制定合理的消耗定额，是成本会计中编制成本预算，进行成本核算、成本控制和成本分析的重要依据。

3.建立材料物资的计量、验收、入库、发出、盘存等制度

企业对材料物资及产品的收发领退，都要认真计量，填制必要的凭证，办理必要的手续；对在产品和库存材料物资要定期盘点，分析盈亏原因，计价入账。这些工作不仅是正确计算成本的基础，也是加强物资管理的基础。

4.制定内部结算价格和内部结算制度

对于原材料、辅助材料、半成品和劳务等，都要制定合理的内部结算价格，作为内部结算的依据。采用内部结算价格开展内部结算，可以明确经济责任，简化和减少核算工作，并便于考核厂内各部门的各项成本预算的完成情况。

（四）完善成本责任制

为了正确地进行成本计算，考核各责任单位的成本水平，必须完善成本责任制，以进一步降低产品成本，提高企业经济效益。首先，应该建立健全责任成本制度，计算每一责任单位的责任成本，进行各责任单位责任成本的考核和分析；其次，应建立健全内部成本管理体系，一个完善、运行合理的内部成本管理体系，对于成本责任制的推行起到至关重要的作用；最后，建立健全成本考核、奖惩制度，计算出产品成本，并对成本指标进行分析、考核，并根据各责任单位的考核结果实行规范、严格的奖惩制度，可以调动各部门及人员不断降低产品成本的积极性，促进企业经济效益的不断提高。

（五）选择适当的成本计算方法

企业在进行成本核算时，应根据本企业的具体情况，选择适合本企业特点的成本计算方法。成本计算方法的选择，应同时考虑企业生产类型特点和管理要求两个方面。在同一家企业里，可以采用一种成本计算方法，也可以采用多种成本计算方法。成本计算方法一经选定，不得随意更改。

▸▸▸▸▸▸▸ 第三节　成本核算的基本程序和账户设置

不同企业采用不同的生产技术与产品工艺，生产出多种多样的产品，但各生产成本的形成表现为各生产要素费用的发生，因此，生产成本计算是以生产要素费用的正确核算为前提的。

一、成本核算的基本程序

成本核算的基本程序，就是根据成本管理和核算的基本要求，对企业生产经营过程中发生的各项费用进行归集和分配，最后计算出各种产品成本和各项期间费用的基本过程。

成本核算的一般程序可以简单分为以下几个阶段：

（1）根据成本开支范围，审核各项支出。对企业发生的各项支出，严格按照国家的有关成本支出的规定进行审核和控制，确定各项支出发生的合法性、真实性和合理性，判断其应该计入产品成本，还是期间费用。应计入产品成本的，按成本项目进行归集和分配；应列为期间费用的，确定其所属的期间及费用项目。

（2）要素费用的分配。外购材料、外购燃料及动力、人工和折旧费等要素费用，需要首先按照经济用途进行分配。属于期间费用的，按销售费用、管理费用、财务费用各期间费用项目归集。应计入产品成本的费用，凡属单设成本项目的费用，如构成产品实体或有利于产品形成的原材料、产品生产耗用的外购燃料和动力、产品生产工人工资等费用，要按用途分配给基本生产各产品和辅助生产各产品（或劳务）的有关成本项目，直接按照各种产品的不同成本项目进行归集；凡属未单设成本项目的费用，如折旧费、车间管理人员工资等，应先归集为不同生产车间或部门的制造费用，待制造费用归集完成后再将制造费用成本项目计入各种产品成本。

（3）辅助生产费用的分配。有辅助生产车间的企业，应将辅助生产车间发生的单设成本项目的费用，如原材料、生产工人工资，在以上各项要素费用分配中直接计入辅助生产产品或劳务成本；属于间接费用的，先归集为各辅助生产车间的制造费用，月末，将各辅助生产车间“制造费用”账户归集的间接费用分配转入辅助车间所提供的各种产品或劳务的“辅助生产成本”账户，然后将“辅助生产成本”账户归集的总成本进行分配。如果是完工入库的自制材料、自制工具等产品，辅助生产成本转为存货成本；如果是对外提供劳务，辅助生产成本按受益数量分配给各受益对象。

（4）基本生产制造费用的分配。各基本生产车间的制造费用归集后，应区别不同车间，于月末在本车间的产品之间分配，记入产品成本制造费用成本项目。

（5）废品损失和停工损失的分配。在单独核算废品损失、停工损失的企业中，因出现废品、停工而发生的损失费用，都应在以上各步骤的费用分配中，按废品损失、停工损失进行归集。这些损失性费用，扣除可以收回的残值、保险赔偿、过失人赔偿以及可列为营业外支出的非常损失等之后，应分别分配给有关期间费用和产品成本的相应项目。

（6）完工产品和期末在产品之间的费用分配。经以上费用分配，每种产品本月应负担的生产费用已按不同成本项目分别归集，逐项与月初在产品费用相加后，即为该产品的全部产品费用。如果当月产品全部完工，所归集的全部产品费用即为完工产品成本；如果全部未完工，则全部为月末在产品成本；如果当月既有完工产品又有月末在产品，则需将成本项目在完工产品和在产品之间分配，计算按成本项目反映的完工产品成本和月末在产品成本。

（7）完工产品成本的结转。计算出完工产品成本后，将其成本从生产成本账户转入库存商品账户，形成产成品价值。

二、成本核算的账户设置

为了进行成本核算，企业一般应设置“生产成本”“制造费用”“长期待摊费用”“销售费用”“管理费用”“财务费用”等账户。如果需要单独核算废品损失和停工损失，还应设置“废品损失”“停工损失”账户。

（一）“生产成本”账户

“生产成本”账户核算企业进行生产而发生的各项成本费用，该账户按生产组织要求和成本核算对象设置“基本生产成本”和“辅助生产成本”两个二级账户。

1.“基本生产成本”账户

基本生产是指为了完成企业主要生产目的而进行的商品产品生产。“基本生产成本”账户用来归集基本生产所发生的各种生产费用，计算基本生产产品成本。该科目的借方登记企业基本生产过程中发生的直接材料、直接工资等直接费用以及分配转入的制造费用；贷方登记完工入库的产成品成本；期末余额在借方，表示尚未完工的各项在产品成本。

“基本生产成本”账户应按产品名称、批别或生产步骤等成本计算对象设置产品成本明细分类账（也称基本生产成本明细账、产品成本计算单），账内按成本项目设置专栏或专行。其格式见表2-1。

表2-1　　基本生产成本明细账

车间名称：

产品名称：　　金额单位：

日期	凭证号	摘要	产量（件）	成本项目			合计
				直接材料	直接人工	制造费用	

2.“辅助生产成本”账户

辅助生产是指为基本生产服务而进行的产品生产或劳务供应。辅助生产提供的产品或劳务有时也对外销售或供应，但这不是企业生产的主要目的。“辅助生产成本”账户的借方登记企业辅助生产过程中发生的各种费用；贷方登记完工入库产品的成本或分配转出的劳务成本；期末余额在借方，表示辅助生产的在产品成本。

“辅助生产成本”应按辅助生产车间和生产的产品、提供的劳务分别设置明细分类账，按辅助生产成本项目或费用项目分设专栏或专行进行明细登记。其格式见表2-2、表2-3。

表 2-2　　**辅助生产成本明细账（一）**

车间名称：

产品（劳务）名称：　　　　单位：

日期	凭证号	摘要	成本项目				合计
			直接材料	直接人工	燃料动力	制造费用	

表 2-3　　**辅助生产成本明细账（二）**

车间名称：

产品（劳务）名称：　　　　单位：

日期	凭证号	摘要	费用明细项目							合计
			材料费	人工费	燃料动力	水电费	办公费	折旧费	其他	

（二）“制造费用”账户

“制造费用”账户核算各生产单位（分厂、车间）为生产产品或提供劳务所发生的各项费用。“制造费用”账户借方登记企业发生的制造费用；贷方登记分配转出的制造费用；除季节性生产或采用年度计划分配率法分配制造费用的企业外，本账户月末应无余额。

“制造费用”账户应按不同的车间、部门设置明细账，账内按费用项目设立专栏进行明细核算。其格式借鉴表2-3。

（三）“长期待摊费用”账户

“长期待摊费用”账户核算企业已经支出但应由本期和以后各期分别负担的分摊期在一年以上的各项费用，如租入固定资产改良支出。当发生长期待摊费用时，应记入“长期待摊费用”账户的借方；按月摊销时，应记入“长期待摊费用”账户的贷方；该账户月末余额在借方，反映企业已发生或已支出，但尚未摊销的各项长期待摊费用的摊余价值。“长期待摊费用”账户应按费用的种类设置明细账，进行明细核算。

（四）“销售费用”账户

“销售费用”账户核算企业在产品销售过程中所发生的各项费用。该账户的借方登记实际发生的各项产品销售费用；贷方登记期末转入“本年利润”账户的数额；期末结转后该账户没有余额。“销售费用”账户应按费用的项目设置明细账，进行明细核算。

（五）“管理费用”账户

“管理费用”账户核算企业行政管理部门为组织和管理生产经营活动而发生的各项管理费用。该账户的借方登记发生的各项管理费用；贷方登记期末转入“本年利润”账户的数额；结转后该账户应无余额。“管理费用”账户应按费用的项目设置明细账，进行明细核算。

（六）“财务费用”账户

“财务费用”账户核算企业为筹集生产经营所需资金而发生的各项费用。该账户的借方登记发生的各项财务费用；贷方登记应冲减财务费用的利息收入、汇兑收益以及期末转入“本年利润”账户的数额；期末结转后该账户应无余额。“财务费用”账户应按费用的项目设置明细账，进行明细核算。

（七）“废品损失”账户

“废品损失”属于成本类科目，核算企业产生的废品损失。该账户借方登记不可修复废品的生产成本和可修复废品的修复费用；贷方登记废品残料回收的价值、应收的赔偿以及转出的废品净损失；月末应无余额。“废品损失”账户应按车间设置明细账，账内按产品品种分设专栏或专行进行明细登记。

（八）“停工损失”账户

“停工损失”属于成本类科目，核算企业因停工而造成的损失。该账户的借方登记本月发生的停工损失；贷方登记分配结转停工损失；月末一般无余额。“停工损失”账户应按车间设置明细账，账内按计划内停工和计划外停工分设专栏进行核算。

思考与练习

1. 成本核算的目标是什么？
2. 成本核算的原则是什么？
3. 成本核算有哪些要求？
4. 如何正确划分各种费用支出？
5. 要做好成本核算，应做好哪些基础工作？
6. 简述成本核算的基本程序。
7. 成本核算应设置的会计科目有哪些？

第三章

要素费用的汇集与分配

培根铸魂

不忘初心，不负韶华

“不忘初心”一词，最早出自唐代白居易《画弥勒上生帧记》：“所以表不忘初心，而必果本愿也。”它的意思是时时不忘记最初的心愿，最终一定能实现其本来的愿望，取得成功。白居易深怀济世救民的思想，有几十年的为官经历，既有过少年得志的辉煌，也有过被贬之后的孤苦，但他始终秉持“穷则独善其身，达则兼济天下”的信念。“不忘初心”体现了一种积极有为的人生态度，那就是不仅有坚定不移的志向，更要努力去实施、去实现，反映的是中华民族的主流价值观。

“不负韶华”出自海子的著名诗篇《以梦为马》：“以梦为马，不负韶华。”它的意思是把崇高理想当作自己不断前行的方向和动力，拼搏进取莫要辜负自己美好的青春年华。同学们青春年少，处于一生中最佳的学习阶段，更需要珍惜时间，不辜负自己的努力，不辜负每一分钟，在奋斗的历程中，挥洒出梦想的华彩。

▶▶▶▶▶▶▶ 第一节 费用要素概述

一、生产费用要素按经济内容的分类

费用是指一定时期内企业在生产经营过程中所发生的各种耗费的货币表现。发生于生产过程中的各种耗费称为生产费用，生产费用包括劳动对象、劳动手段和活劳动中必要劳动消耗三方面的费用。这种按费用的经济内容（或性质）不同所作的分类，会计上称为生产费用要素。工业企业生产费用要素一般有：

（1）外购材料。外购材料是指企业为进行生产而耗用的一切由企业外部购入的原料及主要材料、半成品、辅助材料、包装物、修理用备件、低值易耗品等。

（2）外购燃料。外购燃料是指企业为进行生产而耗用的由企业外部购进的各种燃料，包括固体燃料、液体燃料、气体燃料。外购燃料与外购材料从性质上看是相同的，可归为一类。但由于燃料在许多企业中是重要的能源，在成本中所占的比重较大，故将其单独列为一类费用进行核算。

（3）外购动力。外购动力是指企业为进行生产而耗用的由企业外部购进的动力，如电力等。

（4）人工费用。人工费用是指企业应计入生产费用的职工工资及福利费等费用。

（5）折旧费。折旧费是指企业按照一定的方法计算的固定资产折旧费。

（6）其他支出。其他支出是指不属于以上各项费用要素的支出，如差旅费、租赁费、设计制图费、试验检验费等。

将生产费用按经济内容进行分类，可以说明企业在生产过程中消耗了哪些性质的费用，消耗了多少，从而反映生产费用的构成；有利于加强生产费用的核算和管理。同时，又为企业核定流动资金定额和编制采购资金计划提供必要的核算资料。

按费用要素反映的生产费用和按成本项目反映的产品成本之间既有联系，又有区别。它们之间的联系表现在，两者的经济内容基本一致，都是耗费，企业在一定时期的生产费用发生额是企业计算该期间完工产品成本的基础。它们之间的区别主要表现在：

（1）包括的范围不同。按费用要素反映的生产费用包括工业生产费用和非工业生产费用（指进行非工业性生产而发生的费用）；按成本项目计入产品成本的生产费用，只包括工业性生产费用。

（2）计算的基础不同。生产费用是同“期间”相联系的。以工业生产费用来说，它反映本期产品生产过程中生产费用的实际发生额，不管该费用是否应计入本期的产品成本，都计入本期的生产费用。产品成本则是同“产品”相联系的，它反映本期产品成本所应负担的费用。所以，它们两者不一定相等。因为有些本期支出的生产费用可能转入下期产品成本，而有些将在下期支出的生产费用可能有一部分要提前计入本期产品成本。此外，由于企业在本期投产的产品不一定在本期全部完工，同时，本期完工的产品也不一定全部是本期投产的，因此，计算本期完工产品成本要在各种产品本期生产费用的基础上，加上期

初未完工产品成本，减去期末未完工产品成本。明确生产费用同产品成本之间的联系与区别，对于正确核算产品成本有着重要的意义。

二、生产费用要素按经济用途的分类

工业企业的各种费用按其经济用途可分为生产经营管理费用和非生产经营管理费用。生产经营管理费用还可分为计入产品成本的生产费用和不计入产品成本的经营管理费用。计入产品成本的生产费用有的直接用于产品生产，有的间接用于产品生产。

为了具体地反映计入产品生产成本的生产费用的各种用途，还应进一步将其划分为若干个成本项目。根据生产特点和管理要求，我国工业企业一般应设立直接材料、燃料及动力、直接人工和制造费用四个成本项目：

（1）直接材料，是指直接用于产品生产、构成产品实体的原料、主要材料以及有助于产品形成的辅助材料。

（2）燃料及动力，是指直接用于产品生产的外购和自制的燃料和动力。

（3）直接人工，是指直接参加产品生产的工人工资以及其他相关短期薪酬。

（4）制造费用，是指直接用于产品生产，但不便直接计入产品成本，因而没有专设成本项目的费用（如机器设备折旧费用），以及间接用于产品生产的各项费用（如车间办公费、机物料消耗、车间厂房折旧费用等）。

为了使成本项目更好地适应工业企业的生产特点和管理要求，工业企业或主管企业的上级机构可以对上述成本项目进行适当的调整。例如，“燃料及动力”成本项目，一般要求单独进行反映、控制和考核，但如果工艺上耗用的燃料和动力不多，可不设置该成本项目，而将工艺用燃料（即直接燃料）费用并入“直接材料”成本项目核算，将工艺用动力费用并入“制造费用”成本项目核算；再如，如果企业没有废品，或者废品损失不大，则不必增设“废品损失”成本项目，反之，就应该增设该成本项目。

将计入产品成本的生产费用划分为若干成本项目，可以按照费用的用途考核各项费用定额或计划的执行情况，分析费用支出是否合理、节约。因此，产品成本不仅要分产品计算，而且要分成本项目计算，要计算各种产品的各个成本项目的成本。产品成本计算的过程，也就是各种要素费用按其经济用途划分，最后计入本月各种产品成本，按成本项目反映完工产品和月末在产品成本的过程，即前面所述费用界限的划分过程。

三、生产费用要素的其他分类方法

（一）生产费用要素按与生产工艺的关系分类

生产费用按其与生产工艺的关系可分为直接生产费用和间接生产费用。直接用于产品生产的费用，称为直接生产费用，如原材料费用、生产工人工资和机器设备折旧费等；间接用于产品生产的费用，称为间接生产费用，如机物料消耗、车间管理人员工资、车间办公费和车间厂房折旧费等。

（二）生产费用要素按计入产品成本的方法分类

生产费用按其计入产品成本的方法可分为直接计入费用和间接计入费用。在构成产品成本的各项生产费用中，可以分清由哪种产品所耗用而直接计入某种产品成本的费用，称为直接计入费用（一般简称为直接费用）；不能分清由哪种产品所耗用并直接计入某种产品成本，而必须按照一定标准分配计入有关产品成本的费用，称为间接计入（或分配计入）费用（一般简称为间接费用）。

（三）生产费用要素按与工艺关系分类和按计入产品成本方法分类的联系与区别

直接生产费用大多是直接计入费用，如原材料费用大多能够直接计入某种产品成本；间接生产费用大多是间接计入费用，如机物料消耗大多只能按照一定标准分配计入有关的各种产品成本。但也不都是如此，例如，在只生产一种产品的工业企业或车间中，直接生产费用和间接生产费用都可以直接计入该种产品成本，都是直接计入费用，在这种情况下，就没有间接计入费用。又如，在用同一种原材料同时生产出几种产品的联产品生产（如蔗糖加工）企业中，直接生产费用和间接生产费用都不能直接计入某种产品成本，都是间接计入费用，在这种情况下，就没有直接计入费用。

四、生产费用要素分配的一般原则

产品生产过程中发生的各项生产费用，应采用一定的方法进行归集并分配计入产品成本。费用要素的归集与分配原则为：首先按照费用要素的用途和发生的地点，将各种费用要素区分为应计入产品成本的费用要素和不应计入产品成本的费用要素。然后对于应计入产品成本的各种费用要素，按其与产品的关系进行归集和分配。凡是专为某种产品所耗用，并能确认其负担数额的直接费用，则根据原始凭证采取直接计入的方法计入某种产品成本；凡是几种产品共同耗用，不能确认为某种产品所消耗的间接费用，则先行归集，然后采取适当的方法分配计入产品成本。

在只生产一种产品的企业中，应计入产品成本的全部费用都是直接费用，应直接计入产品成本。在生产多种产品的企业中，应计入产品成本的费用要素，有的是为某种产品所耗用，有的为几种产品共同耗用。这就要根据实际情况区别对待，对于能确定为某种产品所耗用的直接费用要直接计入产品成本；为几种产品共同耗用的间接费用，要采用一定的方法分配计入产品成本。因此，费用要素分配的一般原则可概括为：凡属于直接费用的，应直接计入产品成本；属于间接费用的，经归集与分配后，分配计入产品成本。

五、生产费用要素分配的方法

对于各项间接计入费用，应选择适当的方法进行分配。适当的分配方法是指分配所依据的标准与分配对象有比较密切的联系，因而分配结果比较合理，而且分配标准的资料比较容易取得，计算比较简便。

分配间接计入费用的标准主要有：

（1）成果类，如产品的重量、体积、产量和产值等。

（2）消耗类，如生产工时、生产工资、机器工时、原材料消耗量或原材料费用等。

（3）定额类，如定额消耗量、定额费用等。

分配间接计入费用的计算公式如下：

$$费用分配率=\frac{待分配费用总额}{分配标准总额}$$

某分配对象应分配的费用=该对象的分配标准额×费用分配率

各项费用要素的归集与分配，是通过编制费用要素分配表来进行的。费用要素分配表的编制，应根据成本核算的体制、凭证的份数以及传递程序等具体条件的不同而有所不同。企业实行一级成本核算体制时，应由财会部门来编制费用要素分配表；实行两级成本核算体制时，则由各车间的成本会计人员来编制费用要素分配表。费用要素分配表不论由谁来编制，其编制的要求和基本方法是一样的。财会部门和各车间或部门要合理分工、互相配合，认真做好各项费用要素的汇集和分配工作，以便正确计算产品成本。

六、费用要素的分配程序

费用要素分配的一般程序是：

（1）根据发生费用的原始凭证或原始凭证汇总表，编制费用分配表或费用汇总分配表，并编制记账凭证。

（2）根据原始凭证或记账凭证登记各种成本明细账。

（3）根据记账凭证登记成本类总账。

以下各节将介绍在一级成本核算体制下，各项要素费用的汇总和分配程序。

▸▸▸▸▸▸ 第二节　材料费用的汇集与分配

一、材料费用汇集的一般流程

材料费用的汇集是材料费用分配的前提和基础。材料费用的汇集主要包括以下几个方面的内容。

（一）材料采购成本的确定

材料采购成本的确定是以各种外购材料为成本计算对象，归集各种材料在采购过程中发生的各项支出，从而计算出各种材料的总成本和单位成本。正确计算材料的采购成本，不仅是为了对材料存货进行计价，也为计算发出材料成本提供了依据。

材料采购成本包括：

（1）买价。

（2）外地运杂费。

（3）运输途中的合理损耗。

（4）入库前的整理挑选费用。

（5）按规定应由购买方支付的税金。

（6）大宗材料的市内运输费。

其中：（1）、（5）两项应直接计入各种材料的实际采购成本；对于（2）、（3）、（4）、（6）项，凡能分清材料成本对象的，可以直接计入各种材料的实际采购成本，凡不能分清材料成本对象的，可以按各种材料的重量或买价等比例分摊计入各种材料的实际采购成本，其计算公式如下：

$$材料采购费用分配率=\frac{某项材料采购费用}{购入各种材料的重量或买价之和}$$

某种材料应负担的材料采购费用=购入该种材料的重量或买价×材料采购费用分配率

企业对于收入的材料，可以按计划成本计价，也可以按实际成本计价。具体采用何种方法，由企业根据具体情况自行确定。收入材料按计划成本核算的企业，应在“原材料”账户中记入收入材料的计划成本，计划成本与实际成本之间的差异在“材料成本差异”账户中进行核算，材料实际成本大于计划成本的超支额登记在借方，材料实际成本小于计划成本的节约额登记在贷方。

例3-1

某机械厂9月份购入甲、乙两种材料，其中，甲材料3 000千克，单价200元，乙材料2 000千克，单价400元，甲、乙两种材料的运输费为15 000元。已知甲材料计划单位成本为210元，乙材料计划单位成本为380元。要求：按材料的重量比例分配甲、乙两种材料的运输费，并计算每种材料的采购总成本、单位成本和材料成本差异。

具体计算如下：

甲、乙两种材料的运输费用分配率=15 000÷（3 000+2 000）=3（元/千克）

甲材料应负担的运输费用=3 000×3=9 000（元）

乙材料应负担的运输费用=2 000×3=6 000（元）

甲材料采购总成本=3 000×200+9 000=609 000（元）

甲材料采购单位成本=609 000÷3 000=203（元/千克）

乙材料采购总成本=2 000×400+6 000=806 000（元）

乙材料采购单位成本=806 000÷2 000=403（元/千克）

甲材料成本差异=609 000−3 000×210=−21 000（元）

乙材料成本差异=806 000−2 000×380=46 000（元）

甲、乙材料入库，编制会计分录如下：

借：原材料——甲材料	630 000	
贷：材料采购——甲材料		609 000
材料成本差异——甲材料		21 000
借：原材料——乙材料	760 000	
材料成本差异——乙材料	46 000	
贷：材料采购——乙材料		806 000

（二）材料发出成本的确定

企业在生产过程中领用材料的品种、数量很多，为了明确各单位和人员的经济责任、便于分配材料费用、不断降低材料的消耗，在领用材料时必须办理合理的领料手续，由专人负责、相关人员签章审核。

领料时使用的领料凭证主要有领料单、限额领料单和领料登记表等。企业可以根据本企业的具体情况选择使用某一种或几种领料凭证。月末，根据各种领料凭证，按车间、部门或成本计算对象进行汇总，计算出各车间、部门或成本计算对象消耗的材料数量和金额。

对于采用实际成本法进行材料日常核算的企业，发出材料的实际成本可采用先进先出法、加权平均法、移动加权平均法或个别计价法进行计算确定。在材料按计划成本计价的情况下，计算发出材料成本时，应计算发出材料应负担的材料成本差异，把发出材料的计划成本调整为实际成本，期末库存材料也应以实际成本反映在资产负债表上。

计算确定发出材料的成本，一般通过编制“发出材料汇总表”进行，其格式见表3-1和表3-2。

表 3-1 **发出材料汇总表（一）**

××××年×月 单位：元

材料品种 / 领料部门	甲产品	乙产品	…	合计
一车间 二车间 管理部门 ⋮				
合计				

表 3-2 **发出材料汇总表（二）**

××××年×月 单位：元

材料品种 / 领料部门	甲产品（成本差异率：）			乙产品（成本差异率：）			…	合计	
	计划成本	成本差异	实际成本	计划成本	成本差异	实际成本	…	计划成本	实际成本
一车间 二车间 管理部门 ⋮									
合计									

二、材料费用分配原则

材料费用的分配，应通过编制“材料费用分配表”进行，在编制“材料费用分配表”时应遵循以下原则：

（1）凡属直接用于产品生产的材料费用，能够直接确定其归属对象的应直接记入其成本明细账的相关成本项目。

（2）直接用于产品生产，但属于几种产品共同耗用的材料费用，不能直接确定其归属对象，应采用简便合理的方法在几种产品间进行分配。

（3）凡属组织和管理生产及组织产品销售而领用材料的费用，应分别按车间或部门记入制造费用、管理费用和销售费用等账户的有关费用项目。如果直接用于产品生产的材料数量少、金额小，根据重要性原则，可以采用简化分配方法，全部记入“制造费用”账户。

（4）企业将材料用于其他方面的，应分别按其用途记入相关项目。例如，当材料用于固定资产等资本性支出时，其费用应分别记入“在建工程”“长期待摊费用”等账户；当材料用于生活、福利方面时，其费用应记入“应付职工薪酬”账户。

三、材料费用的分配方法

对于领用直接用于生产某一种产品的材料，可直接记入该产品的“直接材料”成本项目；对于几种产品共同耗用的某种材料，则应采取分配方法将其记入各产品的“直接材料”成本项目，这些材料费用的分配方法主要有：

（一）定额耗用量比例分配法

定额耗用量比例分配法是按各种产品原材料消耗定额比例分配材料费用的一种方法，它一般在各项材料消耗定额健全且比较准确的情况下采用。

定额耗用量比例分配法计算公式如下：

某产品材料定额耗用量=该产品的实际产量×该产品单位产品材料定额消耗量

$$材料定额耗用量分配率=\frac{材料实际耗用总量}{各种产品材料定额耗用量之和}$$

某产品应分配的实际材料数量=该产品材料定额耗用量×材料定额耗用量分配率

某产品应分配的材料费用=该产品应分配的实际材料数量×材料单价

例3-2

某车间生产甲、乙两种产品，耗用同种原材料，该月甲产品产量为2 000件，乙产品产量为4 000件，共耗用材料47 040千克，材料单价4元/千克。于该厂材料消耗定额较准确，故采用定额耗用量比例分配法分配材料费用。已知甲产品每件材料耗用定额为16千克，乙产品每件材料耗用定额为4千克。

材料费用分配计算如下：

甲产品材料定额耗用量=2 000×16=32 000（千克）

乙产品材料定额耗用量=4 000×4=16 000（千克）

材料定额耗用量分配率=47 040÷（32 000+16 000）=0.98

甲产品分配的材料消耗量= 32 000×0.98=31 360（千克）

乙产品分配的材料消耗量= 16 000×0.98=15 680（千克）

甲产品分配的材料费用= 31 360×4=125 440（元）

乙产品分配的材料费用= 15 680×4=62 720（元）

采用上述方法计算分配材料费用，不仅能计算出每种产品应分配的材料费用，还能计算出每种产品耗用材料的实际数量，为考核材料消耗定额的执行情况提供了资料，有利于加强成本的核算和管理，但这样计算比较麻烦。为了简化材料费用的分配工作，对于不需要考核材料实际耗用量的企业，可采用按材料定额耗用量的比例直接分配材料费用的方法。

其计算公式如下：

$$材料费用分配率 = \frac{材料实际耗用总量 \times 材料单价}{各种产品材料定额耗用量之和}$$

某产品应分配的材料费用=该产品材料定额耗用量×材料费用分配率

仍沿用上例资料，计算结果如下：

待分配的材料费用=47 040×4=188 160（元）

材料费用分配率=188 160÷（32 000+16 000）=3.92（元/千克）

甲产品分配的材料费用= 32 000×3.92=125 440（元）

乙产品分配的材料费用= 16 000×3.92=62 720（元）

上述两种方法的计算结果相同，企业可以根据自身的情况选择使用。

需要注意的是，当采用定额耗用量比例分配法时，如果甲产品节约，乙产品浪费，则按定额比例分配有平均主义的现象，分配结果不准，因此对于此法的采用应慎重。

（二）产品重量比例分配法

产品重量比例分配法是按照各种产品的重量比例分配材料费用的一种方法，这种方法一般在产品所耗用材料的多少与产品重量有着直接联系的情况下采用。

产品重量比例分配法计算公式如下：

$$材料费用分配率 = \frac{材料实际耗用量 \times 材料单价}{各种产品重量之和}$$

某产品应分配的材料费用=该产品的重量×材料费用分配率

现举例说明产品重量比例分配法的计算。

例3-3

某厂铸造车间某月生产A、B两种铸件，共同耗用原材料25 000千克，材料单价为每千克3元。A铸件重量为20 000千克，B铸件重量为10 000千克。由于生产铸件所用的原材料的耗用量与铸件的重量有密切关系，因此可按铸件的重量比例进行分配。

计算结果如下：

$$材料费用分配率=\frac{25\,000 \times 3}{20\,000 + 10\,000}=2.5（元/千克）$$

A产品应分配的材料费用= 20 000×2.5=50 000（元）

B产品应分配的材料费用= 10 000×2.5=25 000（元）

（三）产品产量比例分配法

产品产量比例分配法是按产品的产量比例分配材料费用的一种方法，这种分配方法适用于产品的产量与其所耗用的材料有密切联系的情况。

产品产量比例分配法计算公式如下：

$$材料费用分配率 = \frac{材料实际耗用量 \times 材料单价}{各种产品实际产量之和}$$

某产品应分配的材料费用=该产品实际产量×材料费用分配率

现举例说明按产品产量比例分配法分配材料费用的计算。

例3-4

某企业生产甲、乙两种产品，共同耗用B材料10 675千克，材料单价为每千克6元，甲产品实际产量为1 800件，乙产品实际产量为2 400件，采用产品产量比例分配法分配材料费用。计算结果如下：

材料费用分配率=（10 675×6）÷（1 800+2 400）=15.25（元/件）

甲产品应分配的材料费用=1 800 ×15.25= 27 450（元）

乙产品应分配的材料费用=2 400 ×15.25 =36 600（元）

（四）产品材料定额成本比例分配法

产品材料定额成本比例分配法是按照产品材料定额成本分配材料费用的一种方法，它一般适用于几种产品共同耗用几种材料的情况。

产品材料定额成本比例分配法计算公式如下：

某产品材料定额成本= 该产品实际产量×单位产品材料定额成本

$$材料定额成本分配率 = \frac{各种产品实际耗用材料费用总额}{各种产品材料定额成本之和}$$

某产品应分配材料费用=该产品材料定额成本×材料定额成本分配率

现举例说明按产品材料定额成本比例分配法分配材料费用的计算。

例3-5

某企业生产甲、乙两种产品，共同耗用A、B两种材料，耗用A材料1 296千克，材料单价为每千克5元；耗用B材料4 500千克，材料单价为每千克2.60元。甲产品实际产量为200件，单位产品材料定额成本为18元；乙产品实际产量为450件，单位产品材料定额成本为32元。

采用按产品材料定额成本比例分配法分配材料费的结果如下：

甲产品材料定额成本=200×18=3 600（元）

乙产品材料定额成本=450×32=14 400（元）

材料定额成本分配率=（1 296×5+4 500×2.6）÷（3 600+14 400）=1.01

甲产品应分配的材料费用=3 600×1.01=3 636（元）

乙产品应分配的材料费用=14 400 ×1.01=14 544（元）

四、材料费用分配的账务处理

在实务操作中，材料费用的分配是通过编制“材料费用分配表”进行的，“材料费用分配表”可按车间和部门分别编制，据以登记生产成本明细账、产品成本计算单、制造费用等有关明细账。但由于“材料费用分配表”可能有很多，不便于编制记账凭证，所以企业一般会编制一张合并的“材料费用汇总分配表”作为编制记账凭证的依据，据以登记总账。现举例说明“材料费用汇总分配表”的编制及根据该表所进行的账务处理。

例 3-6

某企业有两个生产车间：一个基本生产车间，一个辅助生产车间。基本生产车间根据各种领料凭证编制的材料费用分配表见表3-3。

表3-3 **基本生产车间材料费用分配表**

202×年×月　　金额单位：元

分配对象	直接计入	分配计入			计划成本合计	材料成本差异额	材料的实际成本
		分配标准	分配率	金额			
甲产品	85 600	450		1 338.75	86 938.75	869.39	87 808.14
乙产品	10 000	150		446.25	10 446.25	104.46	10 550.71
丙产品	5 045	1 200		3 570	8 615	86.15	8 701.15
小计	100 645	1 800	2.975	5 355	106 000	1 060	107 060
制造费用	7 000				7 000	70	7 070
合计	107 645			5 355	113 000	1 130	114 130

辅助生产车间和管理部门的材料费用分配表略。“材料费用分配汇总表”见表3-4。

表3-4 **材料费用分配汇总表**

202×年×月　　单位：元

应借科目	计划成本	差异额	实际成本
基本生产成本	106 000	1 060	107 060
辅助生产成本	24 000	240	24 240
制造费用——基本生产车间	7 000	70	7 070
制造费用——辅助生产车间	1 000	10	1 010
管理费用	3 500	35	3 535
合计	141 500	1 415	142 915

根据材料费用分配汇总表编制如下会计分录：

借：生产成本——基本生产成本　　106 000
　　　　　　——辅助生产成本　　24 000
　　制造费用——基本生产车间　　7 000
　　　　　　——辅助生产车间　　1 000

借：管理费用　3 500

　贷：原材料　141 500

结转材料成本差异时，应编制如下会计分录：

借：生产成本——基本生产成本　1 060

　　　　　——辅助生产成本　240

　　制造费用——基本生产车间　70

　　　　　——辅助生产车间　10

　　管理费用　35

　贷：材料成本差异　1 415

如果材料成本差异为节约差，则应用红字编制上述会计分录。

五、燃料费用的分配

在生产过程中使用的燃料实际上也属于材料。因此，其费用的归集与分配方法与材料大致相同。

对于生产产品使用的燃料，若燃料耗用的数量较大，应专门设置“燃料及动力”成本项目，归集生产中使用的燃料费用，以便对其使用情况进行分析和考核。这时，对于直接用于产品生产的燃料，能分清是由哪种产品耗用的，应根据有关原始凭证直接记入该产品的成本计算单中的“燃料及动力”成本项目；对于几种产品共同耗用而分不清哪种产品耗用的燃料费用，则应采取适当的分配标准，在各种产品之间进行分配，采用的分配标准一般为产品的重量、体积、定额耗用量等。若燃料耗用量不大，企业可不设置“燃料及动力”成本项目，将其直接列入“制造费用”成本项目中核算。

辅助生产车间使用的燃料，列入“辅助生产成本明细账”中；基本生产车间一般耗用的燃料，列入“制造费用明细账”中；管理部门使用的燃料，列入“管理费用明细账”中。

▸▸▸▸▸▸ 第三节　外购动力费用的汇集与分配

一、外购动力费用的汇集

外购动力费用是指企业从外单位购入的各种动力，如电力、蒸汽等所支付的费用。企业应根据外购动力的使用数量，向供应单位支付款项。一般情况下，使用的外购动力都有仪器仪表计量，在支付外购动力费用时，应根据仪器仪表上记录的耗用数量、规定的价格向提供动力的单位支付款项。企业根据支付款项的凭证编制记账凭证，作为外购动力费用分配的依据。

二、外购动力费用的分配

分配外购动力费时，应由财会部门根据所支付的外购动力费用额以及各车间、部门耗用外购动力的数量，通过编制“动力费用分配表”进行分配。如果使用外购动力的各车间、部门都有仪器仪表计量，则外购动力费用根据仪器仪表记录的各部门耗用量进行分配；若使用动力的车间、部门没有仪器仪表计量，要按一定的标准在各产品之间进行分配，如按生产工时、机器工作时数、机器功率时数或定额耗用量等标准进行分配。

（一）基本生产车间耗用外购动力费用的分配

基本生产车间生产产品用的动力，如电解用电力、烘干用蒸汽、炼钢用氧气，以及可以按产品确定消耗定额的动力用电等，应记入“基本生产成本明细账”和“产品成本计算单”中的“燃料和动力”成本项目。对于几种产品共同耗用的动力费用，一般按各种产品的定额工时或实际工时消耗量的比例进行分配。

下面以外购电力为例，说明外购动力费分配的计算公式。各车间、部门的动力用电和照明用电一般都分别装有电表，外购电力在各车间、部门可按用电度数分配；车间中的动力用电，一般不能按产品分装电表计量其耗用的数量，因而车间动力用电费用在各种产品之间一般采用按产品的生产工时比例（实际工时或定额工时）、机器工时比例或定额耗用量比例等进行分配。因此，电力费用的分配应按下式计算：

$$每度电费分配率=\frac{支付的外购电费总额}{各车间、部门耗用的外购电力度数总和}$$

某车间、部门应分配的照明用电费用=该车间、部门照明用电度数×每度电费分配率

某车间、部门应分配的动力用电费用=该车间、部门动力用电度数×每度电费分配率

$$某车间动力用电费用分配率=\frac{该车间分配的动力用电费用}{该车间各种产品生产工时（或机器工时）之和}$$

某产品应分配的动力用电费用=该产品的生产工时（或机器工时）×该车间动力用电费用分配率

直接用于产品生产的动力费用，应借记“基本生产成本”总账科目及所属产品成本明细账的“燃料及动力”成本项目；基本生产车间照明、取暖耗用的动力费用，应记入“制造费用”总账科目及所属明细账的有关项目。

（二）辅助生产车间耗用外购动力费用的分配

辅助生产车间耗用的外购动力费用的分配与基本生产车间耗用外购动力费用的分配方法基本相同，也应根据其耗用的数量和动力费用分配率，计算出应分配的动力费用数额。直接用于辅助生产的外购动力费用，应记入“辅助生产成本”总账及相关明细账中的“燃料及动力”成本项目；辅助生产车间照明用电或取暖用电的外购动力费用，则应记入“制造费用”总账科目及所属明细账的有关项目。

（三）管理部门及其他部门耗用外购动力费用的分配

管理部门、销售部门耗用的外购动力费用，应根据其耗用的数量和动力费用分配率计算出应分配的动力费用数额，分别记入“管理费用”“销售费用”总账及所属明细账的有关项目。

例 3-7

某企业202×年5月份耗电800 000度，共支付外购电力费用320 000元。各部门分别装有电表计量，管理部门用电20 000度，辅助生产车间用电80 000度，基本生产车间照明用电50 000度，动力用电650 000度。基本车间生产甲、乙两种产品，没有分产品安装电表，企业按照机器工时比例分配动力用电费。甲产品机器工时为50 000小时，乙产品机器工时为30 000小时。该企业设有“燃料及动力”成本项目。根据相关资料，分配计算如下：

每度电分配率=320 000÷800 000=0.4（元/度）

基本生产车间照明用电费用=50 000×0.4=20 000（元）

辅助生产车间用电费用=80 000×0.4=32 000（元）

管理部门用电费用=20 000×0.4=8 000（元）

生产甲、乙产品分配的动力用电费用=650 000×0.4=260 000（元）

动力用电费用分配率=260 000÷（50 000+30 000）=3.25

甲产品分配的动力用电费用=50 000×3.25=162 500（元）

乙产品分配的动力用电费用=30 000×3.25=97 500（元）

外购动力费用的分配是通过编制“外购动力费用分配表”进行的，根据该表编制记账凭证，据以登记总账和明细账。根据上例编制“外购动力费用分配表”，见表3-5。

表3-5

外购动力费用分配表

202×年5月

应借科目		成本项目	耗用度数（0.4元/度）	分配标准（机器工时）	分配率	分配金额（元）
基本生产成本	甲产品	燃料及动力		50 000		162 500
	乙产品	燃料及动力		30 000		97 500
	小计		650 000	80 000	3.25	260 000
制造费用	基本生产车间	水电费	50 000			20 000
	辅助生产车间	水电费	80 000			32 000
管理费用		水电费	20 000			8 000
合计			800 000			320 000

根据“动力费用分配表”，编制如下会计分录：

借：生产成本——基本生产成本（甲产品）　162 500

　　　　　　——基本生产成本（乙产品）　97 500

　　制造费用——基本生产车间　20 000

　　　　　　——辅助生产车间　32 000

　　管理费用　8 000

　贷：银行存款　320 000

▸▸▸▸▸▸▸ 第四节　职工薪酬的汇集与分配

一、职工薪酬的构成

职工薪酬是指企业为获得职工提供的服务或解除劳动关系而给予的各种形式的报酬或补偿。其中，支付给职工个人的部分构成了工资总额，不直接支付给职工个人的部分构成了其他相关支出。

（一）工资总额的构成

为了保证国家对工资进行统一的统计核算工作和会计核算工作，加强对工资的管理，工资总额的组成内容是由国家统一规定的。根据国家统计局的规定，工资总额包括以下六项内容：

1.计时工资

计时工资是指按计时工资标准和工作时间支付给职工个人的劳动报酬，包括对已完成的工作按计时工资标准支付的工资，实行结构工资的单位支付给职工的基础工资和职务（岗位）工资，以及新参加工作职工的见习工资等。

2.计件工资

计件工资是指按规定的计件单价和职工完成合格品数量计算并支付的工资。计件工资包括在超额累进计件、直接无限计件、限额计件、超定额计件等工资制下，按劳动部门或主管部门批准的定额和计件单价支付给个人的工资和按营业额提成或利润提成办法支付给个人的工资。

3.奖金

奖金是指对职工的超额劳动，在标准工资以外支付给职工的物质奖励性质的劳动报酬。奖金包括生产奖、节约奖、劳动竞赛奖以及其他奖金。

4.津贴和补贴

津贴和补贴是指为了补偿职工特殊或额外劳动消耗和其他特殊原因支付给职工的津贴，以及为了保证职工生活水平不受物价变动的影响而支付给职工的物价补贴。津贴包括：①补偿职工特殊或额外劳动消耗的津贴，如高空津贴、野外津贴；②保健津贴，如卫生防疫津贴；③技术津贴，如特级技师津贴；④年功性津贴，如工龄津贴；⑤其他津贴，如降温津贴、冬煤津贴等；⑥物价补贴，如副食品价格补贴、粮价补贴、煤价补贴等。

5.加班加点工资

加班加点工资是指按规定对职工在法定工作时间以外从事的劳动所支付的加班工资和加点工资。

6.特殊情况下支付的工资

（1）根据国家法律、法规和政策规定在某些非工作时间内支付的工资，如支付给职工的年休假、病假、短期伤残、婚假、产假、丧假、探亲假、停工学习、执行国家和社会义务的工资。

（2）支付给职工的附加工资和保留工资。

工资总额不包括以下的内容：①根据国家有关规定颁发的创造发明奖；②有关劳动保险和职工福利方面的各项费用；③有关离休、退休人员待遇的各项支出、劳保支出；④出差伙食补助；⑤支付给承租人的风险性补偿收入；⑥购买本企业股票和债券所得到的股息收入和利息收入等。

（二）其他相关支出

企业除支付给职工工资外，还必须负担以工资为基础计算的其他相关支出，主要包括：职工福利费，医疗保险费、工伤保险费和生育保险费等社会保险费，住房公积金，工会经费和职工教育经费，非货币性福利，以及其他短期薪酬。

1.职工福利费

职工福利费是指企业向职工提供的除职工工资、奖金、津贴和补贴、社会保险费、住房公积金以及职工教育经费等以外的福利待遇，如职工卫生保健费用、企业集体福利部门设施和人员费用、发放给职工的生活困难补助等。

2.社会保险费

社会保险费是指企业按照国家规定的基准和比例计算，向社会保险经办机构缴纳的养老保险、医疗保险、工伤保险、失业保险和生育保险等。

3.住房公积金

住房公积金是企业按国家《住房公积金管理条例》规定的基准和比例计算并向住房公积金管理机构缴纳的住房公积金。

4.工会经费和职工教育经费

工会经费和职工教育经费是指企业为了改善职工文化生活，为职工学习先进技术和提高文化水平和业务素质，用于开展工会活动和职工教育及职业技能培训等相关支出。

5.非货币性福利

非货币性福利是指企业以自产或外购商品发给职工作为福利，将自己拥有的资产无偿提供给职工使用，为职工无偿提供医疗保健服务等。

6.辞退福利

辞退福利是指企业在职工劳动合同到期之前解除与职工的劳动关系，或者为鼓励职工自愿接受裁减而给予的职工补偿。

7.离职后福利

离职后福利是指企业为获得职工提供的服务而在职工退休或与企业解除劳动关系后，提供的各种形式的报酬和福利，短期薪酬和辞退福利除外。

二、职工薪酬核算的意义

职工薪酬是企业对职工个人消费品分配的基本形式，加强职工薪酬核算，可以正确衡量职工的劳动数量和质量，调动职工的生产积极性，执行按劳分配的原则；同时，职工薪酬又是产品成本和管理费用的重要组成部分，加强工资薪酬核算，对于不断降低产品成本、提高企业的经济效益，也有着十分重要的意义。

三、职工薪酬的分类和核算任务

（一）职工薪酬的分类

企业职工在生产经营过程中的岗位不同，其职工薪酬的处理方法也不一样。所以，在进行职工薪酬的核算时，应将不同职工的薪酬列入不同的成本项目和费用项目中。

1.记入产品成本项目的职工薪酬

在企业里，大部分职工是直接从事产品生产的一线工人。这些职工的薪酬费用由于同产品生产直接相关，因而可以直接计入或分配计入产品成本。在产品成本项目中，专设“直接人工”成本项目来汇集、核算生产工人的职工薪酬。

2.记入费用项目的职工薪酬

支付给生产工人以外的其他人员的职工薪酬由于不直接同产品生产相联系，因而不能记入产品成本项目，而是记入相关的费用项目。例如，车间管理人员的薪酬应记入“制造费用”科目；企业行政管理部门人员的薪酬应记入“管理费用”科目；销售机构人员的薪酬应记入“销售费用”科目。

（二）职工薪酬核算的任务

1.做好职工薪酬核算的基础工作

为了正确地计算和分配职工薪酬，应做好职工薪酬核算的各项基础工作。企业应根据自身的特点和管理要求，确定职工薪酬核算所需原始凭证的种类、格式、登记方法以及传递程序，做好内部分工，保证各项凭证记录准确无误。职工薪酬核算的原始记录主要有考勤记录、产量和工时记录、质量检验记录等。

（1）考勤记录。考勤记录一般按车间、班组、科室分别进行，由考勤人员根据职工的出勤和缺勤情况逐日登记。具体格式见表3-6。

表 3-6 **考勤簿**

202×年×月　　　　班组：一车间一组

编号	姓名	工资等级	考勤登记								出勤分析					缺勤分析						
			1	2	3	…	30	31	合计		日班	中班	晚班	加班	迟到早退	公假	探亲	产假	婚丧假	病假	事假	旷工
									出勤天数	缺勤天数												
01	赵亮	6	√	√	×		√	√	21	1	8	7	6							1		
02	胡燕	5	√	√	√		×	×	20	2	7	7	6								2	
03	李萍	4	×	√	√		√	√	21	1	6	7	8									1
04	邓福	3	√	√	√		√	√	22	0	7	8	7									
	⋮																					
	合计	—	9	10	8				212	8	71	71	70			2				3	2	1

（2）产量和工时记录

产量和工时记录是反映工人或班组在出勤时间内生产产品的产量和耗用工时的记录。产量和工时记录是计算计件工资的依据，也是统计产量和生产工时的依据，应提供产量、合格品产量、废品产量和工时等资料。由于各生产车间的工艺过程和生产组织特点不同，所以产量和工时记录的具体内容与编制方法也不尽相同。

现举例说明其格式，见表3-7。

表3-7　**工作班组产量及工时记录**

202×年×月　　班组：二车间一组

工人			工作任务						检查结果									工资			
编号	姓名	工资等级	工作通知单编号	产品型号	零件编号	工序	发给加工数量	工时定额	交验数量	合格数量	退修数量	工废数量	料废数量	短缺数量	定额总工时	实际工时	检验员	计件单价	合格品工资	废品工资	工资合计
1	张洋	6		06	08	1	20	5	20	18		1	1		90	98	05	60	1 080	60	1 140
2	李靖	3		06	09	2	18	9	18	16	2				144	150	05	70	1 120		1 120
3	王青	4		06	11	3	18	12	18	18							05	72	1 296		1 296
4	李铭	7		06	12	4	20	5	20	19		1			95	98	05	58	1 102		1 102
5	⋮																				

2.正确计算和汇集职工薪酬

企业应该采用适当的方法，在各项原始记录的基础上，正确计算每一位职工的薪酬，做好与职工的结算工作。同时，每一位职工应得的薪酬也是汇总计算全厂职工薪酬的基础，因此，做好这项工作有利于保证人工费用计算的准确性。

职工薪酬按照该项费用的发生地点和用途加以汇集。在汇集该项费用时，一定要按照国家关于工资总额范围的规定，将不允许列入工资总额的部分予以剔除。另外，由于职工薪酬不都是列入产品成本或费用项目的，因此要注意，不能将应由其他项目开支的职工薪酬和应列入产品成本或费用的职工薪酬相混淆。

3.正确分配职工薪酬

职工薪酬按照该项费用的发生地点和用途进行分配。在分配时，应注意区分计入产品成本的职工薪酬、计入期间费用的职工薪酬和列入有关项目的职工薪酬。对于计入产品成本的职工薪酬，还应采取适当的方法分配计入产品成本。

四、职工薪酬的计算

职工薪酬的计算包括工资总额和相关支出两部分，以下重点说明工资总额的计算。

工资总额的计算包括计时工资、计件工资、奖金、津贴和补贴、加班加点工资、特殊情况下支付的工资等。

（一）计时工资的计算

计时工资是指按计时工资标准和工作时间支付给职工个人的劳动报酬。企业在计算职工计时工资时，可采用月薪制和日薪制两种方法。

1.月薪制

月薪制是指按职工固定的月标准工资扣除缺勤工资计算其工资的一种方法。采用月薪制时，只要职工出满勤，无论该月份有多少天，都可以得到固定的月标准工资；如果出现缺勤，则应从月标准工资中将缺勤工资予以扣除。其计算公式如下：

应付计时工资=月标准工资-缺勤天数×日平均工资

如果按小时计算缺勤的时间，则计算公式为：

应付计时工资=月标准工资-缺勤小时数×（日平均工资÷日工作小时数）

在上述计算公式中，月标准工资可取自职工的工资卡片中记录的职工工资数额，只要职工的标准工资不调整，每个月的标准工资都是相同的。缺勤天数或小时可从考勤记录中取得。日平均工资也称日工资率，指每位职工每日应得的平均工资额。日平均工资的计算方法有如下三种：

（1）按全年平均每月工作日数20.83天计算

按年日历天数365日减去52个双休日和11个法定节假日，再除以12个月即可算出全年平均每月工作日数为20.83天。以月工资标准除以20.83日算出每月的日平均工资。只要职工的月标准工资不变，采用这种方法计算出的各月份的日平均工资都是相等的。由于双休日和节假日不支付工资，所以，缺勤期间包含的双休日和节假日也不扣工资。

例3-8

职工周颖月标准工资为3 000元，2023年6月份缺勤4天，其中，事假2天（9号和12号，其间含有一个双休日），病假2天（27号和28号），该职工的病假扣款率为20%。6月份有1天节假日（端午节）、4个双休日，其计时工资的计算结果如下：

日平均工资=3 000÷20.83=144.02（元）

应扣病假缺勤工资=2×144.02×20%=57.61（元）

应扣事假缺勤工资=2×144.02=288.04（元）

应付计时工资=3 000-57.61-288.04=2 654.35（元）

采用按全年平均每月工作日数20.83天计算日工资的优点是计算方法简单，由于全年平均每月工作日数是不变的，且职工的标准工资不经常变动，所以，不需要每月计算每位职工的日平均工资。同时，由于双休日和节假日不计算工资，能够体现按劳分配的原则。

（2）按全年平均每月日历日数30天计算

会计的年日历天数为360天，除以12个月，则每月平均日历天数为30天。采用这种方法计算日平均工资时，只要职工月标准工资不变，则各月份日平均工资也是相等的。但由于工资包括双休日和节假日的工资，即双休日和节假日也支付工资，所以缺勤期间若含有双休日和节假日也按缺勤处理，扣发工资。

以【例3-8】的资料为例，按全年平均每月日历日数30天计算职工周颖的应付计时工资：

日平均工资=3 000÷30=100（元）

应扣病假缺勤工资=2×100×20%=40（元）

应扣事假缺勤工资=4×100=400（元）

应付计时工资=3 000−40−400=2 560（元）

采用按全年平均每月日历日数30天计算日平均工资的优点与采用按全年平均每月工作日数20.83天计算日平均工资的优点相同，两者计算均较为简便，不需要每月计算职工的日平均工资。

（3）按当月满勤天数计算

日平均工资是根据月标准工资除以当月满勤天数计算。

当月满勤天数=当月日历天数−当月双休日天数−当月节假日天数

采用这种方法计算时，由于在当月满勤天数中不包括双休日和节假日，即双休日和节假日不计算工资，所以缺勤期间含有的双休日和节假日也不扣发工资。

仍以【例3-8】的资料为例，按当月满勤天数计算职工周颖的应付计时工资：

当月满勤天数=30−1−4×2=21（天）

日平均工资=3 000÷21=142.86（元）

应扣病假缺勤工资=2×142.86×20%=57.14（元）

应扣事假缺勤工资=2×142.86=285.72（元）

应付计时工资=3 000−57.14−285.72=2 657.14（元）

采用按当月满勤天数计算日工资方式的优点是可以准确地计算出每位职工的应付工资金额；缺点是计算工作比较麻烦，由于每个月份的日历天数、双休日、节假日天数不完全相同，所以，每个月份的满勤天数也不相同。因此，在这种情况下，即使月标准工资不变，计算出来的各月份的日平均工资也不一样，就需要每月计算每位职工的日平均工资。由于日平均工资计算的工作量较大，所以在实际工作中一般较少采用该种方法。

采用月薪制计算职工应付计时工资时，由于采用了缺勤扣款的方式，所以，当职工出满勤时，就可以得到全额月标准工资。同时，在企业里出满勤的职工人数较多，因此，计算起来比较简便。

2.日薪制

日薪制是指按职工实际出勤日数和日平均工资计算应付计时工资的一种方法，其计算公式如下：

应付计时工资=出勤天数×日平均工资

公式中的日平均工资可按月薪制下计算日平均工资三种方法中的任一种方法计算。

仍以【例3-8】的资料为例，分别以三种日平均工资计算方法计算职工周颖的应付计时工资。

①按全年平均每月工作日数20.83天计算：

应付病假缺勤工资=2×144.02×（1−20%）=230.43（元）

应付出勤工资=17×144.02=2 448.34（元）

应付计时工资=2 448.34+230.43=2 678.77（元）

②按全年平均每月日历日数30天计算：

应付病假缺勤工资=2×100×（1−20%）=160（元）

应付出勤工资=24×100=2 400（元）

应付计时工资=2 400+160=2 560（元）

③按当月满勤天数计算：

应扣病假缺勤工资=2×142.86×（1−20%）=228.58（元）

应付出勤工资=17×142.86=2 428.62（元）

应付计时工资=2 428.62+228.58=2 657.2（元）

采用日薪制计算职工应付计时工资的优点是有利于正确计算生产工人的工资成本；缺点是计算工作量较大，因为每个月份的实际工作天数不同，职工的出勤天数也就不同，所以，每个月份都需要计算职工的应付工资。

（二）计件工资的计算

计件工资是指按规定的计件单价和职工完成合格品数量计算并支付的工资。在计算计件工资时，对于由于材料缺陷等客观原因产生的废品，即料废，应照付计件工资；对于由于个人加工过失等原因而产生的废品，即工废，则不应支付计件工资。计件工资按照支付对象的不同，可分为个人计件工资与集体计件工资两种。

1.个人计件工资的计算

当职工所从事的工作能分清每个人的经济责任时，可采取个人计件工资的方式。个人计件工资应根据产量记录中登记的每一工人的产品产量乘以规定的计件单价计算。

如果工人在月份内仅生产一种产品，其计件工资可按下式计算：

应付计件工资=（合格品数量+料废数量）×计件单价

如果工人在月份内生产多种产品，且各种产品计件单价不同，则计件工资按下式计算：

$$应付计件工资=\sum(某种产品合格品数量+该种产品料废数量)\times 该种产品计件单价$$

上式中的计件单价可按下式计算：

$$计件单价=\frac{某等级工人的工资标准}{产量定额}$$

上式中的工资标准和产量定额可以按月计算，也可以按日或小时计算。另外，计件单价也可按下式计算：

计件单价=生产单位某产品需要的某等级工人工时定额×该等级工人每小时工资率

例3-9

职工李亮5月份加工A、B两种产品，A产品100件，B产品85件。验收时发现A产品料废5个，B产品工废4个。该职工小时工资率为6元，制造A产品定额工时为1小时，制造B产品定额工时为1.5小时。要求：计算李亮本月应得计件工资。

A产品计件单价=1×6=6（元）

B产品计件单价=1.5×6=9（元）

应付计件工资=100×6+（85−4）×9=1 329（元）

当职工在月份内生产多种计件单价不同的产品时，也可将各种产品的产量折合为定额工时，再乘以小时工资率，其计算公式如下：

应付计件工资=各种产品定额工时总额×小时工资率

以【例3-9】的资料为例，计算结果如下：

各种产品定额工时之和=100×1+（85-4）×1.5=221.5（小时）

应付计件工资=221.5×6=1 329（元）

以上两种方法的计算结果相同。由于产量记录中记有每种产品的定额工时数，而且每一工人完成的各种产品的定额工时数可以加总，因而后一种方法比较简便。

2.集体计件工资的计算

当工人集体从事某项工作且不易分清每个工人的经济责任时，可采取集体计件工资的方式。当采用集体计件工资的方式时，首先应按集体完成合格品数量乘以计件单价，计算出集体计件工资总额，然后采用一定的方法，将集体计件工资总额在集体成员内部进行分配。分配的主要方法有：

①按计件工资和计时工资的比例分配

按计件工资和计时工资的比例分配集体计件工资，是指在计算计件工资分配率的基础上，按职工计时工资的比例分配计件工资的方法。它主要适用于集体所从事的工作对技术条件要求比较高，且集体内职工工资等级差别较大的情况。其计算公式如下：

某职工应付计件工资=该职工应付计时工资×计件工资分配率

某职工应付计时工资=该职工实际工作小时数×小时工资率

$$计件工资分配率 = \frac{集体计件工资总额}{应付该集体职工计时工资之和}$$

集体应付计件工资总额=集体完成工作量总和×计件单价

例3-10

某企业生产小组由4名等级不同的工人组成，5月份该集体完成若干项生产任务，共取得集体计件工资10 782元。该小组职工的姓名、等级、日工资率、出勤日数等资料及计件工资的分配结果见表3-8。

表3-8 **集体计件工资分配表** 金额单位：元

姓名	等级	日工资率	出勤天数	计时工资	分配率	应付计件工资
王迪	6	80	25	2 000	1.8	3 600
吴松	5	70	20	1 400		2 520
李奎	4	60	24	1 440		2 592
宋江	3	50	23	1 150		2 070
合计	—	—	—	5 990	—	10 782

②按实际工作天数计算分配

按实际工作天数计算分配集体计件工资，是指将集体计件工资在集体内部平均分配的一种方法。它适用于集体所从事的工作对技术条件要求不高，且集体内部职工工资等级差别不大的情况。其计算公式为：

$$每人每天应付计件工资 = \frac{集体计件工资总额}{该集体职工实际工作天数之和}$$

某职工应付计件工资=该职工实际工作天数×每人每天应付计件工资

以【例3-10】的资料为例，计算结果如下：

每人每天应付计件工资=10 782÷（25+20+24+23）=117.20（元）

王迪应付计件工资=25×117.20=2 930（元）

吴松应付计件工资=20×117.20=2 344 （元）

李奎应付计件工资=24×117.20=2 812.80（元）

宋江应付计件工资=10 782-（2 930+2 344+2 812.80）=2 695.2（元）

（三）奖金的计算

奖金是指对职工的超额劳动，在标准工资以外支付给职工的物质奖励性质的劳动报酬，应根据国家的有关规定和企业内部的奖励标准进行计算。

（四）津贴和补贴的计算

津贴和补贴是指为了补偿职工特殊或额外的劳动消耗和其他特殊原因支付给职工的津贴，以及为了保证职工工资水平不受物价影响而支付给职工的物价补贴等，应按国家规定的种类和标准计算。

（五）加班加点工资的计算

加班加点工资是指按规定支付给职工的加班工资和加点工资。加班加点工资应按日工资（或小时工资）乘以加班加点天数（或小时）及国家规定的支付标准（系数）计算。其计算公式如下：

应付加班加点工资=加班加点天数×日平均工资×规定的支付标准（系数）

在上式中，规定的支付标准（系数）是在正常工作时间外加班加点应按标准工资的150%计算（系数为1.5），在星期天加班加点应按标准工资的200%计算（系数为2），在节假日加班加点应按标准工资的300%计算（系数为3）。

（六）特殊情况下支付工资的计算

本教材主要介绍依据国家法律、法规和政策规定在某些非工作时间内支付的工资，即短期带薪缺勤支付工资的计算。短期带薪缺勤支付的工资应按国家规定的标准和考勤记录计算。

例如，《企业职工带薪年休假实施办法》明确规定，职工在年休假期间享受与正常工作期间相同的工资收入；对职工应休未休的年休假天数，单位应当按照该职工日工资收入的300%支付年休假工资报酬。另外，当职工因病或非因公负伤连续医疗期间在6个月以内或超过6个月时，有不同的病假支付标准。因此，计算应付病假工资时，应按规定的比例计算。其计算公式为：

应付病假工资=病假天数×日平均工资×支付工资的百分比

上述各项目计算出来后，加总合计，就是应付每位职工的工资，再扣除企业为职工代扣代缴的各种款项，其余额即为实发工资。

代扣款项是指企业从职工工资中扣除代为缴纳的各种款项，如代扣代缴的个人所得税、医疗保险、养老保险等费用。代扣款项应根据有关部门转来的扣款通知单等资料进行计算。

在实际工作中，应付工资、代扣款项及实发工资等，是通过编制“职工工资单”的形式计算的。“职工工资单”应按车间、部门进行编制，以便反映每个职工工资的详细情况，并作为企业与职工工资结算的原始记录。

“职工工资单”的格式见表3-9。

表3-9　　职工工资单

车间或部门：第二车间　　202×年5月　　金额单位：元

姓名	月标准工资	日平均工资	缺勤		应付标准工资	奖金	津贴和补贴		加班工资	缺勤工资		应付工资	代扣款项		实发金额	签名
			天数	金额			岗位津贴	副食补贴		病假	年休假		养老保险	医疗保险		
孙俪	1 500	50	2	100	1 400	500	200	80	300	—	—	2 480	210	80	2 190	
王平	1 350	45	1	45	1 305	300	150	70	650	36	—	2 511	180	70	2 261	
⋮																
合计	28 200			600	27 600	5 760	2 400	6 000	1 440	520	125	43 845	4 000	2 100	37 745	

五、工资费用的分配

企业按车间、部门编制工资结算单，计算出每个职工的应付工资，在规定日期发放，经过职工签收作为工资结算和付款的原始凭证。为了反映整个企业全部工资的结算情况，财务部门还应根据各车间、部门的职工工资结算单，汇总编制“工资结算汇总表”。工资结算汇总表是进行工资结算、总分类核算和工资费用分配的依据。其格式见表3-10。

表3-10　　工资结算汇总表

202×年5月　　单位：元

部门		应付标准工资	奖金	津贴和补贴		加班工资	缺勤工资		应付工资	代扣款项			实发金额
				岗位津贴	副食补贴		病假	年休假		养老保险	医疗保险	小计	
一车间	生产工人	68 500	13 000	2 600	14 000	3 000	2 400	250	98 450	1 200	3 200	4 400	94 050
	管理人员	15 500	3 500		300		250		19 050	100	640	740	18 310
二车间	生产工人	28 890	5 760	2 400	6 000	1 440	520	125	43 845	400	2 100	2 500	41 345
	管理人员	8 540	2 200		400		320		10 820	120	420	540	10 280
供水车间	生产工人	7 540	800	400	2 000	120	45		10 815	40	160	200	10 615
	管理人员	3 530	1 800	900	1 000	180	140		7 270	450	850	1 300	5 970
行政管理部门		11 120	8 000		2 000		400		20 720	600	480	1 080	19 640
销售部门		3 500	900		375				4 775	98	120	218	4 557
合计		147 120	35 960	6 300	26 075	4 740	4 075	375	215 745	3 008	7 970	10 978	204 767

工资费用应按其发生的地点和用途进行分配。基本生产车间直接从事产品生产的工人工资，应记入“基本生产成本”科目中的“直接人工”成本项目；辅助生产车间工人工资，应记入“辅助生产成本”科目中的“直接人工”成本项目；生产车间管理人员的工资，应记入“制造费用”科目；行政管理人员的工资，应记入“管理费用”科目；工程人员的工资，应记入“在建工程”科目；专设销售机构人员的工资，则应记入“销售费用”科目。

在实际工作中，生产工人工资费用的分配还应注意工资制度的区别。在计件工资制度下，生产工人的工资可根据“工资结算单”，直接计入某种产品的生产成本；在计时工资制度下，如果企业（或车间）只生产一种产品，亦可根据“工资结算单”，将其直接计入该产品的成本；如果企业（或车间）生产多种产品，这种计时工资就是间接计入费用，应在采用适当的方法进行分配后，再分别计入各种产品的成本。职工薪酬的分配标准通常是按各种产品的生产工时（实际工时或定额工时）比例进行分配。这种方法的优点是能将产品所分配的工资费用与劳动生产率联系起来，但取得实际工时统计数据的工作量较大。因此，对于定额制度比较健全，各种产品的单件工时定额比较准确的企业，可以按产品的定额工时比例分配职工薪酬。分配计算公式如下：

直接人工费用分配率=生产工人工资总额÷各种产品生产工时（实际或定额）总数

某种产品应分配直接人工费用=该种产品生产工时（实际或定额）×直接人工费用分配率

例3-11

某企业一车间生产甲、乙两种产品，二车间生产丙产品。202×年5月生产甲产品耗用3 000个工时，生产乙产品耗用2 000个工时。甲、乙、丙三种产品另外发生人工包装费，该项人工费用按计件工资发放，分别为甲产品5 400元、乙产品2 800元、丙产品3 600元。根据表3-10的相关资料，编制“人工费用分配表”，见表3-11。

表3-11 **人工费用分配表**

202×年5月 金额单位：元

应借科目	明细科目	计件工资	计时工资			合计
			生产工时	分配率	分配金额	
基本生产成本	甲产品	5 400	3 000	19.69	59 070	64 470
	乙产品	2 800	2 000		39 380	42 180
	小计	8 200	5 000		98 450	106 650
	丙产品	3 600			43 845	47 445
辅助生产成本	供水车间				10 815	10 815
制造费用	一车间				19 050	19 050
	二车间				10 820	10 820
	供水车间				7 270	7 270
管理费用					20 720	20 720
销售费用					4 775	4 775
合计		11 800			215 745	227 545

根据上述“工资费用分配表”，可编制如下会计分录：

借：基本生产成本——甲产品	64 470	
——乙产品	42 180	
——丙产品	47 445	
辅助生产成本——供水车间	10 815	
制造费用——一车间	19 050	
——二车间	10 820	
——供水车间	7 270	
管理费用	20 720	
销售费用	4 775	
贷：应付职工薪酬——工资		227 545

按照规定，企业除支付给职工工资外，还必须负担以工资为基础计算的其他相关支出，这些支出也应该记入相关的成本费用科目。

根据【例3-11】的资料，企业根据工资总额计提20%的养老保险、10%的医疗保险、8%的住房公积金、2%的工会经费和1.5%的职工教育经费。应编制如下会计分录：

借：基本生产成本——甲产品	26 755.05	
——乙产品	17 504.70	
——丙产品	19 689.68	
辅助生产成本——供水车间	4 488.23	
制造费用——一车间	7 905.75	
——二车间	4 490.30	
——供水车间	3 017.05	
管理费用	8 598.80	
销售费用	1 981.62	
贷：应付职工薪酬——社会保险费		68 263.50
——住房公积金		18 203.60
——工会经费		4 550.90
——职工教育经费		3 413.18

▸▸▸▸▸▸▸ 第五节　固定资产折旧费的汇集与分配

一、固定资产折旧费用的汇集

固定资产折旧费用的汇集应按车间、部门进行。由于各车间、部门对固定资产的用途不同，即使都用于产品生产，所生产的产品也可能不同，所以固定资产折旧费必须先按车间、部门归集，以便分别计入各车间、部门有关的产品成本及费用。车间、部门折旧费用通常通过“固定资产折旧计算明细表”汇集，并以此编制全厂的“固定资产折旧计算汇总表”，作为折旧费用分配的依据。

各车间、部门的“固定资产折旧计算明细表”应根据月初计提固定资产折旧的有关资料和确定的折旧方法编制。为简化折旧的计算工作，我国会计制度规定，月份内开始使用的固定资产，当月不计提折旧，从下月起计算折旧；月份内减少或停用的固定资产，当月仍应计提折旧，从下月起停止计提折旧。

应计提折旧额=上月计提折旧额+上月增加固定资产应提折旧额-上月减少固定资产应提折旧额

准则规定除已经提足折旧仍继续使用的固定资产和按规定单独计价作为固定资产入账的土地不计提折旧外，其余所有的固定资产均需要计提折旧。

现举例说明固定资产折旧费用的汇集方法。

例3-12

某企业各车间、部门根据规定的固定资产折旧方法和计算折旧的有关规定，计算编制“固定资产折旧计算明细表”，见表3-12。

表3-12 **固定资产折旧计算明细表**

车间：一车间 202×年5月 金额单位：元

固定资产类别	月折旧率	上月折旧额	上月增加固定资产原价	上月减少固定资产原价	应增、应减折旧额	本月折旧额
房屋	2‰	3 000	400 000	300 000	+200	3 200
机械设备	1%	4 500		20 000	-200	4 300
传导设备	2%	2 800				2 800
动力设备	1.2%	1 680				1 680
专用设备	1.5%	1 898	40 000		+600	2 498
合计		13 878	440 000	320 000	+600	14 478

根据各车间、部门编制的“固定资产折旧计算明细表”，可汇总编制全厂的“固定资产折旧计算汇总表”，见表3-13。

表3-13 **固定资产折旧计算汇总表**

202×年5月 单位：元

部门	应借科目	本月折旧额
基本生产车间	制造费用	26 000
辅助生产车间	制造费用	8 800
行政管理部门	管理费用	1 200
销售部门	销售费用	500
合计		36 500

二、固定资产折旧费用的分配

折旧费用的分配一般根据固定资产的使用地点，按用途进行分配。一般情况下，生产车间计提的折旧费用应记入“制造费用”科目，但企业的某些专用设备如果能确定只为某种产品所使用，其折旧费也可以直接计入所生产的产品成本；企业行政管理部门所使用的固定资产计提的折旧费应记入“管理费用”科目；辅助生产车间计提的折旧费可按车间、部门直接记入“辅助生产成本”科目或先归入该车间、部门的“制造费用”科目，然后再转入“辅助生产成本”科目；在建工程所使用固定资产计提的折旧费应记入“在建工程”科目。

以【例3-12】的资料为例，根据固定资产折旧计算汇总表和折旧费用分配表，编制有关会计分录如下：

借：制造费用——基本生产车间	26 000	
——辅助生产车间	8 800	
管理费用	1 200	
销售费用	500	
贷：累计折旧		36 500

▸▸▸▸▸▸▸ 第六节　其他费用的汇集与分配

其他费用指除了外购材料、外购燃料、外购动力、工资、折旧费等费用以外的各项费用，包括邮电费、差旅费、办公费等。这些费用应于发生时，根据有关凭证，按其发生的地点及部门，分别记入“制造费用明细账”“管理费用明细账”。在凭证较多的情况下，也可以根据有关凭证汇总编制其他费用分配表，据以登记各种明细账。“其他费用分配明细表”的格式见表3-14。

表 3-14　　其他费用分配明细表

202×年 8 月　　单位：元

分配对象	办公费	差旅费	水费	电费	修理费	运输费	工会经费	其他支出	合计
基本生产车间									
一车间	2 000		1 500		350			100	3 950
二车间	2 468		1 628		450			104	4 650
辅助生产车间									
供电车间	200			4 200					4 400
锅炉车间	165				200				365
行政管理部门	8 460.8	3 440	370.2		1 000	1 500	500		15 271
合计	13 293.8	3 440	3 498.2	4 200	2 000	1 500	500	204	28 636

根据“其他费用分配明细表”编制如下会计分录：

借：制造费用——基本生产车间（一车间） 3 950

——基本生产车间（二车间） 4 650

——辅助生产车间（供电车间） 4 400

——辅助生产车间（锅炉车间） 365

管理费用 15 271

贷：银行存款等科目 28 636

思考与练习

业务题一：［资料］某企业生产甲、乙两种产品，共同耗用某种原材料费用8 400元。单件产品原材料消耗定额：甲产品15千克，乙产品12千克。产量：甲产品100件，乙产品50件。

要求：按原材料定额消耗量比例分配并计算甲、乙产品实际耗用原材料费用。

业务题二：［资料］假设某职工月工资标准为5 100元，2023年5月份日历天数为31天，其中双休日4个，法定节假日1天，应出勤天数为22天。某职工实际出勤天数为18天，19～23日请事假（期间含一个双休日，即20日、21日），病假1天（病假扣款率20%）。

要求：

1.在月薪制下，分别按全年平均每月工作天数、全年平均每月日历天数和当月满勤天数计算该职工的应付计时工资。

2.在日薪制下，分别按全年平均每月工作天数、全年平均每月日历天数和当月满勤天数计算该职工的应付计时工资。

业务题三：［资料］某企业根据某月份工资结算凭证汇总工资费用：基本生产车间生产甲、乙两种产品，生产工人的计时工资总计39 200元，管理人员工资2 840元。甲产品完工数量为10 000件，乙产品完工数量为8 000件。单件产品工时定额：甲产品2.5小时，乙产品3小时。

要求：

1.按定额工时比例分配甲、乙产品生产工人工资。

2.编制工资分配的会计分录。

业务题四：［资料］某生产小组由三个不同等级的工人组成，共同加工A产品，共得集体计件工资24 000元，小组内工人等级、小时工资率和实际工作时间资料见表3-15。

表3-15 **小时工资率和实际工作时间资料**

姓名	等级	小时工资率	实际工时（小时）
刘明	8	30	150
李红	6	20	200
王刚	5	10	350
合计			700

要求：按计时工资比例计算该组内每个人的计件工资。

第四章

辅助生产费用与制造费用的核算

培根铸魂

中国共产党的初心和使命

2016年7月，习近平总书记在庆祝中国共产党成立95周年大会上提出“不忘初心”“一切向前走，都不能忘记走过的路；走得再远、走到再光辉的未来，也不能忘记走过的过去，不能忘记为什么出发”。2017年10月，习近平总书记在党的十九大报告中提出了“不忘初心，方得始终。中国共产党人的初心和使命，就是为中国人民谋幸福，为中华民族谋复兴。这个初心和使命是激励中国共产党人不断前进的根本动力”。2022年10月，习近平总书记在党的二十大报告中号召全党同志牢记“三个务必”，首个“务必”就是“务必不忘初心、牢记使命”。

中国共产党是中华优秀传统文化的忠实传承者和弘扬者，从完成新民主主义革命到建立中华人民共和国，从完成社会主义改造到建立社会主义制度，从实行改革开放到全面建成小康社会，再到启程全面建设社会主义现代化国家和推进中华民族伟大复兴的新征程……一路走来，“行程万里，不忘初心”揭示了中国共产党人不懈奋斗的力量之源，彰显了中国共产党人志存高远、一心为民的胸怀和担当。

▸▸▸▸▸▸▸ 第一节　辅助生产费用的核算

一、辅助生产费用概述

一个完整的企业，不仅要设置基本生产车间，生产对外销售的商品产品，还应设置辅助生产车间，为基本生产车间和管理部门服务。基本生产车间制造的产品、提供的劳务是为了满足对外销售的需要；而辅助生产车间所提供的产品和劳务虽然也会对外销售，但这不是其主要任务，它存在的主要目的是满足企业内部的基本生产车间、其他辅助生产车间、管理部门等部门的需要，也就是说，辅助生产车间是为企业内部服务的。

辅助生产车间生产的产品有模具、工具、修理用备件等，提供的劳务有供电、供水、供气、供风、运输和设备维修等。辅助生产车间为生产产品和提供劳务所耗费的各项费用组成了这些产品和劳务的成本，而这些产品和劳务主要被企业内部的基本生产车间、其他辅助生产车间和管理部门等部门所耗用。所以，对于耗用这些产品和劳务的车间、部门来说，这些产品和劳务的成本就构成了一种费用，即辅助生产费用。

辅助生产费用中被基本生产车间消耗的部分，就构成了基本生产车间生产产品成本的一部分，应该记入产品的“基本生产成本”科目；被其他辅助生产车间消耗的部分，就构成了其他辅助生产车间所提供的产品或劳务成本的一部分，应该记入该辅助生产车间的“辅助生产成本”科目；被行政管理部门和销售部门消耗的部分，就构成了期间费用的一部分，应该记入“管理费用”或“销售费用”科目；如果辅助生产车间提供的产品或劳务有对外销售的，此时该辅助生产车间应单独计算该部分成本。

因此，辅助生产产品和劳务成本的高低，直接影响到企业的基本生产成本和期间费用的多少。只有正确计算辅助生产费用，才能正确计算基本生产产品成本和期间费用，所以，正确计算辅助生产产品或劳务成本，并按适当的方法将其分配到受益部门，对于节约费用、降低成本、正确计算产品成本和经营管理费用及利润，都具有重要的意义。

二、辅助生产费用的归集

辅助生产车间为生产产品和提供劳务而发生的各种费用构成了这些产品和劳务的成本，为了正确核算辅助生产所发生的各项费用，计算生产的产品和劳务的成本，首先要对辅助生产费用进行归集。辅助生产费用通过“辅助生产成本”账户进行归集，该账户借方登记发生的各项辅助生产费用，贷方登记月末按一定的方法分配转出的辅助生产费用，期末一般无余额。该账户一般按车间及产品和劳务设置明细账，以进行明细分类核算。

辅助生产费用归集的程序有两种，其区别在于辅助车间是否设置“制造费用”账户。

1.辅助生产车间不设置“制造费用”账户

如果辅助生产车间只生产一种产品或只提供一种劳务，则该车间可以不设“制造费用明细账”，而只按车间设置“辅助生产成本明细账”，在账内按规定的成本项目与费用项目相结合设置专栏，车间所发生的所有费用都直接记入“辅助生产成本明细账”。月末将归集的辅助生产成本按一定的分配方法进行分配。

另外，在一些规模较小、发生的辅助生产费用不多的企业，也可以不设置“制造费用”账户，而将辅助生产部门发生的各项支出直接记入“辅助生产成本”账户。

在这种处理程序下，辅助生产车间发生的各项费用，如材料、人工、外购动力、折旧费、办公费等，应根据“材料费用分配表”“人工费用分配表”“外购动力费用分配表”“其他费用分配表”等有关凭证，记入“辅助生产成本”账户的借方和有关账户的贷方。会计分录如下：

借：辅助生产成本——××辅助生产车间

　贷：原材料

　　　应付职工薪酬

　　　累计折旧

　　　银行存款等

该处理程序下的“辅助生产成本明细账”的格式见表4-1。

表 4-1　**辅助生产成本明细账**

车间：××辅助生产车间　　202×年×月　　单位：元

年		凭证号	摘要	费用明细项目							合计
月	日			材料费	人工费	水费	电费	办公费	折旧费	劳保费	
略	略	略	材料费用分配表	6 400							6 400
			人工费用分配表		2 500						2 500
			动力费用分配表				1 200				1 200
			其他费用分配表			350		560			910
			折旧费用计算表						3 890		3 890
			付劳保费							1 600	1 600
			合计	6 400	2 500	350	1 200	560	3 890	1 600	16 500
			辅助生产费用分配表	6 400	2 500	350	1 200	560	3 890	1 600	16 500

2.辅助生产车间设置“制造费用”账户

如果辅助生产车间生产多种产品或提供多种劳务，除了要按产品或劳务的名称分别设置“辅助生产成本明细账”登记各种产品和劳务所耗费的直接费用外，还应按车间设置“制造费用”账户登记该辅助车间发生的各项间接费用。各项间接费用在月末根据生产特点和管理的要求，按一定的分配标准，在该车间的各种产品或劳务间进行分配，即将辅助生产车间的“制造费用”分配给该车间各种产品或劳务的“辅助生产成本”，这种处理程序与基本生产车间的间接费用的处理程序基本相同。

在这种处理程序下，辅助生产车间发生的各项费用，如材料、人工、外购动力费等，应根据“材料费用分配表”“人工费用分配表”“外购动力费用分配表”等有关凭证，记入“辅助生产成本”账户的借方和有关账户的贷方。会计分录如下：

借：辅助生产成本——××产品（或劳务名称）

  贷：原材料

    应付职工薪酬

    银行存款等

将间接费用记入“制造费用”账户。会计分录如下：

借：制造费用——××辅助生产车间

  贷：银行存款

    累计折旧等

在该处理程序下，“辅助生产成本明细账”按成本项目设置专栏，格式见表4-2。

表 4-2 辅助生产成本明细账

车间：××辅助生产车间 202×年×月 单位：元

年		凭证号	摘要	成本项目				合计
月	日			直接材料	直接人工	燃料动力	制造费用	
略	略	略	材料费用分配表	6 400				6 400
			人工费用分配表		2 500			2 500
			动力费用分配表			1 200		1 200
			制造费用分配表				6 400	6 400
			合计	6 400	2 500	1 200	6 400	16 500
			辅助生产费用分配表	6 400	2 500	1 200	6 400	16 500

三、辅助生产费用的分配

在辅助生产费用的分配过程中，由于辅助生产车间所产生的产品和提供劳务的种类不同，归集费用转出和分配的程序方法也不一样。辅助生产车间所产生的工具、模具、修理备用件等产品的成本，应在产品完工入库时，计算并结转为存货成本，即从“辅助生产成本”账户的贷方转入“原材料”“周转材料”等账户的借方。有关车间和部门领用时，再按照财务会计中的存货核算方法，根据领用的具体用途和数量，从“原材料”“周转材料”等账户的贷方，将其一次或分次转入“制造费用”“管理费用”等有关账户的借方。

例如，辅助生产车间提供的是电、水、修理和运输等不能入库的产品和劳务，归集发生的辅助生产费用，需按照受益数量或其他有关比例在各受益对象之间进行分配。分配时应将其从“辅助生产成本”账户的贷方，转入“基本生产成本”“制造费用”“管理费用”等账户的借方。

辅助生产车间主要是给基本生产车间和有关部门提供产品和劳务，但也会存在辅助生产车间之间相互提供产品或劳务的情况，如供电车间为机修车间提供电力、供汽车间为供电车间提供蒸汽等。因此，要计算机修的成本，首先要计算电的成本，而要计算电的成本，又要计算汽的成本。各辅助生产车间归集的费用，除了为生产产品或提供劳务直接发生的费用外，还应包括从其他辅助生产车间转入的费用。由于各辅助生产车间之间有这种特殊的相互制约关系，因此辅助生产费用在分配上就与其他要素费用分配方法具有明显的不同。

由于辅助生产车间生产产品的计算方法和会计处理与企业基本产品生产的计算方法和会计处理基本一致，所以在该章节不涉及该种情况的介绍。后面主要介绍不能入库的产品和劳务的各种辅助生产费用的分配方法。

（一）直接分配法

直接分配法是指将辅助生产车间汇集的实际费用，直接分配给各辅助生产车间以外的各受益单位，而对于各辅助生产车间相互提供产品和劳务的费用不进行分配的一种辅助生产费用分配方法。其计算公式为：

$$\text{某辅助生产车间费用分配率}=\frac{\text{该辅助生产车间待分配费用}}{\text{辅助生产车间以外的各受益单位耗用劳务总量}}$$

某受益单位应分配的辅助生产费用=该单位耗用劳务的数量×辅助生产费用分配率

例 4-1

假设某企业有供电、供水和机修三个辅助生产车间，202×年5月份各辅助生产车间劳务供应情况及发生费用见表4-3。

表4-3 **辅助生产劳务供应及费用汇总表**

202×年5月

受益单位 \ 供应单位	供电车间（度）	供水车间（吨）	机修车间（小时）
供电车间		900	500
供水车间	7 400		300
机修车间	3 800	300	
生产甲产品	28 000	2 700	
基本生产车间一般耗用	2 000	200	2 800
行政管理部门	6 000	600	400
合计	47 200	4 700	4 000
本月发生辅助生产费用（元）	11 040	4 473	16 450

根据上述资料，编制直接分配法下的“辅助生产费用分配表”，见表4-4。

表4-4 **辅助生产费用分配表**

（直接分配法）

202×年5月 金额单位：元

项目 \ 辅助生产车间名称			供电车间	供水车间	机修车间	合计
待分配辅助生产费用			11 040	4 473	16 450	31 963
供应辅助生产车间以外单位劳务数量			36 000	3 500	3 200	—
费用分配率			0.3067	1.2780	5.1406	—
基本生产车间耗用	生产甲产品耗用	耗用数量	28 000	2 700		—
		分配金额	8 587.60	3 450.60		12 038.20
	一般耗用	耗用数量	2 000	200	2800	—
		分配金额	613.40	255.60	14 393.68	15 262.68
管理部门耗用		耗用数量	6 000	600	400	—
		分配金额	1 839	766.80	2 056.32	4 662.12
分配金额合计			11 040	4 473	16 450	31 963

一般情况下，分配率保留四位小数基本上就可以满足成本计算的精确性要求，本教材的分配率统一保留四位小数。由于分配率四舍五入会导致计算结果有一定的误差，因此分配到最后一项时应采用倒推的方法得出分配结果，即用待分配的金额减去已经分配的金额得出最后一项应分得的金额，否则会出现分配后辅助生产成本账面出现借方余额或贷方余额的情况。分配表中的有关数字计算方法如下：

供电车间费用分配率=11 040÷36 000=0.3067

供水车间费用分配率=4 473÷3 500=1.278

机修车间费用分配率=16 450÷3 200=5.1406

生产甲产品耗用的电费=0.3067×28 000=8 587.60（元）

其他类似数字计算不再一一列出。

管理部门分配的电费=11 040−8 587.60−613.40=1 839（元）

管理部门分配的水费=4 473−3 450.60−255.60=766.80（元）

管理部门分配的修理费=16 450−14 393.68=2 056.32（元）

根据上述辅助生产费用分配表，编制会计分录如下：

借：生产成本——基本生产成本（甲产品） 12 038.20

　　制造费用——基本生产车间 15 262.68

　　管理费用 4 662.12

　贷：生产成本——辅助生产成本（供电车间） 11 040

　　　　　　——辅助生产成本（供水车间） 4 473

　　　　　　——辅助生产成本（机修车间） 16 450

在直接分配法下，各辅助生产车间发生的费用只分配给辅助生产车间以外的受益单位，所以采用这种方法计算较为简便，工作量较小。但由于各辅助生产车间的费用没有包括本辅助车间所消耗的其他辅助车间的劳务而应分担的费用，因而费用汇集不完整，分配结果不准确。该方法适用于各辅助生产车间之间相互提供劳务不多，不进行交互分配对辅助生产成本和企业产品成本准确性影响不大的企业。

（二）交互分配法

交互分配法是指将辅助生产车间发生的费用分两次进行分配，第一次只限于在各辅助生产车间之间根据相互提供的产品或劳务进行交互分配，所以，第一次分配也称为对内分配；第二次是将各辅助生产车间分配前归集的费用，加上交互分配转入的费用，减去交互分配转出的费用，计算出各辅助生产车间实际发生的费用，分配给辅助生产车间以外的受益单位，因此，第二次分配也称对外分配。其计算公式如下：

第一次交互（对内）分配：

$$\text{某辅助生产车间交互分配率}=\frac{\text{该辅助生产车间交互分配前归集的费用}}{\text{该辅助生产车间提供的劳务总量}}$$

$$\begin{matrix}\text{某辅助生产车间应分配}\\ \text{其他辅助生产车间的费用}\end{matrix}=\begin{matrix}\text{该辅助生产车间耗用}\\ \text{其他辅助车间的劳务量}\end{matrix}\times\begin{matrix}\text{其他辅助生产}\\ \text{车间交互分配率}\end{matrix}$$

$$\begin{matrix}\text{某辅助生产车间交互}\\ \text{分配后的实际费用}\end{matrix}=\begin{matrix}\text{该辅助生产车间}\\ \text{交互分配前的费用}\end{matrix}+\begin{matrix}\text{该车间交互}\\ \text{分配转入的费用}\end{matrix}-\begin{matrix}\text{该车间交互}\\ \text{分配转出的费用}\end{matrix}$$

第二次对外分配：

$$\text{某辅助生产车间对外分配率}=\frac{\text{该辅助生产车间交互分配后的实际费用}}{\text{该辅助生产车间向辅助车间以外受益单位提供的劳务总量}}$$

$$\begin{matrix}\text{某生产车间或管理部门}\\ \text{应分配的辅助生产费用}\end{matrix}=\begin{matrix}\text{该生产车间或管理部门}\\ \text{耗用辅助车间的劳务量}\end{matrix}\times\begin{matrix}\text{该辅助生产车间}\\ \text{对外分配率}\end{matrix}$$

例 4-2

以［例 4-1］的资料为例，采用交互分配法时，其计算结果见表 4-5。

表 4-5

辅助生产费用分配表

（交互分配法）

202×年 5 月

金额单位：元

项目			交互分配				对外分配			
辅助生产车间名称			供电车间	供水车间	机修车间	合计	供电车间	供水车间	机修车间	合计
待分配的辅助生产费用			11 040	4 473	16 450	31 963	11 333.10	6 295.57	14 334.33	31 963
供应劳务数量			47 200	4 700	4 000		36 000	3 500	3 200	
费用分配率（单位成本）			0.2339	0.9517	4.1125		0.3148	1.7987	4.4795	
辅助生产车间耗用	供电车间	耗用数量		900	500					
		分配金额		856.53	2 056.25	2 912.78				
	供水车间	耗用数量	7 400		300					
		分配金额	1 730.86		1 233.75	2 964.61				
	机修车间	耗用数量	3 800	300						
		分配金额	888.82	285.51		1 174.33				
	小计		2 619.68	1 142.04	3 290	7 051.72				

续表

项目			交互分配				对外分配			
基本生产车间耗用	生产产品	耗用数量					28 000	2 700		
		分配金额					8 814.40	4 856.49		13 670.89
	一般耗用	耗用数量					2 000	200	2 800	
		分配金额					629.60	359.74	12 542.60	13 531.94
行政管理部门耗用		耗用数量					6 000	600	400	
		分配金额					1 889.10	1 079.34	1 791.73	4 760.17
分配金额合计							11 333.10	6 295.57	14 334.33	31 963

分配表中的有关数字计算方法如下：

供电车间费用交互分配率=11 040÷47 200=0.2339

供水车间费用交互分配率=4 473÷4 700=0.9517

机修车间费用交互分配率=16 450÷4000=4.1125

供电车间对外分配的费用=11 040+2 912.78–2 619.68=11 333.10（元）

供水车间对外分配的费用=4 473+2 964.61–1 142.04=6 295.57（元）

机修车间对外分配的费用=16 450+1 174.33–3 290=14 334.33（元）

供电车间费用对外分配率=11 333.10÷36 000=0.3148

供水车间费用对外分配率=6 295.57÷3 500=1.7987

机修车间费用对外分配率=14 334.33÷3 200=4.4795

根据表4–5编制会计分录如下：

（1）交互分配

借：生产成本——辅助生产成本（供电车间）　　2 912.78

　　　　　　——辅助生产成本（供水车间）　　2 964.61

　　　　　　——辅助生产成本（机修车间）　　1 174.33

　贷：生产成本——辅助生产成本（供电车间）　　2 619.68

　　　　　　——辅助生产成本（供水车间）　　1 142.04

　　　　　　——辅助生产成本（机修车间）　　3 290

（2）对外分配

借：生产成本——基本生产成本（甲产品）　　13 670.89

　　制造费用　　13 531.94

　　管理费用　　4 760.17

　贷：生产成本——辅助生产成本（供电车间）　　11 333.10

　　　　　　——辅助生产成本（供水车间）　　6 295.57

　　　　　　——辅助生产成本（机修车间）　　14 334.33

采用交互分配法分配辅助生产费用，弥补了直接分配法在辅助生产车间之间不分配费用的缺点，提高了辅助生产费用分配的准确性；同时，也能促使各辅助生产车间降低相互之间的消耗，加强经济核算。但由于采用交互分配法需进行两次分配，从而使得分配计算的工作量有所增加，会影响成本计算的及时性；另外，在第一次分配时，辅助生产车间的费用没有包括消耗其他辅助生产车间的费用，所以，分配率不准确。为了弥补这一缺点，企业在进行交互分配时，可根据其他消耗辅助生产车间的劳务数量和该项劳务的计划单位成本或上期实际单位成本，计算分配转入的费用，以确定本辅助生产车间发生的实际费用。交互分配法适用于各类辅助生产车间之间相互提供产品或劳务较多的企业。

（三）计划成本分配法

计划成本分配法是指企业按事先确定的辅助生产车间提供产品或劳务的计划单位成本和各受益单位耗用产品或劳务的数量，计算分配辅助生产费用的一种方法。采用计划成本法分配辅助生产费用时，首先应根据各单位接受产品或劳务的数量，分别乘以计划单位成本，计算各受益单位应分配的费用；然后将各单位实际发生的费用（在分配之前已归集的费用和由其他辅助生产车间分配转入的费用），与按计划成本分配转出的费用之间的差额，追加分配给辅助生产车间以外的各受益单位。如果差额较小，为了简化计算量，也可全部计入管理费用。有关计算公式如下：

某受益单位应分配的辅助生产费用 = 该受益单位耗用辅助生产车间的劳务量 × 该辅助生产车间提供劳务的计划单位成本

某辅助生产车间费用分配的差异额 = 该辅助生产车间实际发生的费用 − 该辅助生产车间按计划单位成本分配转出的费用

某辅助生产车间实际发生的费用 = 该辅助生产车间分配前归集的费用 + 从其他辅助生产车间按计划单位成本分配转入的费用

某辅助生产车间按计划单位成本分配转出的费用 = 该辅助生产车间提供的劳务总量 × 该辅助生产车间提供劳务的计划单位成本

例 4-3

以【例 4-1】资料为基础，假设每度电的计划单位成本为0.3元，每吨水的计划单位成本为1.8元，每个小时的修理费用为4元。采用计划分配法的计算结果见表4-6。

表4-6

辅助生产费用分配表

（计划分配法）

202×年5月

金额单位：元

受益单位 \ 供应单位		供电车间（0.3元/度）		供水车间（1.8元/吨）		机修车间（4元/小时）		费用合计
		数量（度）	金额	数量（吨）	金额	数量（小时）	金额	
待分配数量和费用		47 200	11 040	4 700	4 473	4 000	16 450	31 963
辅助生产车间	供电车间			900	1 620	500	2 000	3 620
	供水车间	7 400	2 220			300	1 200	3 420
	机修车间	3 800	1 140	300	540			1 680
	小计	11 200	3 360	1 200	2 160	800	3 200	8 720
基本生产车间	甲产品	28 000	8 400	2 700	4 860			13 260
	一般耗用	2 000	600	200	360	2 800	11 200	12 160
	小计	30 000	9 000	2 900	5 220	2 800	11 200	25 420

续表

受益单位 \ 供应单位	供电车间（0.3元/度）		供水车间（1.8元/吨）		机修车间（4元/小时）		费用合计
	数量（度）	金额	数量（吨）	金额	数量（小时）	金额	
行政管理部门	6 000	1 800	600	1 080	400	1 600	4 480
按计划成本分配金额	47 200	14 160	4 700	8 460	4 000	16 000	38 620
辅助生产实际成本		14 660		7 893		18 130	40 683
辅助生产成本差异额		500		567		2 130	2 063

有关数字计算如下：

供电辅助生产车间实际成本=11 040+3 620=14 660（元）

供水辅助生产车间实际成本=4 473+3 420=7 893（元）

机修辅助生产车间实际成本=16 450+1 680=18 130（元）

供电车间费用分配差异额=14 660−14 160=500（元）

供水车间费用分配差异额=7 893−8 460=−567（元）

机修车间费用分配差异额=18 130−16 000=2 130（元）

根据表4-6可编制如下会计分录：

1.按计划成本分配

借：生产成本——基本生产成本（甲产品）	13 260	
生产成本——辅助生产成本（供电车间）	3 620	
——辅助生产成本（供水车间）	3 420	
——辅助生产成本（机修车间）	1 680	
制造费用	12 160	
管理费用	4 480	
贷：生产成本——辅助生产成本（供电车间）		14 160
——辅助生产成本（供水车间）		8 460
——辅助生产成本（机修车间）		16 000

2.调整辅助生产成本差异

借：管理费用	2 063	
贷：生产成本——辅助生产成本（供电车间）		500
——辅助生产成本（供水车间）		567
——辅助生产成本（机修车间）		2 130

计划成本分配法的优点是，不需要计算辅助生产费用分配率，大大简化了计算分配工作量。但采用计划成本分配法时必须注意各计划单位成本的准确性，如果计划成本与实际成本相差较大，就会影响辅助生产费用分配的准确性，不利于企业内部的经济核算。

（四）顺序分配法

顺序分配法是指企业按各辅助生产车间相互提供产品或劳务的多少顺序，分配辅助生产费用一种方法。各辅助生产车间按互相之间受益额的多少排序，耗用其他辅助生产车间费用少的排在前面，将费用先分配出去；耗用其他辅助生产车间费用多的排在后面，将费用后分配出去。应该注意的是，每个辅助生产车间的费用只分配给排在其后面的辅助生产车间及其他受益单位，而不分配给排列在其前面的辅助生产车间。

例 4-4

以【例 4-1】的资料为基础，首先根据各辅助生产车间受益金额的大小排列顺序，计算过程如下：

供电车间受益金额=900×（4 473÷4 700）+500×（16 450÷4 000）=2 912.78（元）

供水车间受益金额=7 400×（11 040÷47 200）+300×（16 450÷4 000）=2 964.60（元）

机修车间受益金额=3 800×（11 040÷47 200）+300×（4 473÷4 700）=1 174.32（元）

依据计算结果，辅助车间排列顺序为：机修车间、供电车间、供水车间。计算结果见表 4-7。

表 4-7

辅助生产费用分配表

（顺序分配法）

202×年 5 月

金额单位：元

第一次分配	机修车间	第二次分配	供电车间	第三次分配	供水车间	生产甲产品	车间一般消耗	管理部门	合计
待分配费用	16 450		11 040		4 473				
消耗劳务量	4 000		500		300		2 800	400	4 000
分配率	4.1125								
分配金额			2 056.25		1 233.75		11 515	1 645	16 450
		待分配费用	13 096.25						
		消耗劳务量	43 400		7 400	28 000	2 000	6 000	43 400
		分配率	0.3018						
		分配金额			2 233.32	8 450.40	603.60	1 808.93	13 096.25
				待分配费用	7 940.07				
				消耗劳务量	3 500	2 700	200	600	3 500
				分配率	2.2686				
				分配金额		6 125.22	453.72	1 361.13	7 940.07

有关数据计算如下：

供电车间待分配费用=11 040+2 056.25=13 096.25（元）

供电车间对外分配劳务量=47 200−3 800=43 400（度）

供水车间待分配费用=4 473+1 233.75+2 233.32=7 940.07（元）

供水车间对外分配劳务量=4 700−900−300=3 500（吨）

根据辅助生产费用分配表，编制会计分录如下：

（1）借：生产成本——辅助生产成本（供电车间）　　2 056.25

　　　　　　　——辅助生产成本（供水车间）　　1 233.75

　　　制造费用　　11 515

　　　管理费用　　1 645

贷：生产成本——辅助生产成本（机修车间）　　16 450

（2）借：生产成本——辅助生产成本（供水车间）　　2 233.32

——基本生产成本（甲产品）　　8 450.40

制造费用　　603.60

管理费用　　1 808.93

贷：生产成本——辅助生产成本（供电车间）　　13 096.25

（3）借：生产成本——基本生产成本（甲产品）　　6 125.22

制造费用　　453.72

管理费用　　1 361.13

贷：生产成本——辅助生产成本（供水车间）　　7 940.07

采用顺序分配法，辅助生产费用对内只分配给排列在其后面的辅助车间，排列在前面的辅助生产车间耗用排列在其后的辅助生产车间的费用不计成本，分配结果的正确性受到一定影响，所以该方法应在各辅助生产车间之间耗用劳务的多少有明显顺序的情况下采用。

（五）代数分配法

代数分配法是指根据代数中建立多元一次方程组的方法，解联立方程组，计算确定各辅助生产车间提供产品或劳务的单位成本，再按照各受益单位耗用的产品或劳务的数量，计算分配辅助生产费用的一种方法。以每个辅助生产车间提供产品或劳务的单位成本为未知数，建立方程组，每一个方程的建立所依据的公式如下：

$$\text{某辅助车间提供产品或劳务的数量}\times\text{该产品或劳务的单位成本}=\text{该辅助车间分配前归集的费用}+\sum\text{该辅助车间耗用其他辅助车间产品或劳务的数量}\times\text{其他辅助车间产品或劳务的单位成本}$$

根据联立方程组，将每一个辅助生产车间提供产品或劳务的单位成本解出后，即可按下式计算各受益单位应分担的辅助生产成本。

$$\text{某受益单位应分配的辅助生产费用}=\text{该受益单位耗用的劳务量}\times\text{对应辅助车间提供产品或劳务的单位成本}$$

例4-5

以［例4-1］的资料为基础，采用代数分配法的计算过程如下：

设每度电的单位成本为x、每吨水的单位成本为y、每工时的修理劳务单位成本为z，建立联立方程如下：

$47\ 200x=11\ 040+900y+500z$

$4\ 700y=4\ 473+7\ 400x+300z$

$4\ 000z=16\ 450+3\ 800x+300y$

求得：$x=0.3152$

$y=1.7370$

$z=4.5422$

根据以上计算结果，对辅助生产费用的计算分配见表4-8。

表 4-8

辅助生产费用分配表

（代数分配法）

202×年 5 月　　　　金额单位：元

<table>
<tr><td colspan="3">辅助生产车间名称</td><td>供电</td><td>供水</td><td>机修</td><td>合计</td></tr>
<tr><td colspan="3">待分配的费用</td><td>11 040</td><td>4 473</td><td>16 450</td><td>31 963</td></tr>
<tr><td colspan="3">供应劳务数量</td><td>47 200</td><td>4 700</td><td>4 000</td><td></td></tr>
<tr><td colspan="3">实际单位成本</td><td>0.3152</td><td>1.7370</td><td>4.5422</td><td></td></tr>
<tr><td rowspan="7">辅助生产车间耗用</td><td rowspan="2">供电车间</td><td>耗用数量</td><td></td><td>900</td><td>500</td><td></td></tr>
<tr><td>分配金额</td><td></td><td>1 563.30</td><td>2 271.10</td><td>3 834.40</td></tr>
<tr><td rowspan="2">供水车间</td><td>耗用数量</td><td>7 400</td><td></td><td>300</td><td></td></tr>
<tr><td>分配金额</td><td>2 332.48</td><td></td><td>1 362.66</td><td>3 695.14</td></tr>
<tr><td rowspan="2">机修车间</td><td>耗用数量</td><td>3 800</td><td>300</td><td></td><td></td></tr>
<tr><td>分配金额</td><td>1 197.76</td><td>521.10</td><td></td><td>1 718.86</td></tr>
<tr><td colspan="2">小计</td><td>3 530.24</td><td>2 084.40</td><td>3 633.76</td><td>9 248.40</td></tr>
<tr><td rowspan="4">基本生产车间耗用</td><td rowspan="2">生产产品</td><td>耗用数量</td><td>28 000</td><td>2 700</td><td></td><td></td></tr>
<tr><td>分配金额</td><td>8 825.60</td><td>4 689.90</td><td></td><td>13 515.50</td></tr>
<tr><td rowspan="2">一般耗用</td><td>耗用数量</td><td>2 000</td><td>200</td><td>2 800</td><td></td></tr>
<tr><td>分配金额</td><td>630.40</td><td>347.40</td><td>12 718.16</td><td>13 695.96</td></tr>
<tr><td colspan="2" rowspan="2">行政管理部门耗用</td><td>耗用数量</td><td>6 000</td><td>600</td><td>400</td><td></td></tr>
<tr><td>分配金额</td><td>1 888.16</td><td>1 046.44</td><td>1 816.94</td><td>4 751.54</td></tr>
<tr><td colspan="3">分配金额合计</td><td>14 874.40</td><td>8 168.14</td><td>18 168.86</td><td>41 211.40</td></tr>
</table>

供电车间分配金额合计=11 040+3 834.40=14 874.40（元）

供水车间分配金额合计=4 473+3 695.14=8 168.14（元）

机修车间分配金额合计=16 450+1 718.86=18 168.86（元）

管理部门分配的电费=14 874.40−3 530.24−8 825.60−630.4=1 888.16（元）

管理部门分配的水费=8 168.14−2 084.40−4 689.90−347.40=1 046.44（元）

管理部门分配的修理费=18 168.86−3 633.76−12 718.16=1 816.94（元）

根据表 4-8，编制会计分录如下：

借：生产成本——辅助生产成本（供电车间）　　3 834.40
　　　　　　——辅助生产成本（供水车间）　　3 695.14
　　　　　　——辅助生产成本（机修车间）　　1 718.86
　　　　　　——基本生产成本（甲产品）　　13 515.50

借：制造费用	13 695.96	
管理费用	4 751.54	
贷：生产成本——辅助生产成本（供电车间）		14 874.40
——辅助生产成本（供水车间）		8 168.14
——辅助生产成本（机修车间）		18 168.86

对辅助生产费用采用代数分配法分配的优点是分配结果最为准确，但在辅助生产车间较多的情况下，设的未知数较多，方程组中涉及的方程较多，计算的工作量较大，所以代数分配法一般适用于辅助生产车间较少或已实现电算化的企业。

▸▸▸▸▸▸▸ 第二节　制造费用的核算

一、制造费用的概念及内容

在成本会计中，制造费用是指企业的生产单位为生产产品和提供劳务而发生的各项间接费用，不能直接归属于特定产品、生产步骤和批别，并且不能直接归属于直接材料和直接人工成本项目的生产费用，是产品成本的重要组成部分。由于企业的生产规模不断扩大，经营日趋复杂，产品的技术含量和生产的自动化水平日益提高，产品成本中的制造费用大幅增加。因此，准确汇集、合理分配制造费用对于计算和控制产品成本具有重要意义。

制造费用具体包括以下几个方面的内容：

（1）间接材料，即各个生产单位耗用的一般性材料，如机物料、周转材料等。

（2）间接人工，即支付给各个生产单位的管理人员的工资、奖金、福利费、津贴等。

（3）其他制造费用，即各个生产单位发生的不属于材料和人工的各种与产品生产有关的费用，如折旧费、修理费、租赁费（不包括融资租入固定资产的租赁费）、水电费、办公费、设计制图费、试验检验费、在产品盘亏、劳动保护费、季节性和修理期间的停工损失等。

二、制造费用的汇集

制造费用通过“制造费用”科目进行汇集和分配，“制造费用”科目的借方登记发生的制造费用，贷方登记分配至有关成本核算对象的制造费用，即制造费用的分配结转。该科目应按不同的车间、部门设置明细账，按企业以及具体车间或分厂的生产特点、成本管理的具体要求、费用的经济性质和经济用途设置项目专栏。其明细账的格式见表4-9。

表 4-9 **制造费用明细账**

车间：一车间 202×年×月 单位：元

年		凭证号	摘要	费用明细项目							合计
月	日			材料费	人工费	水费	电费	办公费	折旧费	劳保费	
略	略	略	材料费用分配表	6 400							6 400
			人工费用分配表		2 500						2 500
			动力费用分配表				1 200				1 200
			其他费用分配表			350		560			910
			折旧费用计算表						3 890		3 890
			付劳保费							1 600	1 600
			合计	6 400	2 500	350	1 200	560	3 890	1 600	16 500
			制造费用分配表	6 400	2 500	350	1 200	560	3 890	1 600	16 500

当发生制造费用时，应根据有关的凭证和费用分配表，借记“制造费用”科目，贷记“银行存款”“应付职工薪酬”“累计折旧”等有关科目。当期末分配制造费用时，如果是基本生产车间发生的制造费用，应借记“基本生产成本”科目，如果是辅助生产车间发生的制造费用，则应借记“辅助生产成本”科目，贷记“制造费用”科目。如果辅助生产车间只生产一种产品或只提供一种劳务，则可不设置“制造费用”科目，而将该车间发生的间接性费用直接记入“辅助生产成本”科目。除季节性生产的企业和采用计划分配率法分配制造费用的企业外，“制造费用”科目期末通常无余额。

三、制造费用的分配

为了对各个生产单位发生的制造费用进行监督和控制，并对各个生产单位的预算执行情况进行评价和考核，应按车间或分厂汇集制造费用，期末再根据各个车间或分厂的组织和管理生产的特点、性质分别确定各自的分配方法，将制造费用计入产品的制造成本。制造费用的分配方法可分为单一基数法和复合系数法两种。

（一）单一基数法

制造费用分配的单一基数法是在整个车间或分厂采用同一种基数来分配该车间或分厂的所有制造费用的方法。经常被使用的基数有直接人工工时、直接人工工资、机器工时、直接材料成本、产品产量等。上述基数的选择既可以是实际数据资料，也可以是计划或定额的数据资料，所以单一基数法又可以分为以下两种方法。

1.实际分配率法

实际分配率法是根据当月实际发生的制造费用及其分配标准来分配制造费用的方法。实际分配率法包括以下几种方法：

（1）生产工时比例分配法

生产工时比例分配法以各种产品所耗的实际（或定额）生产工时为分配标准分配制造费用，生产工时可以是人工工时，也可以是机器工时。计算公式如下：

$$某车间制造费用分配率=\frac{该车间制造费用总额}{该车间各种产品实际（或定额）生产工时总数}$$

某产品应负担的制造费用=该产品实际（或定额）生产工时数×制造费用分配率

采用这种方法的优点是资料容易取得，方法简单、容易操作，而且能较为正确地反映劳动生产率的高低，分配结果相对合理；缺点是忽视了各种产品单位生产工时的制造费用水平不完全相同。

例4-6

某企业基本生产一车间生产甲、乙、丙三种产品，按实际生产工时比例分配制造费用。甲产品的实际生产工时为5 800小时，乙产品的实际生产工时为3 500小时，丙产品的实际生产工时为2 000小时。根据表4-9中所列数据，制造费用总额为16 500元，应分配计算如下：

$$制造费用分配率=\frac{16\,500}{5\,800+3\,500+2\,000}=1.4602$$

甲产品应分配制造费用 = 5 800×1.4602= 8 469.16（元）

乙产品应分配制造费用 =3 500×1.4602= 5 110.7（元）

丙产品应分配制造费用=16 500−8 469.16−5 110.7 = 2 920.14（元）

根据上述计算结果，应编制“制造费用分配表”，见表4-10。

表4-10　　制造费用分配表

车间名称：基本生产一车间　　202×年×月　　金额单位：元

应借科目		生产工时	分配率	分配金额
基本生产成本	甲产品	5 800	1.4602	8 469.16
	乙产品	3 500		5 110.7
	丙产品	2 000		2 920.14
合计		11 300	1.4602	16 500

根据表4-10应编制如下会计分录：

借：生产成本——基本生产成本（甲产品）　　8 469.16
　　　　　　——基本生产成本（乙产品）　　5 110.7
　　　　　　——基本生产成本（丙产品）　　2 920.14
　贷：制造费用　　16 500

如果产品的工时定额比较准确，制造费用也可按生产成本定额工时的比例分配。

（2）直接工资比例分配法

直接工资比例分配法是以计入各种产品成本的生产工人实际工资为标准分配制造费用的一种方法。由于生产工人工资的资料容易取得，所以采用这一分配方法的核算工作简便。但应注意的是，这种方法适用于各种产品的机械化程度相差不多，且生产工人的工资可以直接计入产品成本的企业。其计算公式如下：

$$某车间制造费用分配率=\frac{该车间制造费用总额}{该车间直接工资总额}$$

某产品应负担的制造费用=该产品直接工资额×制造费用分配率

如果生产工人工资是按照生产工时比例分配计入各种产品成本的，那么，就应该按照生产工时比例分配制造费用。

制造费用也可以按照其他的分配标准进行分配，如按耗用材料数量或成本、产品产量等进行分配。但企业应该注意选择适合本企业生产工艺过程的分配标准，否则会影响分配的准确性。

2.计划分配率法

计划分配率法也称年度计划分配率法，是按年度开始前预先制定的年度计划分配率分配以后各月制造费用的一种方法。采用这种分配方法，不管各月实际发生的制造费用是多少，每月各种产品的制造费用都按计划分配率分配，制造费用明细账及总账科目不仅可能有月末余额，而且既可能有借方余额，也可能有贷方余额。年末，将计划分配额与实际发生费用之间的差额，按各种产品已分配的制造费用的比例分配计入12月份的产品成本，借记“基本生产成本”科目，贷记“制造费用”科目。如果实际发生额大于计划分配额，用蓝字补加，否则用红字冲减。其计算公式如下：

$$制造费用计划分配率=\frac{全年制造费用计划总额}{全年各种产品计划产量的定额工时之和}$$

某产品某月应分配的制造费用=该产品该月实际产量的定额工时×制造费用计划分配率

制造费用差异额=实际发生的制造费用–按计划分配率分配的制造费用

$$差异额分配率=\frac{差异额}{按计划分配率分配的制造费用}$$

某产品应分配的差异额 = 该产品按计划分配率分配的制造费用×差异额分配率

例4–7

某企业第一生产车间全年计划制造费用为150 000元，各种产品全年的计划产量为：甲产品20 000件，乙产品15 000件；单件产品的工时定额为：甲产品3小时，乙产品4小时；12月份的实际产量为：甲产品2 500件，乙产品1 800件；该月制造费用实际发生额为15 000元。年末，该车间全年实际发生的制造费用为152 800元。1月至11月按计划分配率分配的制造费用为：甲产品75 400元，乙产品63 550元。根据上述资料，采用计划分配率法分配制造费用，结果如下：

（1）按年度计划分配率分配当月制造费用

$$年度计划分配率=\frac{15\,000}{20\,000\times 3+15\,000\times 4}=1.25$$

12月份甲产品应负担的制造费用=2 500×3×1.25=9 375（元）

12月份乙产品应负担的制造费用=1 800×4×1.25=9 000（元）

12月应分配转出的制造费用 =9 375 + 9 000 = 18 375（元）

根据上述计算分配结果编制如下会计分录：

借：生产成本——基本生产成本（甲产品）	9 375	
——基本生产成本（乙产品）	9 000	
贷：制造费用		18 375

（2）年末分配差异额

差异额=152 800-（75 400+ 9 375+63 550+9 000）= -4 525（元）

$$差异额分配率=\frac{-4\ 525}{75\ 400+9\ 375+63\ 550+9\ 000}=-0.0288$$

甲产品应分配的差异额=（75 400+ 9 375）×（-0.0288）=-2 441.52（元）

乙产品应分配的差异额=-4 525-（-2 441.52）=-2 083.48（元）

根据计算结果，编制如下会计分录：

借：生产成本——基本生产成本——甲产品　　2 441.52

　　　　　　　　　　　　　　——乙产品　　2 083.48

　贷：制造费用　　4 525

如果差异额为正，即实际发生的制造费用大于按计划分配率转出的制造费用，则应增加产品成本中的制造费用金额，用蓝字编制上述会计分录。

采用计划分配率法分配制造费用时，不必每月计算分配率，核算工作比较简便，可以加快成本核算的速度，及时反映各月制造费用计划数与实际数的差额。对于季节性生产企业，采用该种方法可以使企业旺季与淡季的制造费用比较均衡地计入产品生产成本，避免各月制造费用分配率相差悬殊。但是，采用这种分配方法要求企业制定的计划成本应尽可能地接近实际情况，否则，年度制造费用的计划数脱离实际太多，就会影响成本计算的正确性。

从上述讲解可以看出，单一基数法的计算虽然较为简单，但在分配制造费用时忽视了不同制造费用的产生原因是不同的，不能根据制造费用产生的真实原因来确定制造费用的归属。所以，采用单一基数法分配制造费用是不准确的，在制造费用占产品成本比重不大的情况下，对产品成本的影响较小，但在制造费用占产品成本比重较大的情况下，则会严重地扭曲产品成本的真实性，使得产品成本不能真实地反映生产耗费的实际情况。

3. 累计分配率法

累计分配率法是在产品完工时一次性分配其应负担的全部制造费用，未完工产品暂不分配制造费用。累计分配率法中的分配标准可采用实际分配率法中的任何一种，其计算公式如下：

$$制造费用累计分配率=\frac{制造费用期初余额+本月发生的制造费用}{各种产品累计分配标准之和}$$

某完工产品应分配的制造费用=该完工产品的累计分配标准×制造费用累计分配率

例 4-8

某企业5月份共生产甲、乙、丙、丁四批产品，甲批产品上月投产，生产工时为40小时，本月发生工时150小时。另外三批产品均为本月投产，工时分别为240小时、180小时和325小时。月初制造费用余额为1 360元，本月发生5 652.50元。甲批产品本月完工，其余三批产品均未完工。采用累计分配率法计算分配制造费用，计算结果如下：

制造费用累计分配率=（1 360+5 652.50）÷（40＋150＋240＋180＋325）=7.5（元/小时）

甲批产品应分配的制造费用=（40+150）×7.5=1 425（元）

乙、丙、丁三批产品由于未完工，所以暂不进行分配，这三批产品应负担的制造费用为该账户的期末余额，待该批产品完工时，再根据其累计分配标准分配应负担的制造费用。

采用累计分配率方式分配制造费用，其优点是对于生产周期较长、产品批次较多的企业，若完工产品批次少，未完工产品批次多，可简化会计核算工作量。当采用这种方式分配制造费用时，各月份的制造费用水平应相差不大，否则，会影响计算结果的准确性。因此，这种方法一般是在每月完工产品的批次少、未完工产品的批次多、各月制造费用水平相差不多的情况下采用。

（二）复合系数法

随着高新技术的发展、生产自动化的实现，制造费用占产品成本的比重不断提高，逐渐成为产品成本的主要部分。使用单一计算法分配制造费用的缺陷日益突出，而复合基数法克服了这一不足，其根据制造费用不同的产生原因，选择适当的分配标准进行分配，将制造费用计入相应的产品成本。

复合系数法也称联合分配法，是根据制造费用的不同特点，将其划分为若干类，分别选择不同的合理的标准进行制造费用分配的一种方法。采用这种方法的关键是确定合理的分配标准，在选择分配标准时，应该考虑两个因素：

（1）分配标准与制造费用产生原因的相关程度，如果所选择的分配标准与费用产生原因之间不存在高度相关性，会导致费用分配不准确。

（2）所选择的分配标准的相关数据是否容易获得。

例如，与机器设备有关的费用，可以按机器工时的比例进行分配；与组织和管理生产有关的费用可以按直接人工工时比例进行分配。

例4-9

某企业的第一生产车间生产甲、乙两种产品。该车间本月生产甲产品3 000件、乙产品2 000件。甲产品单件定额人工工时为5小时，机器工时为2小时；乙产品单件定额人工工时为4小时，机器工时为1.5小时。当月发生的制造费用分为三类：机器设备折旧13 500元、搬运及质检费3 000元、其他费用20 700元。该企业分别选择按机器工时、产品产量和工人工时分配以上三类费用。分配计算结果见表4-11。

表4-11　　**制造费用分配表**

202×年×月　　金额单位：元

<table>
<tr><th colspan="2" rowspan="2">应借科目</th><th colspan="3">机器折旧</th><th colspan="3">搬运及质检费</th><th colspan="3">其他费用</th><th rowspan="2">金额合计</th></tr>
<tr><th>机器工时</th><th>分配率</th><th>分配金额</th><th>产品数量</th><th>分配率</th><th>分配金额</th><th>工人工时</th><th>分配率</th><th>分配金额</th></tr>
<tr><td rowspan="2">基本生产成本</td><td>甲产品</td><td>6 000</td><td rowspan="2">1.5</td><td>9 000</td><td>3 000</td><td rowspan="2">0.6</td><td>1 800</td><td>15 000</td><td rowspan="2">0.9</td><td>13 500</td><td>24 300</td></tr>
<tr><td>乙产品</td><td>3 000</td><td>4 500</td><td>2 000</td><td>1 200</td><td>8 000</td><td>7 200</td><td>12 900</td></tr>
<tr><td colspan="2">合计</td><td>9 000</td><td>1.5</td><td>13 500</td><td>5 000</td><td>0.6</td><td>3 000</td><td>23 000</td><td>0.9</td><td>20 700</td><td>37 200</td></tr>
</table>

思考与练习

业务题一：[资料] 假设某企业有供电、供水、机修三个生产车间，某月份各辅助生产车间产品或劳务供应情况及发生额见表4-12。

表4-12 劳务供应及费用汇总表

供应单位 / 受益单位	供电车间（度）	供水车间（吨）	机修车间（小时）
供电车间		700	500
供水车间	2 200		300
机修车间	4 000	800	
基本生产车间生产A产品	8 800	1 700	
基本生产车间生产B产品	7 600	2 000	
基本生产车间一般耗用	1 000	500	2 800
行政管理部门	1 400	1 300	1 400
合 计	25 000	7 000	5 000
本月发生辅助生产费用（元）	13 400	4 000	16 500

要求：

1.编制直接分配法的辅助生产费用分配表，并编制相关会计分录。

2.编制交换分配法的辅助生产费用分配表，并编制相关会计分录。

3.编制顺序分配法的辅助生产费用分配表，并编制相关会计分录。

4.编制代数分配法的辅助生产费用分配表，并编制相关会计分录。

5.假设每度电的计划成本为0.9元，每吨水的计划成本为0.8元，每小时机修劳务的计划成本为4.5元。编制计划分配法的辅助生产费用分配表，并编制相关会计分录。

业务题二：[资料] 假设某企业生产车间生产A、B、C三种产品，A产品实耗生产工人工时2 000小时，B产品实耗生产工人工时800小时，C产品实耗生产工人工时1 200小时，该车间本月制造费用实际发生额为64 600元。

要求：

1.采用生产工人工时比例法计算分配各种产品应分担的制造费用；

2.编制相关会计分录。

业务题三：[资料] 假设某企业第二生产车间全年计划制造费用额为360 000元，各种产品全年定额工时为400 000小时。12月份甲产品实际产量的定额工时为26 000小时，乙产品实际产量的定额工时为11 000小时。年末核算时，该车间全年共发生制造费用378 000元。1月至11月按计划分配率分配的制造费用：甲产品为244 800元，乙产品为107 100元。

要求：

1.采用计划分配率法分配制造费用。

2.编制相关会计分录。

第五章

生产损失的核算

培根铸魂

新时代大学生应有的初心

初心即当初的心意、一开始所抱的信念。其实，每个人都有一颗初心的种子，并不断为之努力奋斗。作为新时代的大学生，我们读书学习的初心是什么？就是要把人生志向同祖国、人民和时代联系在一起，以全面建成社会主义现代化强国和实现中华民族伟大复兴为己任，努力成为党和人民需要的有用之才。把对祖国血浓于水、与人民同呼吸共命运的情感贯穿学业全过程、融汇在事业追求中，不忘初心，不负韶华，始终保持积极的人生态度、良好的道德品质、健康的生活情趣，掌握知识和技能，不断全面提高自己的综合素质。毕业后用知识和技能服务社会、报效国家和民族、回报父母和家庭，做一个有价值、有益于社会的人，不辜负党的期望、人民的期待、民族的重托。

▶▶▶▶▶▶ 第一节　生产损失概述

一、损失的含义

工业企业在其生产经营过程中难免会发生这样或那样的损失，企业发生的各种损失按其是否计入产品制造成本，可分为生产损失和非生产损失两大类。生产损失是指企业在产品生产过程中或由于生产原因而发生的各种损失，如由于制造了不合格产品而造成的废品损失、由于机器设备发生故障被迫停工而造成的停工损失等。生产损失都是与产品生产直接相关的损失，因此生产损失是产品制造成本的组成部分。非生产损失主要是由于企业经营管理或其他原因造成的损失，如坏账损失，材料、产成品的盘亏、毁损、变质损失，汇兑损失，投资损失等。非生产损失由于与产品生产没有直接关系，因此不能计入产品制造成本，而应根据损失的性质、原因和现行制度的规定列入期间费用、营业外支出或冲抵投资收益等。

严格地讲，即使企业生产出来的都是合格产品，如果其所耗直接材料和工时都大于正常消耗，也是一种损失。但在实际工作中，人们一般都不计算这种损失，而是把这种过多的消耗定义为“浪费”。

二、生产损失的内容

生产损失包括废品损失和停工损失。废品损失是指企业在生产过程中产生了废品而造成的损失。企业因材料供应不足、电力中断、机器大修理、计划减产或非常灾害等引起的生产中断称为停工，企业因停工而发生各种费用，由此造成的损失称为停工损失。

若生产损失的数额较大，为了控制生产损失的发生数额，使其不断降低，也为了明确经济责任、提高企业管理水平、保证企业正常的生产经营，有必要设置“废品损失”和“停工损失”科目对生产损失进行核算。如果企业生产损失的数额较小，为了简化成本核算工作，可不进行经济核算，也就不必单独设置“废品损失”和“停工损失”科目。

三、生产损失核算的意义

生产过程中发生的生产损失会使企业的经济效益下降，造成人力、物力和财力的浪费，因此，企业加强生产损失的核算十分必要，主要体现在以下几个方面：

首先，改善企业管理，减少浪费。产生废品或发生可避免的停工，都会造成企业人力、物力和财力的浪费，是企业生产过程中的无效劳动。正确计算生产过程中发生的损失，可以明确经济责任，改善企业的日常管理，提高效率。

其次，正确考核计划的执行情况。大量的废品、意外的停工都会影响生产计划的顺利进行，进行生产损失的核算，考核生产损失计划的执行情况，并根据实际情况对生产计划进行修改，可以使企业制订更加合理的计划。

最后，增强企业竞争力。生产损失越大，单位产品成本越高，企业的市场竞争力越弱，经济效益越差。因此，通过正确地计算生产损失，分析原因，找出对策，提出改进措施，能够降低生产损失，增强企业竞争力。

▸▸▸▸▸▸▸ 第二节　废品损失的核算

一、废品及废品损失的含义

（一）废品的含义

废品是指经检验在质量上不符合规定的技术标准，不能按原定用途使用，或需重新经过加工修理后才能使用的产成品、半成品、零部件等。

废品可以按不同的标准进行分类。在实际工作中一般按废品在技术上修复的可能性和经济上的合理性，将废品分为可修复废品和不可修复废品。可修复废品是指该废品在技术上是可修复的，并且在修复过程中支付的修理费用在经济上是合算的；不可修复废品是指该废品在技术上不能修复，或者虽能修复但支付的修复费用在经济上不合算。

废品按产生的原因可分为工废和料废两种。工废是指在生产过程中由于加工工艺技术、工人操作方法、技术水平等方面的缺陷所产生的废品。料废是指由于材料质量、规格、性能不符合要求而产生的废品。分清废品产生的原因，有利于查明废品产生的经济责任。

（二）废品损失的含义

为了正确计算产品成本，进行成本分析和考核，必须计算废品损失。废品损失是指因产生废品而造成的损失，包括可修复废品的修复费用和不可修复废品的生产成本减去残值、应收过失人赔款后的净损失。

应予以注意的是，若产品入库时确系合格品，但由于保管不善、运输不当等原因使产品损坏变质而发生的损失，不包括在废品损失中，应列作管理费用；质量虽不符合规定标准，但经检验不需要返修而可以降价出售的产品，其降价损失作为销售损益体现，不列入废品损失；企业因实行“三包”而发生的三包损失，应列作管理费用，不应列入废品损失。

二、废品损失的科目设置与核算

（一）“废品损失”账户设置

当生产过程产生废品时，应该由质检部门填制“废品通知单”，作为废品损失核算的原始依据。在单独核算废品损失的企业中，应设置“废品损失”账户。“废品损失”账户借方归集可修复废品的修复费用和不可修复废品的实际生产成本；贷方登记废品残料回收的价值、应收过失人或保险公司赔偿款，以及结转计入产品成本的净损失；该账户月末结转后一般无余额。废品的净损失应转入当月生产的同种产品成本，由合格品负担。“废品损失”账户应按废品的品种或批别设置明细账，在账内按规定的成本项目设置专栏。

（二）可修复废品损失的核算

可修复废品的损失是指废品在修复过程中发生的所有修复费用，包括修复过程中耗用的材料、发生的人工费用和制造费用。在生产中发生的可修复废品的修复费用，应根据直接材料、直接人工和制造费用分配表的分配结果，记入“废品损失”账户的借方；修复费用中要由责任人赔款的部分，应冲抵废品损失，记入“废品损失”账户的贷方；该账户的借方余额，为可修复废品的净损失，从“废品损失”账户的贷方转入“基本生产成本”账户借方的废品损失项目。

例5-1

某企业本月生产A产品1 000件，在生产过程中发现了10件可修复废品。在修复过程中，耗用原材料300元、人工费用500元、制造费用250元。责任人张山应赔偿200元。根据上述资料编制会计分录如下：

①发生修复费用：

借：废品损失——A产品	1 050	
贷：原材料		300
应付职工薪酬		500
制造费用		250

②应收过失人赔款：

借：其他应收款——张山	200	
贷：废品损失——A产品		200

③结转废品净损失：

借：生产成本——基本生产成本——A产品	850	
贷：废品损失——A产品		850

（三）不可修复废品损失的核算

不可修复废品损失是指废品成本减去残料价值和过失人、保险公司赔偿后的净损失。因此，为了核算不可修复废品损失，必须先计算废品成本。由于不可修复废品的成本在报废之前是与合格品的成本在一起的，因此需要采取一定的方法，将产品的成本在合格品和废品之间进行分配，从而计算出废品成本。

1.废品所耗实际费用计算

采用按废品所耗实际费用计算废品损失时，应按成本项目将费用在合格品和废品之间进行分配。根据发现废品时废品的完工程度不同，又可以分为以下两种情况：

（1）完工入库时发现的废品

如果不可修复废品是在完工入库时发现的，则废品与合格品应负担同等的费用，因而可以按两者的产量作为分配标准进行分配。其计算公式为：

$$某成本项目费用分配率 = \frac{该成本项目发生的生产费用}{合格品数量 + 废品数量}$$

废品应负担某成本项目费用额=废品数量×该成本项目费用分配率

（2）生产过程中发现的废品

生产过程中发现的废品的成本计算，应根据投料方式和成本项目的不同，分别进行分配核算。如果原材料在开始生产时一次投入，材料费用可按合格品与废品的数量比例分配；如果不是在生产开始时一次投入，则可采用适当的方法，如约当产量法，将废品折合成合格品的数量，再进行分配，具体操作可参考完工产品与在产品成本分配的相关内容。其余各成本项目，如直接人工和制造费用等，可按合格品和废品所耗的工时比例进行分配。如果原材料是一次性投入，其计算公式如下：

$$直接材料费用分配率 = \frac{直接材料费用总额}{合格品数量 + 废品数量}$$

废品的直接材料费用=废品数量×直接材料费用分配率

$$直接人工(制造费用)分配率 = \frac{直接人工(制造费用)总额}{合格品生产工时 + 废品生产工时}$$

废品的直接人工（制造费用）=废品生产工时×直接人工（制造费用）分配率

例 5-2

某企业第二生产车间202×年5月生产甲产品800件，经检验合格品为790件，生产过程中发现不可修复废品10件。合格品耗用生产工时22 000小时，废品耗用工时500小时，全部生产工时为22 500小时；合格品耗用机器工时5 748小时，废品耗用机器工时302小时，全部机器工时为6 050小时。本月甲产品成本计算单所列合格品和废品的全部生产费用为：直接材料51 880元，燃料和动力12 100元，直接人工22 050元，制造费用9 000元。废品残料回收价值150元，过失人赔偿300元。原材料系生产开始时一次性投入。按所耗实际费用计算废品的生产成本，原材料按数量比例分配，燃料动力按机器工时分配，其他费用按生产工时分配。根据以上资料编制废品损失计算表，见表5-1。

表 5-1 **不可修复废品损失计算表**

产品名称：甲产品 202×年 5 月 金额单位：元

项目	数量（件）	直接材料	机器工时（小时）	燃料动力	生产工时（小时）	直接人工	制造费用	合计
费用总额	800	51 880	6 050	12 100	22 500	22 050	9 000	95 030
分配率		64.85		2		0.98	0.4	
废品成本	10	648.50	302	604	500	490	200	1 942.50
残料价值		150						150
过失人赔款						300		300
废品净损失		498.50		604		190	200	1 492.50

根据表5-1及有关凭证，编制会计分录如下：

①结转不可修复废品成本：

借：废品损失——甲产品　　1 942.50

　贷：生产成本——基本生产成本——甲产品（直接材料）　　648.50

　　　　　　——基本生产成本——甲产品（燃料动力）　　604

　　　　　　——基本生产成本——甲产品（直接人工）　　490

　　　　　　——基本生产成本——甲产品（制造费用）　　200

②回收废品残料价值及过失人赔款：

借：原材料　　150

　　库存现金　　300

　贷：废品损失——甲产品　　450

③将废品净损失转入该种合格品成本：

借：生产成本——基本生产成本——甲产品（废品损失）　　1 492.50

　贷：废品损失——甲产品　　1 492.50

根据会计分录登记有关明细账，见表5-2、表5-3。

表5-2　**基本生产成本明细账**

产品名称：甲产品　　产量：790件　　金额单位：元

日期	凭证号	摘要	直接材料	燃料动力	直接人工	制造费用	废品损失	合计
略	略	生产费用合计	51 880	12 100	22 050	9 000		95 030
		结转废品生产成本	648.50	604	490	200		1 942.50
		转入不可修复废品净损失					1 492.50	1 492.50
		产品总成本	51 231.50	11 496	21 560	8 800	1 492.50	94 580
		产品单位成本	64.85	14.55	27.29	11.14	1.89	119.72

表5-3　**废品损失明细账**

产品名称：甲产品　　产量：10件　　金额单位：元

日期	凭证号	摘要	直接材料	燃料动力	直接人工	制造费用	合计
略	略	不可修复废品成本	648.50	604	490	200	1 942.50
		残料入库价值	150				150
		过失人赔款			300		300
		合计	498.50	604	190	200	1 492.50
		结转废品净损失	498.50	604	190	200	1 492.50

不可修复废品损失按实际成本计算，其结果较为准确，但工作量较大，并且只能在核算出月末生产费用后才能进行分配计算，不利于及时控制废品损失。

2.按定额成本计算废品损失

按定额成本计算废品损失时，是根据不可修复废品的数量和单位产品各项费用的定额，同时考虑发现废品时已投料和已加工的程度，计算废品的定额成本，再将废品的定额成本扣除废品残料价值和有关赔偿后，计算出废品的净损失。

例5-3

某企业第一车间生产甲产品，甲产品由A、B两种零件组装而成，原材料在生产开始时均一次性投入。有关资料如下：

（1）废品资料见表5-4。

表5-4 **废品资料**

202×年5月

零件名称	计量单位	料废		工废		可否修复	制废原因
		数量	完工程度	数量	完工程度		
A	件	10	50%	5	50%	不可修复	略
B	件	4	100%			不可修复	

（2）零件消耗定额资料见表5-5。

表5-5 **零件消耗定额资料**

202×年5月

零件名称	计量单位	原材料定额耗用量（千克）		工时消耗定额
		甲材料	乙材料	
A零件	件	10	8	4
B零件	件	5	12	6

（3）根据上述资料计算废品定额消耗量，见表5-6。

表5-6 **废品定额消耗量计算表**

202×年5月

零件名称	数量	原材料定额消耗量（千克）		工时定额耗用量（小时）
		甲材料	乙材料	
A零件	15	150	120	30
B零件	4	20	48	24
合计		170	168	54

(4) 根据上述资料，计算废品损失，见表5-7。

表 5-7 **不可修复废品成本计算表**

202×年 5 月 金额单位：元

项目	直接材料		直接人工	制造费用	合计
	甲材料	乙材料			
计划单价	3	5	4	2	
定额耗用量（千克）	170	168	54	54	
定额成本	510	840	216	108	1 674

根据上述计算结果，编制如下会计分录：

借：废品损失 1 674

　贷：生产成本——基本生产成本 1 674

根据上述分录，将废品应负担的费用，按成本项目从“基本生产成本明细账”中转出，记入“废品损失明细账”，月末将“废品损失明细账”中登记的净损失转入同种产品的“基本生产成本明细账”，其操作方法同实际成本计算废品损失的方法，此处不再赘述。

▸▸▸▸▸▸▸ 第三节 停工损失的核算

一、停工损失的内容

停工损失是指企业的生产车间在停工期间发生的各项费用，包括停工期间应支付的生产工人工资、应分配的制造费用等。

企业停工的原因有很多，一般情况下，可将停工分为正常停工和非正常停工。正常停工是指计划规定的停工，如因季节性生产、机器设备大修理或计划减产而停工。非正常停工是指非预期的停工，其原因可能与企业的生产经营活动有关，也可能无关，前者包括停电、材料供应不足、机器设备出故障、产品滞销、原材料短缺等原因，后者包括自然灾害等原因。另外，停工时间有长有短，可能只有几分钟、几天，也可能达一个月以上；停工范围有大有小，可能是单台机器、一条生产线，也可能涉及整个车间、工厂等。

一般情况下，基于成本收益原则，企业不需要对所有的停工都计算停工损失，而是对超过一定时间和范围的停工计算停工损失，这个时间和范围的界定，可以由企业的主管部门确定。

二、停工损失的科目设置与核算

当企业发生停工损失时，应由停工的车间、部门填制“停工单”，并在考勤记录中登记。在“停工单”内列明停工的车间、范围、原因、起止时间以及停工损失的金额等有关内容。“停工单”经有关部门审批后，作为账务处理的依据。

企业一般通过“停工损失”账户对停工损失进行核算。“该账户的借方登记发生的停工损失；贷方登记分配结转的停工损失；期末无余额。“停工损失”账户应按生产车间设置明细账进行明细核算，按成本项目归集停工损失，以便明确责任，正确计算产品成本。

（1）在发生停工损失时，根据停工的生产车间填制“停工单”，经有关部门审批后，连同当月工资单和制造费用分配表一起作为账务处理的依据，编制如下会计分录：

借：停工损失

　贷：应付职工薪酬

　　　制造费用等

（2）如果遭受的损失可以向责任人或保险公司取得赔款，编制如下会计分录：

借：其他应收款——责任人

　贷：停工损失

（3）对于因季节性生产和大修理等原因造成的正常停工，其停工损失应列入制造费用，分配计入开工月份生产的产品成本，编制如下会计分录：

借：制造费用

　贷：停工损失

（4）由于自然灾害等与生产经营无关的原因引起的停工损失，应按规定记入“营业外支出”账户，编制如下会计分录：

借：营业外支出

　贷：停工损失

例5-4

某企业一车间202×年5月份停工500个工时，该车间生产工人工资分配率为5元/工时，制造费用分配率为4元/工时。假定该企业设置“停工损失”账户，且产品成本明细账设置了“停工损失”项目。根据以上资料，编制会计分录如下：

借：停工损失——一车间	4 500	
贷：应付职工薪酬		2 500
制造费用		2 000

如果该车间停工是设备修理造成的正常停工，将停工损失计入产品成本，编制会计分录：

借：生产成本——基本生产成本（停工损失）	4 500	
贷：停工损失——一车间		4 500

如果停工为非正常停工，将停工损失计入营业外支出，编制会计分录：

借：营业外支出——停工损失	4 500	
贷：停工损失——一车间		4 500

思考与练习

业务题一：［资料］某企业某月质检发现甲产品的不可修复废品40件、可修复废品50件。不可修复废品每件直接材料定额为30元，工时定额为6.5小时；每小时的费用定额为：人工10元，制造费用14元。可修复废品的修复费用为：直接材料1 000元，直接人工720元，制造费用1 600元。废品的残料价值为200元。应由责任人赔偿的废品损失为400元。该企业废品成本按定额成本计算，净损失由当月同种产品成本负担。

要求：

1.根据以上资料编制废品损失计算表。

2.计算全部废品的净损失。

3.编制相关会计分录。

业务题二：［资料］某车间本月完工甲产品400件，经检验合格品为390件，生产过程中发现不可修复废品10件。合格品与废品共耗用生产工时12 000小时，其中，废品耗用300小时。本月甲产品全部生产费用为：直接材料31 880元，直接人工12 120元，制造费用7 200元，废品残料回收价值120元，过失人赔偿60元。原材料系一次性投入。该企业按实际成本计算废品损失，净损失由当月同种产品成本负担。

要求：

1.根据以上资料编制废品损失计算表。

2.编制相关会计分录。

第六章

生产费用在完工产品和在产品之间的划分

培根铸魂

胸怀梦想，脚踏实地

在党的二十大报告中，习近平总书记号召广大青年要“怀抱梦想又脚踏实地，敢想敢为又善作善成”。

崇尚奋斗，用奋斗创造美好生活，这是中华民族传承五千多年的传统美德，也是我们中国人当下普遍的生活态度和价值追求。正因每一个普通人在不同岗位上爱岗敬业、勤奋工作，才有机会逐步实现个人梦想，让自己与家人过上更加幸福美好的生活。一分耕耘，一分收获，幸福都是奋斗出来的，实干才能梦想成真。实现目标和梦想，没有捷径，只有把远大抱负落实到实际行动中，不贪图安逸，不惧怕困难，不怨天尤人，珍惜韶华，励志勤学，笃行不怠，靠勤奋与汗水开辟人生和学业的前程。

▸▸▸▸▸▸▸ 第一节　在产品数量的核算

一、完工产品和在产品成本划分的意义

企业生产过程中所发生的各项费用，经过各种要素费用、辅助生产费用和制造费用的分配，废品损失的核算等操作后，都集中在了“基本生产成本明细账”和它所属的各种“产品成本计算单”中。成本核算的目的就是归集生产费用，从而计算出完工产品的总成本和单位成本。因此，企业应采用一定的方法，将归集的生产费用在完工产品和在产品之间进行划分，计算出完工产品的成本，之后将完工产品办理入库手续，采用适当的方法进行入库、发出的核算。

将生产费用在完工产品和在产品之间进行合理、准确的划分，对企业来说具有非常重要的意义：

（1）可以正确计算各期损益。只有正确地将生产费用在完工产品和在产品之间进行划分，计算出完工产品成本，才能准确地计算出企业各期的损益。

（2）有利于保护资产的安全完整。在产品是企业的重要物资，如果保管不当，会发生丢失、毁损等情况。因此，为了保护企业财产物资的安全，也应做好在产品成本的核算工作。

（3）有利于提高资金利用效率。在产品是企业存货的重要组成部分，在产品占用资金的多少，对于存货的周转速度有很大影响。如果在产品占用的资金过多，会使企业资金积压，不利于提高经济效益。因此，将生产费用在完工产品和在产品之间进行划分，正确计算出在产品成本，便于企业了解在产品情况，及时进行生产方案的调整，提高资金利用效率。

（4）有利于企业合理安排生产。正确进行完工产品与在产品的成本划分，加强完工产品成本核算，还有利于企业不断减少产成品占用的资金、合理调度企业的生产进度。

二、在产品数量的核算

在产品的概念有狭义和广义之分。狭义的在产品是指某一车间或某一生产步骤正在加工的那部分产品，已完工的半成品不包括在内。广义的在产品是指没有完成全部生产过程、不能作为商品销售的产品，包括正在车间加工的在产品、需要继续加工的半成品、等待验收入库的产品、正在返修和等待返修的废品等。对外销售的自制半成品属于商品产品，验收入库后不应列为在产品。

在产品数量的核算，应同时具备账目核算资料和实际盘点资料。为此，企业应做好在产品收发结存的日常核算工作和在产品的清查工作。这样既可以从账面上随时掌握在产品的动态，又可以查清在产品的实存数量，从而为正确计算产品成本、加强生产资金和在产品实物管理提供资料。企业应该根据在产品实际盘存数量计算在产品成本。如果在产品品

种多、数量大，每月都组织实地盘点确有困难，也可以根据在产品业务核算资料的期末结存量计算在产品成本。但为了加强在产品的数量核算、保护在产品的安全完整，企业至少应在年度决算时进行一次全面的清查。

（一）在产品日常收发结存的核算

在产品通常是通过“在产品收发结存账”（即“在产品台账”）进行收发结存的日常核算，该账按车间及产品品种或在产品的名称（零部件名称）设置，提供车间各种在产品收发结存动态的业务核算资料。“在产品收发结存账”是根据领料凭证、在产品内部转移凭证、产品检验凭证和产品交库凭证及时登记，最后由车间核算人员审核汇总的。“在产品收发结存账”见表6-1。

表6-1 **在产品收发结存账**

车间名称：第一车间

零部件名称：A零件

单位：个

日期	摘要	收入		发出			结存	
		凭证号	数量	凭证号	合格品	报废	完工	未完工
1/8	结存						100	200
5/8	入库	010801	200				250	250
15/8	发出			010808	245	5		250
20/8	发出			010812	128	2		120

（二）在产品清查的核算

为了保证在产品的安全完整，做到账实相符，企业应定期或不定期地对在产品进行清查。如果没有建立在产品日常收发核算，每月末必须清查一次在产品，以便取得在产品的实际盘存资料，用来计算产品成本。清查后，应根据实际盘点数和账面资料编制“在产品盘存表”，列明在产品的账面数、实有数、盘盈盘亏数及其原因和处理意见等，对于报废和毁损的在产品还要登记残值。成本核算人员应对在产品盘存表进行认真审核，并报有关部门审批，同时对在产品盘盈、盘亏进行账务处理。

在产品发生盘盈时，按计划成本或定额成本借记“基本生产成本”账户，贷记“待处理财产损溢”账户；按管理权限报经批准后，借记“待处理财产损溢”账户，贷记“制造费用”账户。

在产品发生盘亏和毁损时，借记“待处理财产损溢”账户，贷记“基本生产成本”账户，冲减在产品的账面价值。毁损在产品的残值，借记“原材料”“银行存款”等账户，贷记“待处理财产损溢”账户，冲减其损失。按规定批准核销时，应根据发生盘亏的不同情况，借记“制造费用”“其他应收款”或“营业外支出”等账户，贷记“待处理财产损溢”账户。

例6-1

某企业202×年5月份第一车间在产品清查结果为：甲在产品盘盈10件，单位定额成本20元；乙在产品盘亏8件，单位定额成本30元，应由过失人赔偿20元；丙在产品毁损

250件，单位定额成本20元，残料入库作价200元。丙在产品的毁损是由自然灾害造成的，应由保险公司赔偿3 000元（款项尚未收到），其余损失计入营业外支出。上述清查结果都已报经有关部门批准。

（1）盘盈在产品的账务处理。

借：生产成本——基本生产成本（甲产品）　　200

　　贷：待处理财产损溢——待处理流动资产损溢　　200

（2）经批准后对盘盈的在产品转账。

借：待处理财产损溢——待处理流动资产损溢　　200

　　贷：制造费用　　200

（3）盘亏在产品的账务处理。

借：待处理财产损溢——待处理流动资产损溢　　5 240

　　贷：生产成本——基本生产成本——乙产品　　240

　　　　　　　　——基本生产成本——丙产品　　5 000

（4）在产品毁损残料入库。

借：原材料　　200

　　贷：待处理财产损溢——待处理流动资产损溢　　200

（5）应收赔偿款。

借：其他应收款——过失人　　20

　　　　　　　——保险公司　　3 000

　　贷：待处理财产损溢——待处理流动资产损溢　　3 020

（6）在产品盘亏的净损失结转。

借：制造费用　　220

　　营业外支出　　1 800

　　贷：待处理财产损溢——待处理流动资产损溢　　2 020

应注意的是，由于在产品分布在企业的各个车间，为了保证盘点数据的准确性，避免在产品重记或漏记，各有关车间或工序要同时盘点。另外，在产品的清查，应以不影响生产为前提，必须由生产工人和成本会计人员参加。辅助生产在产品数量的清查方法与基本生产相同，不再赘述。

▸▸▸▸▸▸ 第二节　完工产品和在产品之间费用划分的方法

企业生产产品过程中所发生的各项费用，在经过分配后，都汇集在各“基本生产成本明细账”和“产品成本计算单”中，这些费用的总和减去交库的废料价值后，就是本月发生的生产费用。如果月初、月末没有在产品，本月发生的生产费用就等于本月产成品的成本；如果月初、月末有在产品，则本月发生的生产费用加上月初在产品成本，就必须在完工产品和在产品之间进行分配，才能计算出本月完工产品的成本，它们之间的关系可用下式表示：

月初在产品成本+本月生产费用=完工产品成本+月末在品成本

完工产品和月末在产品成本的计算一般有如下三种模式：

（1）先计算完工产品成本，将生产费用合计数减去完工产品成本，其余额就是在产品成本；

（2）先计算月末在产品成本，将生产费用合计数减去在产品成本，其余额就是完工产品成本；

（3）采用适当的方法，同时计算出完工产品成本和月末在产品成本。

完工产品与在产品之间费用的划分，是产品成本计算工作中一个重要而复杂的问题。企业应根据月末结存在产品数量的多少、月末在产品价值的大小、月末在产品数量变化的幅度，以及企业定额管理基础工作的扎实与否等各方面的因素，选择适当的分配方法计算完工产品与在产品的成本。

完工产品与在产品之间分配费用的方法有很多，通常采用的方法有如下几种。

一、在产品不计成本法

采用这种分配方法时，企业月末虽然有在产品，但是不计算在产品的成本，那么某种产品每月发生的生产费用即为该种完工产品成本。这种方法适用于各月末在产品数量很少、价值很低，且数量比较稳定的企业。例如，自来水生产企业、采掘企业等都可采用这种方法。该方法的优点是可简化成本计算工作，缺点是计算结果不是十分准确。

二、在产品按固定成本计价法

在产品按固定成本计价，是指月末在产品按年初固定成本计价，各月末在产品的成本固定不变。这种方法适用于各月末在产品数量较少，或者虽然在产品数量较多，但各月末在产品数量变化不大的企业。因为在这种情况下，月初、月末在产品成本差额不大，是否计算该差额对完工产品成本影响也不大，为简化成本计算工作，同时又反映在产品占用的资金，各月末在产品可按年初在产品成本计算。例如，炼钢厂、化工厂或其他有固定容器装置的在产品，数量都较稳定，可以采用这种方法。

采用这种方法时，由于各月末在产品成本不变，月初与月末在产品成本相等，那么本月发生的各项生产费用即为本月完工产品成本。每年年终时，应根据实际盘点的在产品数量，计算年末在产品的实际成本，并将计算出的年末在产品成本作为下一年度各月在产品的固定成本，这样可以避免在产品成本与实际成本出入过大，影响成本计算的正确性。

三、在产品按所耗直接材料成本计价法

在产品按所耗直接材料成本计价，是指月末在产品只计算耗用的直接材料费用，不计算所耗用的直接人工和制造费用等加工费用，产品的加工费用全部计入完工产品成本。完

工产品的成本就等于某种产品的全部生产费用减月末在产品负担的直接材料费用。这种方法适用于各月末在产品数量较大、数量变化也较大，同时原材料费用在成本中所占比重较大的产品。例如，造纸、酿酒等行业的产品，原材料费用占产品成本比重较大，可以采用这种方法。

例6-2

某企业生产A产品，该产品直接材料费用在产品成本中所占比重较大，在产品成本按所耗直接材料费用计算。A产品月初在产品直接材料成本（即月初在产品成本）为7 600元；本月发生直接材料费用25 160元、直接人工费用2 100元、制造费用2 000元；本月完工产品为800件，月末在产品为200件。该种产品的原材料是在生产开始时一次投入的，故直接材料费用按完工产品和在产品的数量比例分配。分配计算如下：

直接材料费用分配率=（7 600+25 160）÷（800+200）=32.76（元/件）

月末在产品直接材料费用（月末在产品成本）= 200×32.76 = 6 552（元）

完工产品直接材料费用=800×32.76 = 26 208（元）

完工产品成本=26 208 + 2 100+2 000 =30 308（元）

=7 600 +（25 160 + 2 100+2 000）−6 552= 30 308（元）

四、约当产量法

约当产量是指将月末在产品数量按其投料程度或完工程度折算为相当于完工产品的产量。约当产量法是指将生产费用按完工产品产量与月末在产品约当产量的比例进行分配，计算出完工产品成本与月末在产品成本的一种方法。这种方法适用于月末在产品数量较多，且数量变化较大，产品成本中直接材料和其他加工费用所占比重相差不大的情况。

约当产量法的计算公式如下：

月末在产品约当产量=月末在产品数量×投料程度（或完工程度）

$$某项费用分配率 = \frac{该项费用总额}{完工产品数量 + 月末在产品约当产量}$$

完工产品应负担的某项费用=完工产品数量×该项费用分配率

月末在产品应负担的某项费用=月末在产品的约当产量×该项费用分配率

=该项费用总额−完工产品应负担的该项费用

在计算在产品约当产量时，应该注意在产品耗用直接材料和耗用加工费用（直接人工和制造费用）的计算是不一样的，直接材料费用约当产量是根据投料程度测定的，而加工费用是根据完工程度测定的。

（一）直接材料费用的分配

在实际生产工作中，投料方式千差万别，需要根据具体情况分别计算投料程度，然后再计算月末在产品的约当产量，以最终确定月末在产品成本。下面按原材料投入的不同方式分别进行阐述。

1.原材料在生产开始时一次投入

如果原材料在生产开始时一次投入，则每件在产品与每件完工产品所消耗的原材料是相同的，即在产品投料程度为100%，直接材料成本项目不需要计算月末在产品约当产量，可按照完工产品数量与在产品数量的比例进行分配。

例6-3

某企业生产乙产品，本月完工750件，月末在产品250件，月初在产品直接材料费用和本月发生直接材料费用合计45 000元。原材料是在生产开始时一次投入，分配计算完工产品和月末在产品各自应负担的直接材料费用。

分配计算过程如下：

直接材料费用分配率=45 000÷（750+250）=45（元/件）

完工产品直接材料费用=750×45=33 750（元）

月末在产品直接材料费用=250×45=11 250（元）

2.原材料随生产加工进度陆续投入，且投料程度与完工程度完全一致或基本一致

如果直接材料在生产过程中随生产加工进度陆续投入，且投料程度与完工程度完全一致或基本一致，即月末在产品的投料程度就等于其完工程度，这时分配直接材料费用所依据的月末在产品约当产量与分配加工费用所采用的在产品约当产量是一致的。

例6-4

某企业生产乙产品，本月完工750件，月末在产品250件，完工程度为70%，月初在产品直接材料成本和本月发生直接材料费用合计45 000元。原材料随生产加工进度陆续投入，且投料程度与完工程度完全一致，分配计算完工产品和月末在产品各自应负担的直接材料费用。

分配计算过程如下：

月末在产品约当产量=250×70%=175（件）

直接材料费用分配率$=\dfrac{45\,000}{750+175}=48.6486$（元/件）

完工产品直接材料费用=750×48.6486=36 486.45（元）

月末在产品直接材料费用=45 000−36 486.45=8 513.55（元）

3.原材料随生产加工进度陆续投入，但投料程度与完工程度不一致，又分为以下两种情况：

（1）如果原材料是分阶段在每道工序开始后逐步投入，则应按工序分别计算确定各工序在产品的投料程度。一般情况下，为简化核算，在确定投料程度时以各工序的直接材料消耗定额为依据，按本工序投料的50%计算。计算公式为：

$$\frac{\text{某道工序上的}}{\text{在产品投料程度}}=\frac{\text{到上道工序止的累计材料消耗定额}+\text{本工序材料消耗定额}\times 50\%}{\text{完工产品材料消耗定额}}$$

例6-5

某企业生产乙产品，乙产品生产要经过两道工序，原材料消耗定额为50千克，第一道工序原材料消耗定额为35千克，第二道工序原材料消耗定额为15千克，在每道工序原材料均随生产加工进度陆续投入。本月乙产品完工750件，月末在产品250件，其中，第一道工序100件，第二道工序150件。月初在产品直接材料成本和本月发生直接材料费用合计45 000元。分配计算完工产品和月末在产品各自应负担的直接材料费用。

分配计算过程如下：

第一道工序月末在产品投料程度=$\frac{35 \times 50\%}{50} \times 100\% = 35\%$

第二道工序月末在产品投料程度=$\frac{35 + 15 \times 50\%}{50} \times 100\% = 85\%$

月末在产品约当产量=100×35%+150×85%=162.5（件）

直接材料费用分配率=$\frac{4\ 5000}{750 + 162.5} = 49.3151$（元/件）

完工产品直接材料费用=750×49.3151=36 986.33（元）

月末在产品直接材料费用=45 000−36 986.33=8 013.67（元）

（2）如果原材料是分阶段在每道工序开始时一次投入，计算投料程度时，应以各工序的原材料消耗定额为依据，按本工序投料程度100%计算。计算公式为：

$$\text{某道工序上的在产品投料程度} = \frac{\text{到本工序止的累计材料消耗定额}}{\text{完工产品材料消耗定额}}$$

例6-6

某企业生产乙产品要经过两道工序，原材料消耗定额为50千克，第一道工序原材料消耗定额为35千克，第二道工序原材料消耗定额为15千克，在每道工序开始时原材料一次投入。本月乙产品完工750件，月末在产品250件，其中，第一道工序100件，第二道工序150件。月初在产品直接材料成本和本月发生直接材料费用合计45 000元。分配计算完工产品和月末在产品各自应负担的直接材料费用。

分配计算过程如下：

第一道工序月末在产品投料程度=$\frac{35}{50} \times 100\% = 70\%$

第二道工序月末在产品投料程度=$\frac{35 + 15}{50} \times 100\% = 100\%$

月末在产品约当产量=100×70%+150×100%=220（件）

直接材料费用分配率=$\frac{45\ 000}{750 + 220} = 46.3918$（元/件）

完工产品直接材料费用=750×46.3918=34 793.85（元）

月末在产品直接材料费用=45 000−34 793.85=10 206.15（元）

（二）其他成本项目的分配

采用约当产量法分配除原材料以外的其他成本项目，如直接人工和制造费用，一般按在产品完工程度计算约当产量。测定完工程度分两种情况：

1.各工序完工程度均衡，完工程度可按50%平均计算

完工程度均衡是指生产加工只需一个工序即可完成，且在产品在生产线上分布较为均匀，或者产品加工需要多个工序，但在产品在各工序加工数量相差不多的情况。在在产品完工程度均衡的情况下，后面在产品多加工的程度可以抵补前面少加工的程度，为简化核算，月末各工序在产品的完工程度均按50%计算。

2.各工序完工程度不均衡，需分别测定各工序完工程度

如果月末在产品分布不均匀，各工序加工数量不均衡，为了保证成本计算的准确性，

则必须根据各工序在产品的累计工时定额占完工产品工时定额的比率，分别计算各工序在产品的完工程度。计算公式如下：

$$某道工序上的在产品完工程度=\frac{前面各工序工时定额之和+本工序工时定额\times 50\%}{完工产品工时定额}$$

上述公式中的“本工序”指的是在产品所在的工序；“本工序工时定额”均按50%计算，是因为该工序中各件在产品的完工程度虽然不同，但为简化起见，对本工序的完工程度一般不逐一测定，都按平均完工程度50%计算。对于从上一道工序转入下一道工序的在产品，因其上一道工序已加工完成，因此前面各道工序的工时定额都以100%计入。

例6-7

某企业生产乙产品的单位工时定额为40小时，要经过三道工序制成。第一道工序工时定额为10小时，第二道工序工时定额为18小时，第三道工序工时定额为12小时。本月完工产品750件，月末在产品250件，其中，第一道工序100件，第二道工序80件，第三道工序70件。月初在产品加工成本和本月发生加工费用合计28 380元，其中，直接人工为12 900元，制造费用为15 480元。分配计算月末在产品和完工产品应分担的加工费用。

$$第一道工序完工程度=\frac{10\times 50\%}{40}\times 100\%=12.5\%$$

$$第二道工序完工程度=\frac{10+18\times 50\%}{40}\times 100\%=47.5\%$$

$$第三道工序完工程度=\frac{10+18+12\times 50\%}{40}\times 100\%=85\%$$

月末在产品约当产量=100×12.5%+80×47.5%+70×85%=110（件）

（1）直接人工的分配

$$直接人工费用分配率=\frac{12\,900}{750+110}=15（元/件）$$

完工产品分配的人工费用=750×15=11 250（元）

月末在产品分配的人工费用=110×15=1 650（元）

（2）制造费用的分配

$$制造费用分配率=\frac{15\,480}{750+110}=18（元/件）$$

完工产品分配的制造费用=750×18=13 500（元）

月末在产品分配的制造费用=110×18=1 980（元）

（三）约当产量法举例

例6-8

某企业生产甲产品，甲产品在生产开始时投入全部材料的70%，当完工程度达到80%时，再投入剩余30%的原材料。202×年5月初结存在产品80件，完工程度为60%，当月投产甲产品900件。当月完工甲产品830件，月末结存在产品150件，其中有100件在产品完工程度为60%，50件在产品完工程度为85%。甲产品月初在产品成本为：直接材料13 065元，直接人工4 900元，制造费用4 585元；本月生产费用为：直接材料143 685

元，直接人工53 847.50元，制造费用50 432.50元。根据上述资料，采用约当产量法，计算完工甲产品和月末在产品成本。

（1）计算月末在产品的约当产量，见表6-2。

表 6-2　　约当产量计算表

项目	结存数量	直接材料		加工费用	
		投料程度	约当产量	完工程度	约当产量
1	100	70%	70	60%	60
2	50	100%	50	85%	42.5
合计	150		120		102.5

（2）编制成本计算单，见表6-3。

表 6-3　　成本计算单

产品名称：甲产品　　202×年 5 月　　金额单位：元

摘要	直接材料	直接人工	制造费用	合计
月初在产品成本	13 065	4 900	4 585	22 550
本月生产费用	143 685	53 847.50	50 432.50	247 965
合计	156 750	58 747.50	55 017.50	270 515
月末在产品约当产量（件）	120	102.5	102.5	
完工产品产量（件）	830	830	830	
小计	950	932.5	932.5	
约当产量单位成本	165	63	59	287
完工产品成本	136 950	52 290	48 970	238 210
完工产品单位成本	165	63	59	287
月末在产品成本	19 800	6 457.50	6 047.50	32 305

以上所介绍的方法是对月初在产品成本和本月发生的生产费用之和，以本期完工产品数量和月末在产品约当产量的总和为权数，求得约当产量的加权平均单位成本后，计算出本月完工产品成本和月末在产品成本的生产费用分配方法，可称之为约当产量法下的加权平均法。加权平均法的优点是手续比较简化，缺点是所确定的单位成本是一种“混合”成本，不能如实反映本期的实际成本水平。由于约当产量单位成本是加权平均成本，所以当上月与本月成本水平差异较大时采用加权平均法计算本月完工产品与月末在产品成本，上月产品成本水平就会对本月月末在产品成本产生一定的影响。

（四）约当产量法下的先进先出法

在约当产量法下，对月末在产品还可以采用先进先出法计算成本。该方法是假设生产的产品按投入生产时间的先后顺序完工，那么，月初在产品应先于本月投产产品完工，在产品生产周期小于一个月的情况下，月初在产品将在本月全部完工，这样，月初在产品成本应全部计入本月完工产品成本，只将本月发生的生产费用在本月完工产品与月末在产品之间进行分配，月末在产品成本不再受上月成本水平影响，也就客观反映了本月的成本水平。

在先进先出法下，约当产量只包括本月实际加工或投料的约当产量，而不包括月初在产品在上月加工或投料的约当产量，即约当产量为纯本期约当产量。也就是说，约当产量只与本月发生的生产费用有关，而与月初在产品成本无关。先进先出法计算本月完工产品与月末在产品成本的具体计算公式如下：

本月加工产品约当产量=本月完工产品数量+月末在产品约当产量-月初在产品约当产量

$$约当产量单位成本=\frac{本月该成本项目生产费用}{本月加工产品约当产量}$$

上月投产本月完工产品成本=期初在产品成本+（期初在产品数量-期初在产品约当产量）×约当产量单位成本

本月投产本月完工产品成本=（本月完工产品数量-月初在产品数量）×约当产量单位成本

月末在产品成本=月末在产品约当产量×约当产量单位成本

例 6-9

仍以【例 6-8】中甲产品成本计算为例，按先进先出法计算完工产品成本和月末在产品成本。

（1）计算月初在产品约当产量，见表 6-4。

表 6-4　约当产量计算表

项目	结存数量	直接材料		加工费用	
		投料程度	约当产量	完工程度	约当产量
1	80	70%	56	60%	48
合计	80		56		48

（2）编制先进先出法下的成本计算单，见表 6-5。

表 6-5　成本计算单

产品名称：甲产品　202×年 5 月　金额单位：元

摘要	直接材料	直接人工	制造费用	合计
月初在产品成本	13 065	4 900	4 585	22 550
本月生产费用	143 685	53 847.50	50 432.50	247 965
合计	156 750	58 747.50	55 017.50	270 515
月末在产品约当产量（件）	120	102.5	102.5	
完工产品产量（件）	830	830	830	
减：月初在产品约当产量（件）	56	48	48	
本月加工约当产量（件）	894	884.50	884.50	
约当产量单位成本	160.7215	60.8790	57.0181	278.6186
本月投产本月完工产品成本（750 件）	120 541.13	45 659.25	42 763.58	208 963.96
本月投产本月完工产品单位成本	160.72	60.88	57.02	278.62
上月投产本月完工产品成本（80 件）	16 922.32	6 848.13	6 409.58	30 180.03
上月投产本月完工产品单位成本	211.53	85.60	80.12	377.25
月末在产品成本	19 286.55	6 240.12	5 844.34	31 371.01

上月投产本月完工产品成本有关数字计算如下：

直接材料=（80−56）×160.7215+13 065=16 922.32（元）

直接人工=（80−48）×60.8790+4 900=6 848.13（元）

制造费用=（80−48）×57.0181+4 585=6 409.58（元）

月末在产品成本有关数字计算如下：

直接材料=156 750−120 541.13−16 922.32=19 286.55（元）

直接人工=58 747.50−45 659.25−6 848.13=6 240.12（元）

制造费用=55 017.50−42 763.58−6 409.58=5 844.34（元）

五、在产品按定额成本计价

在产品按定额成本计价是指按照预先制定的定额成本计算月末在产品成本，将其从月初在产品成本与本月生产费用之和中扣除，余额即为完工产品成本。采用这种分配方法，每月生产费用脱离定额的差异，全部计入当月完工产品成本。在计算月末在产品的定额成本时，要综合考虑实际结存的在产品数量、投料和完工程度，以及单位产品材料定额成本。

该分配方法适用于定额管理基础较好，各项消耗定额比较准确、稳定，而且各月末在产品结存数量比较稳定的产品。

例 6−10

某企业生产B产品，202×年5月初在产品成本为：直接材料8 000元，直接人工1 500元，制造费用1 200元。本月发生生产费用为：直接材料47 000元，直接人工9 600元，制造费用8 000元。该月完工B产品800件，月末在产品盘存200件。甲产品所耗原材料在生产开始时一次投入，月末在产品定额工时500小时。甲产品定额资料：单位产品直接材料费用定额为50元，每小时直接人工定额为5元，每小时制造费用定额为4元。甲产品本月完工产品与在产品的成本分配计算见表6−6。

表6−6 **产品成本计算单**

产品名称：B产品　　202×年5月　　单位：元

项目	直接材料	直接人工	制造费用	合计
月初在产品成本	8 000	1 500	1 200	10 700
本月发生费用	47 000	9 600	8 000	64 600
生产费用合计	55 000	11 100	9 200	75 300
月末在产品成本（定额成本）	200×50=10 000	500×5=2 500	500×4=2 000	14 500
完工产品成本	45 000	8 600	7 200	60 800
完工产品单位成本	56.25	10.75	9	76

六、定额比例法

定额比例法是按完工产品与在产品的定额耗用量（或定额成本）的比例，分配计算完工产品和在产品成本的方法。在按具体成本项目进行分配时，直接材料费用可按直接材料的定额消耗量或定额成本比例进行分配；对于直接人工与制造费用等成本项目，可按定额工时比例或定额费用比例分配。

定额比例法适用于定额制度管理基础较好，各项消耗定额制度比较健全、稳定，各月末在产品数量变动较大的产品。因月初和本月发生费用脱离定额的差异要在完工产品和在产品之间进行分配，所以提高了产品成本计算的准确性。各成本项目费用分配率和分配额的计算公式如下：

$$\text{消耗量分配率}=\frac{\text{期初在产品实际消耗量}+\text{本月实际消耗量}}{\text{完工产品定额消耗量}+\text{月末在产品定额消耗量}}$$

完工产品实际消耗量=完工产品定额消耗量×消耗量分配率

完工产品实际成本=完工产品实际消耗量×原材料单价（或单位工时工资、单位工时费用）

月末在产品实际消耗量=月末在产品定额消耗量×消耗量分配率

月末在产品实际成本=月末在产品实际消耗量×原材料单价（或单位工时工资、单位工时费用）

例 6-11

某企业生产甲产品，发生的有关资料见表6-7。

表 6-7　　**甲产品有关资料**

202×年 5 月　　金额单位：元

项目	直接材料			工时		直接人工	制造费用	合计
	定额消耗量（千克）	实际消耗量（千克）	金额	定额消耗量（小时）	实际消耗量（小时）			
月初在产品成本	1 800	1 600	8 000	8 000	8 400	13 000	7 500	28 500
本月发生费用	28 200	26 000	130 000	17 000	19 500	109 760	67 830	307 590
合计	30 000	27 600	138 000	25 000	27 900	122 760	75 330	336 090
本月完工产品	25 000			21 000				
月末在产品	5 000			4 000				

根据上述资料，可计算出各成本项目的单位成本、费用率：

原材料单位成本=138 000÷27 600=5（元/千克）

工资费用率=122 760÷27 900=4.4（元/小时）

制造费用率=75 330÷27 900=2.7（元/小时）

甲产品本月完工产品与在产品成本分配计算见表6-8。

表 6-8 **产品成本计算单**

产品名称：甲产品 202×年 5 月 金额单位：元

项目	直接材料			工时		直接人工	制造费用	合计
	定额消耗量（千克）	实际消耗量（千克）	金额	定额消耗量（小时）	实际消耗量（小时）			
月初在产品成本	1 800	1 600	8 000	8 000	8 400	13 000	7 500	28 500
本月发生费用	28 200	26 000	130 000	17 000	19 500	109 760	67 830	307 590
合计	30 000	27 600	138 000	25 000	27 900	122 760	75 330	336 090
消耗量分配率		0.92			1.116			
本月完工产品	25 000	23 000	115 000	21 000	23 436	103 118.40	63 277.20	281 395.60
月末在产品	5 000	4 600	23 000	4 000	4 464	19 641.60	12 052.80	54 694.40

直接材料消耗量分配率=27 600÷30 000=0.92

工时消耗量分配率=27 900÷25 000=1.116

本月完工产品材料实际消耗量=25 000×0.92=23 000（千克）

本月在产品材料实际消耗量=5 000×0.92=4 600（千克）

本月完工产品工时实际消耗量=21 000×1.116=23 436（小时）

本月在产品工时实际消耗量=4 000×1.116=4 464（小时）

本月完工产品直接材料=23 000×5=115 000（元）

本月完工产品直接人工=23 436×4.4=103 118.40（元）

本月完工产品制造费用=23 436×2.7=63 277.20（元）

月末在产品直接材料=4 600×5=23 000（元）

月末在产品直接人工=4 464×4.4=19 641.60（元）

月末在产品制造费用=4 464×2.7=12 052.80（元）

根据上述方法，不仅可以提供完工产品和在产品的实际费用资料，还可以提供实际消耗量资料，便于考核和分析各项消耗定额的执行情况，但是计算工作量较大，在所耗原材料种类较多的情况下更是如此。为了简化计算，在不需要计算完工产品实际消耗数量的情况下，可以按定额消耗量直接分配费用，当所耗的原材料有两种或两种以上时，“直接材料”项目按定额费用比例进行分配。计算公式如下：

$$\text{某成本项目费用分配率}=\frac{\text{该成本项目月初在产品成本+该成本项目本月发生费用}}{\text{完工产品定额消耗量（定额费用）+月末在产品定额消耗量（定额费用）}}$$

$$\text{完工产品某成本项目成本}=\text{该成本项目费用分配率}\times\text{完工产品该成本项目定额消耗量（定额费用）}$$

$$\text{月末在产品某项目实际成本}=\text{该成本项目费用分配率}\times\text{月末在产品该成本项目定额消耗量（定额费用）}$$

例 6-12

某企业202×年4月份生产完工A产品800件，月末结存在产品200件，完工程度达70%。A产品有关定额资料如下：材料在生产开始时一次投入，单位产品直接材料定额成本为200元，单位产品工时消耗定额为15小时。月初在产品成本计103 945元，其中，直接材料63 225元，直接人工26 508元，制造费用14 212元；本月发生费用317 555元，其中，直接材料146 775元，直接人工106 032元，制造费用64 748元。

根据以上资料，在产品成本计算单中分配完工产品与在产品成本，见表6-9。

表 6-9　**产品成本计算单**

产品名称：A 产品　　202×年 4 月　　金额单位：元

摘要	直接材料	直接人工	制造费用	合计
月初在产品成本	63 225	26 508	14 212	103 945
本月生产费用	146 775	106 032	64 748	317 555
合计	210 000	132 540	78 960	421 500
完工产品定额	160 000	12 000	12 000	
月末在产品定额	40 000	2 100	2 100	
小计	200 000	14 100	14 100	
分配率	1.05	9.4	5.6	
完工产品成本	168 000	112 800	67 200	348 000
完工产品单位成本	210	141	84	435
月末在产品成本	42 000	19 740	11 760	73 500

按照定额比例法分配费用时，必须取得完工产品和月末在产品的定额消耗量或定额费用资料。完工产品的材料定额消耗量和工时定额消耗量，可以根据完工产品的实际数量乘以单位直接材料消耗定额或工时消耗定额计算求得。月末在产品的直接材料定额消耗量和工时定额消耗量，可以根据月末在产品盘存表或账面所记录的在产品结存数量以及相应的消耗定额计算。但当在产品种类繁多、工序复杂时，核算工作量较大，因此，还可以采用简化的方法（倒挤法）计算，公式如下：

$$\text{月末在产品定额消耗量}=\text{月初在产品定额消耗量}+\text{本月投入的定额消耗量}-\text{本月完工产品的定额消耗量}$$

$$\text{费用分配率}=\frac{\text{月初在产品实际费用}+\text{本月发生实际费用}}{\text{月初在产品定额消耗量(定额费用)}+\text{本月投入定额消耗量(定额费用)}}$$

公式中月初在产品定额消耗量根据上月成本计算资料取得。本月投入的定额消耗量中的直接材料，根据领料凭证所列的直接材料定额消耗量数据资料计算求得；本月投入的工时消耗量，根据有关定额工时的原始记录计算求得。采用倒挤法计算月末在产品的定额数据，可以简化计算工作，但是，在发生在产品盘盈或盘亏的情况下，计算求得的数据资料就不能真实地反映产品成本水平。为提高产品成本计算的准确性，必须每隔一段时间对在产品进行一次清查，根据在产品的实存数计算一次定额消耗量。

七、在产品按完工产品计算法

在产品按完工产品计算，就是将在产品视同完工产品计算分配费用。当月末在产品已经接近完工，或已经加工完毕，但尚未包装或验收入库时，在产品成本已经接近或等于完工产品成本，为简化起见，可将在产品视同完工产品，按完工产品与在产品的数量分配费用。

例 6-13

某企业生产B产品，202×年4月份有关资料如下：月初在产品成本为：直接材料8 000元，直接人工1 500元，制造费用1 200元；本月发生生产费用为：直接材料47 000元，直接人工9 600元，制造费用8 000元。当月完工B产品800件，月末在产品盘存200件，所有在产品已加工完毕，等待入库。其计算分配结果见表6-10。

表 6-10 **产品成本计算单**

产品名称：B 产品 202×年 4 月 金额单位：元

项目	直接材料	直接人工	制造费用	合计
月初在产品成本	8 000	1 500	1 200	10 700
本月发生费用	47 000	9 600	8 000	64 600
生产费用合计	55 000	11 100	9 200	75 300
分配率	55	11.1	9.2	—
月末在产品成本	11 000	2 220	1 840	15 060
完工产品成本	44 000	8 880	7 360	60 240
完工产品单位成本	55	11.1	9.2	75.3

第三节　完工产品成本结转

工业企业发生的各项生产费用，采用前述方法在各成本计算对象之间、完工产品与月末在产品之间进行分配后，就可以计算出各种完工产品的实际成本，为完工产品成本结转的账务处理提供了可靠的依据。工业企业的完工产品，包括产成品、自制材料、自制工具和模具等。根据产品成本计算单所提供的完工产品的实际成本，将其从“基本生产成本”账户的贷方转入各有关账户的借方。其中，完工入库产成品的成本，应转入“产成品”账户的借方；完工入库自制半成品、自制材料、自制工具、模具的成本，应分别转入“自制半成品”“原材料”“周转材料”账户的借方。“基本生产成本”账户的期末余额，就是基本生产车间尚未加工完成的各项在产品的成本，即在基本生产过程中占用的生产资金。

例6-14

根据A产品成本计算单（见表6-9）和B产品成本计算单（见表6-10），汇总编制“完工产品成本汇总表”，见表6-11。

表6-11　　完工产品成本汇总表

202×年4月　　单位：元

产品名称	直接材料	直接人工	制造费用	合计
A产品	168 000	112 800	67 200	348 000
B产品	44 000	8 880	7 360	60 240
合计	212 000	121 680	74 560	408 240

根据完工验收入库产成品的入库单和产品成本汇总表等原始凭证，编制会计分录如下：

借：产成品——A产品　　348 000

　　　　——B产品　　60 240

　贷：生产成本——基本生产成本（A产品）　　348 000

　　　　　　——基本生产成本（B产品）　　60 240

思考与练习

业务题一：[资料] 中兴公司生产乙产品，原材料为生产开始时一次全部投入，2月初在产品成本和本月生产费用合计为60 700元，其中，直接材料60 000元，直接人工300元，制造费用400元；本月完工乙产品1 000件；月末在产品200件，完工程度20%。

要求：

1.在产品按所耗直接材料成本计价，计算完工产品和月末在产品成本。

2.按约当产量法计算完工产品和月末在产品成本。

业务题二：[资料] 某公司生产甲产品需经过三个步骤连续加工，7月初在产品情况见表6-12。

表6-12　　7月初在产品情况表

项目	第一步骤	第二步骤	第三步骤
在产品数量（件）	200	100	250
在产品完工程度（%）	60	50	40

本期投产750件，本期完工产品800件。7月末在产品情况见表6-13。

表6-13　　7月末在产品情况表

项目	第一步骤	第二步骤	第三步骤
在产品数量（件）	100	200	200
在产品完工程度（%）	40	60	80

单件甲产品材料定额总成本为20元，其中，第一步骤材料成本为8元，为生产开始时一次全部投入；第二步骤材料成本为7元，随产品加工进度逐步投入；第三步骤材料成本为5元，在产品开始时投入80%，完工程度达到本步骤50%时再投入20%。单件甲产品定额总工时为10工时，其中，第一步骤为4工时，第二步骤为3工时，第三步骤为3工时。

月初在产品成本总计13 727元，其中，直接材料9 298元，直接人工1 943元，制造费用2 486元；本期生产费用总计24 136元，其中，直接材料15 685元，直接人工3 657元，制造费用4 794元。

要求：

1.计算月初在产品约当产量，完成表6-14。

表6-14　**月初约当产量计算表**

在产品所在步骤	结存数量	直接材料		加工费用	
		投料程度	约当产量	完工程度	约当产量
1					
2					
3					
合计					

2.计算月末在产品约当产量，完成表6-15。

表6-15　**月末约当产量计算表**

在产品所在步骤	结存数量	直接材料		加工费用	
		投料程度	约当产量	完工程度	约当产量
1					
2					
3					

3.按约当产量法下的加权平均法编制成本计算单，完成表6-16。

表6-16　**成本计算单**

产品名称：甲产品　202×年 7 月　金额单位：元

摘要	直接材料	直接人工	制造费用	合计
月初在产品成本				
本月生产费用				
合计				
月末在产品约当产量				
完工产品产量				
小计				
约当产量单位成本				
完工产品成本				
完工产品单位成本				
月末在产品成本				

4.按约当产量法下的先进先出法编制成本计算单，完成表6-17。

表6-17　　　　　　　　　　**成本计算单**

产品名称：甲产品　　　　　　　　202×年7月　　　　　　　　金额单位：元

摘要	直接材料	直接人工	制造费用	合计
月初在产品成本				
本月生产费用				
合计				
月末在产品约当产量				
完工产品产量				
减：月初在产品约当产量				
本月加工约当产量				
约当产量单位成本				
本月投产本月完工产品成本（250）				
本月投产本月完工产品单位成本				
上月投产本月完工产品成本（550）				
上月投产本月完工产品单位成本				
月末在产品成本				

业务题三：［资料］中兴公司生产甲产品，原材料为生产开始时一次全部投入，202×年6月初在产品成本和本月生产费用合计为67 000元，其中，直接材料成本52 000元，直接人工5 720元，制造费用9 280元；该月完工甲产品400件；月末在产品100件，完工程度60%；甲产品单位定额成本为132元，其中，直接材料100元，直接人工12元，制造费用20元。

要求：

1.月末在产品按定额成本计价，计算完工产品和在产品成本。

2.采用定额比例法计算完工产品和月末在产品成本。

业务题四：［资料］中兴公司生产丙产品，单件产品直接材料定额成本为200元，单件产品定额工时为15工时；202×年8月份完工丙产品800件；月末在产品200件，完工程度60%，投料程度为90%；月初在产品成本计17 780元，其中，直接材料12 080元，直接人工2 500元，制造费用3 200元；本月生产费用合计264 000元，其中，直接材料180 000元，直接人工32 000元，制造费用52 000元。

要求：采用定额比例法计算完工产品成本与月末在产品成本。

业务题五：［资料］某产品7月初在产品费用和本月发生费用累计数为：直接材料费用25 600元，直接人工费用5 600元，制造费用6 400元。完工产品600件，月末在产品200件，因在产品已接近完工，所以月末在产品按完工产品成本计算。

要求：采用月末在产品按完工产品成本计算法计算完工产品与月末在产品成本，填制产品成本计算单，完成表6-18。

表 6-18 **产品成本计算单**

产品名称：甲产品 202×年 7 月 金额单位：元

成本项目	生产费用合计	费用分配率	完工产品		月末在产品	
			数量（件）	费用	数量（件）	费用
直接材料						
直接人工						
制造费用						
合计						

第七章

产品成本计算方法概述

培根铸魂

学好会计，为建设世界一流企业贡献力量

习近平总书记在党的二十大报告中指出："完善中国特色现代企业制度，弘扬企业家精神，加快建设世界一流企业。"会计不仅具有核算和监督两项基本职能，还具有反映经济情况、监督经济活动、控制经济过程、分析经济效果、预测经济前景、参与经济决策六项拓展职能。作为会计专业的大学生，只有系统掌握现代会计的理论和方法，才能胜任本职工作，充分发挥会计的职能作用，为我国企业加快建立现代企业制度和建成为世界一流企业贡献力量。

▶▶▶▶▶▶ 第一节　生产类型及影响成本计算方法的因素

一、生产类型

生产类型即生产特点，它是指产品制造业的生产工艺过程和生产组织方式的分类。

（一）按生产工艺过程分类

产品生产按生产工艺过程可划分为单步骤生产和多步骤生产，多步骤生产又可分为连续加工式生产和平行加工式生产。

1.单步骤生产

单步骤生产也称简单生产，是指产品生产工艺过程不能间断，不可能或不需要划分为几个生产步骤的产品生产。在这种生产方式下，生产工艺一般不能间断，或受工作地点的限制，通常只能由一个生产单位整体进行，而不能由几个生产单位协作进行，如发电、采掘业、燃气生产等。单步骤产品一般生产周期较短，在生产过程中没有自制半成品产出。

2.多步骤生产

多步骤生产也称复杂生产，指产品生产需经过若干个可以间断的、分散在不同地点、分别在不同时间进行的生产步骤，可分为连续加工式生产与平行加工式生产。

（1）连续加工式生产，是指原材料投入后要经过若干个步骤的连续加工才能制造出产成品的生产方式。在这种方式下，后续步骤均对上一步骤完工的自制半成品进行加工，直至最后一个步骤生产出产成品。连续加工式生产流程如图7-1所示。

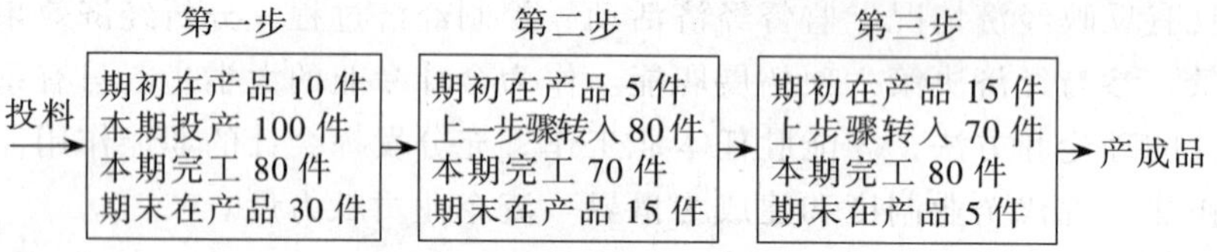

图7-1　连续加工式生产流程图

采用连续加工式生产的产业有纺织业（清花—梳棉—并条—粗纺—细纺—织布—打包—成品）、冶金业等。

（2）平行加工式生产，又称装配式生产，是指各生产步骤同时投料，平行加工制成各种零（部）件，然后由装配步骤将零（部）件装配成产成品的生产方式，如电脑、自行车、手表、电视机等产品的生产。在装配式生产企业中，一般除产成品销售外，还可能有部分自制半成品直接对外销售。平行加工式生产流程如图7-2所示。

（二）按生产组织方式分类

产品生产按生产组织方式可划分为大量生产、成批生产、单件生产三种类型。

大量生产，是指不断地重复生产相同产品的生产。其主要特点为：企业生产的产品品种较为单一，各品种产品的产量较大，生产专业化程度较高。冶金、纺织、发电、面粉、自来水等生产行业都采用大量生产。

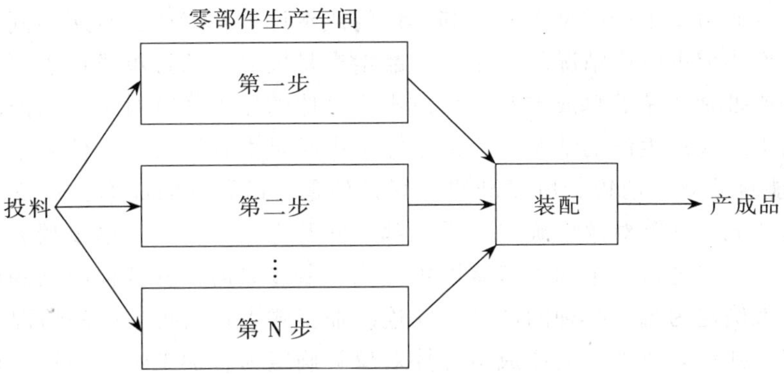

图7-2 平行加工式生产流程图

成批生产，是指按照产品的批别和数量，每隔一定的时期重复生产某种产品的生产。其主要特点是：产品的数量多少不等，每间隔一定时期按企业的生产计划重复生产。服装行业、药品生产企业等采用的就是成批生产。成批生产按批量不同可分为大批生产、中批生产、小批生产，大批生产接近于大量生产，小批生产接近于单件生产。

单件生产，是指根据客户订单所要求的特点、规定和数量而进行的产品生产。其主要特点是：企业生产产品的品种较多，每种产品按客户要求生产一件或几件后不再重复生产，或根据客户要求不定期重复生产。远洋船舶制造、重型机械或专用设备制造等生产行业采用的就是单件生产。

一般情况下，单步骤或连续加工式生产在生产类型上通常都是大量或大批生产，而平行加工式生产则既可能是大量或大批生产，也可能是单件或小批生产。

（三）按内部职能划分

生产类型除上述两种划分方式外，还可以按其内部职能划分为基本生产、辅助生产和副业生产。

基本生产指产品制造业主要产品的生产，从事主产品生产的车间即为基本生产车间。

辅助生产是产品制造业为保证基本生产正常进行和为基本生产服务的生产，从事此类产品生产的车间称为辅助生产车间。

副业生产也称副产品生产，一般是指利用生产主要产品所产生的废料所进行的非主要产品的生产。副产品的价值一般较低，在计算成本时一般也采用较为简单的计算方法。

二、影响产品成本计算方法的因素

企业的生产特点不同，对产品成本管理的要求不同，因而选择的产品成本计算方法也不一样。只有选择与企业生产特点、管理要求相适应的产品成本计算方法，才能计算出正确的产品成本。影响产品成本计算方法的因素主要有以下几个方面。

（一）成本计算对象

成本计算对象是为计算产品成本而确定的生产费用的归集分配方向，是设置生产成本明细账、分配生产费用和计算产品成本的前提。为正确计算产品成本，首先必须确定成本计算对象。总的来说，因我们要计算的是各产品成本，所以，最终的成本计算对象必然是产品。但是各企业由于生产类型不同，其具体的成本计算对象亦会有所不同。例如，在平行加工式的单件或成批生产情况下，企业产品生产是按客户的订单或批别组织的，所以要求计算各订单或批别产品的总成本和单位成本，具体的成本计算对象应为产品的订单或批别；在平行加工式大量生产的情况下，由于完工产品是由各零（部）件装配而成的，且零（部）件有可能直接对外销售，所以既要计算各种零（部）件的成本，也要计算完工产品的成本，具体的成本计算对象就确定为零（部）件及完工产品；在单步骤大量大批生产的情况下，因产品只需经过一个加工步骤即可完成，所以只需计算各种产品的成本，具体的成本计算对象就确定为每一品种的产品；在连续加工式大量大批生产的情况下，如果各步骤有半成品需单独计算成本，具体成本计算对象就确定为各加工步骤的每一种产品。

确定成本计算对象除了要考虑企业的生产组织方式和工艺过程的特点外，还要适应成本管理的要求，既加强对产品成本的管理与控制，又充分体现重要性原则，提高成本核算工作的效率。因此，成本计算对象主要有：产品品种、产品批量、产品生产步骤、产品类别等。

（二）成本计算期

成本计算期是指每次计算产成品成本的期间，即生产费用归集与分配及记入产品成本的起讫日期。产品的生产类型不同，对成本计算的要求也不同，因而产品成本计算期也不尽相同，并不完全与各种产品的生产周期或会计结算期一致。例如，采用品种法计算产品成本，成本计算定期进行，成本计算期一般按月计算，此时，成本计算期与会计报告期一致，而与产品的生产周期不一致；以分批法计算成本，成本计算是不定期的，计算期为该批产品的生产周期，此时，成本计算期与产品生产周期一致，而与会计报告期不一致。

（三）月末在产品成本的计算

在将各成本计算对象应负担的各项费用全部记入生产成本明细账后，各成本明细账所反映的即为各成本计算对象应负担的总成本，应在月末在产品及本月完工产品之间进行分配。在产品的成本计算与产品的生产特点密切相关。例如，在单步骤大批量生产的情况下，生产周期通常较短，一般没有在产品或在产品数量很少，因而不需要计算在产品成本；在单件、小批量生产的情况下，成本计算按批进行，在计算产品成本时，已没有在产品存在，因此也不需要计算在产品成本；而在多步骤、大批量生产的企业中，产品的生产周期较长，每个月末一般会有一定数量的在产品，每种产品每月发生的生产费用和月初在产品成本、本月完工产品和月末在产品负担的费用之间存在下列关系：

月初在产品成本+本月发生的生产费用=完工产品成本+月末在产品成本

因此，必须按照一定的标准将生产成本在完工产品和在产品之间进行分配。

（四）企业对产品成本的管理要求

企业对产品成本的管理要求直接影响产品成本计算方法的选择。企业若要加强对各个生产步骤的成本管理，对重要产品不仅要按批计算产品成本，还要按生产步骤计算产品成本；而对于一些产值比重小的次要产品或零星产品，则不一定要一一提供成本明细资料，可以合并成一个类型作为成本计算对象归集成本，再按照一定的标准在各种产品之间分配。

企业若要加强对各个责任中心的业绩评价和考核，则应在计算整个企业生产成本的同时，关注各个责任中心的责任成本，并以此作为控制生产费用和实施经济责任制的重要手段。

企业若要更有效地规划和控制成本，进行科学的预测和决策分析，在企业内部可以采用变动成本法计算产品成本，树立边际成本的概念，进行本量利分析，以确定销售价格的最低限度，积极参与市场竞争。

企业若要加强全面质量管理，在成本计算上可以通过质量成本将产品质量和成本有机结合起来，实现产品质量与成本的适当结合，以不断提升产品质量，降低产品生命周期成本，提高经济效益。

应该说明的是，管理要求对成本计算方法的影响受到科技发展、生产水平的影响，现代成本会计正是成本会计与管理的结合。

总之，在进行成本计算时，应根据企业的具体情况，选择适合于本企业特点的成本计算方法。成本计算方法的选择主要应考虑企业的生产类型和管理要求，以及企业的组织机构、核算条件等因素。在同一个企业中，可以采用一种成本计算方法，也可以采用多种成本计算方法，即多种成本计算方法同时使用或者多种成本计算方法结合使用。成本计算方法一经选定，一般不应随意变动。

▸▸▸▸▸▸ 第二节　产品成本计算的基本方法和辅助方法

一、产品成本计算的基本方法

由于企业产品生产特点和成本管理的要求不同，其成本计算对象、成本计算期、在产品成本的计算也不尽相同。将不同的成本计算对象、成本计算期以及在产品成本计算等因素组合在一起，就形成了各种不同的成本计算方法。

成本计算的基本方法是指在产品成本计算中能独立运用的成本计算方法，即按该方法所确定的成本计算对象设置生产成本明细账，按成本项目归集成本计算对象应负担的生产费用，确定成本计算期，并计算该成本计算对象的月末在产品成本和完工产品的总成本和单位成本。由于产品成本计算对象不外乎品种、批别和步骤，所以成本计算的基本方法有品种法、分批法和分步法。

1.品种法

品种法是指以产品品种为成本计算对象的产品成本计算方法。品种法适用于大量大批的单步骤生产的行业，如发电业、采掘业等；也可用于管理上不要求分步骤计算成本的多步骤生产行业，如造纸业、制砖业等。

2.分批法

分批法是指以产品批别或订单为成本计算对象的产品成本计算方法。分批法适用于单件、小批的单步骤生产的行业；或管理上不要求按步骤计算成本的多步骤生产的行业，如专用工具模具制造业、重型机械制造业、船舶制造业等。

3.分步法

分步法是指以产品生产步骤为成本计算对象的产品成本计算方法。分步法适用于大量大批且管理上要求分步骤计算成本的多步骤生产行业，如纺织业、冶金业、机械制造业等。

二、产品成本计算的辅助方法

在实际工作中，除了上述三种基本方法之外，还有一些其他的成本计算方法。

在产品品种、规格繁多的工业企业中，为了简化成本计算工作，可采用一种简便的产品成本计算方法——分类法。

为了提高成本计算结果的准确性，可采用一种将间接生产费用按成本动因进行分配的产品成本计算方法——作业成本法。

在定额管理工作有一定基础的工业企业中，为了配合和加强生产费用和产品成本的定额管理，可采用一种将符合定额的费用和脱离定额的差异分别核算的产品成本计算方法——定额成本法。

为了加强企业内部成本控制和分析，可采用一种只计算产品的标准成本，而将成本差异直接计入当期损益的产品成本计算方法——标准成本法。

从计算产品实际成本的角度来说，分类法、作业成本法、定额成本法和标准成本法都不是必不可少的，因而统称为辅助方法。

需要指出的是，产品成本计算的基本方法和辅助方法的划分，是从计算产品实际成本的角度考虑的，并非辅助方法不重要。在工业企业中，采用不同的成本计算方法，主要是为了适应企业的生产特点和管理的要求，正确提供成本核算资料，加强成本管理。

前已述及，产品成本计算方法的构成因素主要有产品成本计算对象、成本计算期和生产费用在完工产品与在产品之间的分配。由于产品成本计算对象不仅是设置产品成本明细账的依据，而且直接影响生产费用的归集及其计入产品成本的程序和方法，所以其既是决定成本计算方法的最基本的因素，也是区别不同成本计算方法的主要标志。品种法是成本计算方法中最基本的方法。

思考与练习

1.影响产品成本计算方法的因素有哪些？

2.生产类型是如何划分的？

3.产品成本计算的基本方法有哪些？分别适用于什么生产类型？

第八章

产品成本计算的品种法

培根铸魂

学好成本会计，为反倾销调查贡献力量

倾销是指出口国的经营者在正常贸易过程中，以低于正常价值的方法进入另一国家（或地区）的市场销售其产品，其目的通常是为了排挤乃至挤垮他国相同或类似产品的生产者，以实现垄断市场、获取超额垄断利润。倾销扭曲了正常的竞争机制下的价格关系，违背了公平竞争与公平贸易的原则，通过不正当的贸易手段在激烈的国际贸易竞争中获取优势，损害进口国的利益，影响进口国的经济发展，扰乱了正常的国际贸易秩序。进口国为了本国的产业发展，依法对来自国外的倾销产品采取强制性措施，即反倾销。1994年关贸总协定乌拉圭回合谈判达成的《反倾销协定》是目前最具权威性的国际反倾销法，得到世界贸易组织全体成员的承认和遵守。倾销认定的重要条件就是进口商品的出口价格低于正常价值，产品成本是最终认定是否存在倾销行为及倾销幅度大小等的关键证据。

党的二十大报告强调，中国继续坚持对外开放的基本国策，坚定奉行互利共赢的开放战略，推动建设开放型世界经济，更好惠及各国人民。因此，作为会计专业的大学生，只有准确掌握产品成本核算的理论和方法，才能在反倾销调查中提供关键有力的会计证词，为推动经济全球化和反对贸易保护主义贡献力量。

▶▶▶▶▶▶▶ 第一节　品种法的基本内容

一、品种法的含义

成本计算品种法是以产品品种作为成本计算对象，归集生产费用，计算产品成本的一种方法，简称品种法。它主要适用于大批量、单步骤生产的企业，如发电、供水、采掘企业。在这类企业中，产品的生产过程不能从技术上划分生产步骤，因而不可能按生产步骤计算产品成本。对于某些管理上不要求按照生产步骤计算成本的大批量、多步骤生产的企业也可以采用品种法，如生产糖果、饼干、水泥、纸张的企业。另外，企业的辅助生产车间，如供电、供水、供气车间计算提供的劳务成本，也可以采用品种法。

在单步骤、大批量生产的企业中，企业产品品种比较单一，生产过程又比较短，一般没有在产品。在这种情况下，归集所发生的全部生产费用，即可得出完工产品的总成本，再除以产量，即为产品的单位成本。这种方法由于成本计算程序较为简单，被称为简单品种法或简单法。

用于不要求按生产步骤计算成本的多步骤、大批量生产的品种法，在计算上要复杂一些，可能要分产品品种归集生产费用，期末可能还要将生产费用在完工产品和在产品之间进行分配，被称为典型品种法。

二、品种法的特点

（一）以产品品种作为成本计算对象

采用品种法计算产品成本的企业，如果只生产一种产品，则成本计算对象就是该种产品，生产过程中所发生的所有生产费用都是直接费用，可根据有关费用分配表直接记入该产品成本明细账的有关项目；如果生产多种产品，则成本计算对象就是每种产品，生产中发生的生产费用要区分直接费用和间接费用，直接费用直接记入相应产品成本明细账中，间接费用按有关比例分配后记入各产品成本明细账中。

（二）按月定期计算产品成本

品种法既适用于单步骤生产，也适用于多步骤生产。单步骤生产和多步骤生产均是大批量生产方式，通常是连续不断地生产一种或几种产品，因此不可能在产品完工时立即计算产品成本，一般是定期（每月月末）计算成本，所以品种法一般以月作为成本计算期，定期计算产品成本，成本计算期与产品的生产周期不一致，与会计分期一致。

（三）费用在完工产品和在产品之间进行分配

采用品种法计算产品成本的企业，在月末计算产品成本时，如果没有在产品或在产品数量很少，在产品成本是否计算对产成品成本影响不大，则可以不计算在产品成本。成本计算单中按成本项目归集的生产费用就是该种产品的完工产品成本，除以该种产品完工产品的产量，就是该种产品的单位成本。如果生产企业月末计算产品成本时有在产品，且数量较多，就应该采取适当的方法将成本计算单中归集的生产费用在完工产品和在产品之间进行分配，分别计算完工产品成本和在产品成本。

三、品种法的成本计算程序

产品成本计算就是对产品生产过程中所发生的各项生产费用，按照企业财务会计制度的规定进行审核、归集和分配的过程。品种法是产品成本计算方法中最基本的方法，因而其计算程序体现了产品成本计算的一般程序。

品种法的成本计算程序如下。

（一）按产品品种划分成本项目设置生产成本明细账

设置生产成本明细账是归集生产费用、计算产品成本的基础。在生产成本明细账中应按成本项目设置专栏，通常包括直接材料、直接人工、制造费用和燃料动力等项目。

上月没有完工的在产品成本，即为本月生产成本明细账的月初在产品成本。

（二）生产费用的审核、归集和分配

首先，依据企业财务会计制度的规定审核生产费用发生的合法性与合理性。

然后，归集审核无误的生产费用，编制要素费用分配表。对于为生产某种产品耗用的直接费用，如直接材料、直接人工等，可以直接记入有关生产成本明细账的对应成本项目；对于为生产几种产品共同耗用的间接费用则应按一定的标准在各种产品之间分配，分别记入有关成本明细账的对应成本项目；其他间接费用，如辅助生产成本、制造费用等，则应先按其发生地点进行归集，再按一定的标准分配记入有关成本明细账的对应成本项目。

（三）计算完工产品成本和月末在产品成本

应根据本期登记的产品成本明细账和期初、期末在产品情况，按照一定的方法计算本月完工产品成本和期末在产品成本。完工产品总成本除以完工产品产量，就是完工产品的单位成本。

当期初、期末没有在产品时，成本明细账所归集的生产费用，就是完工产品的总成本。

（四）结转完工产品成本

计算出完工产品成本后，应编制完工产品成本汇总表，并据以结转生产成本明细账中的完工产品成本。

▸▸▸▸▸▸ 第二节 品种法应用举例

一、简单品种法例解

简单品种法适用于发电、供水、采掘等大批量、单步骤的生产企业。

例 8-1

资料：火力发电厂属于单步骤的大批量生产企业，其产品成本计算采用品种法。其生产工艺是通过燃料的燃烧，加热锅炉中的水，使其变成高温高压的蒸汽，推动汽轮机迅速旋转，进而带动发电机旋转，产生电力。

某火力发电厂以煤为燃料，生产电力这一种产品。该厂设有燃料车间、锅炉车间、汽轮机车间、发电机车间四个基本生产车间，以及辅助生产机修车间和企业管理部门。根据该厂的产品生产类型和成本管理要求，采用简单品种法核算电力成本。

考虑到该厂生产费用的性质和用途，该厂产品成本明细账设置下列成本项目：燃料、水费、材料、工资及福利费、折旧费和其他费用。

由于该厂只生产电力一种产品，因此生产过程中发生的所有费用都是直接费用，直接计入电力产品的生产成本。并且该厂属于单步骤生产企业，因此生产过程中不存在在产品，也就不存在生产费用在当期完工产品和在产品之间进行分配的问题，当期发生的所有生产费用，就是当期电力产品的总成本，总成本除以实际产量即为产品的单位成本。

202×年3月份，该厂生产电力10 000千度，机修辅助车间没有向管理部门提供修理服务。其他有关成本资料见表8-1。

表 8-1

要素费用分配表

202×年 3 月

单位：元

成本项目 \ 车间部门	燃料车间	锅炉车间	汽轮机车间	发电机车间	机修车间	小计	管理部门
燃料	800 000					800 000	1 000
水费	320	49 350	210	260	300	50 440	580
原材料					25 000	25 000	—
应付职工薪酬	45 714	33 972	34 884	48 678	21363.6	184 611.60	37 000
折旧费	87 500	80 000	10 600	15 000	3 500	196 600	10 000
其他费用	4 000	5 600	3 080	4 230	2 000	18 910	6 760
合计	937 534	168 922	48 774	68 168	52 163.60	1 275 561.60	60 520

要求：根据有关资料，计算202×年3月份火力发电厂的电力产品成本，并编制有关分录及成本计算表。

1.根据要素费用分配表，编制会计分录如下：

借：生产成本　　1 275 561.60

　贷：燃料　　800 000

　　原材料　　25 000

　　累计折旧　　196 600

　　银行存款　　69 350

　　应付职工薪酬　　184 611.60

2.登记产品成本明细账，见表8-2。

表 8-2

生产成本明细账

202×年 3 月

单位：元

摘要	燃料费	生产用水费	材料费	工资及福利费	折旧费	其他费用	合计
分配燃料费	800 000						800 000
分配材料费			25 000				25 000
分配工资福利费				184 611.60			184 611.60
分配水费		50 440					50 440
分配折旧费					196 600		196 600
分配其他费用						18 910	18 910
本月合计	800 000	50 440	25 000	184 611.60	196 600	18 910	1 275 561.60
本月转出	800 000	50 440	25 000	184 611.60	196 600	18 910	1 275 561.60

3.编制产品成本计算表，见表8-3。

表 8-3

电力产品成本计算表

产量：10 000 千度

202×年 3 月

成本项目	总成本（元）	单位成本（元/千度）
燃料	800 000	80
水费	50 440	5.04
原材料	25 000	2.50
人工费用	184 611.60	18.46
折旧费	196 600	19.66
其他费用	18 910	1.89
合计	1 275 561.60	127.55

4.由于电力产品不能储存，故根据生产成本明细账结转本月电力成本，编制会计分录如下：

借：主营业务成本　　1 275 561.60

　贷：生产成本　　1 275 561.60

二、典型品种法例解

对于大批量、多品种、单步骤生产的企业，或管理上不要求按步骤计算产品成本的多步骤生产企业，生产费用需按品种进行归集，这种企业所用的成本计算方法就是多品种的品种法，即典型品种法。

例 8-2

资料：某饼干厂设有基本生产车间——饼干生产车间，辅助生产车间——机修车间，以及管理部门。基本生产车间大批量生产三种饼干，管理上不要求按生产步骤计算成本，产品成本计算采用品种法。机修生产车间向基本生产车间和管理部门提供修理服务。该厂设有直接材料、直接人工、制造费用等成本项目。为保证饼干生产的新鲜卫生，每天投产的产品，当天包装完工入库，期末没有在产品。

由于本例中机修车间只提供一项修理服务，因此不设置“制造费用——辅助生产车间”科目，将辅助车间发生的所有费用全部记入“生产成本——辅助生产成本”科目，按各受益对象发生的修理工时比例进行辅助生产成本的分配。制造费用以产品本期的标准产量为基数，采用系数分配法进行分配。

202×年5月份有关成本资料和计算如下：

1.本期完工入库产品重量：曲奇饼干58 200千克，夹心饼干47 950千克，葱油饼干50 600千克。

2.根据领料单和退料单等凭证，按其用途编制“材料费用分配表”，见表8-4。

表 8-4

材料费用分配表

202×年 5 月

单位：元

成本项目 \ 分配对象	基本生产车间			机修车间	合计
	曲奇饼干	夹心饼干	葱油饼干		
直接材料：小麦粉	37 248	23 016	36 432		96 696
食用植物油	14 640	8 590	9 306		32 536
葡萄糖浆	5 970	8 080	2 740		16 790
疏松剂	5 580	2 940	3 010		11 530
其他	2 480	28 770	1 840		33 090
直接材料小计	65 918	71 396	53 328		190 642
制造费用：机物料消耗	2 530			2 800	5 330

根据材料费用分配表，编制会计分录如下：

借：生产成本——基本生产成本（曲奇饼干）　65 918
　　　　　——基本生产成本（夹心饼干）　71 396
　　　　　——基本生产成本（葱油饼干）　53 328
　　制造费用——材料费　2 530
　　生产成本——辅助生产成本（机修车间）　2 800

贷：原材料——小麦粉　　96 696
——食用植物油　　32 536
——葡萄糖浆　　16 790
——疏松剂　　11 530
——其他　　38 420

3.根据工资结算汇总表，编制“人工费用分配表”，见表8-5。生产工人人工费用根据各产品的实际产量按系数折合成标准产量后分配。根据加工工艺复杂程度及单位产品定额工时耗用情况，设定夹心饼干系数为1，曲奇饼干系数为1.5，葱油饼干系数为2。

表 8-5

人工费用分配表

202×年 5 月

金额单位：元

分配对象	直接人工				
	实际产量	折合系数	标准产量	分配率	分配金额
曲奇饼干	58 200	1.5	87 300		33 139.08
夹心饼干	47 950	1	47 950		18 201.82
葱油饼干	50 600	2	101 200		38 419.10
小计	156 750	—	236 450	0.3796	89 760
基本生产车间					3 250
机修车间					5 390
管理部门					9 600
合计					108 000

根据人工费用分配表，编制如下会计分录：

借：生产成本——基本生产成本（曲奇饼干）　　33 139.08
——基本生产成本（夹心饼干）　　18 201.82
——基本生产成本（葱油饼干）　　38 419.10
制造费用——人工费　　3 250
生产成本——辅助生产成本（机修车间）　　5 390
管理费用　　9 600
贷：应付职工薪酬　　108 000

4.根据固定资产折旧计算表，编制“固定资产折旧费分配表”，见表8-6。

表 8-6

固定资产折旧分配表

202×年 5 月

单位：元

车间及部门	计提折旧费
基本生产车间	17 650
机修车间	2 800
管理部门	2 000
合计	22 450

根据固定资产折旧分配表，编制如下会计分录：

借：制造费用——折旧费　　17 650

　　生产成本——辅助生产成本（机修车间）　　2 800

　　管理费用　　2 000

　贷：累计折旧　　22 450

5.根据各车间电表、水表的读数计算支付的动力费和水电费，编制“外购动力分配表”，见表8-7。

表8-7

外购动力分配表

202×年5月

金额单位：元

分配对象	电费（0.5元/度）		水费（1元/吨）	
	实际耗用量	金额	实际耗用量	金额
曲奇饼干	11 640	5 820		
夹心饼干	9 590	4 795		
葱油饼干	10 120	5 060		
小计	31 350	15 675		
基本生产车间			3 600	3 600
机修车间	2 000	1 000	2 050	2 050
管理部门	1 000	500	1 580	1 580
合计	34 350	17 175	7 230	7 230

根据外购动力分配表，编制如下分录：

借：生产成本——基本生产成本（曲奇饼干）　　5 820

　　　　　——基本生产成本（夹心饼干）　　4 795

　　　　　——基本生产成本（葱油饼干）　　5 060

　　制造费用——水费　　3 600

　　生产成本——辅助生产成本（机修车间）　　3 050

　　管理费用　　2 080

　贷：银行存款　　24 405

6.其他间接费用的分配。除上述间接人工、机物料消耗、水电费之外，企业在生产经营活动中还要发生办公费、保险费、差旅费、劳动保护费等其他费用。这些费用一般在发生时，根据有关凭证按车间直接记入“制造费用”科目及其有关明细账，见表8-8。

表8-8

其他间接费用分配表

202×年5月

单位：元

制造费用项目	管理部门	基本生产车间	辅助生产车间
办公费	950	130	50
保险费	500	6 580	540
劳动保护费		2 440	700
合计	1 450	9 150	1 290

根据其他间接费用分配表，编制如下会计分录：

借：制造费用——办公费　　130

——保险费　　6 580

——劳动保护费　　2 440

生产成本——辅助生产成本（机修车间）　　1 290

管理费用　　1 450

贷：银行存款　　11 890

7.归集、分配机修车间的费用，见表8-9、表8-10。

表8-9

辅助生产成本明细账

202×年5月

单位：元

摘要	直接材料	直接人工	折旧费	水电费	办公费	其他	合计
领用材料	2 800						2 800
人工费用		5 390					5 390
计提折旧			2 800				2 800
支付水电费				3 050			3 050
办公费等					50	1 240	1 290
本月合计	2 800	5 390	2 800	3 050	50	1 240	15 330
本月转出	2 800	5 390	2 800	3 050	50	1 240	15 330

表8-10

辅助生产费用分配表

202×年5月

金额单位：元

分配对象	修理工时（小时）	分配率	金额
基本生产车间：曲奇饼干	200		6 132
夹心饼干	150		4 599
葱油饼干	100		3 066
管理部门	50		1 533
合计	500	30.66	15 330

根据辅助生产费用分配表，编制如下会计分录：

借：生产成本——基本生产成本（曲奇饼干）　　6 132

——基本生产成本（夹心饼干）　　4 599

——基本生产成本（葱油饼干）　　3 066

管理费用　　1 533

贷：生产成本——辅助生产成本（机修车间）　　15 330

8.归集、分配基本生产车间制造费用，见表8-11、表8-12。

表 8-11

制造费用明细账

202×年 5 月

单位：元

摘要	机物料	间接人工	折旧费	水电费	办公费	保险费	劳保费	合计
分配材料费用	2 530							2 530
分配人工费用		3 250						3 250
提取折旧费			17 650					17 650
分配水电费				3 600				3 600
办公费及其他					130	6 580	2 440	9 150
月结	2 530	3 250	17 650	3 600	130	6 580	2 440	36 180
本月转出	2 530	3 250	17 650	3 600	130	6 580	2 440	36 180

表 8-12

制造费用分配表

202×年 5 月

金额单位：元

分配对象	实际产量	折合系数	标准产量	分配率	分配金额
曲奇饼干	58 200	1.5	87 300		13 356.9
夹心饼干	47 950	1	47 950		7 336.35
葱油饼干	50 600	2	101 200		15 486.75
合计	156 750		236 450	0.1530	36 180

根据制造费用分配表，应编制如下会计分录：

借：生产成本——基本生产成本（曲奇饼干）　13 356.90

　　　　　——基本生产成本（夹心饼干）　7 336.35

　　　　　——基本生产成本（葱油饼干）　15 486.75

　贷：制造费用　36 180

9.计算本期完工产品成本和在产品成本，并计算产品单位成本，编制生产成本明细账，见表 8-13 至表 8-15。

表 8-13

生产成本明细账（一）

产品名称：曲奇饼干　202×年 5 月　产量：58 200 千克　单位：元

摘要	原材料	水电	工资与福利费	制造费用	辅助费用	合计
领用原材料	65 918					65 918
支付水电费		5 820				5 820
分配人工费用			33 139.08			33 139.08
分配制造费用				13 356.9		13 356.9
分配辅助费用					6 132	6 132
成本合计	65 918	5 820	33 139.08	13 356.9	6 132	124 365.98
单位成本	1.13	0.1	0.57	0.23	0.11	2.14

表 8-14　　　　　　　　　　　　生产成本明细账（二）

产品名称：夹心饼干　　　　　202×年 5 月　　　　产量：47 950 千克　　　　　单位：元

摘要	原材料	水电	工资与福利费	制造费用	辅助费用	合计
领用原材料	71 396					71 396
支付水电费		4 795				4 795
分配人工费用			18 201.82			18 201.82
分配制造费用				7 336.35		7 336.35
分配辅助费用					4 599	4 599
成本合计	71 396	4 795	18 201.82	7 336.35	4 599	106 328.17
单位成本	1.49	0.1	0.38	0.15	0.10	2.22

表 8-15　　　　　　　　　　　　生产成本明细账（三）

产品名称：葱油饼干　　　　　202×年 5 月　　　　产量：50 600 千克　　　　　单位：元

摘要	原材料	水电	工资与福利费	制造费用	辅助费用	合计
领用原材料	53 328					53 328
支付水电费		5 060				5 060
分配人工费用			38 419.10			38 419.10
分配制造费用				15 486.75		15 486.75
分配辅助费用					3 066	3 066
成本合计	53 328	5 060	38 419.10	15 486.75	3 066	115 359.85
单位成本	1.05	0.1	0.76	0.31	0.06	2.28

10.根据生产成本明细账，编制“产品成本汇总表”，见表 8-16。

表 8-16　　　　　　　　　　　　产品成本汇总表

202×年 5 月　　　　　　　　　　　　金额单位：元

产品名称	产量（千克）	原材料	水电	工资与福利费	制造费用	辅助费用	总成本	单位成本
曲奇饼干	58 200	65 918	5 820	33 139.08	13 356.9	6 132	124 365.98	2.14
夹心饼干	47 950	71 396	4 795	18 201.82	7 336.35	4 599	106 328.17	2.22
葱油饼干	50 600	53 328	5 060	38 419.10	15 486.75	3 066	115 359.85	2.28
合计		190 642	15 675	89 760	36 180	13 797	346 054	

结转完工入库产品的会计分录如下：

借：库存商品——曲奇饼干　　124 365.98
　　　　　　——夹心饼干　　106 328.17
　　　　　　——葱油饼干　　115 359.85
　贷：生产成本——基本生产成本（曲奇饼干）　　124 365.98
　　　　　　　——基本生产成本（夹心饼干）　　106 328.17
　　　　　　　——基本生产成本（葱油饼干）　　115 359.85

思考与练习

业务题一：［资料］某企业有一个基本生产车间和一个辅助生产车间（机修车间）。基本生产车间生产甲、乙两种产品，采用品种法计算产品成本。辅助生产车间的制造费用不通过“制造费用”账户核算，直接记入“辅助生产成本”账户。

202×年3月份该企业发生的经济业务如下：

（1）基本生产车间领用材料40 000元，其中，直接用于甲产品生产的A材料10 800元，直接用于乙产品生产的B材料18 000元，甲、乙产品共同耗用的C材料10 000元（按甲、乙产品的定额消耗量比例进行分配，甲产品的定额消耗量为440千克，乙产品的定额消耗量为560千克），车间一般消耗1 200元。辅助生产车间领用材料2 320元。

（2）结算本月应付职工工资，其中，基本生产车间的工人工资16 000元（按甲、乙产品耗用的生产工时比例分配，甲产品生产工时为300小时，乙产品生产工时为500小时），车间管理人员工资2 500元，辅助生产车间职工工资1 500元。

（3）计提固定资产折旧费。基本生产车间月初应计折旧固定资产原值100 000元，辅助生产车间月初应计折旧固定资产原值40 000元，月折旧率为1%。

（4）基本生产车间和辅助生产车间发生的其他支出分别1 200元和600元，均通过银行办理转账结算。

（5）辅助生产费用按修理工时进行分配，机修车间提供劳务2 515小时，其中，为基本生产车间提供劳务2 000小时，为管理部门提供劳务515小时。

（6）基本生产车间的制造费用按生产工时比例在甲、乙产品之间进行分配。

（7）甲产品各月在产品数量变化不大，生产费用在完工产品与在产品之间的分配，采用在产品按固定成本计价法。乙产品原材料在生产开始时一次投入，原材料费用按完工产品数量和月末在产品数量的比例进行分配，人工费用和制造费用采用约当产量比例法进行分配。乙产品本月完工产品100件，月末在产品50件，完工率为50%。甲产品月初在产品成本为9 500元，其中，原材料费用4 000元，工资及福利费1 200元，制造费用4 300元；乙产品月初在产品成本为14 500元，其中，原材料费用6 000元，工资及福利费3 500元，制造费用5 000元。

要求：

（1）编制各项要素费用分配的会计分录。

（2）编制辅助生产费用分配的会计分录。

（3）编制结转基本生产车间制造费用的会计分录。

（4）计算并填列甲、乙产品成本明细账，计算甲、乙产品成本。

（5）编制结转入库产成品成本的会计分录。

业务题二：［资料］阳光工厂生产甲、乙两种产品，都是单步骤、大量生产，采用品种法计算产品成本。该厂设一个基本生产车间、供电和机修两个辅助生产车间。辅助生产车间的制造费用通过“制造费用”账户核算。该厂202×年3月份的生产费用资料如下：

（1）各项货币支出。

根据3月份付款凭证汇总的各项货币支出（假定均用银行存款支付）为：

基本生产车间：办公费1 980元，水电费1 370元，取暖费4 260元，其他费用9 260元。

供电车间：外购动力费31 210元，办公费280元，其他费用320元。

机修车间：办公费310元，其他费用50元。

（2）工资费用。

根据3月份工资结算单各部门人员工资为：

基本生产车间：生产工人工资56 950元，管理人员工资1 450元。

供电车间：生产工人工资540元，管理人员工资110元。

机修车间：生产工人工资2 090元，管理人员工资210元。

基本生产车间生产工人工资系计时工资，在甲、乙两种产品之间按产品的实用工时比例分配。实用工时为：甲产品60 000小时，乙产品40 000小时。工资通过“工资费用分配表”进行分配。

（3）固定资产折旧费用。

2月份的折旧额为：基本生产车间6 000元，供电车间500元，机修车间800元。

2月份增加固定资产应计折旧额为：基本生产车间500元。

（4）材料费用。

根据3月份材料领退凭证汇总的材料费用为：

甲产品：原材料费用7 600元。

乙产品：原材料费用38 500元。

基本生产车间：机物料消耗4 962元，劳动保护费3 830元。

供电车间：机物料消耗790元，其他费用200元。

机修车间：机物料消耗580元，其他费用120元。

（5）辅助生产费用。

该厂规定辅助生产费用按计划成本分配。辅助生产的计划单位成本为：每度电0.20元，机修每小时8元。辅助生产成本的差异全部计入管理费用。

供电车间供电176 000度。各单位耗电数量为：机修车间动力用14 400度，照明用1 100度；基本生产车间动力用148 500度，照明用4 500度；行政管理部门用7 500度。

机修车间进行经常修理920小时。各单位耗用数量为：供电车间30小时，基本生产车间801小时，行政管理部门89小时。

基本生产车间的动力费用按照产品的实用工时比例在甲、乙两种产品之间进行分配。

（6）制造费用。

该厂规定制造费用按产品的实用工时比例在甲、乙两种产品之间进行分配。

（7）完工产品和月末在产品。

甲产品的消耗定额比较准确、稳定，但各月在产品数量变动较大，因而采用定额比例法分配完工产品费用和月末在产品费用；原材料费用按定额原材料费用比例分配；其他各项费用均按定额工时比例分配。

甲产品3月初在产品的定额资料为：定额原材料费用14 500元，定额工时30 500小时。其实际费用为：原材料16 050元，燃料及动力8 130元，工资及福利费用17 730元，制造费用17 528元，合计59 438元。

甲产品3月投入定额原材料费用7 000元，定额工时56 000小时。

甲产品3月份完工180件，单件原材料费用定额为90元，单件工时定额410小时。

该厂乙产品各月在产品的数量较大，但各月数量比较稳定，因而规定各月在产品费用均按年初数固定不变，年末再根据实际情况进行调整。其年初在产品费用为：原材料7 600元，燃料及动力2 200元，工资及福利费4 500元，制造费用3 290元，合计17 590元。乙产品3月份完工100件。

要求：

（1）根据上列资料，编制会计分录和各种生产费用分配表。

（2）登记各种生产费用明细账和产品成本明细账，计算各种产品的生产成本。

（3）编制有关生产费用分配和产品成本结转的会计分录。

第九章

产品成本计算的分批法

培根铸魂

做好成本管理，服务实体经济

降成本是我国供给侧结构性改革的一项重要内容，是党中央、国务院为有效缓解实体经济经营困难、助推企业转型升级作出的重要决策部署。2023年6月，国家发展改革委、工信部、财政部、人民银行四部门联合印发《关于做好2023年降成本重点工作的通知》，从八个方面提出22项具体任务，对降成本重点工作作出部署，这是四部门连续第7年印发降成本通知。

作为会计人员，一要熟悉掌握并运用好这些政策举措，切实降低税费成本、融资成本、物流成本以及制度性交易成本等；二要做好实体经济企业成本的计量和核算分析，分析材料、人工等各要素成本支出是否科学合理，构建并实行更加完善的精细化的成本管理方案、目标要求和管理体系，强化内部控制和管理效果，以实际行动助力企业轻装上阵，服务实体经济提质增效，有效应对各种风险和挑战。

▸▸▸▸▸▸▸ 第一节　分批法的基本内容

一、分批法的含义

产品成本计算分批法是以产品批别（或订单）为成本计算对象汇集生产费用，计算产品成本的一种方法，简称分批法。它主要适用于单件、小批多步骤生产的企业，如船舶制造、重型机器制造、精密仪器制造及服装、印刷、家具等企业，由于这类企业的生产活动一般是根据客户的订单来组织，所以也将分批法称为订单法。企业新产品试制成本的计算也可采用分批法。

适用分批法计算成本的企业可划分为以下几类：

（1）根据购买者订单组织生产的企业。有些企业专门根据订货者的要求，生产特殊规格、规定数量的产品。所订货物可能是单件的大型产品，如飞机、船舶、大型锅炉；也可能是多件同样规格的产品，如根据订货方的设计图样生产几件实验室用的特种仪器。

（2）产品种类经常变动的小规模制造厂。例如，生产门窗把手、插销等的小五金工厂，由于它规模小、工人数量少，同时要根据市场需要不断变动产品的种类和数量，不可能按产品设置流水线大量生产，因而必须按每批产品的投产计算其成本。

（3）承揽修理业务的工厂。此类工厂的修理业务多种多样，要根据承接的各种修理工作分别计算成本，向客户收取货款。这种企业往往要根据合同规定，在生产成本上加上约定利润（一定百分率的利润或一定数额利润），所以要报每次修理业务的成本，如修船等业务。

（4）新产品试制车间。新产品的试制要承担一定的风险，在试制阶段一般产量较少，因此专门试制、开发新产品的车间，要按新产品的种类分别计算成本。

二、分批法的特点

（一）以产品的批别（或订单）作为成本计算对象

在分批法下，要以产品的批别或订货单位的订单作为成本计算对象，按产品的批别或订单来设置产品成本明细账，并分别按成本项目归集各批产品所发生的生产费用。

因为在单件、小批多步骤生产的企业中，生产活动一般是按照产品的批别或订货单位所要求的产品种类、批量来组织，因而按批、按件计算产品成本也就是按订单计算产品成本。如果订单产品是大型复杂的单件产品，因价值较大、生产周期较长，可按产品的组成部分分批组织生产；如果一笔订单的产品数量较大，或是几种不同的产品，不便于集中一次生产，可以分批组织生产；如果在同一时期，几笔订单要求的都是相同的产品，企业可将不同订货单位的几笔订单合并为一批进行生产。总之，为了便于考核、分析各种产品成本计划的完成情况和进行生产管理，企业可根据订单、产品的数量，结合具体情况分别对待。

在采用分批法计算成本的企业里，当生产开始时，由生产计划部门根据计划生产产品的批别和订货单位的订单所要求的产品品种、数量、投产日期、完成日期签发生产任务通知单（或称工作命令单），通知车间、供应部门和会计部门。车间根据生产任务通知单组织安排生产，供应部门及时准备材料，会计部门据以进行产品成本核算。

（二）成本计算期与生产周期一致

在分批法下，产品的实际成本要在订单完工以后才计算，因而产品成本计算是不定期的，成本计算期和产品的生产周期是一致的，而和会计报告期不一致。所以，在分批法下，完工产品的成本不仅包括报告月份发生的成本费用，还包括以前月份所发生的成本费用。

（三）通常不需要在完工产品和在产品之间分配生产费用

在分批法下，月终未完工的产品的成本明细账上所归集的生产费用，就是该批产品的在产品成本；月内已完工的产品的成本明细账上所归集的生产费用，就是该批产品的产成品成本。所以，一般不存在完工产品和在产品之间的费用分配问题。

但在实际工作中，有时可能有跨月完工的情况，即某批产品一部分已经完工入库，而另一部分还在加工中，对已经入库的产品、订货单位又要求交付使用。这时就有必要在完工产品和在产品之间分配生产费用，计算出完工产品成本和月末在产品成本。如果完工产品数量占产品批量的比重较小，为简化核算工作，可以按定额单位成本、计划单位成本或最近一期相同产品的实际单位成本计算产成品成本，从产品成本明细账中转出，其余额即为在产品成本。如果月份内完工产品数量占产品批量的比重较大，为了正确计算完工产品成本，则应根据具体情况采用适当的分配方法（如约当产量法等）计算完工产品成本和月末在产品成本，已转出的部分完工产品成本不是该批产品的实际成本。因此，为了正确考核和分析该批产品成本计划的完成情况，在该批产品全部完工时，还应计算该批产品的实际总成本和实际单位成本，但对已经转账的产成品成本，则不进行账面调整。

为了使同一批产品能够同时完工，避免出现跨月陆续完工的情况，在合理组织生产的前提下，企业可适当缩小每批产品的投产量，以直接提供当期生产工作的成果和核算资料。

三、分批法下成本计算程序

（一）按产品批别设立生产成本明细账（产品成本计算单）

企业开始生产时，会计部门应根据每份订单或每一批产品生产通知单，开设成本明细账，即产品成本计算单。成本明细账可按车间、成本项目分设专栏，以便把有关这一笔订单的直接成本或间接成本全部记入。

（二）按生产成本明细账归集生产费用

各订单、各批产品所直接耗用的各种材料、费用，都要在有关的原始凭证上填明订单号及生产通知单号，以便将费用整理、归集后记入各成本明细账。间接费用要填明其用途和费用发生地点。

（三）分配生产费用

月终根据费用的原始凭证编制材料、工资等分配表。直接费用要根据原始凭证写明订单号、批别号，据以记入有关的成本明细账。对于不能分清属于哪一批产品成本的费用，按企业确定的费用分配方法在各批产品之间进行分配。辅助生产成本、各车间制造费用、管理部门的有关费用要按原始凭证填明的发生地点、费用明细项目，通过材料、工资等分配表记入辅助生产成本、制造费用、管理费用明细账。

（四）分配辅助生产费用

在设有辅助生产车间的企业，月末应将归集的辅助生产费用分配给各受益对象。各订单、生产通知单、各批产品直接耗用的辅助生产产品、劳务的成本，直接记入各有关成本明细账。各车间、管理部门一般消耗的辅助生产产品、劳务的成本记入各车间的制造费用和管理费用明细账。

（五）分配基本生产车间制造费用

基本生产单位的制造费用明细账归集的费用，月末应分配给该生产单位的各批产品成本，记入各有关成本明细账。

（六）计算废品损失

单件、小批生产一般不单独计算废品损失。如果要计算的话，可根据废品报废凭证计算不可修复废品成本，从各有关成本明细账的直接材料、直接人工和制造费用等成本项目中减除，转入废品损失。可修复废品的修复费用根据费用分配表记入废品损失明细表。在分批法下，废品损失一般能直接归属于各订单，这样就可以将其从废品损失明细账中直接转入各有关订单的成本明细账。

（七）计算完工产品总成本和单位成本

当某订单、生产通知单或某批产品完工、检验合格后，应由车间填制完工通知单，将其中一联送会计部门，以便结算成本。已经发出完工通知单的订单，以后一般不能再发生费用。剩余的半成品、材料、废料要进行盘点清理、计价，办理退库手续，供以后使用，如不能使用，则按废料价值计算，从有关成本明细账中扣除。

会计部门收到车间送来的完工通知单，要检查成本明细账及有关凭证。检查无误后，把成本明细账上已归集的成本费用加计总数，扣除退库的材料、半成品以及废料价值，得到产成品的实际总成本，再除以完工数量，就是产成品的单位成本。月末未完工订单的成本明细账所归集的成本费用就是在产品成本。

（八）结转完工产品成本

根据产品成本明细账和原始凭证的资料，可编制产品成本计算表，根据成本计算结果结转本期完工产品的实际总成本。

▸▸▸▸▸▸▸ 第二节　分批法应用举例

一、典型分批法举例

例 9-1

某厂根据订货单位的要求组织生产，采用分批法计算产品成本，202×年10月份有关生产记录和产品成本计算如下：

批号1001甲型机床20台，10月份投产，月末尚未完工。

批号908乙型机床10台，9月份投产，10月份全部完工。

批号1002丙型机床10台，10月份投产，当月完工5台，对完工5台的产成品成本，暂按定额单位成本计价。丙型机床的定额单位成本为：原材料2 000元，动力150元，人工800元，制造费用500元，合计3 450元。

该厂设有一个辅助生产车间——修理车间，为生产车间和管理部门提供修理服务。

1.各批产品期初在产品成本见表9-1。

表 9-1　　**产品期初在产品成本**　　批号：908

产品名称：乙型机床　　202×年 10 月　　单位：元

摘 要	原材料	燃料及动力	工资及福利费	制造费用	合计
九月份发生成本	6 000	500	2 800	2 000	11 300
合计	6 000	500	2 800	2 000	11 300

2.10月份发生成本见表9-2。

表 9-2　　**要素费用分配表**

202×年 10 月　　单位：元

应借账户		原材料			外购动力	人工	折旧费	其他支出	合计
		主要材料	辅助材料	小计					
基本生产成本	1001甲型机床	15 000		15 000	1 200	6 500			22 700
	908乙型机床	3 000	1 200	4 200	800	3 600			8 600
	1002丙型机床	15 000	2 000	17 000	1 300	5 000			23 300
小计		33 000	3 200	36 200	3 300	15 100			54 600
辅助生产成本			600	600	1 200	3 000	1 500	250	6 550
制造费用			860	860	600	2 500	7 000	2 550	13 510
合计		33 000	4 660	37 660	5 100	20 600	8 500	2 800	74 660

据此，编制如下会计分录：

借：生产成本——基本生产成本（1001甲型机床）　　15 000
　　　　　　——基本生产成本（908乙型机床）　　4 200
　　　　　　——基本生产成本（1002丙型机床）　　17 000
　　　　　　——辅助生产成本　　600
　　制造费用　　860
　贷：原材料　　37 660

借：生产成本——基本生产成本（1001甲型机床）　　1 200
　　　　　　——基本生产成本（908乙型机床）　　800
　　　　　　——基本生产成本（1002丙型机床）　　1 300
　　　　　　——辅助生产成本　　1 200
　　制造费用　　600
　贷：银行存款　　5 100

借：生产成本——基本生产成本（1001甲型机床）　　6 500
　　　　　　——基本生产成本（908乙型机床）　　3 600
　　　　　　——基本生产成本（1002丙型机床）　　5 000
　　　　　　——辅助生产成本　　3 000
　　制造费用　　2 500
　贷：应付职工薪酬　　20 600

借：生产成本——辅助生产成本　　1 750
　　制造费用　　9 550
　贷：累计折旧　　8 500
　　　银行存款　　2 800

3.根据要素费用分配表，登记各辅助生产成本明细分类账，见表9-3。

表9-3

辅助生产成本明细账

202×年10月

单位：元

摘要	材料费	动力费	人工费	折旧费	其他费用	合计
分配材料费	600					600
分配动力费		1 200				1 200
分配人工费			3 000			3 000
分配折旧费				1 500		1 500
分配其他费用					250	250
本月合计	600	1 200	3 000	1 500	250	6 550
本月转出	600	1 200	3 000	1 500	250	6 550

4.编制辅助生产费用分配表，修理车间为生产车间提供修理1 400小时，为管理部门提供修理100小时，采用直接分配法分配辅助生产成本，见表9-4。

表 9-4　　**辅助生产费用分配表**

车间名称：修理车间　　202×年 10 月份　　金额单位：元

应借账户	修理工时	分配率	分配金额
制造费用	1 400		6 113.33
管理费用	100		436.67
合计	1 500	4.3667	6 550

据此，编制如下会计分录：

借：制造费用　　6 113.33

　　管理费用　　436.67

　贷：生产成本——辅助生产成本　　6 550

5.登记制造费用明细账，见表9-5。本月各批产品耗用的生产工人工时情况见表9-6。按生产工人的工时比例分配制造费用，见表9-7。

表 9-5　　**制造费用明细账**

202×年 10 月　　单位：元

摘要	材料费	动力费	人工费	折旧费	其他费用	合计
分配材料费	860					860
分配动力费		600				600
分配人工费			2 500			2 500
分配折旧费				7 000		7 000
分配其他费用					2 550	2 550
分配修理费					6 113.33	6 113.33
本月合计	860	600	2 500	7 000	8 663.33	19 623.33
本月转出	860	600	2 500	7 000	8 663.33	19 623.33

表 9-6　　**生产工时耗用表**

202×年 10 月　　单位：小时

批号	产品名称	耗用工时
1001	甲型机床	1 000
908	乙型机床	800
1002	丙型机床	500
合计		2 300

表 9-7 **制造费用分配表**

202×年 10 月份 金额单位：元

应借账户		生产工人工时	分配率	分配金额
基本生产成本	1001 甲型机床	1 000	—	8 531.90
	908 乙型机床	800	—	6 825.52
	1002 丙型机床	500	—	4 265.91
合计		2 300	8.5319	19 623.33

据此，应编制如下会计分录：

借：生产成本——基本生产成本（1001 甲型机床） 8 531.90
　　　　　——基本生产成本（908 乙型机床） 6 825.52
　　　　　——基本生产成本（1002 丙型机床） 4 265.91
　贷：制造费用 19 623.33

6.根据期初在产品、要素费用分配表、辅助生产费用分配表、制造费用分配表登记生产成本明细账，并计算完工产品成本和月末在产品成本，见表 9-8 至表 9-10。

表 9-8 **产品成本明细账** 投产日期：202×年 10 月 11 日

批号：1001 完工日期：

产品名称：甲型机床 批量：20 台 单位：元

月	日	摘要	原材料	燃料和动力	人工	制造费用	合计
10	31	10月份发生成本	15 000	1 200	6 500	8 531.90	31 231.90

表 9-9 **产品成本明细账** 投产日期：202×年 9 月 8 日

批号：908 完工日期：202×年 10 月 20 日

产品名称：乙型机床 批量：10 台 单位：元

月	日	摘要	原材料	燃料和动力	人工	制造费用	合计
9	30	9月份发生成本	6 000	500	2 800	2 000	11 300
10	31	10月份发生成本	4 200	800	3 600	6 825.52	15 425.52
	31	成本合计	10 200	1 300	6 400	8 825.52	26 725.52
	31	完工产品成本	10 200	1 300	6 400	8 825.52	26 725.52
	31	完工产品单位成本	1 020	130	640	882.55	2 672.55

表 9-10 **产品成本明细账** 投产日期：202×年 10 月 6 日

批号：1002 完工日期：

产品名称：丙型机床 批量：10 台 单位：元

月	日	摘要	原材料	燃料和动力	人工	制造费用	合计
10	31	10月份发生成本	17 000	1 300	5 000	4 265.91	27 565.91
	31	本月完工5台按定额成本转出	10 000	750	4 000	2 500	17 250
	31	月末在产品成本	7 000	550	1 000	1 765.91	10 315.91

7.根据产品成本明细账，编制产品成本汇总表，见表9-11。

表9-11

产品成本汇总表

202×年10月

单位：元

成本项目	乙型机床10台		丙型机床5台	
	总成本	单位成本	总成本	单位成本
原材料	10 200	1 020	10 000	2 000
燃料和动力	1 300	130	750	150
人工	6 400	640	4 000	800
制造费用	8 825.52	882.55	2 500	500
合计	26 725.52	2 672.55	17 250	3 450

据此，应编制如下会计分录：

借：库存商品——乙型机床　26 725.52

——丙型机床　17 250

贷：生产成本——基本生产成本（908乙型机床）　26 725.52

——基本生产成本（1002丙型机床）　17 250

二、简化分批法

（一）简化分批法的概念

有些单件、小批生产的企业，订单多、生产周期长，同一月份内投产的批数可能较多，往往有几十批甚至上百批，而实际每月完工的订单不多。在这种情况下，各种间接费用在各批产品之间按月进行分配的工作就极为繁重。因此，为了减少核算工作量，在投产批数较多而完工批数较少的企业中，可采用累计间接费用分配的方法，只计算完工产品成本，而不计算在产品成本，所以也称不计算在产品成本分批法或累计间接费用分批法。

采用这种方法需要设置生产成本二级分类账，按成本项目及工时发生数（及累计数）登记入账，按月提供企业或车间全部累计生产费用和累计工时（实用或定额工时）。另外，按批次设立产品成本计算单，登记该批次产品消耗的直接费用和工时。在有完工产品的月份，计算累计间接计入费用的分配率，确定完工产品总成本和在产品成本。

$$\text{累计间接费用分配率}=\frac{\text{月初结存间接费用余额}+\text{本月发生间接费用}}{\text{月初在产品工时数}+\text{本月发生工时数}}$$

完工订单应负担的间接费用=该完工订单的累计工时数×累计间接费用分配率

（二）简化分批法的特点

采用简化分批法分配间接费用时，只对当月完工的产品按累计间接费用分配率进行分配，对未完工的在产品则不分配间接费用，可以简化费用的分配和登记工作。对未完工产品不分配应负担的间接费用，但在其产品成本计算单中要登记本月发生的工时，以便以后完工时分配应负担的间接费用。

简化分批法存在两个缺点：

（1）各批未完工产品明细账上既不反映间接成本，也不能完整地反映各批产品的在产品成本。

（2）完工产品的成本是按完工月份的分配率一次计入的，如果各月份间接成本波动较大，就可能与实际发生的间接费用不符，会影响成本计算的正确性。假定前几个月间接费用较高，而本月较低，则当月投产、当月完工的产成品，按累计间接费用分配率分配计算，就会发生成本偏高的现象。因此，这一方法只有在各月间接成本大致均衡的情况下才可采用。

简化分批法和一般分批法的区别如下：

（1）分配间接计入费用是在有完工产品时进行，没有完工产品时不分配间接计入费用。

（2）各批完工产品之间、完工批别与月末在产品批别之间，以及某批产品的完工产品与月末在产品之间分配某项间接计入费用时，采用的是同一间接费用分配率。

（三）简化分批法例解

例 9–2

某厂假设有#301、#302、#303订单，其成本和工时总数汇总登记在生产成本二级账上，见表9–12。#301订单10月份全部完工，#302订单10月份完工4台，#303订单全部未完工。#301、#302、#303订单的产品成本明细账见表9–13至表9–15。

表 9–12 **生产成本二级账**

202×年 10 月

金额单位：元

月	日	摘要	直接材料	工时	直接工资	制造费用	合计
8	31	8月份发生成本	8 000	700	2 200	1 600	11 800
9	30	9月份发生成本	10 000	1 300	4 160	3 380	17 540
10	31	10月份发生成本	23 800	3 800	12 200	10 100	46 100
		累计数	41 800	5 800	18 560	15 080	75 440
		累计间接费用分配率	—		3.2	2.6	—
		10月份完工转出	17 875	2 100	6 720	5 460	30 055
		月末在产品余额	23 925	3 700	11 840	9 620	45 385

累计直接工资分配率=18 560÷5 800=3.2

累计制造费用分配率=15 080÷5 800=2.6

完工产品成本转出根据各批产品成本计算单中转出完工产品成本汇总登记入账。余额即为本月份在产品成本。

表 9-13　　　　　　　　　　　　**产品成本明细账**　　　　　　　　　　　开工日期：8 月 10 日

批号：#301　　　　　　　　　　　　　　　　　　　　　　　　　　　　　完工日期：10 月 20 日

产品名称：A 产品　　　　　　　　　　　产量：10 台　　　　　　　　　　　金额单位：元

月	日	摘要	直接材料	工时	直接工资	制造费用	合计
8	31	8月份发生成本	8 000	700			
9	30	9月份发生成本	5 000	500			
10	31	10月份发生成本	1 500	100			
		累计数和分配率	14 500	1 300	3.2	2.6	
		完工10台转出	14 500	1 300	4 160	3 380	22 040
		完工产品单位成本	1450	130	416	338	2 204

表 9-14　　　　　　　　　　　　**产品成本明细账**　　　　　　　　　　　开工日期：9 月 20 日

批号：#302　　　　　　　　　　　　　　　　　　　　　　　　　　　　　完工日期：

产品名称：B 产品　　　　　　　　　　　产量：16 台　　　　　　　　　　　金额单位：元

月	日	摘要	直接材料	工时	直接工资	制造费用	合计
9	30	9月份发生成本	4 000	600			
10	31	10月份发生成本	9 500	1 000			
		累计数和分配率	13 500	1 600	3.2	2.6	
		完工4台转出	3 375	800	2 560	2 080	8 015
		完工产品单位成本	843.75	200	640	520	2 003.75
		月末在产品成本	10 125	800			

其中，完工 4 台产品的直接材料成本按产品数量分配，工时按定额工时计算，该产品定额工时为 200 工时。

表 9-15　　　　　　　　　　　　**产品成本明细账**　　　　　　　　　　　开工日期：9 月 5 日

批号：#303　　　　　　　　　　　　　　　　　　　　　　　　　　　　　完工日期：

产品名称：C 产品　　　　　　　　　　　产量：8 台　　　　　　　　　　　金额单位：元

月	日	摘要	直接材料	工时	直接工资	制造费用	合计
9	30	9月份发生成本	1 000	200			
10	31	10月份发生成本	12 800	2 700			

编制如下入库会计分录：

借：产成品——A 产品　　　　　　　　　　　　　　　　22 040

　　　　　——B 产品　　　　　　　　　　　　　　　　8 015

　贷：生产成本——#301　　　　　　　　　　　　　　　　　　22 040

　　　　　　——#302　　　　　　　　　　　　　　　　　　8 015

▸▸▸▸▸▸ 第三节　分批零件法

一、分批零件法概述

随着生产的发展，许多企业由单件、小批生产逐渐转为成批、大批生产。在大批生产的情况下，企业不再按照客户的订单所规定的品种、数量和规格进行生产，而是按自己所制订的生产计划，按产品品种、数量和规格分批地进行生产。随着批量的增多，产品中的通用件（能适用于同类产品的零件、部件）和标准件（一般产品都能适用的零件、部件）越来越多，同批制造的零件或同批装配的部件，可以用于不同品种的产成品，还可以单独出售。

这里所讲的批，是指为制造一定数量的某种零件，或为配装一定数量的某种部件或产成品，企业按零件、部件或产成品分别发出生产任务，同一种零件的制造，同一种部件或产成品的装配，每隔一定时期重复一次，也有前后几批相同品种的零件或部件，交叉地投入生产。由于零件、部件、产成品的生产通常不是按销货合同进行的，同批装配的产成品往往被销售给不同的客户，因此，总有一定数量的库存零件、部件和产成品。在这种情况下，生产费用的归集就不能按照客户的订单或单纯地按照产成品生产的批别来进行，为了适应上述生产类型的转变，在产品成本计算方法上就产生了分批零件法。

分批零件法是分批法延伸出的一种成本计算方法，是按照每批零件的制造、每批部件或产成品的装配来归集生产费用、计算产品成本的一种方法。在分批零件法下，以零件制造的批别、部件或产成品装配的批别作为成本计算对象，按批设置成本明细账。有关制造各批零件、装配各批部件、产成品所发生的直接费用，应按批号归集，通过各要素费用分配表，直接记入各批成本明细账；对于间接费用，先按照发生的地点归集，通过辅助生产、制造费用分配表分配后记入成本明细账。

分批零件法的成本计算是不定期进行的，每批零件制造完工或每批部件、产成品装配完工后，才能计算其成本。

一批零件完工后，这批零件成本明细账上归集的生产费用总额就是该批零件的总成本，再除以产量就是该批零件的单位成本。完工零件随同入库单交自制半成品仓库。

部件装配时，从自制半成品仓库领用零件，将零件成本记入部件成本明细账的自制半成品成本项目。该批部件的费用总额就是该批部件的总成本，再除以装配出来的部件数量就是该批部件的单位成本。完工部件也随同入库单交自制半成品仓库。

当某批产品装配需要零件、部件时，再从自制半成品仓库领用零件、部件，并将零件、部件成本记入该批产成品成本明细账的自制半成品成本项目。同样，该批产成品的费用总额就是该批产成品的总成本，除以产量就得到该批产品的单位成本。

在采用分批零件法的企业中，月终未完工的各批零件、部件或产品成本明细账上已归集的费用总额，就是在产品成本。

需要指出的是，进入自制半成品仓库的零件、部件，在账务处理上要从“生产成本——基本生产成本”账户转入“自制半成品”账户，领用零件、部件时，再从“自制半成品”账户转入“生产成本——基本生产成本”账户。为了加强对零件、部件的管理，要按照零件、部件的名称开设明细账，登记各种零件、部件的收入、发出和结存数量及金额，其核算方法与材料、产成品的核算方法相同，既可以按实际成本计价，也可以按计划成本计价。

综上所述，分批零件法和一般分批法的不同有：

（1）虽然都是按批别来计算成本，但分批零件法是以零件的批别、部件的批别和产品的批别作为成本计算的对象，而分批法是以产品批别或订单作为成本计算对象。

（2）分批零件法要计算零件、部件和产品的成本，在计算过程中，要先计算完工零件的成本，再计算完工部件的成本，然后计算完工产品成本，而分批法只计算完工产品批别的成本。

（3）在分批零件法下，月末“生产成本——基本生产成本”账户余额，仅指车间里还未完工的在产品成本，即狭义的在产品成本，而完工入库的零件、部件在自制半成品账户中反映；而在分批法下，在产品不仅包括车间里还没有完工的零件、部件，还包括已经完工的零件、部件，是广义的在产品，也就是说，没有成为最终产品入库的都是在产品，完工的零件、部件不转账。

（4）分批零件法适用于自制零件、部件数量较少的成批、大批生产企业，如自行车、电器仪表的制造企业等；而分批法适用于单件、小批生产企业，如造船、重型机器制造企业等。

二、分批零件法的成本计算程序

采用分批零件法计算产品成本的企业，一般按以下程序计算成本。

（一）根据成本计算对象开设成本明细账（成本计算单）

分批零件法的成本计算对象为投产的零件、部件和产成品的批别，应分别按照企业投产零件批别、部件批别和产成品批别开设成本明细账（成本计算单），设置必要的成本项目专栏，归集生产费用。

（二）要素费用的审核、归集与分配

具体内容如下：

（1）根据相关制度与法规，审核各项生产费用的合法性和合理性。

（2）经审核无误的生产费用，按其作用进行归集、分配。某批零件、部件和产成品耗用的直接费用，直接记入各成本明细账（成本计算单）；生产中各批产品共同耗用的间接费用，应按一定标准分配记入各有关成本明细账（成本计算单）。

（3）辅助生产费用的归集与分配。月末，应将辅助生产车间发生的制造费用，在其各个分配对象间按一定标准进行分配，编制辅助生产车间制造费用分配表，记入“生产成本——辅助生产成本”科目及其明细账，然后将“辅助生产成本”科目及其明细账汇集的费用，按照一定标准分配给各受益单位。

（4）基本生产车间制造费用的归集与分配。通过上述费用的分配，基本生产车间为进行生产而发生的间接费用，因耗用辅助生产车间提供的劳务应负担的辅助生产费用，都归集到“基本生产车间制造费用”明细科目中，月末应按一定标准在其各批受益产品之间进行分配，并编制基本生产车间制造费用分配表，据以记入有关成本明细账（成本计算单）。

（5）计算并结转零件成本。某批零件完工时将其成本计算单中归集的费用汇总，即可求得该批完工零件的总成本；将总成本除以该批零件的数量，即可求得该批零件的实际单位成本。零件经检验合格后，办理入库手续，交由自制半成品库保管，借记“自制半成品（零件）”科目，贷记“生产成本”科目；待其他车间部门领用或对外售出时，再从自制半成品库中转出，借记“生产成本”或“主营业务成本”科目，贷记“自制半成品（零件）”科目。

（6）计算并结转部件成本。部件是由各种零件组装而成的，因此在部件的生产过程中会领用自制半成品库的库存零件。领用自制半成品的成本可以采用实际成本和计划成本两种方法核算。某批部件完工时，计算其总成本和单位成本，并将完工部件验收入库，待其他车间部门领用或对外售出时，再从自制半成品库中转出。账务处理方法与零件的入库、出库基本相同。

（7）计算并结转产成品成本。产成品是由零件和部件组装而成的，因此其成本计算与部件生产领用零件的成本确定方法相同，根据其领用的零件和部件的成本登记生产成本明细账（成本计算单）。如果某批产品完工，根据其生产成本明细账中归集的费用，即可求出该批完工产品的总成本和单位成本。

三、分批零件法例解

例9-3

某机器制造厂设有零件车间、部件车间和装配车间，生产各种产品。该厂生产的产品是按批投产，批量较大，产品通用件、标准件较多，而且有的零件、部件还要单独出售。因此零件、部件是分批交叉投产。由于零件、部件、产品批次不一，所以要计算各批零件、部件、产品的成本，需采用分批零件法。该厂的零件、部件、产品的编号、名称见表9-16。

表9-16 **产品名称及编号表**

零件		部件		产成品	
编号	名称	编号	名称	编号	名称
L-1 L-2 L-4 ⋮	略	B-20 B-40 ⋮		C-205 C-302 C-307	脱水提升机 悬挂式粉碎机 脱水提升机

该厂202×年3月份生产情况见表9-17。

表9-17 企业生产任务汇总表

批号	零件、部件、产品或名称	投产数量	开工日期	完工日期
L-1-2	零件-L-1	500只	202×年1月	202×年3月
L-2-3	零件-L-2	200只	202×年2月	202×年3月
L-4-2	零件-L-4	100只	202×年3月	
B-20-5	部件-B-20	100台	202×年2月	202×年3月
B-40-2	部件-B-40	20台	202×年3月	202×年3月
B-20-6	部件-B-20	100台	202×年3月	
C-205	产品-脱水提升机	50台	202×年2月	202×年3月
C-302	产品-悬挂式粉碎机	400台	202×年3月	202×年3月
C-307	产品-脱水提升机	60台	202×年3月	

该厂有下列费用明细账：

(1) 生产成本明细账。按投产的零件、部件和产成品批号开设生产成本明细账。

(2) 自制半成品明细账。完工零件和部件的实际成本要转入自制半成品明细账，自制半成品领用时按先进先出法计价。本例中列举零件L-1、L-2和部件B-20、B-40等自制半成品明细账，其余略。

(3) 制造费用明细账。开设零件车间、部件车间和装配车间的制造费用明细账，所归集的制造费用按各批号的生产工时比例分配到各成本明细账。

该厂设置直接材料、自制半成品、直接人工、制造费用等成本项目，按月汇总生产费用，该批零件、部件或产品完工才结算成本。

1.该厂202×年3月份所编制的动力费用、原材料、职工薪酬分配表和领用自制半成品分配表分别见表9-18至表9-22。

表9-18 动力费用分配表

202×年3月　　金额单位：元

应借账户	数量（度）	分配率	金额
制造费用			
零件车间	7 500	2	15 000
部件车间	4 000		8 000
装配车间	2 775		5 550
合计	14 275		28 550

表 9-19 **材料费用分配表**

202×年 3 月 单位：元

应借账户	零件车间	部件车间	装配车间	合计
生产成本				
零件：				
L-4-2	600			600
⋮	⋮			⋮
部件：				
B-20-5		4 500		4 500
B-40-2		7 000		7 000
B-20-6		2 600		2 600
⋮		⋮		⋮
整机产品：				
C-302			289 500	289 500
C-307			34 500	34 500
⋮			⋮	⋮
小计	350 000	85 000	600 000	1 035 000
制造费用	20 000	8 000	7 000	35 000
合计	370 000	93 000	607 000	1 070 000

表 9-20 **职工薪酬分配表**

202×年 3 月 金额单位：元

应借账户	零件车间（5元/小时）		部件车间（2.5元/小时）		装配车间（2元/小时）		合计
	生产工人工时	分配额	生产工人工时	分配额	生产工人工时	分配额	
生产成本							
零件：							
L-1-2	26	130					130
L-2-3	10	50					50
L-4-2	64	320					320
⋮	⋮	⋮					⋮
部件：							
B-20-5			152	380			380
B-40-2			180	450			450
B-20-6			212	530			530
⋮			⋮	⋮			⋮
整机产品：							
C-205					230	460	460
C-302					2 600	5 200	5 200
C-307					650	1 300	1 300
⋮					⋮	⋮	⋮
小计	8 000	40 000	4 800	12 000	7 500	15 000	67 000
制造费用		3 200		2 500		1 800	7 500
合计	8 000	43 200	4 800	14 500	7 500	16 800	74 500

表 9-21

其他费用分配表

202×年 3 月

单位：元

应借账户	折旧费	办公费	水电费	其他	合计
制造费用					
零件车间	8 700	2 000	6 500	1 000	18 200
部件车间	3 600	500	1 100	300	5 500
装配车间	3 000	1 700	4 800	900	10 400
合计	15 300	4 200	12 400	2 200	34 100

表 9-22

领用自制半成品成本分配表

202×年 3 月

单位：元

应借账户	明细科目	金额
生产成本	部件：	
	B-40-2	12 000
	B-20-6	28 000
	⋮	⋮
	小计	287 000
	整机产品：	
	C-302	478 000
	C-307	98 000
	⋮	⋮
	小计	850 000
合计		1 137 000

2.根据上列各分配表编制各零件、部件和整机产品成本明细账和制造费用明细账。制造费用明细账见表 9-23 至表 9-25。

表 9-23

零件车间制造费用明细账

202×年 3 月

单位：元

月	日	摘要	直接材料	动力	直接人工	折旧费	其他	合计
3	31	动力费用分配表		15 000				15 000
		材料费用分配表	20 000					20 000
		职工薪酬分配表			3 200			3 200
		其他费用分配表				8 700	9 500	18 200
3	31	合计	20 000	15 000	3 200	8 700	9 500	56 400

表 9-24

部件车间制造费用明细账

202×年 3 月　　　　单位：元

月	日	摘要	直接材料	动力	直接人工	折旧费	其他	合计
3	31	动力费用分配表		8 000				8 000
		材料费用分配表	8 000					8 000
		职工薪酬分配表			2 500			2 500
		其他费用分配表				3 600	1 900	5 500
3	31	合计	8 000	8 000	2 500	3 600	1 900	24 000

表 9-25

装配车间制造费用明细账

202×年 3 月　　　　单位：元

月	日	摘要	直接材料	动力	直接人工	折旧费	其他	合计
3	31	动力费用分配表		5 550				5 550
		材料费用分配表	7 000					7 000
		职工薪酬分配表			1 800			1 800
		其他费用分配表				3 000	7 400	10 400
3	31	合计	7 000	5 550	1 800	3 000	7 400	24 750

3.制造费用按生产工时比例进行分配，编制各车间的制造费用分配表，见表 9-26 至表 9-28。

表 9-26

零件车间制造费用分配表

202×年 3 月　　　　金额单位：元

应借账户	明细科目	生产工人工时	分配率	分配额
生产成本	零件：			
	L-1-2	26	7.05	183.30
	L-2-3	10		70.50
	L-4-2	64		451.20
	⋮	⋮		⋮
合计		8 000		56 400

表 9-27

部件车间制造费用分配表

202×年 3 月　　　　金额单位：元

应借账户	明细科目	生产工人工时	分配率	分配额
生产成本	部件：			
	B-20-5	152	5	760
	B-40-2	180		900
	B-20-6	212		1 060
	⋮	⋮		⋮
合计		4 800		24 000

表 9-28

装配车间制造费用分配表

202×年 3 月

金额单位：元

应借账户	明细科目	生产工人工时	分配率	分配额
生产成本	整机产品：			
	C-205	230		759
	C-302	2 600		8 580
	C-307	650		2 145
	⋮	⋮		⋮
合计		7 500	3.3	24 750

4.根据制造费用分配表的分配额编制有关的生产成本明细账，各零件、部件、整机产品的生产成本明细账，见表9-29至表9-37。

表 9-29

生产成本明细账

开工日期：202×年 1 月 5 日

批号：L-1-2

完工日期：202×年 3 月 25 日

零件名称：L-1　　数量：500 只　　金额单位：元

月份	直接材料	生产工人工时	直接工资	制造费用	合计
1月	4 800	50	250	440	5 490
2月	850	65	292.50	680	1 822.50
3月		26	130	183.30	313.30
合计	5 650	141	672.50	1 303.30	7 625.80
单位成本	11.30		1.3450	2.6066	15.25

表 9-30

生产成本明细账

开工日期：202×年 2 月 11 日

批号：L-2-3

完工日期：202×年 3 月 18 日

零件名称：L-2　　数量：200 只　　金额单位：元

月份	直接材料	生产工人工时	直接工资	制造费用	合计
2月	2 200	15	67.5	156.92	2 424.42
3月		10	50	70.5	120.5
合计	2 200	25	117.5	227.42	2 544.92
单位成本	11		0.5875	1.1371	12.72

表 9-31

生产成本明细账

开工日期：202×年 3 月 6 日

批号：L-4-2

完工日期：

零件名称：L-4　　数量：100 只　　金额单位：元

月份	直接材料	生产工人工时	直接工资	制造费用	合计
3月	600	64	320	451.20	1 371.2

表 9-32　　　　生产成本明细账　　　　开工日期：202×年 2 月 6 日

批号：B-20-5　　　　完工日期：202×年 3 月 21 日

部件名称：B-20　　　　数量：100 台　　　　金额单位：元

月份	直接材料	自制半成品	生产工人工时	直接工资	制造费用	合计
2月 3月	32 000 4 500	38 000	450 152	1 125 380	2 500 760	73 625 5 640
合计	36 500	38 000	602	1 505	3 260	79 265
单位成本	365	380		15.05	32.60	792.65

表 9-33　　　　生产成本明细账　　　　开工日期：202×年 3 月 3 日

批号：B-40-2　　　　完工日期：202×年 3 月 27 日

部件名称：B-40　　　　数量：20 台　　　　金额单位：元

月份	直接材料	自制半成品	生产工人工时	直接工资	制造费用	合计
3月	7 000	12 000	180	450	900	20 350
合计	7 000	12 000	180	450	900	20 350
单位成本	350	600		22.50	45	1 017.50

表 9-34　　　　生产成本明细账　　　　开工日期：202×年 3 月 13 日

批号：B-20-6　　　　完工日期：

部件名称：B-20　　　　数量：100 台　　　　金额单位：元

月份	直接材料	自制半成品	生产工人工时	直接工资	制造费用	合计
3月	2 600	28 000	212	530	1 060	32 190

表 9-35　　　　生产成本明细账　　　　开工日期：202×年 2 月 4 日

批号：C-205　　　　完工日期：202×年 3 月 18 日

产品名称：脱水提升机　　　　数量：50 台　　　　金额单位：元

月 份	直接材料	自制半成品	生产工人工时	直接工资	制造费用	合计
2月 3月	35 400	96 000	700 230	1 300 460	3 500 759	136 200 1 219
合计	35 400	96 000	930	1 760	4 259	137 419
单位成本	708	1 920		35.20	85.18	2 748.38

表 9-36　　　　生产成本明细账　　　　开工日期：202×年 3 月 5 日

批号：C-302　　　　完工日期：202×年 3 月 28 日

产品名称：悬挂式粉碎机　　　　数量：400 台　　　　金额单位：元

月 份	直接材料	自制半成品	生产工人工时	直接工资	制造费用	合计
3月	289 500	478 000	2 600	5 200	8 580	781 280
合计	289 500	478 000	2 600	5 200	8 580	781 280
单位成本	723.75	1 195	—	13	21.45	1 953.20

表 9-37　　　　生产成本明细账　　　　开工日期：202×年 3 月 12 日

批号：C-307　　　　完工日期：

产品名称：脱水提升机　　　　数量：60 台　　　　金额单位：元

月份	直接材料	自制半成品	生产工人工时	直接工资	制造费用	合计
3月	34 500	98 000	650	1 300	2 145	135 945

5.月终，对已完工零、部件的成本明细账进行结算，计算出完工批次的总成本，分别除以各批次产量，求得各批零、部件单位成本，结转有关自制半成品明细账（根据半成品入库单和领用单登记），自制半成品明细账见表 9-38 至表 9-41。

表 9-38　　　　自制半成品明细账

零件名称：L-1　　　　金额单位：元

日期	摘要	收入			发出			结存		
		数量	单位成本	金额	数量	单位成本	金额	数量	单位成本	金额
3/1	月初结存							120	9	1 080
10	领用				70	9	630	50	9	450
25	完工入库	500	15.25	7 625				50 500	9 15.25	450 7 625

表 9-39　　　　自制半成品明细账

零件名称：L-2　　　　金额单位：元

日期	摘要	收入			发出			结存		
		数量	单位成本	金额	数量	单位成本	金额	数量	单位成本	金额
3/1	月初结存							60	7	420
18	完工入库	200	12.72	2 544				60 200	7 12.72	420 2 544
20	领用				60 40	7 12.72	420 508.80	160	12.72	2 035.2

表 9-40　　　　自制半成品明细账

部件名称：B-20　　　　金额单位：元

日期	摘要	收入			发出			结存		
		数量	单位成本	金额	数量	单位成本	金额	数量	单位成本	金额
3/1	月初结存							200	800	160 000
12	领用				200	800	160 000	—	—	—
21	完工入库	100	792.65	79 265				100	792.65	79 265

表 9-41　　　　　　　　**自制半成品明细账**

部件名称：B-40　　　　　　　　　　　　　　　　　　　　金额单位：元

日期	摘要	收入			发出			结存		
		数量	单位成本	金额	数量	单位成本	金额	数量	单位成本	金额
3/1	月初结存							120	930	111 600
12	领用				100	930	93 000	20	930	18 600
27	完工入库	20	1 017.5	20 350				20 20	930 1 017.5	18 600 20 350

编制零件、部件入库会计分录如下：

借：自制半成品——L-1　　7 625
　　　　　　　——L-2　　2 544.92
　　　　　　　——B-20　　79 265
　　　　　　　——B-40　　20 350
　贷：生产成本——L-1-2　　7 625
　　　　　　　——L-2-3　　2 544.92
　　　　　　　——B-20-5　　79 265
　　　　　　　——B-40-2　　20 350

6.根据完工产品成本明细账，编制“产品成本计算表”，见表 9-42。

表 9-42　　　　　　　　**产品成本计算表**

202×年 3 月　　　　　　　　　　　　金额单位：元

成本项目	脱水提升机（50台）		悬挂式粉碎机（400台）	
	总成本	单位成本	总成本	单位成本
直接材料	131 400	2 628	767 500	1 918.75
其中：自制半成品	96 000	1 920	478 000	1 195
直接工资	1 760	35.2	5 200	13
制造费用	4 259	85.18	8 580	21.45
合计	137 419	2 748.38	781 280	1 953.20

据此，编制如下会计分录：

借：产成品——脱水提升机　　137 419
　　　　　——悬挂式粉碎机　　781 280
　贷：生产成本——C-205　　137 419
　　　　　　　——C-302　　781 280

思考与练习

业务题一：［资料］新光机械厂采用典型分批法计算产品成本。5月8日投产A产品200件，批号为501，6月份全部完工；6月2日投产B产品240件，批号为601，当月完工50件。B产品的计划单位成本为：原材料300元，燃料和动力80元，工资及福利费200元，制造费用16元。

两批产品在5月份和6月份发生的费用见表9-43。

表 9-43 **费用汇总表** 金额单位：元

批别	摘要	原材料	燃料和动力	工资及福利费	制造费用
501	5月份发生费用	45 000	14 000	26 000	23 000
501	6月份发生费用	15 000	10 000	24 000	17 000
601	6月份发生费用	72 000	19 200	48 000	38 400

要求：计算6月份完工产品的总成本和单位成本。

业务题二：［资料］某企业采用累计间接费用分配法计算甲产品各批产品成本。3月份各批产品成本明细账中有关资料如下：

1023号：1月份投产22件，本月全部完工，累计原材料费用79 750元，累计耗用工时2 028小时。

2011号：2月份投产30件，本月完工20件，累计原材料费用108 750元，累计耗用工时12 152小时；原材料在生产开始时一次性投入；月末在产品完工程度为80%，采用约当产量比例法分配所耗工时。

3015号：本月投产5件，全部未完工，累计原材料费用18 125元，累计耗用工时2 028小时。

基本生产成本二级账归集的累计间接计入费用为：工资及福利费36 688元，制造费用55 032元。

要求：根据以上资料，计算累计间接计入费用分配率和甲产品各批完工产品成本。

第十章

成本计算分步法

培根铸魂

学习须求真学问

2018年5月2日，习近平总书记在北京大学师生座谈会上讲话时强调："学习就必须求真学问，求真理、悟道理、明事理，不能满足于碎片化的信息、快餐化的知识。"习近平总书记用"碎片化的信息、快餐化的知识"来形容当前在年轻人中较为常见的浮光掠影式学习，指出学习就必须求真学问，求真理、悟道理、明事理，阐明了一个人要求得学问就要多思多想、学深悟透，知其然更要知其所以然，通过"短实新"的语言，阐述了社会普遍认可的道理。

在网络时代，获取信息的渠道更多，但相当一部分人学习的耐心却更少，看文章只匆匆浏览导语和小标题……大学生正处于学习的黄金时期，学习是首要任务，经常"吃快餐"很容易"消化不良"，唯有"细嚼慢咽"，才能吸收营养、"身强体壮"。

▸▸▸▸▸▸ 第一节　分步法概述

一、分步法的含义和适用范围

产品成本计算分步法（简称分步法）是按照产品的品种和每种产品所经过的生产步骤归集生产费用，计算各种产品成本及其各步骤成本的一种方法。

它适用于冶金、纺织、造纸、设备制造等大量、大批、多步骤生产，并且管理上要求按阶段核算成本的企业或车间。在这些企业中，产品的生产过程由若干个在技术上可以间断的生产步骤组成。例如，冶金企业的生产可分为炼铁、炼钢、轧钢等步骤，纺织企业的生产可分为纺纱、织布、印染等步骤，机器制造企业的生产可分为铸造、加工、装配等步骤，造纸企业的生产可分为制浆、制纸、包装等步骤。对于某些大批量的装配式复杂生产的企业，也可采用分步法计算产品成本，以满足企业内部生产管理、成本管理以及正确确定对外出售半成品的价格和收益的需要。

上述多步骤生产企业生产出的半成品，可能用于下一步骤的继续加工或装配，也可能销售给外单位。因此在分步法下，不仅要求按照产品品种归集生产费用、计算产品成本，而且要求按照产品的生产步骤计算各步骤产品成本，便于企业加强成本管理，掌握各步骤产品成本计划的执行和完成情况。

二、分步法的特点

（一）以各步骤的产品和最终产品为成本计算对象

分步法的成本计算对象是各步骤的产品和最终产品。也就是说，成本计算的对象，不仅要按照产品品种计算成本，而且要求按照生产步骤计算成本，因此，在计算产品成本时，应按产品的生产步骤和产品的品种设立产品成本明细账。如果只生产一种产品，成本计算对象就是该产品及其经过的各生产步骤，产品成本明细账应该按照生产步骤设置；如果生产多种产品，产品成本计算对象则应该是各种产品及所经过的各生产步骤，产品明细账应按照每种产品及其经过的各个步骤设置。

但在实际工作中，生产步骤的划分不一定与实际的生产步骤完全一致，企业应根据简化核算程序的原则，只对管理上要求分步计算成本的生产步骤设置产品成本明细账，单独计算成本；对不要求单独计算成本的步骤，则可与其他生产步骤合并计算成本。例如，在按生产步骤设立车间的企业中，一般分步计算成本也就是按车间计算成本。如果企业生产规模较大，车间内又有几个生产步骤，管理上要求分步骤计算，可在车间内再分几个步骤计算成本；反之，如果企业规模较小，管理上不要求分车间计算成本，也可将几个车间合并为一个步骤计算成本。

（二）成本计算期与会计周期一致

在大量、大批生产的企业里，生产具有连续性，无法明确分辨产品的间断期。也就是说，原材料连续不断地投入，产品也连续不断地完工，同时在生产过程中始终有一定数量的在产品存在，所以成本不能等全部产品完工后再计算，只能在每月月底进行，生产成本计算期与生产周期不一致，而与会计报告期一致。

（三）生产费用在完工产品和在产品之间分配

在大量大批、多步骤生产的企业，原材料连续投入，产品连续不断地向下移动，产品往往存在跨月陆续完工的情况，各生产步骤月末一般都存在未完工的在产品，因此要将各步骤汇集的生产费用采用适当的方法在产成品（或自制半成品）和在产品之间进行分配。

综上所述，分步法与品种法、分批法相比，成本计算主体与成本计算空间范围均不相同。其生产费用的汇集和分配，只有按步骤（车间）和步骤产品（半成品或产成品）进行，才能正确计算产品成本。

三、分步法的种类

当采用分步法时，由于各企业生产的具体情况不同，有些企业要求按步骤归集生产费用，计算各步骤完工半成品成本；有些企业只要求按步骤归集生产费用，不要求计算各步骤完工半成品成本。

出于简化核算工作的考虑，分步法在结转各个步骤的成本时，又有逐步结转和平行结转两种做法，或称为分步法的两种不同形式。逐步结转分步法，也称为计算半成品成本的分步法或顺序结转分步法，它在管理上要求提供半成品成本资料的情况下采用；平行结转分步法，也称为不计算半成品成本的分步法，它在管理上不要求提供半成品成本资料的情况下采用。

四、分步法成本核算的一般程序

运用分步法计算产品成本，可按以下四个步骤进行：

1.按照各生产步骤，为每种产品（半成品或产成品）设立成本明细账，据以汇集该步骤产品发生的各项费用。

2.汇集生产费用于产品成本明细账。每月按生产步骤及产品汇集和分配生产费用，编制各种费用汇总分配表，登记成本明细账。

3.计算各步骤完工产品成本（或计入产成品成本份额）和在产品成本。月末，将各生产步骤中各成本明细账上汇集的全部生产费用，在各完工产品和在产品之间进行分配，计算出各步骤的完工产品成本和在产品成本。

4.结转各步骤半成品成本（或计入产成品成本份额），计算产成品总成本和单位成本。月末，应采用适当的方法，按产品品种结转各步骤成本，计算出每种产成品的总成本和单位成本。

▸▸▸▸▸▸▸ 第二节　逐步结转分步法

一、逐步结转分步法的概念及适用范围

逐步结转分步法又称顺序结转分步法、计算半成品成本分步法，它是按照产品的加工步骤的先后顺序，逐步计算并结转半成品成本，前一步骤的半成品成本，随着半成品实物的转移而结转到后一步骤的产品成本中，直到最后步骤累计出产成品成本的一种成本计算方法。它的成本结转特点是各步骤的半成品成本要随着半成品实物转移而进行结转，以便逐步计算出各步骤的半成品成本和最后一个步骤的产成品成本。

逐步结转分步法主要适用于半成品具有独立经济意义、半成品外销、管理上要求提供半成品成本资料的连续式、多步骤、大量、大批生产的企业。在这种类型的企业中，生产的半成品既可转给下一步骤继续加工，耗用在不同产品上，又可以作为商品产品对外销售，如钢铁厂的生铁、纺织厂的棉纱就是这样。因此，这些企业在计算成本时，除了要计算各种产成品的成本，还必须计算各生产步骤的半成品成本，以便计算外销半成品的成本和以后生产步骤的产品成本。

二、逐步结转分步法的核算程序

逐步结转分步法是按照产品的加工顺序，先计算第一步骤的完工半成品成本，并随着半成品实物的转移，将其成本转入下一步骤的成本明细账，然后加上第二步骤发生的费用，计算出第二步骤完工半成品成本，再将其转入下一步骤，直至最后步骤，依次计算半成品成本和最后步骤的完工产品成本。该方法计算程序如下。

（一）设置产品成本明细账

在大量、大批连续式生产的企业中，生产一般是按照步骤（或车间）来划分的，其产品成本明细账可按照生产步骤来设置，据以汇集各步骤产品发生的各项生产费用。

若企业只生产一种产品，即按生产步骤为该产品设置产品成本明细账；若生产几种产品，则要按生产步骤为各种产品设置产品成本明细账。如果在一个步骤内又包括几个小的加工步骤，则在按产品品种设置的成本明细账中，还要按小的加工步骤设置专栏，以便分别归集生产费用，控制和正确计算成本。

（二）归集生产费用

在逐步结转分步法下，生产费用的归集是按产品和生产步骤进行的，根据各种费用登记表，按成本项目登记生产费用。当费用发生时，如果一个步骤只生产一种产品，那么这个步骤所发生的费用都可以直接记入该产品的成本明细账。如果一个步骤生产多种产品，凡可以区分的也应直接记入各产品的成本明细账，若是几种产品共同耗用的，那么需按照适当的分配方法进行分配后记入各产品的成本明细账。

在逐步结转分步法下，因各步骤半成品成本是随着实物的转移而结转的，所以在成本明细账中，应设置自制半成品成本项目，以反映领用上一步骤半成品的成本。

（三）计算在产品成本

月末将各生产步骤中各种产品成本明细账归集的全部生产费用采用适当的分配方法在完工的半成品（最后步骤是产成品）和在产品之间进行分配。

（四）结转各步骤半成品成本

对各步骤在产品成本进行计算后，将全部生产费用扣除在产品成本，得出半成品成本。随着半成品实物转移到下一步骤继续加工（或交自制半成品仓库），半成品成本也转移到下一步骤（或半成品仓库），直到在最后一个步骤计算出产成品总成本和单位成本。

如果半成品完工后，为下一步骤直接领用，则其成本应从本步骤成本明细账中转出，转入下一步骤的成本明细账；如果半成品完工后没有被直接领用，而是通过自制半成品仓库储存，半成品成本从各步骤的产品成本明细账中转出，并编制结转分录，从“生产成本”账户转入“自制半成品”账户，下一步骤从自制半成品仓库领用时，再从“自制半成品”账户转入“生产成本”账户。自制半成品仓库同材料仓库一样，设立自制半成品明细账登记自制半成品的收入、发出、结存情况。

逐步结转分步法核算顺序见图 10-1。

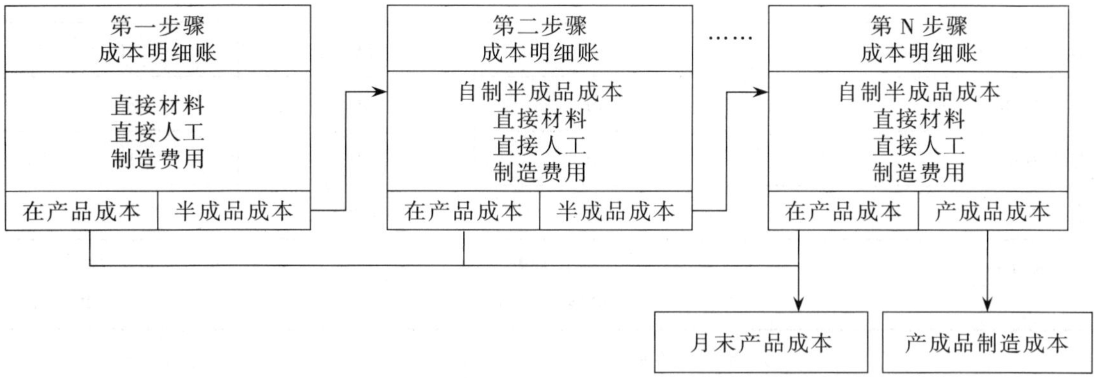

图 10-1　逐步结转分步法核算顺序

三、综合结转法

采用逐步结转分步法时，对于耗用自制半成品的成本，按在下一步骤成本明细账中反映方法的不同，可分为综合结转法和分项结转法。

综合结转法是将各步骤耗用的半成品成本，以“直接材料”或“自制半成品”项目综合列入成本明细账。用这种结转方式结转比较简便，可以提供各步骤所耗半成品的综合指标，但不能提供按原始成本项目反映的核算资料。

综合结转法可以按照半成品的实际成本结转，也可以按照半成品的计划成本或定额成本结转。因此，综合结转法又分为实际成本综合结转法和计划成本综合结转法。

（一）半成品按实际成本综合结转举例

半成品按实际成本综合结转，各步骤所耗用上一步骤的半成品成本，应根据所耗用半成品的实际数量乘以半成品的实际单位成本计算。如果领用的半成品是由自制半成品仓库发出的，由于自制半成品明细账中各月所产半成品的实际单位成本不同，因而所耗半成品的实际成本的计算需要采用先进先出法、全月一次加权平均法、移动加权平均法或个别计价法等计价方法，来确定下一步骤所领用的半成品成本。

例 10-1

某企业甲产品生产分三个步骤，分别由三个车间来完成。第一步骤生产A半成品，完工后交由第二车间生产B半成品，第三车间将B半成品加工生产成甲产成品。各车间完工半成品直接交下一个车间加工，不经过半成品库收发。各步骤成本明细账上的本期发生费用，是根据各种生产费用分配表登记。原材料一次性投入，在产品成本按约当产量法计算。该企业202×年5月份的有关资料见表10-1、表10-2。

表 10-1　　产量资料

202×年 5 月　　单位：件

项目	一车间	二车间	三车间
月初在产品	10	20	
本月投产或上一车间转入	100	80	90
本月完工	80	90	80
月末在产品	30	10	10
在产品完工程度	50%	40%	80%

表 10-2　　成本资料

202×年 5 月　　单位：元

成本项目	月初在产品成本			本月发生费用		
	一车间	二车间	三车间	一车间	二车间	三车间
直接材料	63			850		
自制半成品		150				
直接人工	10	24		160	200	170
制造费用	25	60		540	300	254
合计	98	234		1 550	500	424

注：第二、三车间本月消耗的自制半成品，需待上一步骤计算出半成品成本后才可得知，故在此不提供相关数据，但不表明其不消耗自制半成品。

本月成本计算如下：

（1）根据以上资料编制“一车间A半成品成本计算单”，见表10-3。

表 10-3　　**一车间 A 半成品成本计算单**　　金额单位：元

202×年 5 月　　产量单位：件

项目	直接材料	直接工资	制造费用	合计
1.月初在产品成本	63	10	25	98
2.本月发生费用	850	160	540	1 550
3.合计	913	170	565	1 648
4.完工产品产量	80	80	80	
5.在产品约当产量	30	30×50%=15	30×50%=15	
6.产量合计（4+5）	110	95	95	
7.单位成本（3÷6）	8.30	1.7895	5.9474	16.0369
8.转出 A 半成品成本（4×7）	664	143.16	475.79	1 282.95
9.在产品成本（3-8）	249	26.84	89.21	365.05

随着半成品实物的转移，成本结转到下一步骤，可编制如下会计分录：

借：生产成本——基本生产成本（第二步骤）　　1 282.95

　贷：生产成本——基本生产成本（第一步骤）　　1 282.95

如果半成品没有直接转移到下一个步骤，而是转入半成品库，则应编制如下会计分录：

借：自制半成品——A 半成品　　1 282.95

　贷：生产成本——基本生产成本（第一步骤）　　1 282.95

后续相关分录借鉴以上处理，不再赘述。

（2）根据表 10-1、表 10-2 和表 10-3 中的转出半成品 1 282.95 元，编制“二车间 B 半成品成本计算单”，见表 10-4。

表 10-4　　**二车间 B 半成品成本计算单**

202×年 5 月　　金额单位：元

项　目	自制半成品 A	直接工资	制造费用	合计
1.月初在产品成本	150	24	60	234
2.本月发生费用	1 282.95	200	300	1 782.95
3.合计	1 432.95	224	360	2 016.95
4.完工产品产量（件）	90	90	90	
5.在产品约当产量（件）	10	10×40%=4	10×40%=4	
6.产量合计（4+5）	100	94	94	
7.单位成本（3÷6）	14.3295	2.3830	3.8298	20.5423
8.转出 B 半成品成本（4×7）	1 289.66	214.47	344.68	1 848.81
9.在产品成本（3-8）	143.29	9.53	15.32	168.14

（3）编制“三车间甲产品成本计算单”，见表10-5，编制方法和数据来源同表10-4。

表10-5 三车间甲产品成本计算单

202×年5月 金额单位：元

项目	自制半成品B	直接工资	制造费用	合计
1.月初在产品成本				
2.本月发生费用	1 848.81	170	254	2 272.81
3.合计	1 848.81	170	254	2 272.81
4.完工产品产量（件）	80	80	80	
5.在产品约当产量（件）	10	10×80%=8	10×80%=8	
6.产量合计（4+5）	90	88	88	
7.单位成本（3÷6）	20.5423	1.9318	2.8864	25.3605
8.转出完工产品成本（4×7）	1 643.39	154.54	230.91	2 028.84
9.在产品成本（3-8）	205.42	15.46	23.09	243.97

编制完工入库会计分录如下：

借：产成品——甲产品 2 028.84

　贷：生产成本——基本生产成本（第三步骤） 2 028.84

（二）成本还原

采用综合结转法，成本计算的步骤越多，最后一个步骤成本计算单上“半成品”项目的成本在产成品成本中占的比重越大，不能据以了解产品成本的结构（即各成本项目的成本占全部成本的比重）情况。所以，当管理上要求提供按原始成本项目反映的成本资料时，尚需逐步进行成本还原工作。成本还原，就是将产成品成本中以综合项目反映的自制半成品成本，逐步分解为以原始的成本项目表现的成本。这时，就要从最后一个步骤起进行成本还原，直至还原到第一个步骤。

成本还原的方法有两种：

（1）按半成品各成本项目占全部成本的比重还原。其计算程序如下：

①计算各步骤完工半成品各成本项目的比重（成本结构）。

$$半成品成本中某成本项目比重=\frac{完工半成品成本中该成本项目的金额}{半成品成本}$$

或：
$$半成品成本中某成本项目比重=\frac{完工半成品单位成本中该成本项目的金额}{完工半成品单位成本}$$

②将产成品成本中的半成品综合成本逐步进行分解，直到半成品成本还原为原始成本项目为止。

$$\begin{matrix}本步骤半成品成本还原为\\上步骤某成本项目的数额\end{matrix}=\begin{matrix}本步骤产品成本中的\\“自制半成品”成本项目数额\end{matrix}\times\begin{matrix}上步骤半成品成本\\中该成本项目比重\end{matrix}$$

③计算还原后按原始成本项目反映的成本。还原后的成本按还原前产成品成本和还原后各个原始成本项目累计相加。

例 10-2

以【例 10-1】成本计算结果的资料为基础，逐步进行成本还原，结果见表 10-6。

表 10-6 **成本还原计算表**

202×年 5 月　　　　金额单位：元

行次	项目	B半成品	A半成品	直接材料	直接人工	制造费用	成本合计
1	还原前甲产品成本	1 643.39			154.54	230.91	2 028.84
2	本月所产B半成品成本		1 289.66		214.47	344.68	1 848.81
3	B半成品成本结构（%）		69.76①		11.60②	18.64③	100
4	第一次成本还原		1 146.43④		190.63⑤	306.33⑥	1 643.39
5	本月所产A半成品成本			664	143.16	475.79	1 282.95
6	A半成品成本结构（%）			51.76	11.16	37.08	100
7	第二次成本还原			593.39⑦	127.94	425.10	1 146.43
8	还原后甲产成品总成本			593.39	473.11	962.34	2 028.84
9	还原后甲产成品单位成本			7.42	5.91	12.03	25.36

其中：①1 289.66÷1 848.81=69.76%

②214.47÷1 848.81=11.60%

③100%−69.76%−11.60%=18.64%

④1 643.39×69.76%=1 146.43

⑤1 643.39×11.60%=190.63

⑥1 643.39−1 146.43−190.63=306.33

⑦1 146.43×51.76%=593.39

第二次成本还原方法与第一次相同，不再注明计算过程。还原后甲产成品总成本等于第 1、4、7 行对应的原始成本项目相加。

（2）按各步骤所耗用半成品的总成本占上一步骤完工半成品总成本的比重还原。其计算程序如下：

①确定成本还原分配率，是指产成品成本中半成品成本占上一步骤所产该种半成品总成本的比重，计算公式如下：

$$\text{某步骤成本还原分配率}=\frac{\text{本步骤产品耗用上步骤半成品成本}}{\text{上步骤半成品成本}}$$

②计算半成品成本还原结果，计算公式如下：

$$\text{某步骤半成品成本还原为上步骤某成本项目的金额}=\frac{\text{上一步骤半成品中}}{\text{该成本项目金额}}\times\text{某步骤成本还原分配率}$$

③计算还原后按原始成本项目反映的成本。还原后的成本按还原前产成品成本和还原后各个原始成本项目累计相加。

例 10-3

以【例 10-1】成本计算结果的资料为基础，按各步骤所耗用半成品的总成本占上一步骤完工半成品总成本的比重进行成本还原，还原结果见表 10-7。

表 10-7

成本还原计算表

202×年 5 月

金额单位：元

行次	项目	还原分配率	B半成品	A半成品	直接材料	直接人工	制造费用	成本合计
1	还原前甲产品成本		1 643.39			154.54	230.91	2 028.84
2	本月所产B半成品成本			1 289.66		214.47	344.68	1 848.81
3	第一次成本还原	0.8889①		1 146.38②		190.64③	306.37④	1 643.39
4	本月所产A半成品成本				664	143.16	475.79	1 282.95
5	第二次成本还原	0.8936⑤			593.35	127.93	425.10	1 146.38
6	还原后甲产成品总成本				593.35	473.11	962.38	2 028.84
7	还原后甲产成品单位成本				7.42	5.91	12.03	25.36

其中：①1 643.39÷1 848.81=0.8889

②0.8889×1 289.66=1146.38

③0.8889×214.47=190.64

④1 643.39−1 146.38−190.64=306.37

⑤1 146.38÷1 282.95=0.8936

第二次还原数据计算方法同第一次成本还原，不再赘述。还原后甲产品总成本为第一、三、五行的原始成本项目相加求得。从计算结果可以看出，无论采用何种还原方法，最终的还原结果是相同的。

（三）半成品按计划成本综合结转举例

半成品按实际成本综合结转，则各步骤产品成本的计算必须到月末上一步骤完工半成品的成本计算出来后才能进行，如果加工步骤较多，则月末计算工作量亦大，且影响成本信息的及时提供。因此可采用按计划成本综合结转的方法，半成品按计划成本综合结转，半成品日常收发均按计划成本计价。在半成品实际成本计算出来以后，再计算半成品的成本差异率和差异额，调整所耗用半成品的计划成本。

半成品按计划成本结转时，自制半成品明细账不仅要反映半成品收发和结存的数量和实际成本，而且要反映半成品收发和结存的计划成本、成本差异额和成本差异率。在产品成本明细账中，对于所耗半成品的成本，可以按照调整成本差异后的实际成本登记，也可以按照计划成本和成本差异分别登记。若分别登记，则在产品成本明细账的“自制半成品”项目下，要分设“计划成本”“成本差异”“实际成本”三栏，便于分析上一步骤半成品成本差异对本步骤成本的影响。其计算公式如下：

$$半成品成本差异率=\frac{月初结存半成品成本差异+本月增加半成品成本差异}{月初结存半成品计划成本+本月增加半成品计划成本}\times 100\%$$

自制半成品分配给某产品的成本差异 = 某产品耗用该自制半成品的计划成本 × 该自制半成品的成本差异率

现举例说明耗用的半成品按计划成本计价时的核算方法。

例 10-4

资料见表 10-8。

表 10-8　　自制半成品明细账

产品名称：A 半成品　　金额单位：元

月份	月初余额		本月增加		合计			本月减少	
	数量（只）	实际成本	数量（只）	实际成本	数量（只）	实际成本	单位成本	数量（只）	实际成本
10	300	60 500	1 500	304 500	1 800	365 000	202.78	1 400	283 892
11	400	81 108							

若半成品按计划成本结转则自制半成品明细账应按表 10-9 编制。

表 10-9　　自制半成品明细账

产品名称：A 半成品　　计划单位成本：200 元/只　　金额单位：元

月份	月初（月末）余额			本月收入				本月发出		
	数量	计划成本	成本差异	数量	计划成本	成本差异	成本差异率	数量	计划成本	成本差异
10	300	60 000	500	1 500	300 000	4 500	1.39%	1 400	280 000	3 892
11	400	80 000	1 108							

成本差异率 =（500+4 500）÷（60 000+300 000）×100%=1.39%

本月减少半成品成本差异 = 本月减少半成品计划成本 × 半成品差异率

=280 000×1.39%=3 892（元）

本月减少半成品实际成本 = 本月减少半成品计划成本 + 本月减少半成品差异

=280 000+3 892=283 892（元）

半成品按计划成本综合结转，具有如下优点：

第一，可以简化和加速半成品和产成品的计算工作。如果半成品种类较多，半成品成本可以按类计算差异率，调整所耗半成品成本差异，节省按品种计算半成品实际成本的大量工作；如果月初半成品存量较大，本月所耗的半成品大部分甚至全部是以前月份生产的，本月所耗半成品成本差异也可根据月初的成本差异率调整计算，这样，各步骤的成本计算工作就可以同时进行，从而加速成本的计算工作。

第二，便于进行成本的分析和考核工作。按计划成本结转半成品成本，在各步骤成本明细账中，可以分别反映所耗半成品的计划成本、成本差异，因而在分析各步骤产品成本时，剔除了上一步骤半成品成本变动对本步骤成本的影响，便于进行成本的分析和考核。如果各步骤所耗半成品的成本差异，不是调整计入各步骤成本，而是直接调整计入最后步骤的产成品成本，不仅可以进一步简化和加速各步骤的成本计算工作，而且由于各步骤产品成本中不包括上一步骤半成品成本变动的影响，因此更便于分析各步骤的经济责任，加强成本的分析和考核工作。

四、分项结转分步法

分项结转法是将各步骤所耗半成品成本，按照实际发生的成本项目分项转入各步骤产品成本明细账的各个相应的成本项目中。如果半成品通过半成品仓库收发，那么自制半成品明细账也要按照成本项目分别登记半成品成本。

采用这种结转方法，可以提供按原始成本项目反映的产品成本资料，因而不需要进行成本还原。但分项结转半成品成本的记账工作比较复杂，尤其是半成品通过半成品库收发时，由于半成品明细账也要按照成本项目分别登记半成品成本，领用时按实际成本结转还需要分成本项目求加权平均单位成本或先进先出单位成本，则结转手续更为复杂。

在分项结转法下，可以按半成品的实际单位成本结转，也可以按照半成品的计划单位成本结转，然后按照成本项目分项调整成本差异。后一种方法的计算工作量较大，因此在实际工作中一般采用按实际成本分项结转的方法。

例 10-5

某工厂生产乙产品，分三个车间连续加工。原材料一次性投入，逐步加工，为了简化成本核算工作，采用半成品按实际成本分项结转法计算产品成本。202×年5月份的生产记录和有关资料如下：

（1）5月份的生产记录见表10-10。

表 10-10　　生产记录

202×年 5 月　　数量单位：件

项目		第一车间	第二车间	第三车间
月初在产品数量		10		
本月投入或由上一车间转来数量		90	80	70
本月完成或转入下一车间数量		80	70	60
月末在产品数量		20	10	10
月末在产品施工程度		50%	40%	80%
约当产量计算	原材料约当产量	80+20=100	70+10=80	60+10=70
	工、费约当产量	80+20×50%=90	70+10×40%=74	60+10×80%=68

（2）月初在产品成本见表10-11。

表 10-11　　5 月初在产品成本

车间名称：第一车间　　单位：元

成本项目	原材料	人工	制造费用	合计
费用额	10 000	1 500	1 000	12 500

（3）本月发生的生产费用见表10-12。

表 10-12

生产费用汇总表

202×年 5 月

单位：元

项目	第一车间	第二车间	第三车间
原材料	90 000	—	—
直接人工	21 000	24 500	24 000
制造费用	17 000	18 750	18 000
合计	128 000	43 250	42 000

（4）产品成本计算见表 10-13 至表 10-15。

表 10-13

第一车间产品成本明细账

202×年 5 月

金额单位：元

成本项目	产量（件）	原材料	直接人工	制造费用	合计
月初在产品成本	10	10 000	1 500	1 000	12 500
本月发生成本	90	90 000	21 000	17 000	128 000
成本合计		100 000	22 500	18 000	140 500
单位成本		1 000	250	200	1 450
结转下步骤半成品成本	80	80 000	20 000	16 000	116 000
月末在产品成本	料 20、工费 10	20 000	2 500	2 000	24 500

表 10-14

第二车间产品成本明细账

202×年 5 月

金额单位：元

成本项目	约当产量（件）	原材料	直接人工	制造费用	合计
月初在产品成本					
本月发生成本	74①		24 500	18 750	43 250
成本合计			24 500	18 750	43 250
单位成本			331.08	253.38	584.46
上步骤转来半成品成本	80	80 000	20 000	16 000	116 000
单位成本		1 000	250	200	1 450
结转下步骤半成品成本②	70	70 000	40 675.60	31 736.60	142 412.20
其中：上步骤转来半成品成本		70 000	17 500	14 000	101 500
本步骤发生成本			23 175.60	17 736.6	40 912.20
月末在产品成本③		10 000	3 824.40	3 013.40	16 837.80
其中：上步骤转来半成品成本	10	10 000	2 500	2 000	14 500
本步骤发生成本	4		1 324.40	1 013.40	2 337.80

其中：① 74 为本步骤工、费的约当产量。

②结转下步骤半成品各成本项目的计算程序和方法如下：

上步骤转来半成品成本：

直接材料=70×1 000=70 000（元）

直接人工=70×250=17 500（元）

制造费用=70×200=14 000（元）

本步骤发生成本：由于本步骤没有投入原材料，所以本步骤没有发生材料费用。

直接人工=70×331.08=23 175.60（元）

制造费用=70×253.38=17 736.60（元）

结转下步骤半成品成本为上步骤转来半成品成本与本步骤发生成本的对应成本项目之和：

直接材料=70 000 元

直接人工=17 500+23 175.60=40 675.60（元）

制造费用=14 000+17 736.60=31 736.60（元）

③月末在产品各成本项目的计算程序和方法如下：

上步骤转来半成品成本：

直接材料=10×1 000=10 000（元）

直接人工=10×250=2 500（元）

制造费用=10×200=2 000（元）

本步骤发生成本：

直接人工=24 500−23 175.60=1 324.40（元）

制造费用=18 750−17 736.60=1 013.40（元）

月末在产品成本为上步骤转来半成品成本与本步骤发生成本的对应成本项目之和：

直接材料=10 000 元

直接人工=2 500+1 324.40=3 824.40（元）

制造费用=2 000+1 013.40=3 013.40（元）

表 10-15

第三车间产品成本明细账

202×年 5 月

金额单位：元

成本项目	约当产量（件）	原材料	人工	制造费用	合计
月初在产品成本					
本月发生成本	68①		24 000	18 000	42 000
成本合计			24 000	18 000	42 000
单位成本			352.94	264.71	617.65
上步骤转来半成品成本	70	70 000	40 675.60	31 736.60	142 412.20
单位成本		1 000	581.08	453.38	2 034.46
结转产成品成本②	60	60 000	56 041.2	43 085.40	159 126.60
其中：上步骤转来半成品成本		60 000	34 864.80	27 202.80	122 067.60

成本项目	约当产量（件）	原材料	人工	制造费用	合计
本步骤发生成本			21 176.40	15 882.60	37 059
月末在产品成本③	10	10 000	8 634.40	6 651.20	25 285.60
其中：上步骤转来半成品成本	10	10 000	5 810.80	4 533.80	20 344.60
本步骤发生成本	8		2 823.60	2 117.40	4 941

表中计算方法与表 10-14 相同，不再详解，部分数据计算如下：

① 68 为本步骤工、费的约当产量。

②结转产成品成本中各成本项目计算程序及方法：

上步骤转来半成品成本：

直接人工=60×581.08=34 864.80（元）

制造费用=60×453.38=27 202.80（元）

本步骤发生成本：

直接人工=60×352.94=21 176.40（元）

制造费用=60×264.71=15 882.60（元）

③月末在产品成本各成本项目计算程序及方法：

上步骤转来半成品成本：

直接人工=10×581.08=5 810.80（元）

制造费用=10×453.38=4 533.80（元）

本步骤发生成本：

直接人工=24 000−21 176.40=2 823.60（元）

制造费用=18 000−15 882.60=2 117.40（元）

例 10-6

某股份有限公司 A 产品的产量记录及有关成本资料如下。假定原材料在生产开始时一次投入，各步骤在产品的完工程度均为 50%，生产费用在完工产品和在产品之间的分配采用约当产量法。有关生产资料如图 10-2 所示。

第一步骤产量记录

项目	数量（件）
月初在产品	40
本月投产	160
本月完工（甲半成品）	120
月末在产品	80

第二步骤产量记录

项目	数量（件）
月初在产品	20
本月投产	120
本月完工（乙半成品）	110
月末在产品	30

第三步骤产量记录

项目	数量（件）
月初在产品	10
本月投产	110
本月完工（A 产成品）	100
月末在产品	20

图 10-2　投产及完工情况记录

产品成本计算见表10-16至表10-18。

表10-16　　**第一步骤成本计算单**　　金额单位：元

项目	原材料	直接人工	制造费用	合计
月初在产品成本	400	250	300	950
本月发生费用	1 600	1 150	1 300	4 050
合计	2 000	1 400	1 600	5 000
约当产量（件）	200	160	160	
单位成本	10	8.75	10	28.75
转出甲半成品成本	1 200	1 050	1 200	3 450
月末在产品成本	800	350	400	1 550

表10-17　　**第二步骤成本计算单**　　金额单位：元

项目	原材料	直接人工	制造费用	合计
月初在产品成本	575	150	200	925
本月发生费用		1 600	1 675	3 275
上一步骤转入半成品成本	1 200	1 050	1 200	3 450
合计	1 775	1 750/1 050	1 875/1 200	7 650
约当产量（件）	140	125/140	125/140	
单位成本	12.68	14/7.5	15/8.57	57.75
转出乙半成品成本	1 394.8	2 365	2 592.7	6 352.5
月末在产品成本	380.2	435	482.3	1 297.5

表10-18　　**第三步骤成本计算单**　　金额单位：元

项目	原材料	直接人工	制造费用	合计
月初在产品成本	577.5	125	100	802.5
本月发生费用		2 735	1 880	4 615
上一步骤转入半成品成本	1 394.8	2 365	2 592.7	6 352.5
合计	1 972.3	2 860/2 365	1 980/2 592.7	11 770
约当产量（件）	120	110/120	110/120	
单位成本	16.44	26/19.71	18/21.6	101.75
转出A产成品成本	1 644	4 571	3 960	10 175
月末在产品成本	328.3	654	612.7	1 595

从上例的计算可以看出，在分项结转法下，当自制半成品转移至下一步骤时，其实际发生的成本也要按成本项目分项转入下一步骤的生产成本明细账；但在对完工产品和期末在产品之间的费用进行分配时，应将上一步骤转来的半成品成本和本步骤发生的加工费用分别计算（因为上步骤转来的半成品和本步骤对半成品继续加工的施工程度有所不同），否则计算出来的完工产品和期末在产品的成本与实际发生情况不符。

五、逐步结转分步法的优缺点

（一）逐步结转法的优点

第一，在逐步结转法中，不论是综合结转还是分项结转，半成品成本都是随着半成品实物的转移而结转，在各生产步骤成本明细账中的生产成本余额，表示留存在各个生产步骤的在产品成本，因而为在产品的实物管理和在产品资金的管理提供可靠的资料。

第二，逐步结转法的成本计算对象是最终产品及其各步骤的半成品，这为正确计算半成品的销售成本提供了资料，同时为分析和考核产成品成本计划和各生产步骤半成品成本计划的执行情况提供了资料。

第三，采用综合结转分步法，由于各生产步骤产品成本中包括所耗上一步骤半成品成本，各步骤完工产品成本清晰地反映了所耗上一步骤半成品费用和本步骤加工费用，有利于加强各步骤的成本管理。采用分项结转法，可以直接提供按原始成本项目反映的产品成本，使企业能分析和考核产品成本的构成水平，而不必进行成本还原。

（二）逐步结转法的缺点

第一，由于逐步结转法各生产步骤的半成品要按顺序结转，所以核算工作较复杂，提供核算资料的及时性也较差。

第二，在综合结转时，产成品成本需要进行成本还原，在分项结转时，核算的工作量较大。如果半成品按计划成本结转，还要计算和调整半成品成本差异；如果半成品按实际成本结转，需要分别核算上步骤成本和本步骤成本，计算的工作量较大。

总之，在成本计算工作中，提供按原始成本项目反映的成本资料，主要是为了掌握产品成本结构的情况，对于企业成本管理，特别是车间成本管理的意义不大。因为车间成本分析所注意的是发生的费用以及耗用自制半成品成本的多少，而不是所耗用的半成品成本与发生成本按成本项目分别合并的成本资料，因此，凡不需提供按原始成本项目反映产品成本资料的企业，均以采用综合结转法为宜，这样既可以简化核算工作，又便于企业和车间的成本管理。

▸▸▸▸▸▸ 第三节　平行结转分步法

一、平行结转分步法的概念及适用范围

平行结转分步法主要适用于大批量、多步骤、装配式生产的企业。在这种类型的企业中，半成品的种类繁多，且很少出售，仅供下一步骤继续加工，在管理上也不要求提供各步骤半成品的成本信息，只要求反映和考核各步骤的生产耗费，计算完工产品成

本。在这种情况下，如果仍然采用逐步结转分步法计算成本，其工作量很大，且没必要。因此，为了简化成本的计算，各步骤可以不计算半成品成本，只计算本步骤各种产品发生的费用及应由产成品负担的份额。这样进行的分步骤成本的计算，就是平行结转分步法。

平行结转分步法的特点是不计算各步骤所生产的半成品成本，也不计算各步骤所耗上一步骤半成品成本，只计算本步骤发生的费用及应由产成品负担的份额。月末，各步骤要从成本计算单上转销应由本月产成品负担的份额，将相同产品各步骤成本明细账中的这些份额平行结转汇总，即可计算出产品的成本。所以，平行结转分步法也称不计算半成品成本分步法或非积累分步法，其成本计算对象是各种产成品。

采用平行结转分步法时，每月月末，为了计算各步骤生产费用应由产成品负担的份额，需要对各步骤成本计算单上的生产费用选择适当的方法计算，如约当产量法、定额比例法、定额成本法等，在产成品和广义在产品之间进行分配。正因为采用平行结转分步法时，各步骤的费用不随着半成品实物的转移而结转，所以在计算分配各步骤发生的费用时，凡各步骤已结转出但尚未制成产成品的半成品，其费用都列入各步骤的产品成本明细账。也就是说，在产品成本是按发生地予以反映，各步骤生产成本明细账所反映的月末在产品成本包括两方面的内容：一是正在本步骤加工的在产品在本步骤发生的费用；二是已经在本步骤加工完成，转移到以后各步骤进一步加工，但尚未最后加工完而成为产成品的那些半成品在本步骤发生的费用。因此，各步骤的在产品成本不是按在产品所在的生产步骤反映，与在产品的实际存在是不一致的。

二、平行结转分步法的核算程序

（一）设置产品成本明细账和归集生产费用

在平行结转分步法下，产品成本明细账的设置和生产费用的归集与逐步结转法相同。

（二）计算半成品单位成本

月终时，各生产步骤产品成本明细账所归集的费用，就是各步骤产品加工费用的总额。根据各步骤已完工半成品（尚留存在本步骤的半成品，已送交自制半成品库的半成品，以后各步骤的半成品和在产品以及产成品所耗用的本步骤半成品）和正在本步骤加工的在产品的约当产量，计算出本月各步骤半成品的单位成本，然后在完工产品和在产品之间进行分配。

（三）计算产成品成本

计算出各步骤半成品的单位成本后，按产成品耗用各步骤半成品的数量乘以该步骤半成品的单位成本，即可求得应计入产成品成本的份额，将各步骤计入产成品成本的份额进行平行汇总后，就是产成品的总成本。

（四）计算月末在产品成本

在各步骤产品成本明细账上，加工费用总额扣除应计入产成品成本的份额后的余额即为该步骤的月末在产品成本。这个余额既包括本步骤月末在产品应负担的加工费用，又包括尚未最终制成产成品的那些半成品应负担的加工费用，即广义在产品的成本。

平行结转分步法的成本计算程序如图10-3所示。

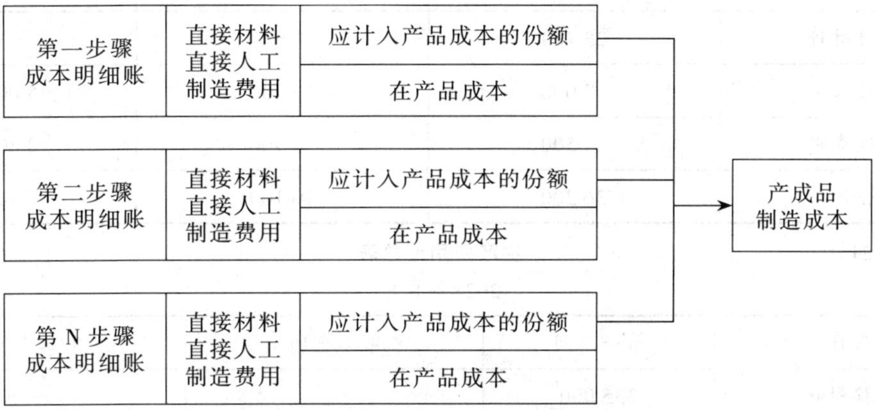

图10-3　平行结转分步法成本计算程序

从图10-3可以看出，在平行结转分步法下，不计算也不结转各步骤所生产的半成品成本。因此，无论半成品在各生产步骤之间直接转移，还是通过半成品仓库收发，都不通过"自制半成品"科目核算，只在产成品入库时，才将各步骤成本中应计入产成品成本的份额，从各步骤产品成本明细账中转出，借记"库存商品"科目，贷记"生产成本——基本生产成本"科目。

三、平行结转分步法举例

例10-7

某企业经过三个制造车间生产丙产品。原材料在第一车间一次投入，在生产过程中第二车间单位B产品（半成品、在产品）耗用第一车间A半成品2件，第三车间单位丙产品（在产品、产成品）耗用第二车间B半成品2件。该企业采用平行结转分步法计算产品成本，月末在产品成本按约当产量法计算，在产品完工程度均为50%。

该企业202×年8月份有关产量及成本费用的资料，见表10-19至表10-21。表中月初在产品成本根据上月成本计算单资料取得，本月发生费用根据本月各项费用分配表取得。

表10-19　**产量记录表**

202×年8月　单位：件

摘要	第一车间	第二车间	第三车间
月初在产品	20	100	60
本月投入或上步骤转入	560	250	150
本月完工	500	300	180
月末在产品	80	50	30

表 10-20　　　　　　　　**8 月初在产品成本**　　　　　　　　单位：元

项目	第一车间	第二车间	第三车间
直接材料	23 700	—	—
直接人工	7 000	3 200	5 000
制造费用	5 500	6 900	2 400
合计	36 200	10 100	7 400

表 10-21　　　　　　　　**生产费用汇总表**

202×年 8 月　　　　　　　　单位：元

项目	第一车间	第二车间	第三车间
直接材料	335 000	—	—
直接人工	9 800	16 000	15 000
制造费用	7 800	35 000	8 000
合计	352 600	51 000	23 000

根据上述资料，计算丙产品成本，其过程如下：

1.计算各步骤约当产量，见表 10-22。

表 10-22　　　　　　　　**约当产量计算表**　　　　　　　　单位：件

约当产量	第一车间	第二车间	第三车间
直接材料约当产量	180×4+30×4+50×2+80=1020		
工、费约当产量	180×4+30×4+50×2+80×50%=980	180×2+30×2+50×50%=445	180+30×50%=195

2.计算第一车间应计入产成品成本的份额，见表 10-23。

表 10-23　　　　　　　　**第一车间产品成本明细账**

产品名称：丙产品

完工产品数量：180 件　　　　　　202×年 8 月　　　　　　金额单位：元

摘要	直接材料	人工	制造费用	合计
月初在产品成本	23 700	7 000	5 500	36 200
本月发生费用	335 000	9 800	7 800	352 600
费用合计	358 700	16 800	13 300	388 800
单位成本	315.67	17.14	13.57	346.38
计入产成品成本份额	227 282.40	12 340.80	9 770.40	249 393.60
月末在产品成本	131 417.60	4 459.20	3 529.60	139 406.40

直接材料单位成本=358 700÷1 020=315.67（元/件）

人工单位成本=16 800÷980=17.14（元/件）

制造费用单位成本=13 300÷980=13.57（元/件）

直接材料计入产成品成本份额=180×4×315.67=227 282.4（元）

人工计入产成品成本份额=180×4×17.14=12 340.80（元）

制造费用计入产成品成本份额=180×4×13.57=9 770.40（元）

3.计算第二车间应计入产成品成本的份额，见表10-24。

表10-24　　**第二车间产品成本明细账**

产品名称：丙产品

完工产品数量：180件　　202×年8月　　金额单位：元

摘要	直接材料	人工	制造费用	合计
月初在产品成本		3 200	6 900	10 100
本月发生费用		16 000	35 000	51 000
费用合计		19 200	41 900	61 100
单位成本		43.15	94.16	137.31
计入产成品成本份额		15 534	33 897.60	49 431.60
月末在产品成本		3 666	8 002.40	11 668.40

人工单位成本=19 200÷445=43.15（元/件）

制造费用单位成本=41 900÷445=94.16（元/件）

人工计入产成品成本份额=180×2×43.15=15 534（元）

制造费用计入产成品成本份额=180×2×94.16=33 897.60（元）

4.计算第三车间应计入产成品成本的份额，见表10-25。

表10-25　　**第三车间产品成本明细账**

产品名称：丙产品

完工产品数量：180件　　202×年8月　　金额单位：元

摘要	直接材料	人工	制造费用	合计
月初在产品成本		5 000	2 400	7 400
本月发生费用		15 000	8 000	23 000
费用合计		20 000	10 400	30 400
单位成本		102.56	53.33	155.89
计入产成品成本份额		18 460.80	9 599.40	28 060.20
月末在产品成本		1 539.20	800.60	2 339.80

人工单位成本=20 000÷195=102.56（元/件）

制造费用单位成本=10 400÷195=53.33（元/件）

人工计入产成品成本份额=180×102.56=18 460.80（元）

制造费用计入产成品成本份额=180×53.33=9 599.40（元）

5.汇总产品成本，见表10-26。

表 10-26　　　　　　　　　　　　　　**产品生产成本汇总表**

产品名称：丙产品

完工产品：180 件　　　　　　　　　　202×年 8 月　　　　　　　　　　　　　　单位：元

摘要	直接材料	人工	制造费用	合计
一车间份额	227 282.4	12 340.80	9 770.40	249 393.60
二车间份额		15 534	33 897.60	49 431.60
三车间份额		18 460.80	9 599.40	28 060.20
产品总成本	227 282.4	46 335.60	53 267.40	326 885.40
产品单位成本	1 262.68	257.42	295.93	1 816.03

编制产品入库的会计分录如下：

借：库存商品——丙产品　　　　　　　　　　　　　　　326 885.40

　贷：生产成本——基本生产成本（第一步骤）　　　　　　　　　　　249 393.60

　　　　　　——基本生产成本（第二步骤）　　　　　　　　　　　49 431.60

　　　　　　——基本生产成本（第三步骤）　　　　　　　　　　　28 060.20

四、平行结转分步法的优缺点

（一）平行结转分步法的优点

第一，在平行结转分步法下，各步骤可以同时计算成本，平行汇总计入产成品成本，不必顺序结转半成品成本，因而能加速成本核算工作。

第二，能够直接提供按原始成本项目反映的成本资料，不必进行成本还原，因而能简化成本的计算工作。

（二）平行结转分步法的缺点

第一，平行结转分步法由于各生产步骤不计算，也不结转半成品成本，因而不能提供各生产步骤的半成品成本资料。

第二，由于在产品费用在最终生产完工以前不随实物的转移而转移，即按其发生地点归集，因而不能为各生产步骤在产品的实物管理和资金管理提供资料。

思考与练习

业务题一：［资料］某企业大量生产甲产品。生产过程分为两个步骤，分别由第一车间和第二车间进行。第一车间为第二车间提供半成品，第二车间将半成品加工成为产成品。该企业为了加强成本管理，采用分步法，按照生产步骤（车间）计算产品成本。

该企业第一车间和第二车间在202×年10月发生的生产费用（不包括所耗半成品的费用）为：

第一车间：原材料费用63 000元，人工费用30 000元，制造费用61 000元。

第二车间：人工费用37 000元，制造费用88 500元。

本月初半成品库结存半成品400件，其实际总成本为103 000元。本月第一车间完工入库半成品500件，第二车间从半成品库领用半成品700件。出库半成品单位成本按加权平均法计算。

本月完工入库产成品350件。在产品按定额成本计价。

月初在产品定额总成本：

第一车间：原材料费用19 000元，人工费用11 000元，制造费用23 000元，合计53 000元。

第二车间：半成品费用61 000元，人工费用12 000元，制造费用25 000元，合计98 000元。

月末在产品定额总成本：

第一车间：原材料费用28 000元，人工费用13 000元，制造费用26 000元，合计67 000元。

第二车间：半成品费用26 000元，人工费用5 000元，制造费用14 000元，合计45 000元。

要求：

1.根据上列资料，登记产品成本明细账和自制半成品明细账，按实际成本综合结转半成品成本，计算产成品成本。

2.编制结转半成品成本和产成品成本的会计分录。

业务题二：［资料］根据业务题一所提供的资料，第一车间生产的自制半成品的计划单位成本为300元。

要求：

1.根据上列资料，登记产品成本明细账和自制半成品明细账，按计划成本综合结转半成品成本，计算半成品和产成品的实际成本。

2.编制结转半成品成本和产成品成本的会计分录。

业务题三：［资料］长城工厂有两个生产车间，第一生产车间生产A半成品，第二生产车间将A半成品加工为B产成品。产品成本计算采用顺序结转分步法。202×年4月份有关资料如下：

（1）第一生产车间本月完工A半成品55件（其中50件交第二车间继续加工，5件交成品仓库），期末在产品20件，施工程度75%。第一车间的生产方式是逐步投料，逐步加工。

（2）第二生产车间本月完工B产品30件，期末在产品20件，施工程度50%。第二车间的生产方式是一次投料，逐步加工。

（3）两个生产车间发生的生产费用见表10-27。

表 10-27 **生产费用发生情况表** 单位：元

摘要	原材料	工资及福利费	制造费用
第一车间期初在产品成本	6 068	1 626	1 652
第一车间本期发生成本	22 450	4 310	3 640
第二车间本期发生成本		3 960	4 860

要求：

1. 计算第一生产车间A半成品的成本。

2. 分别用综合结转分步法和分项结转分步法计算第二生产车间B产成品的成本。

3. 对综合结转分步法下的自制半成品进行成本还原，计算按原始成本项目反映的成本。

业务题四：[资料] 三星工厂设有甲、乙、丙三个车间，分别执行生产过程中的三个步骤，共同完成#101产品。先由甲车间一次投料加工生产半成品，移转给乙车间再进行加工而成为乙车间的半成品，再移转给丙车间最后加工成为#101产品，故生产过程是一次投料，逐步加工。

202×年6月份三星工厂有关资料见表10-28和表10-29。

表 10-28 **生产记录表** 单位：吨

摘要	甲车间	乙车间	丙车间
月初在产品数量（吨）	10	20	
本月投入生产或上车间转来数量（吨）	190	180	160
本月完工入库或交下车间数量（吨）	180	160	150
月末在产品数量（吨）	20	40	10
月末在产品施工程度	50%	75%	60%

表 10-29 **各车间生产费用表** 单位：元

车间名称	摘要	原材料	燃料和动力	直接人工	制造费用
甲车间	月初在产品成本	2 160	280	780	460
	本月发生成本	22 040	3 080	8 040	5 000
乙车间	月初在产品成本		250	1 150	580
	本月发生成本		2 030	9 300	4 740
丙车间	月初在产品成本				
	本月发生成本		780	6 240	4 680

要求：根据上述资料，采用平行结转分步法计算#101产品的总成本和单位成本。

第十一章

产品成本计算的辅助方法

培根铸魂

立志做新时代“四有”好青年

习近平总书记在庆祝中国共产主义青年团成立100周年大会上，勉励广大青年做“有理想、敢担当、能吃苦、肯奋斗的新时代好青年”，并在党的二十大报告中再次予以强调。“有理想、敢担当、能吃苦、肯奋斗”既是对广大青年投身全面建设社会主义现代化国家、投身民族复兴历史伟业的殷切期待，也是新时代青年群体形象的集中展现。

要想成为“四有”好青年，就要坚定对中国特色社会主义的信念，自觉听从党和人民的召唤，到新时代、新天地中施展抱负、建功立业，积极走向基层、留在基层，在磨砺中挥洒青春汗水，主动接过前辈手中艰苦奋斗的接力棒，立足岗位、履职尽责，以实干书写人生，用奋斗镌刻荣光。大学生朝气蓬勃、奋发向上，人人要立志做新时代“四有”好青年。

▸▸▸▸▸▸ 第一节　产品成本计算的分类法

一、分类法的含义及适用范围

产品成本计算的分类法，是以产品类别作为成本计算对象，归集生产费用，计算各类完工产品的总成本，然后采用一定标准分配计算类内各种或各规格产品成本的一种成本计算方法。分类法是成本计算的一种辅助方法，它起到了简化产品成本计算工作的作用。

分类法主要适用于以下两类企业：

（1）产品品种、规格繁多而且可以按一定标准分类的大量、大批生产企业，如无线电元件、针织品、食品、服装生产企业。

（2）联产品、副产品和等级产品的生产企业。

二、分类法下产品的分类

分类法下首先要解决的是产品分类问题，即将产品划分为不同的类别。如果产品分类过细，必然会增加产品成本计算工作量，影响企业产品成本计算的及时性，失去了采用分类法的意义；如果产品分类过粗，归为同类的各产品可能存在不可比性，又会影响产品成本计算的相对准确性，导致成本信息失真，从而对企业资产的计价、损益的确定产生影响。所以，产品分类要恰当，基本原则是依据各种产品的性质、结构、用途等特点，把所耗原材料相同或相近、工艺过程相同或相近的产品归为一类，进行类内总成本计算。应注意的是，分类法不是一种独立的成本计算方法，必须与品种法、分批法或分步法结合使用，即某类产品的总成本实际是按照成本计算的基本方法计算出来的。

三、类内成本分配方法

采用分类法计算出每一类别产品的总成本后，还需要采用适当的分配标准和方法将各类产品总成本在类内各品种或各规格产品之间进行分配，以便最终确定各品种或各规格产品的成本。因此，分配标准的选择至关重要，既要简便、合理，又要与产品成本变动有密切关系。不同的成本项目可以采用同一分配标准，也可以采用不同的分配标准，一般的分配标准有：

（1）与产品技术特征有关的标准，如质量、性能、重量、体积、长度等。

（2）与产品的原材料消耗定额有关的标准，如定额消耗量。

（3）与产品的经济价值有关的标准，如计划成本、定额成本、售价等。

分配标准一经确定，不宜经常变动，以免影响成本的可比性。类内产品成本的计算方法主要有系数法和定额比例法。

（一）系数法

为了简化类内不同品种、规格产品成本的分配工作，将类内产品的分配标准折算成相对固定的系数，计算出标准产品产量，按标准产量分配同类产品内各种品种、规格产品的成本，这种方法就是系数分配法。

系数分配法的应用步骤是：

（1）确定标准产品。一般选择在同类产品中，产量较多、生产比较稳定或规格比较折中的产品，并把该产品的分配标准系数定为1。

（2）将分配标准折算成固定系数。除标准产品外的其他产品按照其单位产品分配标准数据与标准产品的数据之比，确定相应的系数。

（3）计算出按标准产品折算的标准产量。计算公式是：

某产品的标准产品产量=该产品的实际产量×该产品的系数

标准产品产量总数（总系数）=$\sum$某产品的标准产品产量

（4）计算各品种、规格产品成本。按产品标准产量（总系数）分配类内各品种、规格产品的成本，计算公式如下：

$$\text{某成本项目分配率}=\frac{\text{该成本项目费用总额}}{\text{标准产品产量总数}}$$

某品种分配某项目成本=该产品的标准产品产量×某成本项目分配率

值得注意的是，在分类法下用系数进行类内成本分配的可能是所有成本项目，也可能是某个成本项目；另外，不能无视具体情况而将分类法与系数法相提并论，只有在分类法下以系数为工具分配计算同类产品中各种产品的实际成本时，分类法才可以称为系数法。

（二）定额比例法

按定额比例法计算类内产品成本，是指在计算出各类产品成本后，依据类内各种产品的定额成本，按比例进行分配，从而计算出类内各品种、规格产品成本。该方法适用于定额比较健全、稳定的企业。具体计算参考第六章相关内容。

四、分类法应用举例

例11-1

某企业生产的产品品种、规格较多，按各种产品所耗用原材料的相同程度和工艺过程的相近程度，将全部产品划分为甲、乙、丙三大类。企业按类别组织成本核算，各类产品的完工产品总成本在类内各品种之间分别采用系数和定额比例分配，其中，直接材料费用按系数分配，系数按原材料定额成本确定。直接人工费用、制造费用则均按定额工时比例分配。月末在产品按定额成本计算。

1#、2#、3#三种产品的生产工艺过程相同，使用的原材料也相同，且均为生产开始时一次性投入，只是产品规格不同，划分为甲类产品进行成本核算。由于1#产品的产量较大，且稳定，将其定为标准产品。202×年5月份有关材料定额和计划单价的资料见表11-1，定额工时资料见表11-2，本月产量资料见表11-3，甲类产品费用资料见表11-4。

表 11-1　　　　　　　　　直接材料消耗定额和计划单价

产品类别	产品规格（名称）	直接材料	消耗定额（千克）	计划单价（元/千克）	费用定额（元）
甲类	1#	A	60	5	300
		B	45	8	360
		C	10	10	100
					小计：760
	2#	A	50	5	250
		B	24.5	8	196
		C	20	10	200
					小计：646
	3#	A	42	5	210
		B	21.5	8	172
		C	15	10	150
					小计：532

表 11-2　　　　　　　　　定额工时资料

产品类别	产品规格（名称）	单位产品工时定额（小时）	单位产品人工费用（5元/小时）	单位产品制造费用（3元/小时）
甲类	1#	30	150	90
	2#	25	125	75
	3#	18	90	54

表 11-3　　　　　　　　　产量资料　　　　　　　　　202×年 5 月

产品类别	产品规格（名称）	完工产品产量（件）	月末在产品	
			数量（件）	完工程度（%）
甲类	1#	450	50	20
	2#	240	40	25
	3#	300	10	30

表 11-4　　　　　　　　　甲类产品费用资料　　　　　　　　　单位：元

202×年		凭证号	摘要	直接材料	直接人工	制造费用	合计
月	日						
5	1	略	月初在产品成本	85 000	3 800	2 000	90 800
5	31		本月发生费用	632 160	136 170	72 022	840 352
5	31		合计	717 160	139 970	74 022	931 152

1. 计算直接材料费用系数。根据直接材料消耗定额和计划单价，计算确定直接材料费用系数，计算结果见表 11-5。

表 11-5　　**直接材料费用系数计算表**

产品类别	产品规格（名称）	材料费用定额（元）	系数
甲类	1#	760	1
	2#	646	0.85
	3#	532	0.7

2# 产品系数=646÷760=0.85

3# 产品系数=532÷760=0.7

2.计算5月份甲类完工产品总成本。将归集的生产费用在完工产品和月末在产品之间采用适当的方法分配，计算出完工产品的总成本。在本例中月末在产品按定额成本计算，见表11-6。

表 11-6　　**甲类产品成本明细账**

202×年 5 月　　单位：元

2014年 月	日	凭证号	摘要	直接材料	直接人工	制造费用	合计
5	1	略	月初在产品成本	85 000	3 800	2 000	90 800
5	31		本月发生费用	632 160	136 170	72 022	840 352
5	31		合计	717 160	139 970	74 022	931 152
			完工产品成本	648 000	136 950	72 210	857 160
			月末在产品成本（定额成本）	69 160	3 020	1 812	73 992

月末在产品定额材料成本=50×760+40×646+10×532=69 160（元）

月末在产品定额人工成本=50×20%×150+40×25%×125+10×30%×90=3 020（元）

月末在产品定额制造费用=50×20%×90+40×25%×75+10×30%×54=1 812（元）

3.计算类内完工产品成本，见表11-7。

表 11-7　　**甲类产品完工成本计算单**　　金额单位：元

产品规格（名称）	完工产品产量	系数	原材料标准产量	工时定额	定额工时	总成本 直接材料	直接人工	制造费用	合计	单位成本
	①	②	③=①×②	④	⑤=①×④	⑥=③×750	⑦=⑤×5.5	⑧=⑤×2.9	⑨=⑥+⑦+⑧	⑩=⑨÷①
费用分配率						750	5.5	2.9		
1#	450	1	450	30	13 500	337 500	74 250	39 150	450 900	1 002
2#	240	0.85	204	25	6 000	153 000	33 000	17 400	203 400	847.50
3#	300	0.7	210	18	5 400	157 500	29 700	15 660	202 860	676.20
合计	—	—	864	—	24 900	648 000	136 950	72 210	857 160	

直接材料分配率=648 000÷864=750

直接人工分配率=136 950÷24 900=5.5

制造费用分配率=72 210÷24 900=2.9

产品入库会计分录如下：

借：产成品——1# 450 900

——2# 203 400

——3# 202 860

贷：生产成本——基本生产成本（甲类产品） 857 160

▸▸▸▸▸▸ 第二节 产品成本计算的定额法

一、定额法的概念及使用范围

定额法是以产品品种（或批别、步骤）作为成本计算对象，根据事先制定的产品定额成本和实际产量，计算产品的定额生产费用以及实际费用脱离定额的差异，用完工产品的定额成本，加上或减去脱离定额差异、定额变动差异，从而计算出完工产品成本和在产品成本的一种方法。实际成本与定额成本的关系公式为：

产品实际成本=产品定额成本±脱离定额成本差异±定额变动差异±材料成本差异

定额成本法是产品成本计算的辅助方法，它在品种法、分步法、分批法的基础上，运用一种特殊汇集费用的技术计算产品成本。采用定额法计算产品成本，能加强成本控制，及时揭示成本计划执行过程中存在的问题，有助于促使企业控制和节约费用。这种方法一般适用于产品已经定型，产品品种比较稳定，且企业定额管理制度较健全，产品生产定额、消耗定额比较准确、稳定的企业。

二、定额成本的计算

采用定额法计算产品成本，首先要确定产品的定额成本，即根据现行消耗定额和计划单位成本编制成本，它既反映企业在现有条件下应达到的成本水平，又是衡量成本节约和超支的尺度。定额成本所包括的成本项目，通常与实际成本的成本项目相一致，便于比较和考核。

应注意的是，产品的定额成本和计划成本并不完全相同。定额成本是以现行消耗定额为根据计算的产品成本，所用的价格是不同时期的计划价格，反映了企业在各时期现有生产条件下应该达到的成本水平；计划成本则是以计划期内平均消耗定额为根据计算的产品成本，所用的价格是全年的平均计划价格，反映了企业在整个计划期内成本的奋斗目标。

产品的定额成本分成本项目计算，其计算公式如下：

某产品直接材料定额成本=单位产品材料消耗定额×计划单价

某产品燃料动力定额成本=单位产品燃料动力消耗定额×计划单价

某产品直接人工定额成本=该产品工时定额×计划小时工资率

某产品制造费用定额成本=该产品工时定额×计划小时费用率

定额成本的计算一般通过编制定额成本计算表进行。企业的具体情况不同，其定额成本计算表的编制方法也不完全相同，主要受产品结构、产品零部件的多少等因素影响。如果产品的零部件比较少，产品定额成本表可先按零件编制，然后汇总编制部件、产品的定额成本表。但如果产品的零部件较多，为了简化其编制手续，可不编制零件定额成本表，而先编制部件定额成本表，然后汇总编制产品定额成本表；也可不编制零件、部件定额成本表，而直接编制产品定额成本表。

例 11-2

某企业生产A仪表，由1个X01零件和2个Y01零件装配而成，各种零件、产品的定额成本计算如下。

1.编制X01零件的定额成本计算表，见表11-8。

表 11-8　　零件定额成本计算表

产品名称：X01 零件　　金额单位：元

成本项目		定额材料		定额工时			金额合计
		数量（千克）	计划单价	数量（工时）	计划工资率	计划费用率	
直接材料	A材料	8	10				80
	B材料	5	5				25
	小计						105
直接人工				5	4		20
制造费用				5		2	10
单位产品定额成本							135

2.编制Y01零件的定额成本计算表，见表11-9。

表 11-9　　零件定额成本计算表

产品名称：Y01 零件　　金额单位：元

<table>
<tr><td>材料名称</td><td>计量单位</td><td>消耗定额</td><td>计划单价</td><td>金额</td></tr>
<tr><td>C材料</td><td rowspan="2">千克</td><td>8</td><td>5</td><td>40</td></tr>
<tr><td>D材料</td><td>3</td><td>9</td><td>27</td></tr>
<tr><td>工序</td><td colspan="2">工时定额</td><td colspan="2">累计工时定额</td></tr>
<tr><td>1</td><td colspan="2">2</td><td colspan="2">2</td></tr>
<tr><td>2</td><td colspan="2">3</td><td colspan="2">5</td></tr>
<tr><td>3</td><td colspan="2">4</td><td colspan="2">9</td></tr>
<tr><td rowspan="2">直接材料</td><td colspan="2">直接工资</td><td colspan="2">制造费用</td></tr>
<tr><td>计划工资率</td><td>金额</td><td>计划费用率</td><td>金额</td></tr>
<tr><td>67</td><td>4</td><td>36</td><td>3</td><td>27</td></tr>
</table>

表11-8和表11-9提供了两种不同格式的定额成本计算表，企业可以根据需要进行选择。

3.根据各零件的定额成本计算表编制A仪表的定额成本计算表，见表11-10。

表11-10 **产品定额成本计算表**

产品名称：A仪表 金额单位：元

零部件名称	需用数量	材料定额成本	工资定额成本	制造费用定额成本	合计
X01	1	105	20	10	135
Y01	2	67×2=134	36×2=72	27×2=54	260
合计		239	92	64	395

三、定额差异的计算

定额差异是指生产过程中各项实际生产费用脱离现行定额的差异，它反映了各项生产费用支出的合理程度和现行定额的执行情况。定额差异包括直接材料定额差异的计算，直接人工定额差异的计算，制造费用定额差异的计算。现分述如下：

（一）直接材料定额差异的计算

在按批别组织生产的企业中，领料按批别进行，定额差异的计算也按批别进行。材料脱离定额差异的核算通常采用限额领料法、切割法和盘存法。

1.限额领料法

限额领料法是根据企业制定的材料消耗定额来核算材料定额差异的一种方法，采用该方法的企业一般应实行限额领料制度，按批别组织生产。企业根据产品定额成本计算表中计算的材料消耗定额，编制定额凭证（限额领料单），由领料单位据以领用材料。具体方法为：在限额内领料的，填写限额领料单；超限额领料的，需填写超额领料单，以反映用料的差异；领用替代材料的，则应将领用代用材料的数量折算为原定额材料的数量，填代用材料领料单，同时在限额领料单内冲减相应的数量；对已领未用的材料，需填制退料单，办理退库手续。在每批生产任务完成后，将限额领料单所列未领材料的余额，和各种差异凭证进行汇总，即可计算出定额差异。计算公式如下：

材料定额差异=[实际消耗量-(实际完成产量×单位产品材料消耗定额)]×材料计划单价

需要注意的是，采用限额领料法时，如果领到车间的材料尚未耗用，或车间存在期初余额，则领料差异与耗用差异不一致。直接材料的实际消耗量的计算公式如下：

直接材料的实际消耗量=当期领用材料数量+期初结余材料数量-期末结余材料数量

例11-3

某企业本月投产甲产品500件，单位产品A材料消耗定额25千克，每千克计划单位成本为4元，超额领料单本月登记数量为500千克，代用材料领料单本月登记数量为400千克。1千克代用材料相当于1.05千克A材料。甲产品的A材料定额差异计算如下：

甲产品A材料定额成本=500×25×4=50 000（元）

甲产品A材料定额差异=500×4+400×1.05×4=3 680（元）

2.切割法

对于某些板材、棒材、布料等经常大量使用且需要经过备料车间或下料工段切割后才能进一步加工的材料，企业可以采用“材料切割核算单”进行定额差异的计算。

材料切割核算单应详细注明切割材料的名称、规格、数量、消耗定额和应切割成的毛坯的数量。切割完毕后，要填写实际切割成的毛坯数量和材料实际消耗量，然后根据实际切割成的毛坯数量和消耗定额求得材料定额消耗量，再将其与材料实际消耗量相比较，即可求出脱离定额的差异。材料定额消耗量、脱离定额的差异，以及发生差异的原因均应填入材料切割核算单，并由主管人员签章。材料切割核算单的格式及内容，见表 11-11。

表 11-11 **材料切割核算单**

材料编号或名称：B 材料　　材料计量单位：千克　　材料计划单价：4 元

产品名称：甲产品　　图纸号：618　　机床编号：216

切割人工号和姓名：526 王大林　　废料计划单价：0.5 元

切割日期：202×年×月×日　　完工日期：202×年×月×日

<table>
<tr><td>发料数量</td><td colspan="4">退回余料数量</td><td colspan="2">材料实际消耗量</td><td>废料回收数量</td></tr>
<tr><td>156</td><td colspan="4">7</td><td colspan="2">149</td><td>9</td></tr>
<tr><td>单件消耗定额</td><td colspan="2">单件回收废料定额</td><td colspan="2">应切割成的毛坯数量</td><td>实际切割成的毛坯数量</td><td>材料定额消耗量</td><td>废料定额回收量</td></tr>
<tr><td>10</td><td colspan="2">0.4</td><td colspan="2">15</td><td>14</td><td>140</td><td>5.6</td></tr>
<tr><td colspan="2">材料脱离定额差异</td><td colspan="3">废料脱离定额差异</td><td colspan="2">差异原因</td><td>过失人</td></tr>
<tr><td>数量</td><td>金额</td><td>数量</td><td>单价</td><td>金额</td><td colspan="2" rowspan="2">未按规定操作，多留了毛边，故减少了毛坯数量</td><td rowspan="2">王大林</td></tr>
<tr><td>+9</td><td>36</td><td>−3.4</td><td>0.5</td><td>−1.7</td></tr>
</table>

注：回收废料超过定额的差异可冲减材料费用，故列作负数。

采用材料切割单进行材料定额差异的核算，能及时反映材料的使用情况和发生差异的具体原因，有利于加强对材料消耗的控制和监督，如果能与车间、班组或个人的经济核算结合起来，则能更好地达到降低产品成本的目的。

3.盘存法

在大量生产企业不能分批核算原材料脱离定额差异的情况下，可采用定额盘存法核算差异。盘存法是根据定期盘点的方法来计算材料的定额消耗量和脱离定额差异的方法，计算的时间可以是每天，也可以是每周或每旬。基本做法是：

（1）通过定期对在产品进行盘存，确定在产品数量。

（2）根据完工产品数量及盘存在产品数量，计算产品投产数量。计算公式如下：

本期产品投产数量=本期完工产品数量+期末在产品数量−期初在产品数量

（3）计算材料定额消耗量。计算公式如下：

材料定额消耗量=本期产品投产数量×材料消耗定额

（4）计算材料实际消耗量。根据限额领料单、超额领料单、代用领料单、退料单等凭证，以及车间余料的盘存资料，计算出材料的实际消耗量。

（5）计算材料脱离定额的差异。计算公式如下：

材料脱离定额的差异=（材料的实际消耗量−材料的定额消耗量）×材料的计划单价

例11-4

某企业生产甲产品耗用A材料，甲产品期初在产品为50件，本月完工产量800件，期末在产品为70件，A材料系开工时一次投入，材料消耗定额为2千克，计划单价为6元/千克。限额领料单中载明本月实际领料数量为1 600千克，期初车间盘存余料为80千克，期末车间盘存余料为30千克。本月甲产品材料脱离定额差异的计算过程如下：

本月投产数量=800+70×100%-50=820（件）

材料定额消耗量=820×2= 1 640（千克）

材料实际消耗量=1 600+80-30=1 650（千克）

材料脱离定额差异=（1 650-1 640）×6=60（元）

（二）直接人工成本定额差异的核算

直接人工成本定额差异，是指一定产量的产品的直接人工实际成本与定额成本之间的差异，其核算方法因采用工资形式不同而有所区别。

1.计件工资形式下工资定额差异的核算

企业如果采用计件工资核算人工成本，则工人劳动生产率的高低不会影响单位产品中的直接人工成本。生产工人工资定额差异的核算与原材料定额差异的核算类似。按计件单价支付的工资就是定额工资，应该反映在产量记录中。其计算公式如下：

直接人工定额费用=约当产量×计件单价

单位产品成品中工资定额的变动，即脱离定额的差异，可能是由于出现如废品损失、停工工资、女工哺乳期间的津贴、奖励工资、加班津贴而造成的。定额差异通常反映在专设的补付单等差异凭证中，通常需要注明差异原因，并对工资差异进行分析。

2.计时工资形式下工资定额差异的核算

企业如果采用计时工资核算人工成本，平时就不能按产品直接计算人工成本定额差异，平时只以工时进行考核，在月末确定实际生产工人工资总额以后，分下列两种情况处理：

（1）生产工人工资没有直接计入产品成本，其定额差异按下列公式计算：

$$\frac{\text{某产品直接}}{\text{人工定额差异}}=\frac{\text{该产品实际}}{\text{生产工人工资}}-\left(\frac{\text{该产品的}}{\text{实际产量}}\times\frac{\text{单位产品}}{\text{定额工资}}\right)$$

（2）生产工人工资按实际工时比例分配计入产品成本，其定额差异按下列公式计算：

$$\frac{\text{某产品直接}}{\text{人工定额差异}}=\left(\frac{\text{该产品实际产量的}}{\text{实际生产工时}}\times\frac{\text{实际单位}}{\text{工时工资}}\right)-\left(\frac{\text{该产品实际产量的}}{\text{定额生产工时}}\times\frac{\text{计划单位}}{\text{工时工资}}\right)$$

实际单位工时工资=实际生产工人工资总额÷实际生产工时总数

计划单位工时工资=计划产量的定额生产工人工资总额÷计划产量的定额生产工时总数

在进行成本分析时，应分别计算分析工时差异和工资率差异对直接人工脱离定额差异的影响程度。工时差异主要反映劳动效率提高或下降对直接人工成本的节约或浪费，工资率差异主要反映实际小时工资率脱离计划小时工资率而形成的差异。计算公式如下：

工时差异=（实际工时-定额工时）×计划单位工时工资率

工资率差异=（实际单位小时工资率-定额单位工时工资率）×实际工时

计算直接人工成本脱离定额差异，应按产品成本核算对象汇总编制定额工资及脱离定额差异汇总表，表中汇总各种产品的定额工资、实际工资、工资差异，以及产生差异的原因，并据以登记有关的产品成本计算单，考核和分析各种产品直接人工成本定额的执行情况。

例11-5

假设某企业生产甲产品，每工时产量定额为4件，本月约当产量1 600件，计划每工时人工成本为3元，实际人工费为1 500元。其直接人工成本脱离定额差异计算如下：

单位产品定额工资=3÷4=0.75（元/件）

甲产品定额工资=1 600×0.75=1 200（元）

甲产品直接人工成本脱离定额差异=1 500-1 200=300（元）

（三）制造费用定额差异的核算

制造费用属于间接费用，即发生时先按发生地点进行归集，月末再直接或分配计入产品成本。所以，不能在费用发生时直接按照产品核算费用脱离定额的差异。在平时核算时，只能通过制定费用预算，按照费用项目和性质下达给各车间，核算费用脱离定额的差异，据以控制和监督费用的发生。各种产品应负担的定额制造费用和费用脱离定额的差异的计算公式如下：

$$\text{某产品制造费用定额差异}=\text{该产品实际制造费用}-\left(\text{该产品实际产量的定额工时}\times\text{计划小时制造费用}\right)$$

同样，进行制造费用定额差异分析时，也要考虑工时差异和制造费用分配率差异两个因素。计算公式如下：

工时差异=（实际工时-定额工时）×计划单位工时制造费用率

制造费用率差异=（实际单位小时制造费用率-计划单位工时制造费用率）×实际工时

四、定额变动差异的计算

定额变动差异，是指由于对旧定额的修改而产生的新旧定额之间的差额，它反映了企业生产技术的提高和生产组织的改善对定额的影响程度。新定额一般在月初开始实行，这就出现了月初在产品定额成本是按旧定额计算的，而本月投入产品定额成本是按新定额计算的，两者的计算基础不一致的情况。所以，必须计算月初在产品的定额变动差异，用以调整月初在产品的定额变动成本。应注意的是，定额变动差异是月初在产品由于定额变动产生的差异，是定额本身变动的结果，与生产费用的超支或节约无关。定额变动差异应按成本项目分别计算，其计算公式如下：

月初在产品定额变动差异=月初在产品按新定额计算的定额成本-月初在产品按旧定额计算的定额成本

计算出定额变动差异，不仅要调整月初在产品的定额成本，还应以相等的金额、相反的方向调整本月产品成本。实际上，调整后完工产品和月末在产品的总成本不变，只是其内部表现发生了改变。

例11-6

甲产品月初有在产品300件，单位产品上月的材料消耗定额为40元，从本月调整为38元，本月投产600件，实际发生的直接材料费用为25 000元，900件产品月末全部完工。其完工产品材料实际成本的计算如下：

月初在产品材料定额成本=300×40=12 000（元）

月初在产品材料定额变动差异=300×（38-40）=-600（元）

本月投产材料定额成本=600×38=22 800（元）

本月定额成本合计=12 000-600+22 800=34 200（元）

材料定额差异=25 000-22 800=2 200（元）

完工产品材料实际成本=34 200+2 200+600=37 000（元）

当有在产品时，定额变动差异不应全部计入当月产品的成本，而应按照完工产品和在产品的定额成本比例在两者之间进行分配，其计算公式如下：

$$\text{定额变动差异分配率}=\frac{\text{定额变动差异合计}}{\text{完工产品定额成本}+\text{月末在产品定额成本}}$$

完工产品应负担的定额变动差异=完工产品定额成本×定额变动差异分配率

在产品应负担的定额变动差异=在产品定额成本×定额变动差异分配率

=定额变动差异合计-完工产品应负担的定额变动差异

如果定额变动差异不大，在产品可不负担定额变动差异，定额变动差异全部由完工产品负担。

五、材料成本差异的计算

按定额法计算产品成本时，为了加强对产品成本的考核和分析，材料日常核算都按计划成本进行，即材料定额成本和材料脱离定额差异，都按材料的计划单位成本计算。因此，在月末计算产品实际成本时，还必须按照下列公式计算产品应负担的材料成本差异。

某产品应负担的材料成本差异=（该产品材料的定额成本±材料脱离定额差异）×材料成本差异分配率

某产品材料实际成本=材料定额成本±材料定额差异±定额变动差异±材料成本差异

六、计算举例

例11-7

某企业大批生产A产品，采用定额法计算产品成本，原材料系开工时一次投入。202×年6月份的生产情况和定额资料如下：

月初在产品20件，本月投入产品150件，本月完工160件，月末在产品10件。在产品完工率均为50%。材料消耗定额由5.4千克降为5千克，材料计划单价为6元，材料成本差异率为超支1%，工时定额为5小时，计划小时工资由4元调整为4.5元，计划小时制造费用为4.5元。

在定额法下，202×年8月份完工产品的实际成本计算结果见表11-12。

表11-12 **产品成本计算单**

产品名称：A产品　　　产量：160件　　　202×年8月　　　金额单位：元

成本项目		栏次	直接材料	直接人工	制造费用	合计
月初在产品	定额成本	（1）	648	200	225	1 073
	脱离定额差异	（2）	-20	10	12	+2
月初在产品定额变动	定额成本差异	（3）	-48	25		-23
本月费用	定额成本	（4）	4 500	3 487.50	3 487.50	11 475
	脱离定额差异	（5）	50	16	34	100
	材料成本差异	（6）	45.50			45.50
生产费用合计	定额成本	（7）=（1）+（3）+（4）	5 100	3 712.50	3 712.50	12 525
	脱离定额差异	（8）=（2）+（5）	30	26	46	102
	材料成本差异	（9）=（6）	45.50			45.50
	定额变动差异	（10）=（3）	-48	25		-23
脱离定额差异分配率		（11）=（8）÷（7）	0.6%	0.7%	1.2%	
产成品成本	定额成本	（12）	4 800	3 600	3 600	12 000
	脱离定额差异	（13）=（12）×（11）	28.80	25.20	43.20	97.20
	材料成本差异	（14）=（9）	45.50			45.50
	定额变动差异	（15）=（10）	-48	25		-23
	实际成本	（16）=（12）+（13）+（14）-（15）	4 922.30	3 600.20	3 643.20	12 165.70
月末在产品	定额成本	（17）=（7）-（12）	300	122.50	112.50	525
	脱离定额差异	（18）=（8）-（13）	1.20	0.80	2.80	4.80

表11-12中第一栏月初在产品定额成本的计算过程为：

直接材料定额成本=20×5.4×6=648（元）

直接人工定额成本=20×50%×5×4=200（元）

制造费用定额成本=20×50%×5×4.5=225（元）

第3栏月初在产品定额成本调整数的计算过程为：

月初在产品直接材料定额变动差异=20×5×6-20×5.4×6=-48（元）

月初在产品直接人工定额变动差异=20×50%×5×（4.5-4）=25（元）

第4栏定额成本的计算过程为：

直接材料定额成本=150×5×6=4 500（元）

直接人工定额成本=（160+10×50%-20×50%）×5×4.5=155×5×4.5=3 487.50（元）

制造费用定额成本=155×5×4.5=3487.50（元）

第6栏材料成本差异=（4 500+50）×1%=45.50（元）

如果脱离定额差异金额较小，也可全部由完工产品负担，而不需要在完工产品和在产品之间进行分配。为了计算准确，定额变动差异金额也可在完工产品和在产品之间进行分配，而不是全部由完工产品负担，可参考本例分别进行的两种不同的处理方法。

▸▸▸▸▸▸ 第三节 联产品、副产品和等级产品的成本计算

在有些企业里，会出现使用相同的原材料，经过相同的生产过程，生产出两种或两种以上的产品的情况；或者由于生产条件或加工操作等原因，出现了使用相同的原材料，经过相同的生产过程，生产出品级或质量不同的同一种产品的情况。这些产品根据其情况的不同，可分为联产品、副产品和等级产品。

一、联产品成本计算

（一）联产品的概念

联产品是指使用相同的原材料，经过相同的生产过程同时生产出两种或两种以上具有同等地位、不同使用价值的主要产品。尽管联产品在性质和用途上各有不同，但它们都是企业的生产目的，对企业的经济都有着重要的影响。例如，制糖厂用甘蔗作原料可以同时生产出白砂糖和赤砂糖等；炼焦厂在炼焦时同时生产出焦炭和煤气；炼油厂使用原油可生产出汽油、煤油、柴油、润滑油等联产品。

根据各联产品之间产量的消长关系，联产品又可分为补充联产品和代用联产品两种。补充联产品是指一种联产品的产量增加或减少不可避免地导致其他联产品产量的同比例增加或减少。代用联产品是指一种联产品产量增加会导致另一种联产品产量的减少。企业应分析所产联产品的特点，以便作出正确的生产经营决策。

（二）联产品成本的计算方法

由于联产品具有同等地位，所以在成本计算时，应对各联产品同等对待，采用相同的成本计算方法，确定各联产品的总成本和单位成本。

有些联产品要在生产过程终了时才能进行分离，而有些联产品可能在生产过程的某一个步骤中先分离出来。各种联产品分离后，有的可直接对外销售，有的需要经过进一步加工才能对外销售。通常将分离前的生产过程所发生的成本称为联合成本或共同成本，而把分离后某产品需要进一步加工所发生的成本称为可归属成本。因此，联产品成本计算包括联产品分离前的联合成本归集和分配，以及分离后的可归属成本计算。联产品的成本包括其应负担的联合成本和分离后发生的可归属成本。联合成本分配的方法主要有以下几种：

1.实物量分配法

实物量分配法是指将联合成本按各联产品的实物量（如重量、长度、体积等）进行分配的一种方法。计算公式如下：

$$联合成本分配率 = \frac{联合成本}{各种联产品实物量之和}$$

某产品应分配的联合成本=该联产品实物量×联产品成本分配率

例11-8

某企业用同一种原材料，经过同一加工过程生产出A、B、C三种主要产品，本期发生联合成本45 000元，根据各产品体积进行联合成本的分配。分配结果见表11-13。

表11-13 联合产品成本计算单

产品名称	产量（立方米）	分配率	应分配成本（元）
A产品	10 000	1.8	18 000
B产品	8 000		14 400
C产品	7 000		12 600
合计	25 000		45 000

该方法简单易行，便于操作。但是采用这种方法计算出各联产品的单位成本是一致的，而实际上并非所有的成本发生都与实物量直接相关；另外，该方法未考虑各联产品的特性和销售价值，可能造成销售价值低的产品亏损的情况，与现实不符。所以，这种分配方法一般适用于成本的发生与实物量关系密切，而且各联产品销售价值较为均衡的联合成本的分配。

2.系数分配法

系数分配法也称标准产量比例法，是将各种联产品的实际产量，按事先规定的系数折算为标准产量来分配联合成本的一种方法。有关计算公式如下：

标准产量=某联产品的实际产量×该联产品的系数

$$联合成本分配率 = \frac{联合成本}{各种联产品标准产量之和}$$

某产品应分配的联合成本=该联产品标准产量×联产品分配率

例11-9

某企业用同一种原材料，经过同一加工过程生产出A、B、C三种主要产品。进行联合成本分配时，以产品售价为标准确定系数，以A产品为标准产品。A产品分离后继续加工。有关资料见表11-14和表11-15。

表11-14 联产品产量、售价和系数计算表

产品名称	产量（立方米）	单位售价（元）	系数
A产品	10 000	3	1
B产品	8 000	2.70	0.9
C产品	7 000	3.60	1.2

表 11-15　　　　　　　　　　**联产品成本资料**　　　　　　　　　　金额单位：元

项目	直接材料	直接人工	制造费用	合计
分离前的联合成本	23 400	12 600	9 000	45 000
各成本项目占总成本的比重	52%	28%	20%	100%
A产品可归属成本	810	195	105	1 110

联产品成本计算过程如下：

（1）编制联产品成本计算单，见表 11-16。

表 11-16　　　　　　　　　　**联产品成本计算单**　　　　　　　　　　金额单位：元

产品名称	产量（立方米）	系数	标准产量	分配率	应负担联合成本	单位产品应负担成本
A产品	10 000	1	10 000		17 578	1.76
B产品	8 000	0.9	7 200	1.7578	12 656	1.58
C产品	7 000	1.2	8 400		14 766	2.11
合计			25 600		45 000	

（2）编制 A 产品成本计算单，见表 11-17。

表 11-17　　　　　　　　　　**A 产品成本计算单**　　　　　　　　　　金额单位：元

项目	分配的联合成本		分离后的可归属成本	总成本	单位成本
	比重（%）	金额			
直接材料	52%	9 140.56	810	9 950.56	0.9951
直接人工	28%	4 921.84	195	5 116.84	0.5117
制造费用	20%	3 515.60	105	3 620.60	0.3621
合计	100%	17 578	1 110	18 688	1.87

采用该方法分摊联合成本，其准确程度取决于系数的确定。决定系数的两个主要因素是分配标准和标准产品，因此当企业联产品生产工艺成熟、稳定时可采用系数法。

3.销售价值分配法

销售价值分配法是将联合成本按照各联产品的销售价值的比例来分摊的一种方法。该分配法是基于售价较高的联产品应该成比例地负担较高份额的联合成本这一理论，其结果是各联产品可取得一致的毛利率。其计算公式如下：

$$联合成本分配率 = \frac{联合成本}{各种联产品销售价值之和}$$

某产品应分配的联合成本=该联产品销售价值×联产品分配率

例 11-10

某企业用同一种原材料，经过同一加工过程生产出 A、B、C 三种主要产品，分离后三种产品均可对外销售。本期发生联合成本 45 000 元。有关资料见表 11-14。采用销售价值分配法的计算结果见表 11-18。

表 11-18 **联产品成本计算单** 金额单位：元

产品名称	产量（m^3）	单价	销售价值	比例（%）	应负担联合成本	单位成本	毛利	毛利率
A产品	10 000	3	30 000	39.06	17 577	1.76	12 423	41%
B产品	8 000	2.7	21 600	28.13	12 658.50	1.58	8 941.50	41%
C产品	7 000	3.6	25 200	32.81	14 764.50	2.11	10 435.50	41%
合计			76 800	100	45 000		31 800	

这种方法的优点是将联合成本的分配与产品的最终价值联系起来，使联合成本的分配与各种联产品的获利能力保持一定的比例关系，能避免出现较低售价的产品过多地负担成本而造成亏损的情况。但应注意的是，并非所有的成本都与售价有关，并非所有的联产品都具有同样的获利能力，所以，销售价值分配法只适应于产品成本的高低与售价关系密切，且联产品分离后不需要继续加工的联产品成本的分配。

4.净实现价值分配法

净实现价值是指产品销售价格减去该产品可归属成本后的价值。净实现价值分配法是指按净实现价值的比例将联合成本在联产品之间进行分配，以计算各联产品的总成本和单位成本的方法。

例 11-11

基于【例 11-9】的资料，按净实现价值分配法计算的结果见表 11-19。

表 11-19 **联产品成本计算单** 金额单位：元

产品名称	产量（m^3）	单价	销售价值	可归属成本	净实现价值	分配率	应负担联合成本	总成本	单位成本	毛利率
A产品	10 000	3	30 000	1 110	28 890		17 175	18 285	1.83	39.1%
B产品	8 000	2.7	21 600		21 600	0.5945	12 841	12 841	1.61	40.5%
C产品	7 000	3.6	25 200		25 200		14 984	14 984	2.14	40.5%
合计			76 800	1 110	75 690		45 000			

以上几种方法各有其优缺点，企业可根据具体情况选择最合适的方法，达到成本计算合理、准确、简便易行的目的。

二、副产品成本计算

（一）副产品的概念

副产品是指使用相同的原材料，经过相同的生产过程，在生产出主要产品的同时附带生产出来的非主要产品。由概念可以看出，副产品不是主要产品，其生产取决于主产品的生产，产量随主产品产量的变动而变动。例如，肥皂厂在生产主产品肥皂时，附带生产出甘油；高炉炼铁过程中产生的可以回收的煤气；制糖厂生产出来的蔗渣等。

联产品和副产品是对产品的两种分类，它们之间的相互关系主要表现在以下几个方面：

（1）从原材料的投入及生产过程来看，它们都是用相同的原材料，经过相同的生产过程生产出来的产品。

（2）从产品价值来看，联产品价值一般较大，而副产品价值一般较小。

（3）从生产目的来看，联产品是企业生产的目的，而副产品并非企业的生产目的。

（4）从与主产品的关系来看，联产品本身就是主要产品，而副产品是依附于主产品生产出来的非主要产品。

（5）从对企业经济的影响来看，联产品对企业经济有重大影响，而副产品对企业经济影响较小。

另外需要注意的是，在实务中，联产品与副产品不是一成不变的，他们之间可能会相互转化。人为的主观因素在确定联产品与副产品时起着较大的作用。如果在原来的联产品中，企业决定集中人力、财力、物力主要生产其中的某种产品作为该企业的拳头产品，则其他产品就可能被作为副产品进行管理；反之，如果企业的经营方向是多渠道、全面发展，就有可能把企业的所有产品都看作主要产品，此时，原来的副产品就有可能转化为联产品。因此，联产品和副产品的划分是根据各企业的不同经营方针、策略而变化的。

（二）副产品成本的计算

因为副产品是和主要产品一同生产出来的，它们发生的费用很难分开，因此，一般将主产品和副产品作为一类，采用分类法归集共同发生的联合成本，再将计算出来的联合成本在主、副产品之间采用适当的分配标准进行分配。但由于副产品的单位价值较低，在企业全部产品中所占比重也较小，所以根据成本核算重要性原则，一般采用简便的计算方法计算副产品成本，从主、副产品分离点前的共同成本中扣除，最后计算出主产品的成本。常见的副产品成本计算方法有：

1.副产品不计成本

副产品不计成本法即副产品不负担分离前的联合成本。这种方法适用于副产品数少、价值较低，而且分离后不再加工的情况。这时把取得的副产品销售收入计入主产品销售收入，副产品的生产成本也由主产品负担。这种方法虽然操作简便，但会影响主产品成本的准确性，不利于正确计算主产品的成本和营业利润。

2.副产品成本按分离后的成本计算

在副产品分离后还需要进一步加工时，其成本可按分离后的可归属成本计算。采用这种方法计算成本，副产品只负担可归属成本，不负担分离前的联合成本。这种方法适用于分离后继续加工的副产品，其优缺点同副产品不计成本法相同。

3.副产品成本按固定成本或计划成本计算

这种计价方法将固定成本或计划成本作为副产品的成本，简单、易行，但是，当副产品成本变动较大时，会影响成本计算的准确性。其适用于生产过程中产出的副产品品种较多或副产品售价经常变动的情况。

4.副产品成本按销售价格减去销售税金和销售费用后的余额计算

该方法是将副产品销售价格减去销售税金和销售费用后的余额，作为分离前的共同成本中副产品应负担的部分。这种方法适用于副产品价值较高的情况。如果副产品在分离后还须进一步加工才能出售，则用这一方法对副产品计价时，还应从售价中扣除分离后的加工费。

上述副产品成本的计算方法，解决了分离前联合成本中副产品应负担成本份额的金额计量问题。副产品成本确定后，还要考虑如何从联合成本中扣除，这直接关系到主产品成本构成的确定。副产品从联合成本中扣除的方法主要有以下两种：

（1）将副产品成本从分离前联合成本的“直接材料”成本项目中扣除。这种方法适用于联合成本中直接材料费用所占比重较大或副产品成本占联合成本的比重很小的情况。

（2）将副产品成本按其与联合成本的比例，从分离前联合成本的各成本项目中扣除。这种方法适用于联合成本项目的比重相差不是很悬殊或副产品成本占联合成本比重较大的情况。

选择什么成本计算方法，采用什么扣除方法从联合成本中剥离出副产品成本，是副产品成本计算的主要问题，企业应根据具体情况作出合理选择。

例 11-12

某企业生产甲产品的同时，附带生产出A、B、C三种副产品，A产品按售价减去销售税金和销售费用后的余额计算成本，并且按比例从联合成本各成本项目中扣除；B产品按计划成本计算成本，直接从联合成本的直接材料成本项目中扣除；C产品由于产量较少，价值较低，采用简化方法不计成本。本月有关资料见表11-20和表11-21。

表 11-20　**产量、单价、计划成本资料**　金额单位：元

产品名称	产量（千克）	单价	单位税金	单位销售费用	计划单位成本
甲产品	20 000				
A产品	1 500	20	2	3	
B产品	600				8
C产品	100				

表 11-21　**成本费用资料**　单位：元

项目	直接材料	直接人工	制造费用	合计
本月主、副产品联合成本	462 000	118 800	79 200	660 000
A产品可归属成本		2 000	1 200	3 200

根据上述资料，编制完工产品成本计算单，见表11-22。

表 11-22　**完工产品成本计算单**　金额单位：元

项目			直接材料	直接人工	制造费用	合计
联合成本	金额	①	462 000	118 800	79 200	660 000
	比重（%）	②	70	18	12	100
B产品	总成本	③	4 800			4 800
	单位成本	④	8			8

续表

项目			直接材料	直接人工	制造费用	合计
A产品	应负担联合成本	⑤	13 510	3 474	2 316	19 300
	应负担可归属成本	⑥		2 000	1 200	3 200
	合计	⑦	13 510	5 474	3 516	22 500
	单位成本	⑧	9.01	3.65	2.34	15
甲产品	总成本	⑨	443 690	115 326	76 884	635 900
	单位成本	⑩	22.18	5.77	3.84	31.80

表中：②直接材料=462 000÷660 000×100%=70%

②直接人工=118 800÷660 000×100%=18%

②制造费用=79 200÷660 000×100%=12%

③直接材料=600×8=4 800（元）

⑤合计=⑦合计-3 200=22 500-3 200=19 300（元）

⑤直接材料=⑤合计×70%=19 300×70%=13 510（元）

⑤直接人工=⑤合计×18%=19 300×18%=3 474（元）

⑤制造费用=⑤合计×12%=19 300×12%=2 316（元）

⑦合计=1 500×（20-2-3）=22 500（元）

⑨=①-③-⑤

三、等级产品成本计算

等级产品是指品种相同，但质量有所差别的产品。例如，搪瓷器皿、电子元件、纺织品等的生产，经常会出现一等品、二等品、三等品。等级产品质量上的差别一般是在设计所允许的范围之内，不影响产品的正常使用，所以等级产品都是合格产品。

等级产品的产生一般有两种情况：

（1）由于投入的原材料质量不同、工艺技术上的要求不同或目前生产技术水平等原因所产生的等级品。这些等级品是客观原因造成的，在计算等级产品成本时，应将各种等级产品作为一类产品，计算该类产品的联合成本，然后根据等级产品的单位售价的比例定出系数，将各等级产品产量折算为标准产量，再按标准产量来分配各等级产品应分摊的联合成本，其计算结果是售价高的产品负担较多的联合成本。

（2）由于经营管理、工人操作原因所产生的等级品。在这种情况下，生产投入的原材料和工艺过程均是相同的，即各等级产品的单位投入相同，所以一般采用实际产量比例法计算各等级产品成本，即将等级产品的联合成本直接按各等级产品的实际产量进行分配计算，最终不同等级产品的单位成本是一致的。这样就会导致等级品可能由于售价较低而造成亏损，也说明了企业经营管理上的缺陷，从而促进企业不断改进工作，提高产品质量。

思考与练习

业务题一：[资料] 某企业的A类产品有三种规格，以其中2#产品作为标准产品。材料在生产开始时一次投入70%，完工程度达到60%时再投入剩下的30%。A类产品7月份有关产量、费用等资料见表11-23和表11-24。

表11-23 A类产品月末产量及定额记录 金额单位：元

型号	月末在产品		完工产品数量（件）	单位完工产品定额成本
	在产品数量（件）	在产品完工程度		
1#	600	20%	200	30
2#	400	25%	300	60
3#	250	30%	500	72

表11-24 A类产品费用资料 单位：元

摘要	直接材料	直接人工	制造费用	合计
月初在产品	10 000	6 000	1 200	17 200
本月发生费用	30 000	20 000	3 800	53 800
合计	40 000	26 000	5 000	71 000

要求：

1.计算完工产品和月末在产品的标准产品产量（填写表11-25）；

2.计算完工产品和月末在产品成本，填制基本生产成本明细账（填写表11-26）；

3.填制A类产品成本计算单，计算各型号产品成本（填写表11-27）。

表11-25 标准产品产量（总系数）计算表 金额单位：元

型号	月末在产品					完工产品		合计	
	数量	投料程度	完工程度	投料标准产量	投工标准产量	产量	标准产量	投料标准产量	投工标准产量
#1									
#2									
#3									
合计									

表 11-26 **A类产品基本生产成本明细账** 单位：元

摘要	直接材料	直接人工	制造费用	合计
月初在产品 本月发生费用				
合计				
结转完工产品成本 月末在产品成本				

表 11-27 **A类产品成本计算单** 金额单位：元

成本项目	A类产品总成本	#1		#2		#3	
		总成本	单位成本	总成本	单位成本	总成本	单位成本
直接材料 直接人工 制造费用							
合计							

业务题二：[资料] 某企业生产A、B、C、D四种产品。根据产品的生产特点，可将这四种产品作为甲类产品计算成本。在甲类产品的完工产品和在产品之间进行费用分配以及计算类内四种产品成本时，均采用定额比例法。直接材料费用按材料定额成本分配，直接人工和制造费用项目按定额工时分配。有关资料见表11-28和表11-29。

表 11-28 **甲类产品费用资料** 金额单位：元

项目	直接材料		定额工时	直接人工	制造费用	合计
	定额成本	实际成本				
月初在产品成本	6 300	5 814	3 120	678	825	7 317
本月发生费用	75 650	66 302	22 480	36 442	32 455	135 199

表 11-29 **甲类产品产量和定额资料**

产品名称		产量（件）	材料定额（千克）	工时定额（小时）
产成品	A	200	50	15
	B	150	80	18
	C	300	70	19
	D	550	40	21
在产品	A	60	50	7
	B	70	80	9
	C	65	70	10
	D	95	40	10

要求：填制产品成本计算单（见表11-30）。

表 11-30　　**产品成本计算单**　　金额单位：元

<table>
<tr><th colspan="2" rowspan="2">项目</th><th rowspan="2">产量</th><th colspan="2">直接材料</th><th rowspan="2">定额工时</th><th rowspan="2">直接人工</th><th rowspan="2">制造费用</th><th rowspan="2">合计</th></tr>
<tr><th>定额成本</th><th>实际成本</th></tr>
<tr><td colspan="2">月初在产品成本</td><td></td><td></td><td></td><td></td><td></td><td></td><td></td></tr>
<tr><td colspan="2">本月发生费用</td><td></td><td></td><td></td><td></td><td></td><td></td><td></td></tr>
<tr><td colspan="2">合计</td><td></td><td></td><td></td><td></td><td></td><td></td><td></td></tr>
<tr><td colspan="2">费用分配率</td><td></td><td></td><td></td><td></td><td></td><td></td><td></td></tr>
<tr><td colspan="2">月末在产品成本</td><td></td><td></td><td></td><td></td><td></td><td></td><td></td></tr>
<tr><td rowspan="5">完工产品成本</td><td>总成本</td><td></td><td></td><td></td><td></td><td></td><td></td><td></td></tr>
<tr><td>A产品成本</td><td></td><td></td><td></td><td></td><td></td><td></td><td></td></tr>
<tr><td>B产品成本</td><td></td><td></td><td></td><td></td><td></td><td></td><td></td></tr>
<tr><td>C产品成本</td><td></td><td></td><td></td><td></td><td></td><td></td><td></td></tr>
<tr><td>D产品成本</td><td></td><td></td><td></td><td></td><td></td><td></td><td></td></tr>
</table>

第十二章

成本报表

培根铸魂

做自信自强的时代新人

自信自强是主体（含个人和群体）干事创业的精神基石和信念源头，使主体生发起一种向着理想、向着目标奋勇前行的力量，在遇到危机和挑战时不丧失应有的信心。自信自强既是中华民族和中国人民创造五千年悠久文明历史的精神价值动能，更是当代中国共产党人和中国人民全面建设社会主义现代化国家和实现中华民族伟大复兴的精神价值确证。

党的二十大报告强调：要自信自强、守正创新，踔厉奋发、勇毅前行，为全面建设社会主义现代化国家、全面推进中华民族伟大复兴而团结奋斗。作为新时代的大学生，如何才能自信自强？一是做自信的中国人。从中国共产党党史学习中激发信仰、获得启发、汲取力量，不断坚定中国特色社会主义道路自信、理论自信、制度自信、文化自信，不断增强做中国人的志气、骨气、底气。二是做更好更强的自己。坚守自强不息的精神，发愤图强，顽强拼搏，担当使命任务，在平凡的岗位上追求卓越，在顽强拼搏中成就非凡事业，让青春在祖国和人民最需要的地方绽放绚丽之花。

▸▸▸▸▸▸▸ 第一节　成本报表的含义及作用

一、成本报表的含义

成本报表是根据日常会计核算资料归集、加工、汇总而形成的一个完整的报告体系，用以反映和监督企业在一定时期内的产品成本和期间费用水平及其构成情况，据以分析企业的成本计划执行情况和结果的报告文件。正确、及时地编制成本报表是成本会计的一项重要工作。

企业的日常会计核算工作本身就是一个对大量的信息进行分类、总括、加工整理，使之系统化的过程。但是，企业日常的会计核算资料分散在会计凭证、会计账簿中，为了全面反映、总结企业的经济活动结果，就必须按照一定的格式和编制要求，将日常的会计核算资料加工整理成会计报表。会计报表比日常核算资料更能集中、深入地反映企业生产经营管理活动的全貌。因此，为了从整体上把握企业产品成本计划的执行情况，就必须编制成本报表，考核和分析企业产品成本的变化趋势，不断降低产品成本，努力提高企业的经济效益。

二、成本报表的作用

成本是综合反映企业的生产、技术和经营管理工作水平的一项重要指标。企业的物资消耗、劳动生产率、生产经营管理水平等方面工作的好坏，都直接影响企业的产品成本。正确、及时地编制成本报表，向企业的各级管理部门和企业领导提供成本信息，对加强成本管理、节约费用支出具有重要的作用：

（1）为企业的经营决策提供及时而有效的依据。企业各级管理部门和主管企业的上级机构（公司）需要从成本报表中了解企业费用预算的执行情况、各成本项目的变动趋势和成本降低任务完成动态情况等资料，及时找出企业在经营管理上存在的问题；可以通过对成本报表的分析，考核企业各单位、部门、岗位的成本工作业绩和责任；还可以将成本报表的信息与企业其他信息联系起来综合分析，为企业的经营决策提供及时而有效的依据。

（2）可以分析成本计划、预算的执行情况，考核计划的完成情况。通过成本报表的分析，可以揭示影响产品成本指标和费用项目的变动因素和原因，从生产技术、生产组织和经营管理等各个方面挖掘节约费用支出和降低产品成本的潜力。

（3）本期成本报表的成本资料为下期编制成本计划提供参考。成本报表提供的产品成本和费用支出的资料，不仅可以满足企业、车间和管理部门加强日常成本、费用管理的需要，而且是企业进行成本、利润的预测、决策，编制下期产品成本计划和各项费用支出计划的重要依据。

（4）企业主管部门把所属非独立核算单位的成本报表资料和其他报表资料等结合起来

运用，可以有针对性地进行指导和监督。

总之，企业的成本报表是企业的内部管理者了解企业成本计划执行情况的主要途径，也是上级主管机关检查和监督企业的一个重要手段。

三、成本报表的种类

成本报表属于内部报表，主要是为满足企业内部经营管理的需要而编制的，所以，对于报表的格式、种类、项目、指标设计、编制方法、编制日期和具体报送对象，国家都不作统一的规定，一般由企业根据生产经营过程的特点和企业管理的具体要求自行决定。主管企业的上级机构为了对本系统所属企业的成本管理工作进行统一指导，也可以要求企业将其成本报表作为会计报表的附表上报。

企业成本报表的种类、格式、项目和编制方法，可以由企业的上级机构与企业共同决定。

目前工业企业应编制的成本报表一般包括商品产品成本表、主要产品单位成本表、制造费用明细表以及各种期间费用的明细表、成本计划完成情况表等。企业为了加强成本日常管理，除了上述定期编制的报表以外，还可以设计按旬、按周、按日编制的报表；也可以根据自身的生产特点和管理要求编制销售成本表、废料销售情况表、成本及产量情况表、材料成本考核表、人工成本考核表等。

四、成本报表的编制依据和要求

（一）成本报表的编制依据

编制成本报表的主要依据来自会计数据资料和其他数据资料两个方面。

会计数据资料作为成本报表资料的主要渠道，主要包括三个方面：

（1）报告期成本账簿资料，包括总账、明细账、备查账等三部分。

（2）以前年度的会计报表资料，包括本期以前的各类会计文件。

（3）本期成本计划及费用预算。

其他数据资料主要包括计划统计资料和业务核算资料，如职工人数、出勤记录等。

（二）成本报表的基本编制要求

为了充分发挥成本报表的作用，适应企业内部经营管理的需要，编制成本报表必须做到数字真实、内容完整和编制及时。

编制成本报表的具体要求如下：

（1）填制方法应尽量保持前后会计期间的一致性，以便成本报表的使用者使用。编制成本报表时要注意前后各期的会计处理方法保持一致，不得随意变更。如果出现了企业的经济业务的性质和特点发生了较大的变化，或者发现原有的成本会计处理方法需要改进等特殊情况，才可变更原来的处理方法，并在成本会计报表中说明改变的原因和改变后的影响。

（2）编制要客观、及时，成本信息要具有相关性和可靠性。客观性是对会计信息质量的基本要求，也是成本报表编制的基本要求。企业编制的成本报表应该能真实反映资金的耗费情况，做到内容真实、数字准确、资料可靠。另外，企业的财会部门还应根据人们对成本信息及时性的要求，及时对会计信息进行收集、加工处理并进行报告，以满足企业加强成本管理的需要。

（3）报表的内容要明晰、完整，以便报表的使用者理解和使用。企业在编制成本报表时，应该全面、清楚地反映成本报表中的各项指标和有关数据的各项关系，对于重要的成本资料还应采用附注、备注的形式加以说明。

另外，企业应从管理的实际需要出发设计和编制成本报表。要注意报表内容的实用性，不拘泥于形式；还要注意指标项目的科学设计，做到实用、正确。

▸▸▸▸▸▸ 第二节　成本报表的编制

一、商品产品成本表

（一）商品产品成本表的概念和作用

商品产品成本表是反映企业一定时期内生产的全部商品产品（包括可比产品和不可比产品）的总成本以及各主要商品产品的单位成本和总成本的报表。

根据商品产品成本表提供的资料可以考核成本计划的执行情况，了解产品成本发生的全貌；还可以分析产生成本差异的原因，以便制定措施，不断降低成本，提高企业的经济效益。

（二）商品产品成本表的结构和内容

商品产品成本表将全部商品划分为可比产品和不可比产品，分别填列它们的实际产量、单位成本、本月总成本、本年累计总成本。

可比产品是指企业以前年度曾经正式生产过，有较完整的成本资料可以比较的产品；不可比产品是指企业以前年度未正式生产过的产品，没有可比的成本资料。对于上年试制成功、今年正式投产的产品，也应视为不可比产品。

对不可比产品只列出单位成本、本月总成本和本年总成本；而对可比产品不仅要列出单位成本、本月总成本和本年总成本，还要列出上年实际平均单位成本、本年计划成本、本月实际成本和本年累计实际平均成本，并且规定成本降低计划指标，即本年度可比产品计划成本与按上年度实际平均单位成本计算的总成本相比的降低额和降低率。这样做的目的是考核不可比产品和全部商品产品成本计划的执行情况。

商品产品成本表的具体格式和内容见表12-1。

表 12-1　　　　　　　　　　　　　**商品产品成本表**

企业名称：　　　　　　　　　　　　202×年 12 月　　　　　　　　　　　　金额单位：元

产品名称	计量单位	实际产量		单位成本				本月总成本			本年实际产量总成本		
		本月	本年累计	上年实际平均	本年计划	本月实际	本年累计实际平均	按上年实际平均单位成本计算	按本年计划单位成本计算	本月实际	按上年实际平均单位成本计算	按本年计划单位成本计算	本年实际成本
		(1)	(2)	(3)	(4)	(5)=(9)÷(1)	(6)=(12)÷(2)	(7)=(1)×(3)	(8)=(1)×(4)	(9)	(10)=(2)×(3)	(11)=(2)×(4)	(12)
可比产品合计								382 500	346 000	306 250	4 099 500	3 711 000	3 373 500
其中：甲产品	件	300	3 150	610	560	480	490	183 000	168 000	144 000	1 921 500	1 764 000	1 543 500
乙产品	件	250	3 000	510	460	425	430	127 500	115 000	106 250	1 530 000	1 380 000	1 290 000
丙产品	件	200	1 800	360	315	280	300	72 000	63 000	56 000	648 000	567 000	540 000
不可比产品合计									28 800	25 650		305 400	279 900
其中：子产品	件	25	270		870	750	770		21 750	18 750		234 900	207 900
丑产品	件	30	300		235	230	240		7 050	6 900		70 500	72 000
全部商品产品成本									374 800	331 900		4 016 400	3 653 400

补充资料（本年累计实际数）：

①可比产品成本实际降低额为726 000元，本年计划降低额为384 000元。

②可比产品成本降低率为17.71%，本年计划降低率为9.24%。

③按现行价格计算的商品产值为4 994 469元。

④产值成本率为73.15元/百元，本年计划产值成本率为80.42元/百元。

（三）商品产品成本表的编制方法

商品产品成本表各项目的内容和填制方法如下：

1.“产品名称”项目，应填列主要的“可比产品”和“不可比产品”的名称，主要商品的品种按规定填写。

2.“实际产量”项目，反映本月和从年初起至本月止各种主要商品产品的实际产量，它应根据成本计算单或产品成本明细账的记录计算填列。

3.“单位成本”项目，反映各种主要商品产品的上年实际、本年计划、本月实际和本年累计实际的单位成本。

（1）上年实际平均单位成本，根据上年度本表所列的各产品全年累计实际平均单位成本填列，以前年度没有生产过的产品，则该项目不予填列。

（2）本年计划单位成本，根据年度成本计划有关数字填列。

（3）本月实际单位成本，根据表中本月实际总成本除以本月实际产量所得商数填列。

（4）本年累计实际平均单位成本，根据表中本年累计实际总成本除以累计实际产量所得商数填列。

4.“本月总成本”项目，反映各主要商品产品本月实际产量分别按上年实际平均单位成本、本年计划单位成本和本月实际单位成本计算的总成本。本月实际总成本，根据产品成本计算单填列；按上年实际平均单位成本计算的总成本，根据各产品本月实际产量乘以上年实际平均单位成本填列；按本年计划单位成本计算的总成本，根据本年计划单位成本填列。

5.“本年累计总成本”项目，反映各主要商品产品本年累计实际产量的上年实际、本年计划和本年累计实际的总成本，根据产品成本计算单位有关资料填列。

6.“补充资料”项目，根据计划、统计和会计等有关资料计算后填列。其中，可比产品成本的降低额和降低率可按下列公式计算：

$$\begin{aligned}\text{可比产品成本实际降低额} &= \text{按上年实际平均单位成本计算的可比产品总成本} - \text{本年可比产品实际总成本} \\ &= \left(\text{本年实际生产量} \times \text{上年实际平均单位成本}\right) - \left(\text{本年实际生产量} \times \text{本年实际平均单位成本}\right)\end{aligned}$$

$$\begin{aligned}\text{可比产品成本实际降低率} &= \left(\text{可比产品成本降低额} \div \text{按上年实际平均单位成本计算的可比产品总成本}\right) \times 100\% \\ &= \frac{\text{可比产品成本降低额}}{\text{本年实际产量} \times \text{上年实际平均单位成本}} \times 100\%\end{aligned}$$

$$\begin{aligned}\text{可比产品成本计划降低额} &= \text{按上年实际平均单位成本计算的可比产品计划总成本} - \text{本年可比产品计划总成本} \\ &= \left(\text{本年计划产量} \times \text{上年实际平均单位成本}\right) - \left(\text{本年计划产量} \times \text{本年计划单位成本}\right)\end{aligned}$$

$$\begin{aligned}\text{可比产品成本计划降低率} &= \left(\text{可比产品成本计划降低额} \div \text{按上年实际平均单位成本计算的可比产品计划总成本}\right) \times 100\% \\ &= \frac{\text{可比产品成本计划降低额}}{\text{本年计划产量} \times \text{上年实际平均单位成本}} \times 100\%\end{aligned}$$

产值成本率（元/百元）=（产品总成本÷产品产值）×100%

表 12-1 补充资料计算如下：

可比产品成本实际降低额=4 099 500-3 373 500=726 000（元）

可比产品成本实际降低率=726 000÷4 099 500×100%=17.71%

可比产品成本计划降低额和计划降低率根据可比产品降低计划填列，计算过程见表 13-5。

如果本年实际总成本比按上年实际平均单位成本计算的成本高，补充资料中的实际成本降低额和实际成本降低率应以“-”号表示。

二、主要产品单位成本表

（一）主要产品单位成本表的概念和作用

主要产品是指企业经常生产，在全部产品中所占比重较大，能概括反映企业生产经营面貌的那些产品。主要产品单位成本表是反映企业在一定时期（月、季、年）内生产的各种主要产品单位成本构成情况和各项主要技术经济指标执行情况的报表。该表是对商品产品成本报表的有关单位成本进行补充说明的报表。

根据主要产品单位成本表提供的资料，可以按照成本项目分析、考核主要产品单位成本的计划执行结果；将本月实际单位成本和本年累计实际平均单位成本与上年实际平均单位成本和历史先进单位成本进行对比，了解产品单位成本变化、发展的趋势；还可以分析和考核主要产品的主要技术经济指标的执行情况，找出差距，挖掘潜力，降低产品成本。

（二）主要产品单位成本表的结构和内容

主要产品单位成本表可以分为上、下两部分。上半部分主要反映单位产品的成本项目，并分别列出本月实际产量、本年累计计划产量、本年累计实际产量等。下半部分反映单位产品的主要技术经济指标，分别列出历史先进水平、上年实际平均单位成本、本年计划单位成本、本月实际单位成本、本年累计实际平均单位成本，以及各种主要产品单位产品耗用的原材料、主要材料、燃料和动力的数量。主要产品单位成本表的格式见表12-2。

表 12-2

主要产品单位成本表

202×年 8 月

本月计划产量：18

产品名称：乙产品　　本月实际产量：20

产品规格：××　　本年累计计划产量：200

计量单位：件　　本年累计实际产量：300

销售单价：180　　金额单位：元

成本项目	历史先进水平	上年实际平均	本年计划	本月实际	本年累计实际
直接材料	68	75	72	73	74
直接工资	12	20	18	14	19
制造费用	29	33	30	30	32
其他直接费用	21	32	30	23	31
产品单位成本	130	160	150	140	156
主要技术经济指标					
A材料耗用量/kg	6	9	8	8	7
B材料耗用量/kg	4	6	7	6	5
工时	10	12	11	12	11.5

（三）主要产品单位成本表的编制方法

1. “本月计划产量”和“本年累计计划产量”项目，分别根据本月和本年产品产量计划填列。

2. “本月实际产量”和“本年累计实际产量”项目，根据产品成本明细账或产品成本汇总表填列。

3. “历史先进水平”项目，根据历史上该种产品成本最低年度的实际平均单位成本填列。

4. “上年实际平均单位成本”项目，根据上年度本表实际平均单位成本填列。

5. “本年计划单位成本”项目，根据本年度成本计划填列。

6. “本月实际单位成本”项目，根据本月产品成本明细账或产品成本汇总表填列。

7. “本年累计实际平均单位成本”项目，根据本年该种产品累计实际总成本除以累计实际产量计算填列。

8. “主要技术经济指标”项目，根据该产品原材料耗用量的有关资料进行填列。

三、制造费用明细表

（一）制造费用明细表的概念和作用

制造费用明细表是反映企业在报告期内发生的各项制造费用的报表。

根据制造费用明细表提供的资料，可以了解企业在报告期间制造费用的构成和各项费用的增减变动情况，从而考核制造费用计划的执行情况；还可以分析制造费用的变化趋势以及发展规律，以便进一步采取措施，节约开支，从而降低产品成本中的制造费用。

（二）制造费用明细表的结构和内容

制造费用明细表的基本结构是按规定的制造费用项目，分别反映本年计划数、本月实际数、上年同期实际数和本年累计实际数。这样有利于本年实际数分别同本年计划数和上年同期实际数进行比较，以便加强对制作费用的管理。其具体格式见表12-3。

表12-3　　制造费用明细表

编制车间：　　202×年 11月　　金额单位：元

项目	行次	本年计划	本月实际	上年同期实际	本年累计实际
职工薪酬	1	144 780	10 500	90 000	156 180
折旧费	2	63 500	9 000	88 000	61 300
修理费	3	96 000	6 100	67 600	68 300
办公费	4	40 000	1 600	27 500	25 000
水电费	5	25 800	2 200	23 100	21 900
机物料消耗	6	32 750	5 200	52 800	27 200
劳动保护费	7	56 000	4 800	50 500	55 800
租赁费	8	54 000	3 000	51 400	40 500
差旅费	9	3 600	3 500	8 000	2 727
保险费	10	60 000	5 500	63 000	54 000
设计制图费	11	19 000	1 900	19 200	36 700
实验检验费	12	31 000	3 600	33 000	43 200
其他费用	13	12 000	4 400	41 800	44 343
制造费用合计		638 430	61 300	615 900	637 150

（三）制造费用明细表的编制方法

1. “本年计划”项目，根据制造费用计划填列。

2. “本月实际”项目，根据本月制造费用明细账登记金额填列。

3. “上年同期实际”项目，根据上年本表的“本年累计实际数”填列。

4.“本年累计实际”项目，填列自年初起至编报月月末止的累计实际数，根据制造费用明细账各月合计数汇总计算填列。

四、期间费用报表

（一）期间费用报表的概念和作用

期间费用报表是反映企业在报告期内发生的管理费用、财务费用和销售费用的报表。

利用期间费用报表提供的资料，可以考核期间费用计划或预算的执行情况，分析各项费用的构成和增减变动情况，以便进一步采取措施，压缩开支，不断降低费用水平。

（二）期间费用报表的结构和内容

期间费用报表一般包括管理费用明细表、财务费用明细表和销售费用明细表。它们的结构基本相同，都是按照规定的费用项目分别反映本年计划数、上年实际数和本年实际数，这样反映便于本年实际数分别同本年计划数和上年实际数进行比较，以便加强对费用的控制和管理。

有关期间费用报表的格式和内容见表12-4至表12-6。

表12-4 **管理费用明细表**

编制单位： 202×年 金额单位：元

项目	行次	本年计划数	上年实际数	本年实际数
职工薪酬	1	95 000	94 890	96 750
办公费	2	66 000	66 430	60 780
折旧费	3	70 000	67 000	68 290
水电费	4	54 000	56 005	50 000
差旅费	5	87 000	90 000	86 430
招待费	6	98 000	94 080	89 780
⋮	⋮	⋮	⋮	⋮
合计	13	597 908	580 625	587 130

表12-5 **财务费用明细表**

编制单位： 202×年 金额单位：元

项目	行次	本年计划数	上年实际数	本年实际数
利息支出	1	110 000	118 900	105 000
金融机构手续费	2	5 000	6 430	6 780
汇兑损失	3	50 000	63 700	34 000
其他	4	1 200	2 400	1 500
合计	13	166 200	191 430	147 280

表 12-6　　　　　　　　　　　　**销售费用明细表**

编制单位：　　　　　　　　　　　　202×年　　　　　　　　　　　　金额单位：元

项目	行次	本年计划数	上年实际数	本年实际数
职工薪酬	1	75 000	79 000	76 850
办公费	2	56 000	56 430	50 780
折旧费	3	50 000	60 000	50 090
水电费	4	34 000	36 085	32 000
差旅费	5	97 000	90 000	89 430
运杂费	6	8 000	9 080	8 780
包装费	7	6 800	4 500	7 020
⋮	⋮	⋮	⋮	⋮
合计	14	427 308	438 625	417 930

（三）期间费用报表的编制方法

1.“本年计划数”项目，根据本年度各项费用预算填列。

2.“上年实际数”项目，根据上年度本表的“本年实际数”相应的数字填列。如果表内所列费用项目和上年度的费用项目在名称和内容上不一致，应对上年度的各项数字按本年度表内的规定进行调整后填列。

3.“本年实际数”项目，根据本年度管理费用明细账、财务费用明细账、销售费用明细账中各项费用的累计数填列。

五、其他成本报表

企业除了按时编制商品产品成本报表、主要产品成本表、制造费用明细表和期间费用报表等成本报表外，还需要按特定的生产工艺特点和成本管理要求，设置其他成本报表，如生产情况报表、材料成本考核表、人工成本考核表等。其他成本报表具有较大的灵活性、多样性和及时性，产品成本水平的细微变化一般都可以通过这些报表及时显现出来。现将一些常用的格式介绍如下。

（一）成本及产量情况表

成本及产量情况表为反映一定期间内整个企业、一个部门、一个车间或一种产品的生产数量和成本的报表。本表可由财会部门编制，采用成本和产量对比方式，以加强对产品成本的控制。本表可按每种产品编制，每隔五日、旬或半月编报一次，其格式见表 12-7。

表 12-7　　　　　　　　　　　　**成本及产量情况表**

车间：　　　　　　　　　　　　202×年×月

产品名称：　　　　　　　　　　　　　　　　　　　　　　金额单位：元

日期	摘要	直接材料	直接工资	制造费用	其他	合计	生产数量		
							日期	完工入库数	在产品数

如果要按整个企业或部门编制成本及产量情况表，则上表可按产品品种汇总，只要将表中的日期和摘要栏改为产品名称即可，表内的各项成本数可以根据领料单、生产工时统计和单位工资率编列，完工入库数可根据产成品入库单计算，在产品数可根据“期初数+投产数-完工数-废品数”推算，或根据产成品台账填列。在实行经济责任制的情况下，成本可按照权责划分进行分层控制和考核。例如，可按各个班组、车间或部门、厂部来进行分级控制。这时可采用表12-8所示格式加以反映。

表12-8 **实际及预算成本表**

部门： 202×年×月 单位：元

项目	预算数	实际数	差异数
直接材料			
直接人工			
间接人工			
停工损失			
加班津贴			
低值易耗品			
物料用品			
管理人员工资			
累计折旧			
合计			

成本及产量情况表可由车间或职能部门编制，用以进行成本控制。表内项目只包括由该部门主管负责并控制的成本，不属于本部门主管负责的成本不在本表内反映。如果该表由厂部编制，则项目栏可按各个部门的成本合计数编制，以便对各部门实施控制，格式基本同上，仅项目栏应改为各责任部门名称，如供电、生产、机修、供应、销售、运输、财务、厂部等。

（二）主要材料成本考核表

反映材料成本的内部报表可分别由仓库部门和财会部门编制。仓库部门编制的材料耗用量报表格式见表12-9，主要反映重要的材料消耗数量，一般逐日编制。其实际用量根据领料单汇总，标准用料以实际产量乘以消耗定额求得，二者之间的差额记入差异栏，节约用负号表示。

表12-9 **材料耗用量月报表**

材料名称：甲材料 202×年×月 单位：kg

日期	本日数				本月累积数				本年累积数			
	实际用量	标准用量	差异数	差异率（%）	实际用量	标准用量	差异数	差异率（%）	实际用量	标准用量	差异数	差异率（%）
1	50	55	-5	-9.09%	50	55	-5	-9.09%	1 680	1 760	-80	-4.55%
2	⋮	⋮	⋮	⋮	⋮	⋮	⋮	⋮	⋮	⋮	⋮	⋮

财会部门编制的材料耗用成本表的格式见表12-10，用以汇总反映各部门材料耗用金额，并与标准成本作比较。这里的部门可以是班组、车间或职能部门。

表 12-10

材料耗用成本表

202×年 5 月 1 日至 5 月 10 日　　金额单位：元

部门	实际成本（实际用量×计划单价）	标准成本（标准用量×计划单价）	差异数	差异率
甲部门	16 840	17 000	-160	-0.94%
乙部门	20 860	20 000	860	4.3%
丙部门	13 830	13 790	40	0.29%
合计	51 530	50 790	740	1.46%

材料价格差异分析表见表12-11，它也是成本报表的一种，用于分析材料采购成本。通过该表可以了解各个采购渠道的经济效果，为进一步降低单位产品成本中的原材料成本提供可能。该表由财会部门或材料核算部门编制，每旬或每5日编制一次。

表 12-11

材料价格差异分析表

202×年 5 月 1 日至 5 月 10 日　　金额单位：元

采购单编号	供货单位	材料名称	计量单位	采购数量	实际成本		计划成本		差异		
					单位成本	总成本	单位成本	总成本	单位成本	总成本	差异数

（三）人工成本考核表

人工成本的考核可采用多种形式进行，人工成本考核表主要用于分析工人在生产时间内的工作效率。该表可由生产班组编制并逐级汇总，不仅可以用作成本考核资料，也可以作为发放劳动报酬的参考。根据分项的需要，该表可以设置不同的格式，具体格式见表12-12。

表 12-12

工人工作效率月报表

班组：　　202×年 5 月 31 日　　金额单位：元

姓名	工号	实际人工费用			定额人工费用			差异		
		实际工时	实际小时工资	实际人工费用	定额工时	定额小时工资	定额人工费用	工时差异	工资率差异	人工费用差异

（四）损失报告表

为了分析各项生产损失的金额及其产生原因，有时需要车间、部门编报生产损失报告表。该表可以根据“停工损失”“废品损失”等账户的记录或其他原始凭证编制。具体格式见表12-13。

表 12-13　　**生产损失报告表**

车间：　　202×年 5 月　　金额单位：元

<table>
<tr><th colspan="2" rowspan="2">项目</th><th rowspan="2">原因</th><th rowspan="2">数量</th><th rowspan="2">工时</th><th colspan="4">修复费用</th><th colspan="4">废品生产成本</th><th rowspan="2">回收残料</th><th rowspan="2">应收赔偿</th><th rowspan="2">净损失</th><th rowspan="2">备注</th></tr>
<tr><th>材料</th><th>人工</th><th>制造费用</th><th>小计</th><th>材料</th><th>人工</th><th>制造费用</th><th>小计</th></tr>
<tr><td rowspan="3">废品损失</td><td>可修复</td><td></td><td></td><td></td><td></td><td></td><td></td><td></td><td></td><td></td><td></td><td></td><td></td><td></td><td></td><td></td></tr>
<tr><td>不可修复</td><td></td><td></td><td></td><td></td><td></td><td></td><td></td><td></td><td></td><td></td><td></td><td></td><td></td><td></td><td></td></tr>
<tr><td>合计</td><td></td><td></td><td></td><td></td><td></td><td></td><td></td><td></td><td></td><td></td><td></td><td></td><td></td><td></td><td></td></tr>
<tr><td colspan="2" rowspan="2">停工损失</td><td colspan="3">职工薪酬</td><td colspan="3">办公费</td><td colspan="3">折旧费</td><td colspan="2">其他</td><td colspan="2">合计</td><td colspan="2">备注</td></tr>
<tr><td colspan="3"></td><td colspan="3"></td><td colspan="3"></td><td colspan="2"></td><td colspan="2"></td><td colspan="2"></td></tr>
</table>

思考与练习

1. 成本报表的含义是什么？
2. 成本报表的种类有哪些？
3. 成本报表的编制有哪些要求？
4. 成本报表在成本管理中有什么作用？
5. 什么是商品产品成本表？该表的结构如何？
6. 什么是主要产品成本表？该表的结构如何？

第十三章

成本分析

培根铸魂

做守正创新的时代新人

守正创新是主体创造价值和辉煌业绩必备的精神之核。中华文明之所以源远流长而又博大精深，且充满无限活力和发展生机，是与其守正创新的文明品格和精神禀赋密不可分的。守正才能不迷失方向，走正确的道路；创新才能把握时代、引领时代，行稳致远。

党的二十大报告强调：要自信自强、守正创新，踔厉奋发、勇毅前行，为全面建设社会主义现代化国家、全面推进中华民族伟大复兴而团结奋斗。作为新时代的大学生，如何守正创新？一是要坚持守正为本。“守正”之“正”是方向、道路、性质、立场之正，实质是“因正确而坚守”。要守中华优秀传统文化之正，守中国特色社会主义道路之正，坚守理想信念、初心使命，道不变、志不改。二是要坚持创新为要。树立科学精神和培养创新思维，在前人的基础上不断超越，不迷信学术权威，敢于大胆质疑，认真实证；坚持问题导向，主动发现问题，深入分析问题，用创新的思路和办法真正解决问题。

▶▶▶▶▶▶▶ 第一节　成本分析概述

一、成本分析的含义

成本分析是利用成本报表所提供的反映企业一定时期成本水平和构成情况的资料，采用科学的分析方法，对企业成本水平及其构成的变动情况进行分析评价，揭示成本升降的原因，寻求降低成本的途径，从而提高企业经济效益的一项成本管理工作。成本分析是企业成本管理的重要组成部分，成本管理的根本目的就是不断降低企业的产品成本，而成本分析是寻求降低产品成本途径的必不可少的手段。

广义地说，成本分析可以在成本形成的事前、事中和事后进行。在成本形成之前，通过成本预测分析，选择降低成本的最佳方案，确定目标成本，为编制成本计划提供可靠的资料；在成本形成过程中，随时检查各项定额和成本计划的执行情况，控制各种消耗、费用支出，进行成本控制分析，保证目标成本的实现；在成本形成之后，通过成本分析评价成本计划执行结果，考核业绩，总结经验，指导今后的经济活动。所以，成本分析贯穿于成本会计的全过程，对充分发挥成本会计的积极作用具有重要意义。

狭义的成本分析主要指事后成本分析。事后成本分析是以成本核算提供的数据为主，结合有关的计划、定额、统计、技术和其他调查资料，按照一定的原则，运用一定的方法，对影响成本和成本效益升降的各种因素进行科学的分析，查明成本和成本效益变动的原因，制定降低成本的措施，以便充分挖掘企业内部降低成本和提高成本效益的潜力，用较少的消耗取得较大的经济效益。这种分析对于检查成本计划的执行情况、评价成本工作的业绩、指导以后的成本工作是必不可少的。本章所讲的成本分析主要是从狭义角度进行的。

二、成本分析的任务

第一，评价企业成本计划的执行结果，考核成本责任单位的工作业绩。企业的经济活动错综复杂，成本计划的执行结果往往受多种因素的影响。因此，我们只有通过系统、全面地分析成本计划完成或没有完成的原因，对成本计划本身及其执行情况进行合理评价、深入分析，总结本期实施成本计划的经验教训，才能为下期成本计划的编制提供重要依据；同时，通过分析，有根据地评价成本责任单位的成绩或不足并分析原因，才能正确考核成本责任单位的工作业绩，为落实奖惩制度提供可靠依据，从而调动各责任单位和职工提高成本效益的积极性和主动性。

第二，揭示成本升降原因，掌握成本变动规律。成本是企业经济活动的综合性指标，企业的劳动生产率、材料和燃料动力的消耗情况等都会从成本指标中反映出来。我们通过成本分析，从指标、数据入手，找出差距，揭露矛盾，查明各种积极因素和消极因素及其对经济指标的影响程度，并分清主观原因和客观原因，从复杂的因素中找出影响成本升降的真正原因，从而逐步认识和掌握成本变动的规律，以便采取措施，不断提高企业的经营管理水平。

第三，寻求降低成本的途径和方法，不断提高企业的经济效益。分析成本升降原因的根本目的就是挖掘企业降低成本的潜力，促使企业以较少的劳动消耗生产出更多更好的产品，实现更快的价值增值。因而，成本分析的核心就是提高经济效益，不断挖掘企业降低成本的潜力，充分认识未被利用的劳动和物质资源，寻找利用不完善的部分及其原因。

第四，检查企业是否贯彻执行国家的有关方针、政策和财经纪律。以国家的有关方针、政策和财经纪律为依据，分析企业是否降低成本和提高成本效益，保证国家利益和人民利益不受损害，及时纠正违纪的不合理行为，能促使企业微观效益的增长和社会宏观效益的增长相协调。

三、影响成本的主要因素

企业产品成本的提高或者降低，是各种因素共同影响、综合作用的结果。这些因素概括起来可以分为固有因素、宏观因素和微观因素三大类。全面分析成本变动的原因，对于实现成本分析的任务有重大意义。下面我们分别来说明影响企业产品成本的一些主要因素。

（一）固有因素

固有因素是指企业成立时影响企业产品成本的先天条件。固有因素主要包括企业的地理位置和资源条件、生产规模和技术装备水平，以及企业的专业化协作水平等。这些先天条件的好坏都会影响企业成本的高低，而且这些条件给企业成本带来的不利影响往往无法改变，在长期内影响企业的成本、费用。例如，地理位置和气候条件会影响到企业的固定资产结构，从而影响到固定资产的费用。再如，生产规模大的企业，技术装备水平比较先进，产量大，能耗低，原材料利用充分，产品质量好，劳动生产率高。

（二）宏观因素

宏观因素是指从整个国民经济活动的宏观方向来观察的因素。宏观因素主要包括国家宏观经济政策的调整、成本管理制度的改革、市场需求和价格水平的变化等。这些因素也会在不同程度上影响企业的成本，一般来说，企业本身不能改变和控制这些因素。例如，在一般情况下，提高贷款的利率会促使企业减少资金的占用，提高企业资金的利用效率；国家在不同时期的宏观管理要求不同，所作的统一规定也会有所不同；产品的生产方向、品种结构、生产任务必须根据市场的需求来确定。

（三）微观因素

微观因素就是从企业本身的经济活动的微观方向来观察的因素。固有因素和宏观因素是企业本身不能控制和改变的，而微观因素与企业的各项管理工作相联系，是内部因素、主观因素，企业可以通过改善生产经营管理、提高生产技术水平来消除这些因素的不利影响。微观因素大体可以归纳为以下几个方面：劳动生产率水平、生产设备利用效率、原材料和动力燃料的利用情况、产品生产的工作质量、企业成本管理水平和企业文化建设。

对上述因素进行分析时，企业既不能因客观因素的影响而推卸自身的责任，也不能忽视固有因素和宏观因素对企业成本的影响。只有综合考虑分析各种因素，才能准确、客观、积极地作出评价。需要说明的是，这三类因素的划分只是相对的，它们会随着具体条件的变化而发生变化。一般情况下，企业内部经营管理因素应该是成本分析的重点。但是，在成本分析时也应辩证地看问题，做到具体情况具体分析，紧紧抓住企业可以控制的因素，挖掘一切可以降低成本的潜力，实现企业成本的降低。

四、成本分析的原则

成本分析的原则是组织成本分析的规范，也是发挥成本分析职能作用、完成成本分析任务和使用分析方法的准绳。概括地说，成本分析的一般原则是，要以马克思主义唯物辩证法为理论基础，以党和国家的有关方针、政策、法规为依据，以目标成本和定额为标准，以健全的成本信息系统为手段，以提高经济效益为核心，全面、系统、及时地对企业的成本和成本效益进行分析，并给予正确评价。具体地说，在分析时要着重掌握以下几个原则。

（一）全面分析与重点分析相结合

这里所谓的全面分析，不仅指分析内容的全面性，更是指成本分析要着眼整体、树立全局观念，切忌片面性，必须以党和国家的有关方针、政策、法规为依据，企业成本效益要与社会效益结合起来进行分析；要运用一分为二的观点来进行分析，对成绩和缺点、经验和存在问题、有利因素和不利因素、主流和支流，必须坚持实事求是的态度，不能强调一个方面而忽视另一个方面，这样才能得出正确的结论。此外，要以产品成本形成的全过程为对象，结合生产经营各阶段的不同性质和特点进行成本分析。

必须指出，全面分析并不意味着要对与成本有关的生产经营活动进行面面俱到、事无巨细的分析，而要按照例外管理原则抓住重点，找出关键性问题，深入剖析。一般说来，企业日常出现的成本差异繁多，为了提高成本分析的工作效率，分析人员要把精力集中在例外差异上，即对那些差异率或差异额较大、差异持续时间较长、差异影响了企业长期盈利能力的项目进行重点分析，并及时反馈给有关责任单位，迅速采取措施予以消除。

（二）专业分析与群众分析相结合

成本涉及企业所有部门及全体职工的工作业绩，为了使成本分析能够做到经常性和有效性，真正达到成本分析的目的，必须发动群众，充分激励广大群众的自觉行为。这就要求成本分析上下结合、专群结合，充分调动每个部门和广大群众分析成本、挖掘降低成本潜力的积极性，把专业分析建立在群众分析的基础上。这样才能充分揭露矛盾，深挖提高成本效益的潜力。

（三）经济分析与技术分析相结合

成本的高低既受经济因素影响，又受技术因素影响，在一定程度上技术因素起决定性作用。所以，成本分析如果只停留在对经济指标的分析，而不结合技术指标，就不能达到其目的。因此，分析人员应通晓一些技术知识，并注意发动技术人员参与成本分析，把经济分析与技术分析结合起来。经济分析与技术分析相结合，就是通过经济分析为技术分析提供研究方向，增强技术分析的目的性；而技术分析又可以反过来增加经济分析的深度，并从经济效益角度对所采取的技术措施加以评价，从而通过改进技术来提高经济效益。这两方面分析的结合，能防止结论的片面性，查明成本指标变动的原因，以全面改进工作、提高效益。

（四）纵向分析与横向分析相结合

纵向分析是指企业内部范围的纵向对比分析，包括本期实际数与上期实际数比较，与上年同期实际数比较，与历史最好水平比较等。这种纵向对比，是成本分析的主要内容，可以观察企业成本的变化趋势。但在市场经济体制下，企业必须面向市场、面向世界，所以，要收集和掌握国内外同类型企业的先进成本水平资料，广泛开展横向厂际对比分析。这种横向对比，有助于企业在更大范围内发现先进水平与落后水平的差距，促使企业产生紧迫感、增强竞争力。

（五）事后分析与事前、事中分析相结合

现代成本分析不能局限于事后分析，还应包括事前分析和事中分析，特别是要开展事前分析。这三个阶段的分析是相互联系的，各有作用。只有在成本发生之前就开展预测分析，在成本发生过程中实行控制分析，在成本形成之后搞好考核分析，把事前分析、事中分析和事后分析结合起来，建立起完整的分析体系，将成本分析贯穿于企业再生产全过程，才能做到事前发现问题、事中及时揭示差异、事后正确评价业绩。这对于提前采取相应措施，把引起成本升高的因素消灭在发生之前或萌芽状态之中，及时总结经验教训，指导下期成本工作等，都具有明显的积极意义。

（六）报表数据分析与实地分析相结合

成本分析必须系统掌握和充分利用报表数据，这是做好分析工作的基础。但是要了解完整的实际情况，真正弄清问题的实质，从复杂因素中找出关键因素，得出全面的分析结论，只凭报表数据是不够的，只有深入实践，有的放矢地进行必要的调查研究，把报表数据和实际情况结合起来，才能加深认识，进一步提高分析的质量。

五、成本分析的程序

成本分析程序应明确成本分析工作各个步骤的名称、顺序、内容和要求。成本分析的基本程序通常可归纳为以下几个阶段。

（一）成本分析准备阶段

成本分析准备阶段主要包括以下步骤：

第一，明确成本分析的目的。成本分析的主要目的是全面分析成本水平与构成的变动情况，研究影响成本升降的各种因素及其变动原因，以便挖掘降低成本的潜力，控制成本，提高经济效益。为达到这一目的，必须制订成本分析计划，以保证分析工作有目的、有步骤地进行，并且不会因遗漏任何重要问题而影响分析效果。

第二，确立成本分析标准。企业通常会制定成本计划指标作为成本分析标准，将企业

的实际成本指标与计划指标进行对比，指出差异，并分析原因；也可以将企业的实际成本指标与历史标准、同行业标准等进行对比，找出差距，提高竞争力。

第三，收集成本分析资料。拥有大量完备的、内容真实的、数据正确的资料，是进行成本分析的基础。只有筛选出真实反映经营状况的资料，才有可能得出正确的结论和提出切实可行的建议。

（二）成本分析实施阶段

成本分析实施阶段主要包括以下步骤：

第一，报表整体分析。进行成本分析时，首先要对成本报表整体进行分析。例如，对商品产品成本表，可按产品品种和成本项目对全部产品成本进行分析，将产品的实际成本与计划成本进行对比分析，对其中的可比产品，可将实际成本与计划成本进行比较，还可以与上年实际数比较；对主要产品单位成本表，可将产品单位成本分别与上年数或计划数进行比较；对制造费用明细表，可将实际费用与计划数或上年同期水平进行比较，以说明有关成本费用的升降情况。

第二，成本指标分析。成本指标分析，又称成本指标对比，是在已经核实资料的基础上，对成本的各项指标的实际数进行各种形式、各个方面的比较。经过比较，就可以确定差异，揭露矛盾。这样，一方面可以寻找产生问题的原因，另一方面又为挖掘潜力指出方向和途径。必须指出，指标对比如果仅限于对比经济指标完成的结果，还不能充分揭露矛盾，必须同时考察成本指标完成的过程，进一步分析企业是怎样完成成本指标的，即按成本指标完成的时间和地点来详细研究其完成的结果，才能发现问题的实质。

第三，基本因素分析。通过对比，只能看出数量、现象的差异，不能反映差异的根源。因此，还要相互联系地研究各项成本指标发生差异的原因。影响成本指标差异的原因是多种多样的，因此，要运用对立统一的方法分析、查明成本指标发生差异的原因。

（三）成本分析报告阶段

成本分析报告阶段包括以下步骤：

第一，根据成本分析实施阶段的分析结果，得出成本分析结论。这就要求，在研究有关成本指标差异形成过程的基础上，将有关因素加以分类，衡量各个因素对指标差异产生的影响程度和影响方式，找出起决定作用的主要因素，综合分析各方面因素对指标差异的影响程度。从复杂因素中找出决定性因素，对企业成本和成本效益由感性认识上升到理性认识，抓住问题的关键，得出成本分析的结论。

第二，提出可行的措施和建议。成本分析在揭露矛盾和分析矛盾后，要对企业成本水平作出评价，提出解决矛盾的可行措施。在分析工作的最后阶段，应根据分析的结果，认真总结经验教训，发扬优点，克服缺点。要依靠群众，针对生产实践中的关键问题和薄弱环节提出措施，挖掘潜力，改进工作，提高成本效益。只有不断地发现、分析、解决实践中出现的新矛盾与新问题，才能不断提高企业的科学管理水平。

第三，编写成本分析报告。在完成成本分析的全部程序后，应对成本分析结果作出文字报告。

六、成本分析评价标准

确定成本分析评价标准是成本分析的一个基本步骤，也是成本分析的一项重要内容。不同的成本分析评价标准，会对同一分析对象得出不同的分析结论。正确选择和确定成本分析评价标准，对于发现问题、找出差距、正确评价成本分析对象，有着十分重要的意义和作用。

成本分析评价标准主要有历史标准、行业标准和预算标准等。

历史标准，是指企业在以前年度中某项成本指标的最低水平。历史标准不会一直保持不变，如果企业以后年度的成本指标有了新的突破，历史标准将被更新、更好的指标所代替，直到企业重新产生新的标准。根据历史标准，可以判断企业现时的工作与以前相比，是取得了成绩，还是退步了，使企业看到自己的不足。

行业标准是指由企业主管部门根据所属行业生产经营的实际情况所制定的同行业的成本指标水平。行业标准应是体现全行业平均水平的成本指标，一般情况下，大多数企业经过努力可以达到这一标准。根据这一指标，企业可以了解自己在行业中所处的水平，是超过同行业平均水平，还是未达到同行业平均水平，从而促使企业努力采取措施，赶超先进水平。

预算标准（或称计划标准、目标标准）是指企业预先规定的在计划期内产品的生产耗费和各种产品的成本水平。预算标准具体包括主要产品单位成本预算、商品产品成本预算、制造费用预算、销售费用预算、管理费用预算和财务费用预算等。根据预算标准，企业可以分析其实际生产消耗水平与预算之间的差异，并通过分析差异的产生原因，使其在以后的经营管理中，力争成本消耗不突破预算，不断降低成本水平，从而提高企业的经济效益。

▸▸▸▸▸▸ 第二节　成本分析的基本方法

为了完成成本分析任务，必须采用科学合理的成本分析方法。企业具体采用哪种分析方法，要根据成本分析的目的、分析对象的特点、所掌握的计划资料和核算资料的性质和内容来决定。常用的成本分析方法主要有以下几种。

一、比较分析法

比较分析法是指将不同时期（不同情况）彼此联系的成本指标进行对比，分析它们之间的差异，来解释、说明企业成本管理是否有效的一种方法。它是成本分析中常用的基本方法。

在比较分析法中，选择合适的比较标准也很重要，只有选择的标准合适，才能作出客观的评价，比较标准有以下几种选择：

（1）时间标准。选择不同时间的指标数值作为对比，如将本期实际成本指标与上年同期比较，或将本期实际成本指标与历史最高水平比较。通过不同时间指标数值的对比，可以了解成本指标的变动趋势，有利于企业吸取历史经验教训，挖掘潜力，改进工作。

（2）空间标准。选择空间指标数据进行对比，如将本企业与同类企业的成本指标进行对比，或与国内外同行业先进水平、平均水平进行对比。通过与其他企业指标数据的对比，可以使企业开阔视野，取长补短。

（3）计划标准。将实际数与计划数、定额数、目标数进行对比，如将实际成本指标与计划成本指标对比，或与定额成本指标对比。通过该对比，企业可以检查计划成本或定额成本的执行情况。

在进行成本指标的对比时，必须注意指标的可比性，对于指标的计算口径、计价基础应做到统一。同行业的指标对比，尤其应注意技术上和经济上的可比性。

二、比率分析法

比率分析法就是将反映成本状况、成本水平的因素联系起来，通过计算和对比经济指标的比率，评价企业成本状况和经营情况的一种方法。采用这种方法，要先把对比的数值变成相对数，计算出比率，然后再进行对比分析。根据分析内容和要求的不同，比率分析又可具体分为以下几种。

（一）相关比率分析

将两个性质不同但是又相关的指标进行对比，求出比率，然后再将实际数与计划数或前期实际数进行对比分析，以便从经济活动的客观联系中深入了解企业的生产经营状况。例如，利用成本指标与反映生产、销售的生产经营成果指标，计算产值成本率、销售成本率、成本利润率等，就可以分析企业生产耗费的经济效益。

（二）构成比率分析

构成比率就是指某项经济指标的各个组成部分占总体指标的比重。通过构成比率分析，观察某一经济指标的构成内容及变化，可以掌握该项经济活动的特点和变化趋势。例如，将各个成本项目与产品成本总额相比，计算其占总成本的比重，确定成本的构成比率，然后将不同时期的成本构成比率相比较，就可以掌握产品成本构成的变动情况。

（三）趋势比率分析

趋势比率分析也称动态比率分析，简称趋势分析，是指将若干个不同时期的同类指标的数值进行对比，计算比率，分析该项指标的增减速度和发展趋势，以判断企业某方面业务的变化趋势，并从其变化中发现企业在经营方面所取得的成果和存在的不足。趋势比率分析法的计算指标包括差异数、差异率和趋势比率。

差异数等于两期相同成本指标相减后的差，能让人获得明确的增减概念，直观地判断该指标变动的方向和规模。计算公式为：

差异数=报告期指标数额-基期指标数额

差异率等于差异数与基期指标数额的比值，可以据此判断该指标变动的幅度大小。计算公式为：

$$差异率 = \frac{差异数}{基期指标数额} \times 100\%$$

趋势比率是指将不同时期的成本指标换算为同一基期的百分比，提供一项简明的趋势概念。它可以反映该指标的变动情况，也可以显示该指标的未来变动趋势。

按照选择的基期不同，趋势比率可以分为固定基期趋势比率和移动基期趋势比率两种。固定基期趋势比率是指以某一给定时期为共同基期，以后各期均以该期作为基期计算趋势比率，也称定期发展速度或定比。移动基期趋势比率是指以上期为基期，各期分别以其前期数为基期数计算趋势比率，也称为环比发展速度或环比。计算公式为：

$$趋势比率 = \frac{某一时期指标数额}{基期指标数额}$$

例 13-1

某电机厂生产的A铸件在202×年四个季度的单位成本分别为382元、403元、435元和475元。计算A铸件单位成本在202×年四个季度的差异数、差异率和趋势比率。

分别按固定基期和移动基期对该电机厂的A铸件单位成本变动趋势进行分析，见表13-1。

表 13-1 **A 铸件单位成本趋势比率分析表**

项目		第一季度	第二季度	第三季度	第四季度
单位成本（元/吨）		382	403	435	475
差异数	固定基期		21	53	93
	移动基期		21	32	40
差异率（%）	固定基期		5.5	13.87	24.35
	移动基期		5.5	7.94	9.2
趋势比率	固定基期		105.5	113.87	124.35
	移动基期		105.5	107.94	109.2

从表13-1可以看出，无论是从固定基期趋势分析，还是从移动基期趋势分析，A铸件的单位成本是逐步上升的，而且上升的速度越来越快，这说明该厂在生产和管理上存在严重的问题，必须找明原因，采取有力措施扭转这一不利局面。

三、因素分析法

因素分析法是依据分析指标与其影响因素之间的关系，按照一定的程序和方法，确定各因素对分析指标差异影响程度的一种技术分析方法。根据分析特点，因素分析法可分为连环替代法和差额计算法两种。

（一）连环替代法

连环替代法就是用来计算各个相互联系的因素对有关经济指标的变动影响程度的分析方法。掌握各个因素对有关指标的影响程度，有利于分析指标变动的责任和原因，使评价活动更有说服力，从而更好地分析和管理经济活动。

连环替代法的具体步骤是：

（1）将成本分析指标分解为各个可以计量的因素，并将经济指标的基数（计划数或上期数等）和实际数分解为两个指标体系。

（2）根据各个因素之间的依存关系，以基数指标体系为计算基础，用实际指标体系中每项因素的实际数逐步顺序地替换其基数，并计算出由于该因素变动所得的新结果。

（3）将每次替换后的结果与这一因素被替换前的结果进行比较，两者的差额即为这一因素变化对有关经济指标的影响程度。

（4）将单个因素对有关经济指标的影响进行累计相加，与实际脱离计划的差异额进行核对，验证分析的结果。

一切综合性经济指标的变化往往是许多因素综合影响的结果。这些因素相互联系，按照相同或相反的方向对综合经济指标产生影响。要分析各个影响因素对综合经济指标的影响程度，只有在假定其他因素不变的情况下才可以进行。运用这一方法时，要正确确定各个因素的替换顺序，通常的做法是：先数量指标，后质量指标；先实物量指标，后价值量指标。在各个因素的替换过程中，要按照统一的替换顺序进行，这样计算的结果才有可比性，如果改变影响因素的排列顺序，可能会得到不同的计算结果。另外，还要注意替换顺序的连环性，每一个因素的替换都是在上一次替换的基础上进行的。

假定某一综合经济指标N受A、B、C、三个因素的影响，它们之间的数量关系式为：

$N=A\times B\times C$

计划指标 $N_0=A_0\times B_0\times C_0$

实际指标 $N_1=A_1\times B_1\times C_1$

分析的对象是实际脱离计划的差异额，等于 N_1-N_0，是三个因素共同变动的结果。可按下列计算顺序确定三个因素对指标N的变动影响：

计划指标：$N_0=A_0\times B_0\times C_0$ ①

第一次替代：以 A_1 替换 A_0，B_0、C_0 保持不变，则 $N_2=A_1\times B_0\times C_0$ ②

第二次替代：以 B_1 替换 B_0，A_1、C_0 保持不变，则 $N_3=A_1\times B_1\times C_0$ ③

第三次替代：以 C_1 替换 C_0，A_1、B_1 保持不变，则 $N_1=A_1\times B_1\times C_1$ ④

②-①$=N_2-N_0$，表示A因素变动的影响

③-②$=N_3-N_2$，表示B因素变动的影响

④-③$=N_1-N_3$，表示C因素变动的影响

将各因素共同变动影响综合，即为 $(N_2-N_0)+(N_3-N_2)+(N_1-N_3)=N_1-N_0$。

下面举例说明连环替代法的计算过程。

例 13-2

某企业材料费用消耗的有关资料见表 13-2。

表 13-2 **材料费用消耗情况表**

项目	单位	计划数	实际数
产品产量	件	100	120
单位产品消耗定额	kg	10	8
材料单价	元/kg	14	15
材料费用	元	14 000	14 400

材料费用的实际数超过计划数 400 元（14 400−14 000），形成这一差异的因素有三个：产品产量、单位产品消耗定额、材料单价。运用连环替代法可确定各因素变化对成本的影响程度，差异变动分析的过程如下：

计划材料费用=100×10×14 =14 000（元） ①

第一次替换：120×10×14 =16 800（元） ②

第二次替换：120×8×14 =13 440（元） ③

第三次替换（实际材料费用）：120×8×15 =14 400（元） ④

②−①=2 800，表示由于产品产量增加导致材料费用增加 2 800 元。

③−②=−3 360，表示由于单位产品消耗定额下降导致材料费用减少 3 360 元。

④−③=960，表示由于材料单价上升导致材料费用增加 960 元。

2 800+（−3 360）+960=400 元，表示三个因素共同作用使实际材料费用比计划数增加 400 元。

通过计算可以看出，产品产量这一因素使材料费用增加较多，单位产品消耗定额下降导致材料费用大幅度下降，企业应综合所有原因，才能对企业材料费用总额的变动情况作出评价。

应用连环替代法时，必须掌握以下几个基本要点：

（1）经济指标体系的组成因素，必须能够反映形成该项指标差异的内在构成原因，否则就会失去其存在的价值。

（2）分析某一因素变动对经济指标差异的影响程度，必须暂定其他因素不变，以便舍去其他因素的影响。

（3）各因素对经济指标差异数的影响，必须顺序连环地逐一进行计算，否则算出的诸因素的影响程度之和，就可能不等于经济指标的差异数。

（4）确定各因素影响时，是以以前各因素已经变动而其后各因素尚未变动为条件的，如果将各个因素替代的顺序改变，则各个因素的影响程度也就不相同。

必须指出，用连环替代法确定各因素的影响程度只是初步的分析，因为经济指标分解后的各因素，往往仍是综合因素，它们仍包含着错综复杂的各种原因的影响。为了进一步查明具体原因和潜力所在，分析要由此及彼、由表及里、逐步深入。这就要求我们必须深入生产、深入群众，把数量分析和情况调查结合起来加以研究。

（二）差额计算法

差额计算法是连环替代法的一种简化形式。运用这一方法时，先要确定各个因素实际数和基数之间的差额，然后按照各个因素的排列顺序，依次计算出各个因素对经济指标差异的影响程度。这种方法的原理和连环替代法基本相同，其特点在于运用数学提取因数的原理，简化了连环替代法的计算程序。由于这种方法计算简便，所以在实务中应用得比较广泛。

差额计算法的计算步骤如下：

（1）确定各因素的实际数与基数的差额。

（2）以各因素的差额，乘以计算公式中该因素前面的各因素的实际数，以及列在该因素后面的其余因素的基数，就可求得各因素的影响值。

（3）将各个因素的影响值相加，其代数和应同该项经济指标的实际数与基数之差相符。

仍以上例说明这种方法的计算过程。

分析对象：144 00-14 000 =+400（元）

产品产量变动的影响：（120-100）×10×14=+2 800（元）

单位产品消耗定额变动的影响：120×（8-10）×14=-3 360（元）

单价变动的影响：120×8×（15-14）=+960（元）

各因素综合变动的影响：2 800+（-3 360）+960=400（元）

▶▶▶▶▶▶ 第三节　成本计划完成情况分析

成本计划完成情况分析的目的是找出影响成本计划完成的各种因素，为进一步查明成本升降的原因指明方向。成本计划完成情况分析具体包括：全部商品产品成本计划完成分析、可比产品成本计划完成情况分析和主要产品单位成本分析。

一、全部商品产品成本计划完成情况分析

对全部商品产品成本计划的完成情况进行总括评价有两个方面的意义：一方面是对企业的全部商品产品成本计划的完成情况有一个总体的了解；另一方面，通过对影响计划完成情况因素的初步分析，为进一步分析指出方向。

全部商品产品成本分析可以根据企业内部会计报表中的商品产品成本表和成本计划等相关资料进行，具体分析内容包括按产品类别分析和按产品成本项目分析。

（一）按产品类别分析全部商品产品成本计划的完成情况

制造业企业的全部商品产品可以分为可比产品和不可比产品两大类。可比产品在以前年度正式生产过，有历史成本资料；而不可比产品在以前年度从未正式生产过，没有历史

成本资料，所以按照产品类别进行全部商品产品成本分析，只能将本年实际总成本与计划总成本相比较，从而确定全部商品产品成本的降低额和降低率。

例 13-3

假定某企业生产甲、乙、丙、子、丑五种产品，其中，甲、乙、丙三种产品是可比产品，子、丑两种产品是不可比产品。相关资料见表 12-1。

根据表 12-1 的资料编制全部商品产品成本分析表，见表 13-3。

表 13-3　**本年全部商品产品成本计划完成情况分析表**

202×年 12 月　　金额单位：元

产品名称	计划总成本	实际总成本	实际比计划升降额	实际比计划升降率（%）
1. 可比产品合计	3 711 000	3 373 500	−337 500	−9.09
其中：甲产品	1 764 000	1 543 500	−220 500	−12.50
乙产品	1 380 000	1 290 000	−90 000	−6.52
丙产品	567 000	540 000	−27 000	−4.76
2. 不可比产品合计	305 400	279 900	−25 500	−8.35
其中：子产品	234 900	207 900	−27 000	−11.49
丑产品	70 500	72 000	+1 500	+2.13
合计	4 016 400	3 653 400	−363 000	−9.04

表中有关数字计算如下：

本年全部商品产品成本实际比计划升降额=实际总成本−计划总成本

=3 653 400−4 016 400=−363 000（元）

本年全部商品产品成本实际比计划升降率=（本年全部商品产品成本实际比计划升降额÷计划总成本）×100%

=（−363 000）÷4 016 400×100%=−9.04%

从表 13-3 中可以看出，全部商品的实际成本比计划成本少 363 000 元，降低率为 9.04%。说明该企业在执行成本计划方面有一定的成效。可比产品实际成本比计划成本少 337 500元，降低率为 9.09%，完成了成本计划。不可比产品实际成本比计划成本少 25 500 元，降低率为 8.35%，也完成了成本计划。但是，这并不能说明该企业所有产品均完成了成本计划，因为，丑产品实际成本比计划成本多 1 500元，所以，需要进一步分析丑产品成本超支的原因。

按产品类别分析全部商品产品成本计划完成情况时，需要注意以下问题：

（1）分析可比产品成本时，不仅要将本年实际成本与本年实际产量的计划成本相比较，还要将本年计划单位成本同上年第四季度实际单位成本进行对比，如果发现前者高于或等于后者，则说明计划较保守、不先进，落后于实际生产已经达到的成本水平，这样就起不到控制成本的作用。

（2）分析不可比产品成本时，如果成本差异额较大，就应进一步查明其原因，是计划制订得不准确、材料消耗定额和劳动定额定得过高或过低，还是由于初次生产这种产品，工艺掌握欠佳、技术不熟练，从而引起消耗过多、废品过多。另外也要注意，企业在分配共同费用时，是否存在对可比产品少分配一些，对不可比产品多分配一些，以便超额完成可比产品成本降低任务的情况。

（二）按成本项目分析全部商品产品成本计划的完成情况

按产品类别进行商品产品成本分析，可以了解每种产品成本的升降情况，但不能了解是哪些成本项目发生了升降。为此，还需要按成本项目进行商品产品成本分析，找出影响企业成本升降的关键因素。按成本项目进行产品成本分析，就是将全部产品的总成本按成本项目分别比较其实际总成本与计划总成本，以确定各个成本项目的升降额和升降率，并比较分析各成本项目的变动对总成本的影响程度。

例13-4

根据企业的成本计划和上例的成本核算资料，按成本项目进行全部商品产品成本分析，见表13-4。

表13-4 商品产品成本项目分析表

202×年12月 金额单位：元

成本项目	全部商品产品		节约或超支		各项目的差异对总成本的影响（%）⑤
	计划成本①	实际成本②	升降额③	升降率（%）④	
直接材料	2 400 000	1 987 450	-412 550	-17.19	-10.27
直接人工	1 086 400	1 173 498	87 098	8.01	2.17
制造费用	530 000	492 452	-37 548	-7.08	-0.93
合计	4 016 400	3 653 400	-363 000	-9.04	-9.04

表中各数据的填列方法如下：

①栏=$\sum$(各种商品各成本项目的计划单位成本 × 该种商品的实际产量)

②栏=$\sum$(各种商品各成本项目的实际单位成本 × 该种商品的实际产量)

③栏=实际成本-计划成本=②栏-①栏

④栏=成本节约（或超支额）÷计划成本=③栏÷①栏

⑤栏=成本节约（或超支额）÷计划成本合计=③栏÷①栏合计

从表13-4的分析结果来看，该企业全部商品产品的实际成本比计划成本降低363 000元，降低率为9.04%，其主要原因是直接材料和制造费用的成本降低，而直接人工成本却存在着较大幅度的上升。因此，还需要进一步进行调查分析，找出影响各成本项目费用水平变动的具体原因，以便及时采取有效措施，增加有利差异，消除不利差异，提高企业成本管理水平。

二、可比产品成本分析

可比产品在企业全部产品中占有重要地位，企业在编制成本计划时，应该制定可比产品应达到的成本降低任务，即可比产品成本的计划降低额和计划降低率。因此，对可比产品成本进行分析时，不仅要将其实际总成本与计划总成本进行对比，以考核可比产品成本计划的完成情况，还要同实际产量按上年单位成本计算的总成本进行比较，以分析报告期实际成本与上年成本相比的降低数额和降低幅度。

通过进行可比产品成本分析，确定可比产品实际总成本的降低额和降低率，并与企业成本计划中所制定的计划降低额和计划降低率进行比较，可以考核分析可比产品成本降低任务的完成情况，从而对企业在报告期内的生产组织和经营管理工作进行评价。

（一）可比产品成本降低计划完成总体情况分析

由于在编制成本计划时制定了成本降低水平，规定了可比产品本年累计实际总成本比上年降低多少的任务，即计划降低额和计划降低率，因此，要分析可比产品成本降低计划完成情况，首先要计算实际成本降低额和降低率，然后再与计划成本降低额和降低率进行比较，从而了解可比产品成本降低任务的完成情况。计划降低额和降低率以及实际降低额和降低率的计算公式如下：

$$\text{计划降低额}=\left(\begin{matrix}\text{全部可比产品}\\\text{计划产量}\end{matrix}\times\begin{matrix}\text{上年实际}\\\text{单位成本}\end{matrix}\right)-\left(\begin{matrix}\text{全部可比产品}\\\text{计划产量}\end{matrix}\times\begin{matrix}\text{计划单位}\\\text{成本}\end{matrix}\right)$$

$$=\text{全部可比产品计划产量}\times(\text{上年实际单位成本}-\text{计划单位成本})$$

$$\text{计划降低率}=\frac{\text{计划降低额}}{\text{全部可比产品计划产量}\times\text{上年实际单位成本}}\times 100\%$$

$$=\frac{\text{上年实际单位成本}-\text{计划单位成本}}{\text{上年实际单位成本}}$$

$$\text{实际降低额}=\left(\begin{matrix}\text{全部可比}\\\text{产品实际产量}\end{matrix}\times\begin{matrix}\text{上年实际}\\\text{单位成本}\end{matrix}\right)-\left(\begin{matrix}\text{全部可比产品}\\\text{实际产量}\end{matrix}\times\begin{matrix}\text{本年实际}\\\text{单位成本}\end{matrix}\right)$$

$$=\text{全部可比产品实际产量}\times(\text{上年实际单位成本}-\text{本年实际单位成本})$$

$$\text{实际降低率}=\frac{\text{实际降低额}}{\text{全部可比产品实际产量}\times\text{上年实际单位成本}}\times 100\%$$

$$=\frac{\text{上年实际单位成本}-\text{本年实际单位成本}}{\text{上年实际单位成本}}\times 100\%$$

从以上公式可以看出，计划降低率和实际降低率与产量没有直接关系。

例 13-5

以表 12-1 的资料为例，编制本年“可比产品成本降低计划表”和“可比产品成本实际降低情况表”，见表 13-5 和表 13-6。

表 13-5 **可比产品成本降低计划表**

202×年 1 月

金额单位：元

可比产品	全年计划产量（件）①	单位成本		总成本		计划成本降低指标	
		上年实际平均 ②	本年计划 ③	按上年实际单位成本计算 ④=①×②	按本年计划单位成本计算 ⑤=①×③	降低额 ⑥=④-⑤	降低率（%）⑦=⑥÷④
甲产品	3 600	610	560	2 196 000	2 016 000	+180 000	+8.20
乙产品	3 000	510	460	1 530 000	1 380 000	+150 000	+9.80
丙产品	1 200	360	315	432 000	378 000	+54 000	+12.5
合计				4 158 000	3 774 000	+384 000	+9.24

表 13-6 **可比产品成本实际降低情况表**

202×年 12 月

金额单位：元

可比产品	实际产量 ①	总成本		实际完成情况	
		按上年实际单位成本计算 ②	本年实际 ③	降低额 ④=②-③	降低率（%）⑤=④÷②
甲产品	3 150	1 921 500	1 543 500	+378 000	+19.67
乙产品	3 000	1 530 000	1 290 000	+240 000	+15.69
丙产品	1 800	648 000	540 000	+108 000	+16.67
合计	—	4 099 500	3 373 500	+726 000	+17.71

这一计算结果说明企业超额完成了可比产品成本降低任务，比计划降低额多降低了 342 000元（726 000-384 000），比计划降低率多降低了8.47%（17.71%-9.24%）。在此基础上，应进一步分析影响可比产品成本降低计划完成情况的各种因素，确定各因素的影响程度，进一步挖掘降低成本的潜力。

（二）影响可比产品成本降低计划完成情况的因素分析

影响可比产品成本降低计划完成情况的因素主要有三个：产品产量因素、产品品种构成因素和单位成本因素。在确定各因素变动对成本降低计划完成情况的影响程度时，应以计划产量、计划品种构成和计划单位成本变动对成本降低计划完成情况的影响为基础，采用连环替代法，逐次替换，逐项分析。

1.产量变动的影响

产品产量变动的影响就是由于实际产量比计划产量增加或减少而影响可比产品成本降低计划的完成情况。可比产品的成本降低计划是根据各种产品的计划产量计算的，实际成本降低额和降低率是根据各种产品的实际产量计算的。因此，在产品品种结构和单位成本不变的情况下，产量的增减只会引起成本降低额发生同比例的变动，而不会影响成本降低率。

以【例13-5】的资料为例进行分析，由于在其他因素不变的情况下，单纯的产量变动只影响成本降低额，而不影响成本降低率，所以，在实际产量、计划品种构成、计划单位成本下的降低率与计划降低率相同，为9.24%，即每生产按上年实际平均单位成本计算的产品100元，就可获得9.24元的降低额。因此，计划成本降低率乘以表12-1中的按实际产量、上年实际平均单位成本计算的总成本，即可求得在实际产量、计划品种构成和计划单位成本下的成本降低额。根据表13-5和表13-6计算如下：

成本计划降低额=384 000元

成本实际降低额=4 099 500×9.24%=378 793.8（元）

产量变动对成本降低额的影响=378 793.8-384 000=-5 206.20（元）

产量变动对成本降低率的影响=9.24%-9.24%=0

由计算结果可知，由于可比产品产量的变动导致成本降低额比计划少了5 206.20元，成本降低率没有变化。

2.产品品种构成变动的影响

产品品种构成也称成本结构，是指各种产品数量在全部产品数量总和中所占的比重。由于各种产品的实物量不能简单相加，而可比产品降低任务是以上年单位成本为基础计算的，所以在分析时，一般是以上年单位成本为基础来计算可比产品的品种结构，某种产品的品种构成可用下列公式表示：

$$\text{某种产品的品种构成}=\frac{\text{某种产品数量}\times\text{该种产品上年单位成本}}{\sum\text{某种产品数量}\times\text{该种产品上年单位成本}}\times 100\%$$

在公式中的产品数量如果是计划数量，计算出的即为计划品种结构。

以【例13-5】的资料为例，计算各种产品的品种结构，见表13-7。

表13-7

品种结构计算表

产品名称	计划品种结构	实际品种结构
甲	2 196 000÷4 158 000×100%=52.81%	1 921 500÷4 099 500×100%=46.87%
乙	1 530 000÷4 158 000×100%=36.80%	1 530 000÷4 099 500×100%=37.32%
丙	432 000÷4 158 000×100%=10.39%	648 000÷4 099 500×100%=15.81%
合计	100%	100%

因为各种产品的成本降低程度不同，有的降低得多，有的降低得少，因此当产品品种构成发生变动时，就会引起可比产品成本降低额和成本降低率的升高或降低。

要确定产品品种构成变动的影响，必须求得在实际产量、实际品种构成下，以本年计划单位成本计算的总成本与按上年实际平均单位成本计算的总成本相比较的降低额和降低率。根据表12-1和表13-6的数据计算如下：

成本降低额=4 099 500-3 711 000 =+388 500（元）

成本降低率=388 500÷4 099 500×100%=9.48%

将上述计算结果与实际产量、计划品种构成和计划单位成本下的降低额和降低率相比较，即可求得产品品种构成变动对成本降低计划完成情况的影响程度。

产品品种构成变动对成本降低额的影响=388 500-378 793.8 =+9 706.20（元）

产品品种构成变动对成本降低率的影响=9.48%-9.24%=+0.24%

由计算结果可知，产品品种构成的变动导致成本降低额增加了9 706.20元，成本降低率增加了0.24%。

3.单位成本变动的影响

可比产品成本计划降低额是以本年计划单位成本和上年实际平均单位成本相比较来确定的，而可比产品成本的实际降低额是以本年实际平均单位成本与上年实际平均单位成本相比较来确定的。因此，产品的实际单位成本比计划单位成本降低或升高时，必然会引起可比产品成本降低额和成本降低率的变动。一般来说，实际单位成本越低，成本降低额和成本降低率的完成情况越好。

要确定产品单位成本的影响，必须求得在实际产量、实际品种构成下，以本期实际总成本与按上年实际平均单位成本计算的总成本相比较的降低额和降低率。根据表13-6的资料计算如下：

成本降低额=4 099 500-3 373 500 =+726 000（元）

成本降低率=726 000÷4 099 500×100%=17.71%

将上述计算结果与在实际产量、实际品种构成和计划单位成本下的降低额和降低率相比较，即可求得产品单位成本变动对成本降低计划完成情况的影响程度。

单位成本变动对成本降低额的影响=726 000-388 500 =+337 500（元）

单位成本变动对成本降低率的影响=17.71%-9.48%=8.23%

由计算结果可知，产品单位成本的变动导致成本降低额增加了337 500元，成本降低率增加了8.23%。

综合以上三个因素的计算结果，编制各因素影响汇总表，见表13-8。

表13-8 **各因素影响程度汇总表**

影响因素	降低额（元）	降低率（%）
产品产量变动的影响	-5 206.2	0
产品品种构成变动的影响	+9 706.2	+0.24
产品单位成本变动的影响	+337 500	+8.23
综合影响	+342 000	+8.47

从上述分析过程可以看出，企业总体上较好地完成了成本降低计划。由于产品产量、产品品种构成和单位成本变动使成本降低额比计划多降低342 000元，多降低8.47%。其中：产品产量变动使成本升高5 206.2元；而产品单位成本的降低使成本多降低337 500元，降低率增加8.23%，在影响可比产品成本降低任务的三个因素中起到主要作用。企业应结合其经营管理情况进一步分析，根据市场的需求调整各产品产量，降低产品单位成本。

三、主要产品单位成本的分析

进行单位成本分析，可以揭示各种产品的单位成本及其各个成本项目和各种消耗定额的超支或节约情况，能够结合产品设计、生产工艺和各项消耗定额的变化对成本的影响，查明各种产品单位成本升降的具体原因。另外，对单位成本进行分析，有助于对全部商品产品成本和可比产品成本脱离计划的原因进行分析，正确评价企业成本计划的完成情况，并针对存在的问题，采取改进措施，降低产品成本，提高企业竞争力。

由于企业生产的产品种类繁多，从经济效益原则考虑，应着重对企业经常生产的、在全部商品中所占比重大的主要产品或成本发生异常变动的产品进行单位成本分析。分析主要包括两个方面的内容：

（1）产品单位成本计划完成情况分析，即综合分析产品单位成本及其各成本项目的升降情况。

（2）产品单位成本各主要项目分析，即按照各成本项目对产品单位成本分析，查明造成产品成本升降的具体原因。

（一）产品单位成本计划完成情况分析

产品单位成本计划完成情况分析，是对各种产品单位成本及其各成本项目的本期实际数相较于计划数、上年实际数、历史最好水平的升降情况进行的分析。分析的主要依据是主要产品单位成本表、产品成本计划和各项消耗定额资料，以及反映各项技术经济指标的业务技术资料等。现举例说明产品单位成本计划完成情况的分析方法。

例13-6

某企业202×年度甲产品单位成本资料见表13-9。

表13-9 主要产品单位成本表

产品名称：甲产品　　202×年12月　　金额单位：元

计划产量：5 000件　　实际产量：5 400件

成本项目	上年实际平均单位成本			本年计划单位成本			本年实际平均单位成本		
直接材料	904			860			825		
直接人工	165			168			170		
制造费用	88			63			70		
产品单位成本	1 157			1 091			1 065		
主要经济技术指标	上年数			计划数			实际数		
	单耗	单价	金额	单耗	单价	金额	单耗	单价	金额
1.A材料	20	9.5	190	18	10	180	20	9	180
2.B材料	42	17	714	40	17	680	43	15	645
3.工时	22			21			20		
4.小时工资率		7.5	165		8	168		8.5	170
5.小时费用率		4	88		3	63		3.5	70

根据表13-9，编制甲产品单位计划成本完成情况分析表，见表13-10。

表13-10 甲产品单位计划成本分析表

202×年12月

金额单位：元

成本项目	计划成本	实际成本	降低（-）或超支（+）		各项目升降对单位成本的影响（%）
			金额	百分比（%）	
直接材料	860	825	-35	-4.07	-3.21
直接人工	168	170	+2	+1.19	+0.18
制造费用	63	70	+7	+11.11	+0.64
产品单位成本	1 091	1 065	-26	-2.38	-2.38

从表13-10的分析可以看出，甲产品的单位成本比计划节约了26元，节约率为2.38%，成本节约的主要原因是直接材料项目成本下降。直接人工和制造费用项目的成本均上升，特别是制造费用上升的幅度很大，为11.11%。因此，需要进一步分析直接人工和制造费用上升的原因，以便作出正确的分析评价。

（二）产品单位成本项目分析

一定时期内产品单位成本的高低，是与企业的生产技术、生产组织状况、经营管理水平及采取的技术组织措施相联系的。因此，进行产品单位成本的分析必须结合企业的技术经济方面的情况，查明成本升降的具体原因。下面说明对直接材料、直接人工和制造费用这几个主要产品成本项目的一般分析方法。

1.直接材料成本项目分析

直接材料在产品成本中所占的比重较大，其升降对产品单位成本的高低有着重要的影响，是成本分析的重点。

分析直接材料的变动情况，首先要将材料费用的实际成本与计划成本相比较，查明哪些材料成本升降的幅度较大，然后再分析影响直接材料成本升降的因素。一般情况下，原材料费用的高低主要受原材料消耗量和原材料价格两个因素变动的影响。这两个因素对直接材料成本的影响程度计算如下：

原材料消耗量差异影响数=（实际单位消耗量-计划单位消耗量）×原材料计划单价

原材料价格差异影响数=单位产品实际消耗量×（原材料实际单价-原材料计划单价）

根据表13-10的资料，甲产品直接材料单位成本实际比计划降低了35元，根据上例的有关资料，可以编制直接材料成本项目分析表，见表13-11。

表13-11 直接材料成本项目分析表

金额单位：元

材料名称	原材料消耗量		材料单价		材料成本		消耗量差异	价格差异
	计划	实际	计划	实际	计划	实际		
A材料	18	20	10	9	180	180	+20	-20
B材料	40	43	17	15	680	645	+51	-86
合计							+71	-106

表中有关数字计算如下：

A原材料消耗量差异影响数=（20-18）×10=20（元）

A原材料价格差异影响数=20×（9-10）=-20（元）

B原材料消耗量差异影响数=（43-40）×17=51（元）

B原材料价格差异影响数=43×（15-17）=-86（元）

上述计算结果表明材料消耗量的上升使得甲产品直接材料成本上升了71元，而材料价格的下降使得直接材料成本下降了106元，最终综合作用的结果是直接材料成本下降了35元。

原材料消耗数量的变动属于内部因素，需要结合企业的生产经营管理的实际情况加以分析。影响原材料消耗数量的因素有很多，主要包括：产品零、部件结构的变化，原材料加工方法的改变，材料质量的变化，原材料代用或配料的比例变化，原材料的综合利用情况，废料的回收利用情况，以及生产工人的劳动态度、技术操作水平，机械设备性能等。影响原材料价格变动的一般属于外界因素，要结合原材料市场供求情况，具体分析原材料价格变动的原因。

2.直接人工成本项目分析

分析工资费用需要结合企业的工资制度和直接工资的分配方法。

（1）计时工资制度

在计时工资制度下，如果工资费用直接计入产品成本，那么产品单位成本中工资费用的多少，取决于该种产品产量的增减和工资总额的高低，它们之间的关系可用公式表示为：

$$某单位产品直接人工成本=\frac{该产品直接工资总额}{该产品产量}$$

从上式可以看出，如果产品产量的增长速度超过工资总额的增长速度，则单位产品中的直接人工成本会下降；反之，如果产品产量的增长速度低于工资总额的增长速度，则单位产品中的直接人工成本会上升。

产品产量和生产工人工资总额对单位产品直接人工成本影响的计算公式如下：

$$产量差异影响数=\frac{直接工资计划总额}{实际产量}-\frac{直接工资计划总额}{计划产量}$$

$$=\frac{直接工资计划总额}{实际产量}-单位产品直接人工计划数$$

$$直接人工差异影响数=\frac{直接工资实际总额}{实际产量}-\frac{直接工资计划总额}{实际产量}$$

$$=单位产品直接人工实际数-\frac{直接工资计划总额}{实际产量}$$

假设某企业采用计时工资制度，202×年度只生产一种产品——乙产品，直接工资资料见表13-12。

表 13-12　　　　　　　　　　　　**乙产品直接工资资料**

项目	计量单位	计划数	实际数	差异
直接工资	元	7 800	9 300	+1500
产量	件	120	150	+30
单位产品直接人工	元	65	62	-3

根据上表进行直接人工成本项目分析：

产量差异影响数=$\frac{7\ 800}{150}$ - 65 = -13（元）

直接人工差异影响数=62-$\frac{7\ 800}{150}$=+10（元）

分析单位产品直接人工成本项目时，不仅要分析产量变动和工资总额变动的影响，还要分析影响产量变动和工资总额变动的原因，以寻求降低工资成本的有效途径。

在大部分企业里，各车间班组生产的产品品种繁多，直接工资费用一般按照各种产品消耗的生产工时分配计入产品成本。因此，单位产品直接人工成本的多少就取决于单位产品消耗的生产工时和小时工资率两个因素，它们之间的关系可以用公式表示为：

单位产品的直接人工成本=单位产品消耗的生产工时×小时工资率

单位产品消耗的生产工时（简称效率）和小时工资率两个因素变动对单位产品直接人工成本的影响，可按下列公式计算：

单位产品工时消耗量差异的影响=（单位产品的实际生产工时-单位产品的计划生产工时）× 计划小时工资率

小时工资率差异的影响=单位产品的实际生产工时×（实际小时工资率-计划小时工资率）

以表13-9的资料为例，进行直接人工成本项目分析，编制直接人工成本资料表，见表13-13。

表 13-13　　　　　　　　　　　**甲产品直接人工成本资料表**

项目	单位	计划数	实际数	差异
单位产品生产工时	小时/件	21	20	-1
小时工资率	元/小时	8	8.5	+0.5
单位产品直接工资	元/件	168	170	+2

根据表13-13的资料，甲产品直接人工成本增加2元，对各因素变动的影响分析如下：

单位产品工时消耗量差异的影响=（20-21）×8=-8（元）

小时工资率差异的影响=20×（8.5-8）=10（元）

由此可见，单位产品生产工时的降低使得甲产品直接人工成本降低了8元，而小时工资率的上升又使甲产品直接人工成本上升了10元，两个因素综合作用的结果是甲产品直接人工成本上升了2元。

分析单位产品直接人工成本变动时，在对单位产品生产工时和小时工资率因素分析的基础上，还要进一步分析影响单位产品生产工时和小时工资率变动的原因，以寻求降低直接人工成本的有效途径。

（2）计件工资制度

在实行无限制计件工资制度的企业，单位产品直接人工成本的高低取决于计件单价。如果计件单价不变，工人劳动效率的变动并不会影响单位产品的人工成本，但会通过产量影响那些计入产品成本的非工作时间的工资、奖金和其他工资，从而引起单位产品直接人工成本的升降。在这种情况下，可以根据生产工人工资构成的明细资料进行分析。

在采用有限制计件工资制的企业，当工人超产达到一定限度时，如果超过一定限度的产品不再支付工资，那么劳动生产率的提高就会使单位产品人工成本相应地降低。

3.制造费用成本项目分析

制造费用包括企业各个生产车间为组织和管理生产所发生的支出，一般按照产品消耗的生产工时分配计入产品成本，因此，其分析类似于计时工资制度下直接人工的分析。影响产品成本中制造费用多少的基本因素有两个：单位产品生产工时和小时费用率。其计算公式如下：

单位产品的制造费用=单位产品生产工时×小时费用率

$$小时费用率=\frac{制造费用总额}{生产工时总数}$$

单位产品生产工时和小时费用率变动对制造费用的影响值可以用公式表示：

$$\begin{matrix}单位产品工时\\消耗量差异的影响\end{matrix}=\left(\begin{matrix}单产品实际\\生产工时\end{matrix}-\begin{matrix}单位产品\\计划生产工时\end{matrix}\right)\times\begin{matrix}计划小时\\费用率\end{matrix}$$

小时费用率差异的影响=单位产品实际生产工时×（实际小时费用率−计划小时费用率）

以表13-9的资料为例，进行制造费用成本项目分析，编制制造费用成本资料表，见表13-14。

表13-14　**甲产品制造费用成本资料表**

项目	单位	计划数	实际数	差异
单位产品生产工时	小时/件	21	20	−1
小时费用率	元/小时	3	3.5	+0.5
单位产品制造费用	元/件	63	70	+7

根据表13-14的资料，甲产品制造费用成本项目增加7元，对各因素变动的影响分析如下：

单位产品工时消耗量差异的影响=（20−21）×3=−3（元）

小时费用率差异的影响=20×（3.5−3）=10（元）

由此可见，单位产品生产工时的降低使得甲产品制造费用成本降低了3元，而小时费用率的上升，又使甲产品制造费用成本上升了10元，两个因素综合作用的结果是甲产品制造费用项目成本上升了7元。

分析单位产品制造费用的变动，要在对单位产品生产工时和小时费用率分析的基础上，进一步了解制造费用的变动原因，按照制造费用的项目逐项分析。在此基础上，还应结合生产的各个环节，联系责任单位和责任人，并将开支与所取得的效果相比较，查明各项费用的超支和节约情况。

4.技术经济指标变动对单位成本影响的分析

除了上述因素的变动会影响产品单位成本之外，企业技术经济指标的变动也会给单位成本带来不同程度的影响。技术经济指标是指那些与企业的生产技术具有内在联系的经济指标，其变动会直接或间接影响企业的产品成本。通过分析技术经济指标变动对单位成本的影响，可以将成本分析与企业的生产经营管理结合起来，还可以将企业降低产品成本的目标与生产车间工人的生产工作量和质量结合起来，提高企业的经济效益。

本教材只就产品产量、产品质量、材料利用率和劳动生产率等技术经济指标对产品成本的影响进行分析。

（1）产品产量变动对单位成本的影响

依据产量与成本的关系，将成本划分为变动成本和固定成本。当产量在相关范围内变动时，固定成本总额不会发生变化，单位产品中的固定成本却会随产量的增加而减少，而单位产品中的变动成本不变。因此，在企业现有生产能力允许并且产品畅销的条件下，适当地增加产品产量是降低产品单位成本的一条有效途径。产量变动对单位成本的影响程度可以用下列公式表示：

$$成本降低率=(1-\frac{1}{1+产量增长率})\times 计划固定成本占单位产品成本的比重$$

$$成本降低额=(1-\frac{1}{1+产量增长率})\times 计划单位产品成本中的固定成本$$

例13-7

某企业上年单位成本中的固定成本为4元，占单位成本的比重为20%，本年的产量增长率是100%，则产量变动对单位成本的影响如下：

$$成本降低率=(1-\frac{1}{1+100\%})\times 20\%=10\%$$

$$成本降低额=(1-\frac{1}{1+100\%})\times 4=2（元）$$

分析结果表明，产品产量的增加使产品单位成本降低了2元，下降了10%。

（2）产品质量变动对单位成本的影响

在生产消耗水平不变的情况下，提高产品的质量是降低产品成本的有效途径。衡量产品质量的指标主要是合格品率、废品率和等级品率等。合格品率越高，废品率越低，产品单位成本越低。

现以废品率为例来说明产品质量对单位成本的影响。废品率变动对产品单位成本的影响可以用公式表示为：

$$成本降低率=\frac{上年实际废品率-本年实际废品率}{1-本年实际废品率}\times 100\%$$

例 13-8

某企业由于改进了生产工艺，提高了工人操作技能，因此废品率由上年的3%降低为本年的1%，则废品率的降低对产品单位成本的影响为：

$$成本降低率=\frac{3\% - 1\%}{1 - 1\%} \times 100\%=2.02\%$$

分析结果表明，产品废品率的下降使产品单位成本降低了2.02%。

（3）材料利用率变动对成本的影响

材料的利用率是指投入的材料数量和实际利用的数量之间的比例。企业在使用材料的过程中，发生的损耗、边角余料、废料越少，说明材料的利用率越高，单位产品材料的消耗就会越低。材料的利用率变动对于单位成本的影响可以用公式表示为：

$$成本降低率 = \left(1 - \frac{上年实际材料利用率}{本年实际材料利用率}\right) \times 上年实际单位成本中原材料成本的比重$$

上式的计算结果若为正数，表示提高材料利用率使产品单位成本降低；反之，则表示降低材料利用率使产品单位成本升高。

例 13-9

某企业上年实际原材料利用率为92%，上年实际单位成本中原材料成本所占比重为55%。在其他条件不变的情况下，本年实际原材料利用率为95%，则原材料利用率变动对单位成本的影响为：

$$成本降低率 = \left(1 - \frac{92\%}{95\%}\right) \times 55\% = 1.74\%$$

计算结果表明，由于企业的材料利用率比上年升高3%，因此产品单位成本下降1.74%。

（4）劳动生产率变动对单位成本的影响

劳动生产率提高意味着单位产品所耗的时间减少，进而单位产品负担的工资费用减少，但是单位产品所耗的时间减少往往伴随着小时工资率的增长。因此，比较劳动生产率与工资增长率的速度，要看劳动生产率的增长速度是否快于小时工资率的增长速度。

劳动生产率变动对单位成本的影响可以用公式表示为：

$$成本降低率 = \frac{劳动生产率提高的百分比 - 小时工资率提高的百分比}{1 + 劳动生产率提高的百分比} \times 上年工资占产品单位成本的比重$$

例 13-10

某企业劳动生产率本年比上年增长了20%，小时工资率增长了10%，上年工资费用在产品单位成本中的比重为30%，则劳动生产率变动对单位成本的影响为：

$$成本降低率=\frac{20\% - 10\%}{1 + 20\%} \times 30\% = 2.5\%$$

计算结果表明，劳动生产率的增长速度快于小时工资率的增长速度，使产品单位成本降低了2.5%。

思考与练习

业务题一：［资料］某企业有关指标的计划和实际资料见表13-15。

表13-15　某企业有关指标的计划和实际资料

指标	单位	计划数	实际数	差异
产品产量	件	20	21	+1
单位产品材料消耗定额	千克/件	18	17	-1
材料单价	元	10	12	+2
材料费用总额	元	3 600	4 284	+684

要求：用连环替代法测定各因素变动对材料费用总额变动的影响程度，并进行分析。

业务题二：［资料］某企业产品生产成本见表13-16。

表13-16　某企业产品生产成本表　金额单位：元

产品名称	实际产量（件）	单位成本			总成本		
		上年实际	本年计划	本年实际	按上年实际单位成本计算	按本年计划单位成本计算	本年实际
可比产品小计					270 000	266 000	269 400
甲产品	500	84	82	83	42 000	41 000	40 500
乙产品	300	760	750	735	228 000	225 000	228 900
不可比产品小计						23 550	23 780
A产品	70		125	128		8 750	8 820
B产品	40		370	365		14 800	14 960
合计						289 550	293 180

要求：

1.按产品种类分析全部商品产品成本计划的完成情况。

2.进行可比产品成本降低计划执行情况分析。

业务题三：［资料］某企业202×年的甲产品单位成本直接材料有关资料见表13-17。

表13-17　甲产品单位直接材料计划与实际费用对比表

产品名称：甲产品　202×年12月

材料名称	计划数			实际数		
	单耗（千克/件）	单价（元/千克）	金额（元）	单耗（千克/件）	单价（元/千克）	金额（元）
A	4	7	28	3.5	6.8	23.8
B	5	3	15	4.8	3.5	16.8
合计			43			40.6

要求：对甲产品的直接材料成本项目的原材料消耗量差异和原材料价格差异进行分析。

第十四章

公路运输企业成本核算

培根铸魂

厚植家国情怀，传承良好家教家风

党的二十大报告强调，要弘扬中华传统美德，加强家庭家教家风建设。家庭是人生的第一个课堂，父母是孩子的第一任老师。孩子们从牙牙学语起就开始接受家教，有什么样的家教，就造就什么样的人。家风是一个家庭的精神内核。家风好，就能家道兴盛、和顺美满；家风差，难免殃及子孙、贻害社会。正所谓“积善之家，必有余庆；积不善之家，必有余殃”。

家风家教是一个家庭最宝贵的财富，是留给子孙后代最好的遗产。中华民族历来注重以家风传承育人兴家。古往今来，家庭美德铭刻在中国人的心灵中，融入中国人的血脉里，是支撑中华民族生生不息、薪火相传的重要精神力量。

家是最小国，国是千万家。千家万户都好，国家才能好，民族才能好。我们每个人，特别是年轻人，不论生活格局发生多大变化，都要重视家庭，注重家教家风传承，厚植家国情怀，发扬光大中华民族传统家庭美德，促进家庭和睦、亲人相亲相爱，使千千万万个家庭成为国家发展、民族进步、社会和谐的重要基点。

▸▸▸▸▸▸▸ 第一节　公路运输企业成本的构成及核算特点

公路运输（Road Transportation）是现代陆上运输的主要方式之一，它在整个运输领域中占有重要的地位，并发挥着重要作用。公路运输是指以各种类型的汽车为主要运输工具，在公路上进行客运和货运的运输方式，其运输对象为旅客和货物，按运输距离远近可分为短途运输和长途运输两类。公路运输是交通运输系统的组成部分之一，具有机动灵活、适应性强、覆盖面广和通达度深等优势。公路运输企业（一般指汽车运输企业）可根据规模大小和管理要求，下设若干分公司、车场和车队。企业的车辆由车队管理，车辆保修作业由车队的保修车间或专设的汽车保养场负责。公路运输企业的生产经营活动包括运输业务、装卸业务和其他业务。

一、公路运输企业成本的构成

公路运输企业的经营成本主要包括营业成本、税金及附加、期间费用和营业外支出，如图 14-1 所示。

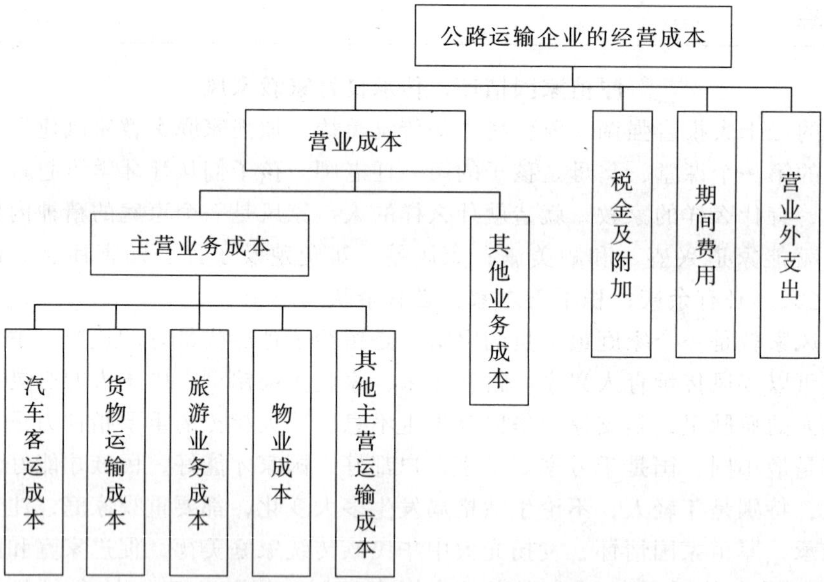

图 14-1　公路运输企业的经营成本

（一）营业成本

营业成本包括主营业务成本和其他业务成本。

主营业务成本包括汽车客运成本、货物运输成本、旅游业务成本、物业成本、其他主营运输成本。

其他业务成本包括公路运输企业从事材料配件、商品贸易、加工修理、房屋租赁、车辆检测、站务收入、驾驶培训、保险费代理等兼营业务所发生的职工薪酬、财产保险费、差旅费、办公费、通信费、折旧费、修理费、低值易耗品摊销、交通费、公务用车费、审计诉讼咨询费、警卫消防费、业务招待费、广告费、业务费、存货盘亏、水电费、材料成本、无形资产摊销、卫生费、租赁费等。

（二）税金及附加

税金及附加包括主营业务和兼营业务发生的消费税、城市维护建设税、资源税、教育费附加，以及房产税、车船税、城镇土地使用税和印花税等。

（三）期间费用

期间费用包括销售费用、管理费用和财务费用。

销售费用包括营销机构（部门）的职工薪酬、财产保险费、折旧费、低值易耗品摊销、公务用车费、业务招待费、广告费、业务费等。

管理费用包括管理部门的职工薪酬、董事会费、财产保险费、差旅费、办公费、通信费、折旧费、修理费、低值易耗品摊销、无形资产摊销、交通费、公务用车费、审计费、诉讼费、咨询费、警卫消防费、业务招待费、广告费、业务宣传费、存货盘亏、水电费、技术开发费等。

财务费用包括利息支出（减利息收入）、金融机构手续费、汇兑损失（减汇兑收益）等。

（四）营业外支出

营业外支出通常包括处置非流动资产损失、捐赠支出、罚没支出、非常损失、债务重组损失、非货币性资产交换损失、残疾人保障基金、对外捐赠、罚款支出、防洪基金等。

二、公路运输企业成本核算的特点

（一）成本计算对象

公路运输业务包括旅客运输和货物运输，运输业务的成本计算对象主要是客运业务和货运业务，即计算确定客运成本和货运成本。挂车运输不单独计算成本，其所发生的费用随主车计入运输成本。客车兼营货运的，或货车兼营客运的，一般以主要运输业务作为成本计算对象。

以客车运输和货车运输作为成本计算对象，并不是以每一辆客车或货车作为成本计算对象，而是按一定的生产经营单位（如运输公司及其所管辖的车队、车场、车站等）所属的客车、货车类别组织成本核算工作。

在车型类别比较复杂的汽车运输企业，还可根据需要按耗用的燃料以及客车和货车的厂牌型号对成本计算对象进行分类。对于特种大型车、集装箱专用车、零担专用车、冷藏车、罐车等运输业务，为单独考核其营运成果，应将其作为单独的成本计算对象。

（二）成本计算期

公路运输企业通常采用与会计报告期一致的成本计算期，即运输成本按月度、季度、半年度、年度计算。

(三) 成本计算单位

客车运输成本计算单位是元/人千米；货车运输成本计算单位是元/吨千米。客车运货，将货物周转量由吨千米转换为人千米；货车载客，则将旅客周转量由人千米转换为吨千米，换算比例为：1吨千米=10人千米。

如果计算客货车的综合成本，其计量单位是元/人千米换算元/吨千米，计算过程所用的换算比例同上，即：1换算吨千米=1吨千米=10人千米。

由于以人千米和吨千米作为成本计算单位，单位运输成本数值较小，不便于进行分析，因此，客车运输成本往往以千人千米为计算单位，货车运输成本往往以千吨千米为计算单位，客货车的综合成本往往以千换算吨千米为计算单位。

(四) 成本核算方式

公路运输企业的主营业务成本通过直接计入和分配计入两种方式核算确定。

直接计入成本是指可直接计入客运、货运成本对象的各项费用支出，应按成本计算对象设置明细账户，并按规定的成本项目进行明细核算。

间接计入成本是指不能直接计入成本计算对象，而是先归集，再按规定标准分配计入成本对象的各项费用支出。

▸▸▸▸▸▸ 第二节 公路运输企业直接成本的确认与归集

一、成本核算账户

经营运输业务所发生的各项费用，应按成本核算对象和规定的成本项目予以归集。公路运输企业应设置"主营业务成本"账户进行成本核算，按客运成本、货运成本、旅游业务成本、物业成本、其他主营运输成本等设置二级明细账，并按规定和需要设置三级及以下细目进行明细核算。

"主营业务成本"账户借方登记直接计入成本对象的直接费用，按一定标准分配计入的营运间接费用；贷方登记期末时转入"本年利润"账户的金额；结转后，账户应无余额。

二、直接成本核算的内容

1.直接人工费用

公路运输企业每月发生的人工费用，应按人员所在部门及所提供的服务分别计入客运、货运等有关核算对象的成本。

2.直接燃料费用

公路运输企业成本中燃料消耗占比大，准确核算燃料费用对公路运输企业成本核算具有重要意义。汽车运输企业实行满油箱制车存燃料管理和盘存制车存燃料管理两种办法。车存燃料是指营运车辆投产后，接受任务出车运行前储存于车辆油箱内的燃料。满油箱制要求投入运营的车辆，在每次加油时必须充满油箱，月末根据领油凭证计算出汽车耗油数额，从而考核汽车的耗油情况。盘存制要求每一辆投入运营的汽车根据实际需要领料加油，月末，经过盘存油箱的实存数后，计算出当月实际耗油数量。

汽车运输消耗的燃料应按实际耗用数计入各分类成本。月末，车队应根据燃料消耗凭证计算实耗数量，与统计数字核对后，编制燃料费用汇总表。

3.轮胎费用

运输企业的轮胎外胎采用一次摊销法的，根据轮胎发出凭证汇总表中各分类成本对象耗用轮胎的金额计入成本；采用按行驶胎千米提取法的，根据轮胎摊提费计算表中各分类成本对象应分担的摊提额计入成本；内胎、垫带则根据轮胎发出凭证汇总表中各分类成本对象领用金额计入成本。

4.折旧费用

汽车运输企业的车辆折旧一般按工作量法计提，即按实际行驶千车千米计算折旧额。按照外胎成本的两种不同摊销方法，车辆的折旧额也有不同的计算方法。外胎如果采用按行驶胎千米摊销额计入成本的办法，在计算车辆折旧时，应在车辆原价中减去外胎的价值。外胎如果采取领用时一次计入成本的办法，在计算车辆折旧时，外胎价值不应从车辆原价中减除。

5.修理费用

汽车运输企业车辆修理费一般采用预提法，车辆大修理费用的提取应按车型分别计算。车辆送修后，实际发生的大修理费用与预计的大修理费用可能会发生差异。因此，在计算大修理费用时还应将本月大修理结束时的这部分差异予以调整。

6.其他直接费用

其他直接费用包括运输管理费、行车事故损失、车辆使用税、路桥费、保险费、客运附加费等。其他直接费用如果是通过银行转账或现金支付的，应根据付款凭证直接计入有关的车别（或车型）成本。若是在企业仓库内领用的，则根据材料、配件、低值易耗品发出凭证汇总表中各有关成本计算对象领用的金额计入成本。

除上述直接计入成本核算对象的直接成本外，公路运输企业成本还包括按一定标准分配计入成本核算对象的间接成本，即营运间接费用，企业应设置“营运间接费用”账户进行核算，其归集和分配在本章第三节中详细介绍。

三、直接成本核算举例

可直接计入成本核算对象的费用，借记“主营业务成本”账户，贷记“库存现金”“银行存款”“原材料”“累计折旧”“应付账款”“应付职工薪酬”等账户。

以下分别举例说明公路运输企业的人工费用、燃料费用、轮胎费用、折旧费用、修理费用等成本费用的核算，其中，燃料费用和轮胎费用在耗费中占比大，这也是区别于其他企业的较具特色的成本核算内容，因此予以重点介绍。

（一）人工费用的核算

公路运输企业的人工费用通过编制工资薪酬分配表，按人员类别分别计入各有关成本费用账户。

例 14-1

YT汽车运输公司202×年8月份工资薪酬分配情况见表14-1。

表 14-1　　　　　　　　　　　　工资薪酬分配表

202×年 8 月　　　　　　　　　　　　单位：元

应借科目	工资	福利费	社会保险费	其他	合计
主营业务成本					
——客运成本	90 000	10 000	20 000	10 000	130 000
——货运成本	80 000	9 000	14 000	8 000	111 000
营运间接费用	60 000	7 000	11 000	15 000	93 000
管理费用	70 000	8 000	13 000	17 000	108 000
销售费用	40 000	6 000	5 000	2 000	53 000
合计	340 000	40 000	63 000	52 000	495 000

根据表 14-1，编制会计分录如下：

借：主营业务成本——客运成本（职工薪酬）　130 000
　　　　　　　　——货运成本（职工薪酬）　111 000
　　营运间接费用——职工薪酬　93 000
　　管理费用　108 000
　　销售费用　53 000
　贷：应付职工薪酬——工资　340 000
　　　　　　　　——福利费　40 000
　　　　　　　　——社会保险费　63 000
　　　　　　　　——其他　52 000

（二）燃料费用的核算

公路运输企业可在“原材料”账户下设“燃料”明细账户，核算企业库存和车存的各种燃料的计划成本或实际成本。

在实行满油箱制车存燃料管理方式下，营运车辆在投入运输生产时，由车队根据油箱容积填制领油凭证，加满油箱，作为车存燃料。以后每次加油时加满油箱，车辆当月的加油数就是消耗数。

在实行盘存制车存燃料管理方式下，月末要对车存燃料进行盘点，按下列公式确定实际消耗数：

本月实际耗用数=月初车存数+本月领用数-月末车存数

燃料按实际耗用数计算成本。月末，企业应根据燃料领用凭证编制燃料费用分配表，按不同用途分别借记“主营业务成本”等有关账户，贷记“原材料”账户。按计划成本核算的企业，月末按耗用燃料的计划成本，计算应负担的成本差异，借记“主营业务成本”等有关账户，贷记“材料成本差异”账户，分摊超支差异用黑字，分摊节约差异用红字。

例 14-2

YT汽车运输公司燃料费用按计划成本核算，8月份，根据燃料领用凭证编制“燃料费用分配表”，见表14-2。

表 14-2

燃料费用分配表

202×年 8 月

金额单位：元

应借科目	汽油		柴油		合计
	计划成本	成本差异率 1%	计划成本	成本差异率 2%	
主营业务成本					
——客运成本	200 000	2 000	100 000	2 000	304 000
——货运成本	240 000	2 400	220 000	4 400	466 800
营运间接费用	30 000	300			30 300
管理费用	5 000	50			5 050
销售费用	8 000	80			8 080
合计	483 000	4 830	320 000	6 400	814 230

根据表14-2，编制会计分录如下：

借：主营业务成本——客运成本（燃料）　304 000
　　　　　　　——货运成本（燃料）　466 800
　　营运间接费用——燃料　30 300
　　管理费用　5 050
　　销售费用　8 080
　贷：原材料——燃料（汽油）　483 000
　　　　　——燃料（柴油）　320 000
　　　材料成本差异——汽油　4 830
　　　　　　　——柴油　6 400

（三）轮胎费用的核算

公路运输企业可在“原材料”账户下设“轮胎”二级明细账户，核算企业在库和在用轮胎外胎的计划成本或实际成本。轮胎的内胎和垫带，也在此科目内核算，领用时直接计入运输成本。该二级账户的期末借方余额，反映库存轮胎外胎的计划成本或实际成本。该二级账户应按轮胎外胎的保管地点（仓库）、轮胎外胎的类别、规格厂牌等进行在库轮胎外胎的三级明细核算。领用轮胎时，可按以下情况处理：

1.一次摊销

一次摊销即领用轮胎时一次计入运输成本。领用新胎（包括周转胎）时，借记“主营业务成本”等账户，贷记“原材料”账户。按计划成本核算的企业，月末按领用新胎的计划成本，计算应负担的成本差异，计入运输成本，借记“主营业务成本”等账户，贷记“材料成本差异”账户。

2.分次摊销

当一次大量领用新胎，对运输成本影响较大时，可分次摊销计入运输成本。领用时应按其账面价值，借记“原材料——在用”科目，贷记“原材料——在库”科目；摊销时按应摊销额，借记“管理费用”“销售费用”“主营业务成本”等科目，贷记“原材料——摊销”科目。

企业不论采用哪种核算方式，都应加强在用轮胎的管理，核定车队周转轮胎数量定额，定期盘点，实行交旧领新，建立和健全单胎里程记录。

清查盘点，发现盘盈、盘亏、毁损的轮胎，按照实际成本（或估计价值）或计划成本，先记入“待处理财产损溢”账户，待查明原因后，再进行转销处理。

例 14-3

YT汽车运输公司外胎费用采用按行驶胎千米一次摊销的方式进行会计核算，8月份，公司车队根据轮胎领用凭证编制“轮胎费用分配表”，见表14-3。

表 14-3　**轮胎费用分配表**

202×年 8 月　　金额单位：元

应借科目	规格	外胎	内胎			垫带			合计
		预提额	数量	单价	金额	数量	单价	金额	
主营业务成本									
——客运成本		30 000	80	200	16 000	60	300	18 000	64 000
——货运成本		32 000	100	200	20 000	60	300	18 000	70 000
管理费用		4 000	40	200	8 000	20	300	6 000	18 000
销售费用		5 000	50	200	10 000	50	300	15 000	30 000
合计		71 000			54 000			57 000	182 000

根据表14-3，编制会计分录如下：

借：主营业务成本——客运成本（轮胎）　64 000
　　　　　　　　——货运成本（轮胎）　70 000
　　管理费用　18 000
　　销售费用　30 000
　贷：原材料——轮胎（外胎）　71 000
　　　　　　——轮胎（内胎）　54 000
　　　　　　——轮胎（垫带）　57 000

（四）折旧费用的核算

公路运输企业的车辆折旧采用工作量法，即按营运车辆的实际行驶里程计提折旧。其计算公式如下：

$$单位里程折旧额 = 车辆原价 \times \frac{(1 - 预计净残值率)}{预计行驶总里程}$$

本月折旧提取额=单位里程折旧额×本月实际行驶里程

其他固定资产可按具体情况，采用年限平均法、双倍余额递减法、年数总和法等方法计提折旧。

例 14-4

YT汽车运输公司8月份固定资产折旧费用计提情况见表14-4。

表 14-4　　固定资产折旧费用分配表

202×年 8 月　　单位：元

应借科目	本月计提折旧					合计
	客车	货车	非营运车	机器设备	房屋建筑物	
主营业务成本						
——客运成本	80 000					80 000
——货运成本		70 000				70 000
营运间接费用			8 500		30 000	38 500
管理费用			12 500		75 000	87 500
销售费用			10 000	8 000	25 000	43 000
合计	80 000	70 000	31 000	8 000	130 000	319 000

根据表14-4，编制会计分录如下：

借：主营业务成本——客运成本（折旧费）　　80 000
　　　　　　　　——货运成本（折旧费）　　70 000
　　营运间接费用——折旧费　　38 500
　　管理费用　　87 500
　　销售费用　　43 000
　贷：累计折旧　　319 000

（五）保养维修费的核算

汽车的保养及小修，一般由车队的保修班进行。保养小修领用的材料、低值易耗品等，可以根据材料、低值易耗品领用汇总表直接记入有关成本费用账户。

（六）大修费用的核算

车辆大修的间隔时间一般较长，因此大修费用可以采用预提方式，预提时借记“主营业务成本”等账户，贷记“长期待摊费用”账户；发生大修费用时借记“长期待摊费用”账户，贷记“银行存款”等账户。

例 14-5

YT汽车运输公司8月份运输车辆大修费用计提情况见表14-5。

表 14-5 **车辆大修费用计提表**

202×年 8月 单位：元

应借科目	预提大修费用
主营业务成本	
——客运成本	50 000
——货运成本	60 000
合计	110 000

根据表14-5，编制会计分录如下：

借：主营业务成本——客运成本（大修费） 50 000

——货运成本（大修费） 60 000

贷：长期待摊费用 110 000

第三节 公路运输企业间接成本的确认与归集

一、间接成本核算账户

公路运输企业中不能直接分配给成本计算对象的费用，应通过“营运间接费用”账户归集，期末再按照规定的标准分配给各成本受益对象。“营运间接费用”账户核算运输企业营运过程中所发生的不能直接分配给成本计算对象的各种间接费用，不包括期间费用，它类似于工业企业的“制造费用”账户。发生营运间接费用时，借记“营运间接费用”账户，贷记“库存现金”“银行存款”“原材料”“累计折旧”“应付职工薪酬”等账户；月度终了，应按适当的分配标准，将当月发生的营运间接费用分配给有关成本受益对象，借记“主营业务成本”账户，贷记“营运间接费用”账户。结转后，“营运间接费用”账户应无余额。

二、间接成本核算的内容

公路运输企业间接成本是指企业在汽车运输过程中发生的不能直接分配给成本计算对象的各种间接费用。设有车站、车队的企业，车队、车站为组织和管理运输车辆和组织生产营运活动而发生的各项管理费用和业务费用，如车队、车站管理人员的工资薪酬、差旅费、办公费、通信费、财产保险费、折旧费、修理费、低值易耗品摊销、交通费、公务用车费、审计费、诉讼费、咨询费、警卫消防费、业务费、存货盘亏、水电费、无形资产摊销、安全生产费等也属于间接费用。期末，应将归集的营运间接费用分配转入“主营业务成本”账户。

三、间接成本核算举例

营运间接费用中的人工费用、燃料费用、折旧费用等的归集，在【例 14-1】至【例 14-5】中已有涉及，此处主要举例说明其他营运间接费用的核算以及营运间接费用期末的结转。

例 14-6

YT汽车运输公司8月份有关其他营运间接费用情况见表14-6，其中，现金支付5 000元，其余通过银行转账支付。

表 14-6

营运间接费用表

202×年 8 月

单位：元

应借科目	差旅费	办公费	通信费	业务费	水电费	其他	合计
营运间接费用	2 000	1 000	1 500	3 000	5 000	3 200	15 700

根据表 14-6，编制会计分录如下：

借：营运间接费用——差旅费　　2 000
　　　　　　　　——办公费　　1 000
　　　　　　　　——通信费　　1 500
　　　　　　　　——业务费　　3 000
　　　　　　　　——水电费　　5 000
　　　　　　　　——其他　　3 200
　贷：库存现金　　5 000
　　　银行存款　　10 700

例 14-7

YT汽车运输公司202×年8月份营运间接费用发生情况依据【例 14-1】至【例 14-6】中“营运间接费用”账户的本期发生额确定，该公司营运间接费用按客运、货运的工资薪酬比例分配，见表14-7。

表 14-7

营运间接费用分配表

202×年 8 月份

金额单位：元

应借科目	工资薪酬	分配率	营运间接费用
主营业务成本			
——客运成本	130 000		171 964
——货运成本	111 000		146 836
合计	241 000	1.3228	318 800

营运间接费用=93 000+30 300+38 500+157 000=318 800（元）

营运间接费用分配率=318 800÷（130 000+111 000）=1.3228（元）

根据表 14-7，编制会计分录如下：

借：主营业务成本——客运成本（营运间接费用）　　171 964
　　　　　　　　——货运成本（营运间接费用）　　146 836
　贷：营运间接费用　　318 800

▶▶▶▶▶▶▶ 第四节　公路运输企业成本报表

一、公路运输企业主要成本报表

公路运输企业的成本报表是对各会计期间成本费用进行日常核算后的综合体现，是用以反映运输生产运营所发生的成本费用情况的会计报表，是会计报表的重要组成部分。成本报表所反映的资金耗费和成本升降变动等情况，可据以考核成本计划执行结果。成本报表所提供的信息也是进行成本预测、决策、控制和分析等成本管理活动的重要依据。

公路运输企业的成本报表通常包括以下内容：

（1）各类营业成本表（见表14-8）。

表 14-8

各类营业成本表

编制单位：　　　　　　　　　　　年　月　　　　　　　　　　　单位：元

序号	项目	金额
一	主营业务成本	
1	客运成本	
①	公车客运成本	
②	责任客运成本	
③	站场客运成本	
④	出租车客运成本	
⑤	公交客运成本	
2	货运成本	
3	旅游业务成本	
4	物业成本	
5	其他主营运输成本	
二	其他业务成本	
1	材料配件	
2	商品贸易	
3	加工修理	
4	房屋租赁	
5	车辆检测	
6	站务服务	

续表

序号	项目	金额
7	驾驶培训	
8	保险费代理	
9	其他	
合计		

单位负责人：　　　　　审核人：　　　　　填报人：

（2）主营业务成本明细表（见表14-9）。

表 14-9　**主营业务成本明细表**

编制单位：　　　　年　月　　　　金额单位：元

项目	客车	货车	合计
一、成本项目			
职工薪酬（元）			
燃料（元）			
轮胎（元）			
保修费（元）			
大修费（元）			
折旧费（元）			
运输管理费（元）			
行车事故损失（元）			
车辆使用税（元）			
营运间接费用（元）			
路桥费（元）			
保险费（元）			
责任车兑现成本（元）			
业务费（元）			
其他（元）			
二、主营业务成本总额			
三、周转量（人千米、吨千米、换算吨千米）			
四、营运单位成本	元/千人千米	元/千吨千米	元/千吨换算千米

单位负责人：　　　　　审核人：　　　　　填报人：

（3）营运间接费用表（见表14-10）。

表 14-10　　**营运间接费用表**

编制单位:　　年　月　　单位：元

序号	项目	金额
一	固定费用	
1	职工薪酬	
2	财产保险费	
3	折旧费	
4	交通费	
5	税金	
a	其中：房产税	
b	车船税	
c	城镇土地使用税	
d	印花税	
e	其他	
6	无形资产摊销	
7	安全生产费	
8	技术开发费	
9	审计诉讼咨询费	
10	物料消耗	
11	警卫消防费	
二	变动费用	
12	低值易耗品摊销	
13	业务招待费	
14	办公费	
15	差旅费	
16	通信费	
17	公务用车	
18	业务费	
19	水电费	
20	修理费	
21	广告费	
22	其他	
合计		

单位负责人：　　审核人：　　填报人：

（4）管理费用明细表（略）。

（5）销售费用明细表（略）。

（6）财务费用明细表（略）。

（7）营业外支出明细表（略）。

企业可根据内部经营管理需求，自行设计并编制各种内部成本报表，以满足成本管理和经营管理所需。

二、公路运输企业成本报表编制举例

公路运输企业应依据有关管理要求编制成本报表。沿用前两节中YT汽车运输公司的资料，举例说明主营业务成本明细表的编制。月末，企业应根据“主营业务成本”明细账汇集的营运直接成本和间接成本，以及其他有关资料，编制主营业务成本明细表，反映主营业务成本总额和营运单位成本。

营运单位成本是以运输总成本除以运输周转量得到的，应按客车运输单位成本、货车运输单位成本和客货换算单位运输成本分别计算，其计算公式如下：

客车运输单位成本（元/千人千米）=客车运输总成本（元）÷客车运输周转量（千人千米）

货车运输单位成本（元/千吨千米）=货车运输总成本（元）÷货车运输周转量（千吨千米）

客货车运输换算单位成本（换算吨千米）=客货车运输综合成本（元）÷客货运输换算周转量（吨千米）

换算吨千米是将旅客周转量“人千米”总量按一定比例换算为吨千米（通常以每10人千米换算为1吨千米）。

例14-8

YT汽车运输公司经营客、货两类运输业务，202×年8月份营运汽车380辆，其中，客车200辆，货车180辆。本月客车运量为3 000千人千米，货车运量为900千吨千米。根据【例14-1】至【例14-7】的有关数据资料，编制“主营业务成本明细表”，见表14-11。

表14-11　主营业务成本明细表

编制单位：YT汽车运输公司　　202×年8月

项目	客车	货车	合计
一、成本项目			
职工薪酬（元）	130 000	111 000	241 000
燃料（元）	304 000	466 800	770 800
轮胎（元）	64 000	70 000	134 000
保修费（元）			
大修费（元）	50 000	60 000	110 000
折旧费（元）	80 000	70 000	150 000
运输管理费（元）			
行车事故损失（元）			
车辆税（元）			
营运间接费用（元）	171 964	146 836	318 800
路桥费（元）			
保险费（元）			

续表

项目	客车	货车	合计
责任车兑现成本（元）			
业务费（元）			
其他（元）			
二、主营业务成本总额（元）	799 964	924 636	1 724 600
三、周转量	3 000千人千米	900千吨千米	1 200千换算吨千米
四、营运单位成本	266.65元/千人千米	1 027.37元/千吨千米	1 437.17元/千换算吨千米

单位负责人：　　　　审核人：　　　　填报人：

例14-9

YT汽车运输公司202×年12月份的“主营业务成本明细表”“营运间接费用明细表”“管理费用及财务费用明细表”见表14-12至表14-14。

表14-12　　主营业务成本明细表

编制单位：YT汽车运输公司　　202×年12月　　单位：元

行次	项目	本月数	本年累计数
1	职工薪酬	27 195.31	92 041.94
3	燃料	129 254.17	436 467.22
4	轮胎	7 840.00	27 086.00
5	保修费	19 390.00	44 950.54
6	大修费	5 325.00	18 163.00
7	折旧费	77 278.12	231 834.36
8	运输管理费		
9	行车事故损失	13 169.70	35 560.23
10	车辆税		
11	营运间接费用	145 096.98	487 552.62
12	路桥费	37 176.00	144 246.00
13	保险费	25 242.89	85 625.04
14	责任车兑现成本	906 006.30	6 128 741.26
15	业务费	600	600
16	其他	23 568.12	34 781.89
17	总成本	1 417 142.59	7 767 650.10

单位负责人：　　　　审核人：　　　　填报人：

表 14-13

营运间接费用明细表

编制单位：YT 汽车运输公司　　202×年 12 月　　单位：元

项目	本月数	累计数
职工薪酬	89 032.10	282 875.13
财产保险费		
差旅费		
办公费	493.00	1 137.00
通信费	3 473.00	7 490.00
折旧费	25 380.00	76 180.00
修理费		2 649.99
低值易耗品摊销		15 580.00
交通费	3 390.00	11 570.00
公务用车费		
审计、诉讼、咨询费		
税金	2 650.00	8 150.00
其中：房产税		
车船税		
城镇土地使用税		
印花税		
其他	2 650.00	8 150.00
警卫消防费	1 000.00	3 000.00
业务招待费	1 360.00	4 510.00
广告费		
业务费		
存货盘亏		
水电费	6 080.00	16 594.30
其他	12 238.88	57 816.20
无形资产摊销		
专项储备		
合计	145 096.98	487 552.62

单位负责人：　　审核人：　　填报人：

表 14-14 **管理费用及财务费用明细表**

编制单位：YT 汽车运输公司　　202×年 12 月　　单位：元

行次	项目名称	本月数	累计数
1	职工薪酬	151 660.96	309 256.25
2	财产保险费	29 557.20	88 673.60
3	董事会费		
4	差旅费	3 815.00	21 095.00
5	办公费	1 410.80	9 247.80
6	通信费	3 700.33	8 577.57
7	折旧费	96 691.36	289 509.28
8	修理费		20 995.00
9	低值易耗品摊销		2 618.00
10	无形资产摊销	13 888.89	41 666.67
11	交通费	15 757.00	44 832.00
12	公务用车费		
13	审计、诉讼、咨询费		7 900.00
14	税金		
15	其中：房产税	16 203.24	48 409.72
16	车船税		
17	城镇土地使用税	14 685.30	44 055.90
18	印花税		
19	其他		
20	警卫消防费		
21	业务招待费	43 073.00	97 869.00
22	广告费		
23	业务费		
24	存货盘亏		
25	水电费	1 084.40	23 964.40
26	技术开发费		
27	其他	186 636.55	627 835.75
28	管理费用合计	578 164.03	1 686 505.94
29			
30			
31	流动负债利息支出	53 449.08	126 337.97

续表

行次	项目名称	本月数	累计数
32	短期存款利息收入		
33	长期负债利息支出		
34	长期存款利息收入		
35	手续费	46.00	205.13
36	汇兑损益		
37	其他		
38	财务费用合计	53 495.08	126 543.10

单位负责人：　　　　审核人：　　　　填报人：

思考与练习

1. 公路运输企业的成本费用包括哪些具体内容？
2. 公路运输企业的成本计算单位是什么？如何理解？
3. 如何确定公路运输企业的汽车耗用燃料的数量？
4. 公路运输企业的轮胎费用何如核算？
5. 公路运输企业的间接营运费用如何核算？
6. 公路运输企业的成本报表一般包括哪些？

第十五章

铁路运输企业成本核算

培根铸魂

弘扬传承中华优秀传统文化，记住乡愁

习近平总书记强调城镇建设要“注重文明传承、文化延续，让城市留下记忆”；新农村建设要“补农村短板，扬农村长处，注意乡土味道，保留乡村风貌，留住田园乡愁”。“望得见山、看得见水、记得住乡愁”体现着人民领袖对国家、对人民的赤子深情。

对每一个人来说，乡愁是一种精神归属，是一种故土情结，更是烙在深处的民族记忆，是家国情怀，是文脉延亘，是精神依归。中华文化是乡愁的“根”，是中华儿女共同的精神基因。无论走到哪里，生活在哪里，我们身上都有鲜明的中华文化烙印，要弘扬好、传承好优秀传统文化，留下记忆，记住乡愁。

▸▸▸▸▸▸▸ 第一节　铁路运输企业成本核算的特点及内容

一、铁路运输的特点

铁路运输（Railway Transportation）是利用铁路设施设备运送旅客、货物、行李包裹等的一种运输方式，其运输距离长、站点多、覆盖面广、运载量大、运行速度快，是我国最主要和最重要的客货运输手段。与其他运输方式相比，铁路运输具有以下突出特点：

1.投资大、投资回收期长

铁路运输所需的线路、站场、机车、车辆等主要运输设备投资较大，特别是高速铁路，投资大，主要运输设备的使用寿命长，固定资产的折旧费用和维护修理费用大，对企业经营成果和财务状况具有重大影响。

2.运输服务产销合一

铁路运输提供的产品是人或物在空间上和时间上的位移，是一种运输服务，其产品的生产过程就是完成销售的过程。

3.设备联网、人员联劳、生产联动

从单个企业来看，铁路运输企业内部的线路、站场、信号、通信、接触网、机车、车辆等各种运输设备、设施，以及车站、机务、工务、电务、车辆等各部门人员，联合形成一个集中统一的运输生产服务网，提供客货运输服务，单项资产的经济利益流出合并形成完成客货运输服务所取得的经济利益流入。从全国铁路来看，铁路运输企业之间提供过境运输服务，全路实行集中统一指挥，联合形成公共运输服务网络。

4.经济效益和社会效益并存

我国铁路运输是国民经济的基础产业之一，在保证国土开发、国家重点物资运输、军事运输等方面发挥重要作用，具有经济效益与社会效益并存的特点。因此，铁路运输企业不但要核算经营性成本，还要核算公益性运输成本（包括公益性产品成本、分线成本等）。

二、铁路运输企业成本核算的特点

1.成本计算对象

铁路运输成本计算是在成本、费用核算的基础上，将一定时期的成本、费用归集到不同的计算对象。为满足企业盈亏分析、经营决策、财务清算对成本信息的需求，企业应正确、合理地计算各种运输成本，根据企业的特点和管理需要，主要计算客运总支出、货运总支出、行包总支出，单位旅客运输成本、单位货物运输成本、单位行包运输成本，单位客运支出、单位货运支出、单位行包支出，客、货运作业成本（包括变动成本和固定成本）、分线成本、区域平均成本等。

2.成本计算期

根据企业的特点和管理需要，企业可进行定期成本计算或不定期成本计算。

定期成本计算需按会计期间分期，会计期间通常是指月度、季度和年度。定期成本计算一般包括客运总支出、货运总支出、行包总支出，单位旅客运输成本、单位货物运输成本、单位行包运输成本，单位客运支出、单位货运支出、单位行包支出等。

不定期成本计算包括各类运输专项成本计算。专项成本包括客、货运作业成本（包括变动成本和固定成本）、分线成本、区域平均成本等。

3.成本结构特点

铁路运输成本费用多表现为共同成本，共同成本占运输成本的比重较大，需要在不同时期、不同的运输产品对象间进行分配，既要核算运输总成本、客货运输产品成本，又要核算车、机、工、电、辆等各部门成本及各项业务的成本，还要核算铁路运输企业之间相互提供服务的成本，以便为企业间相互提供服务的清算提供成本数据。

三、铁路运输成本、费用的构成

铁路运输成本，是指企业为运输旅客、货物、行李包裹及提供物流辅助服务发生的直接耗费；铁路运输费用，是指企业在一定期间内组织运输生产经营管理活动所发生的间接耗费。铁路运输成本、费用是反映生产经营活动的综合指标，是制定运输价格、营销政策和投资决策以及进行财务清算的重要依据。

广义的铁路运输成本包括在铁路运输生产经营过程中发生的各种耗费，按其经济用途划分为主营业务成本、期间费用、资产减值损失和营业外支出，它们共同构成运输总支出，如图15-1所示。狭义的铁路运输成本有两种说法，一种包括主营业务成本和期间费用，称为运输支出；另一种仅指直接为运输旅客、货物发生的耗费，即主营业务成本（下文的狭义铁路运输成本皆指此种说法）。

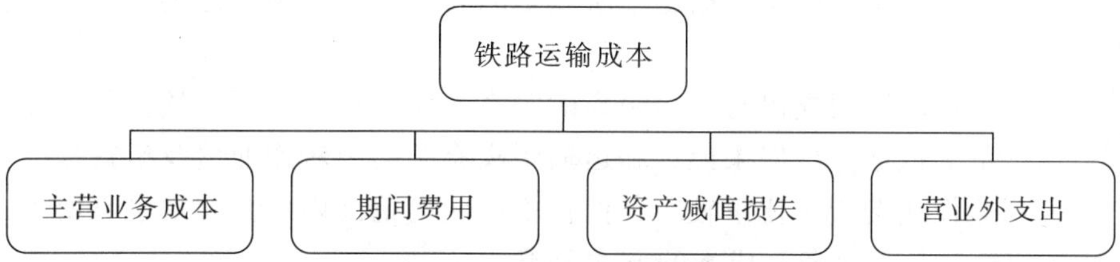

图15-1　广义铁路运输成本

（一）主营业务成本

主营业务成本是企业在运输生产过程（包括两端接取送达、发到站作业和中间运输等过程）中发生的与运输生产有关的各项耗费，主要包括：

（1）运输生产人员及运输生产单位的管理、服务人员（含运输辅助单位及其人员，下同）的工资、奖金、津贴、补贴、短期带薪缺勤、短期利润分享计划（统称“工资性支出”，下同），职工福利费以及按规定提取的基本医疗保险费、补充医疗保险费、工会经费、职工教育经费、基本养老保险费、失业保险费、工伤保险费、企业年金、生育保险费、住房公积金等工资附加费。

（2）按规定计提的运输生产用及运输生产单位管理用固定资产折旧。

（3）为了恢复固定资产原有性能和生产能力，对固定资产进行周期性大修理的支出，包括成段换轨、成段换枕、成段换岔、成段清筛道床等支出，为消除路基、桥梁、隧道的严重病害进行的局部修理支出，灾害复旧支出，机车车辆和大型养路机械及其大部件的大修支出，房屋、建筑物、其他设备等大修支出。

（4）设备运用、养护修理耗费的材料、燃料、电力、配件、工具备品和其他支出，配件修理支出，外购劳务支出，生产场所用燃料、水、电及生产用杂费。

（5）运输生产人员及运输生产单位的管理、服务人员的办公费、差旅费、劳动保护费、制服补贴等。

（6）运输生产过程中发生的季节性停工损失和修理期间的停工损失，事故净损失，灾害预防及抢修支出。

（7）办理保价运输业务发生的支出。

（8）办理联合运输业务发生的付费支出。

（9）按照规定提取和使用的安全生产费用。

（10）其他按照国家有关规定应计入主营业务成本的支出。

（二）主营业务成本的分类

1.按成本与运输距离的关系和运输作业过程分类

按成本与运输距离的关系和运输作业过程分类，主营业务成本可划分为始发到达作业费、中转作业费和运行作业费。

（1）始发到达作业费，是指在始发站及到达站进行发送和到达作业所发生的费用，这类费用与运输距离无关，不随运输距离远近而变动。

（2）中转作业费，是指中转站进行中转作业所发生的费用，这类费用基本上随着运输距离的延长而增加，但有一定阶段性，也随着中转站作业次数的增加而增加。

（3）运行作业费，是指列车运输途中所发生的列车运行费用，这类费用与运输距离呈正比例关系。

此种划分主要反映运输支出与运输距离的关系，便于计算按距离核算的运输成本，并将其作为制定运价的依据。一般来说，和运输距离有关的中转作业费及运行作业费所占比重较大，始发到达作业费所占比重较小，但在不同距离范围内，其比重也有所不同。

2.按计入运输产品（服务）成本的方式分类

按计入运输产品（服务）成本的方式分类，主营业务成本可划分为直接费用和间接费用，也称为直接列入支出和分配列入支出。

（1）直接费用，是专为某种运输所发生的费用，当分别计算不同产品的运输成本时，可将其直接计入某项产品（服务）成本。例如，在分别计算旅客和货物运输成本时，客车维修和货车维修费用可直接计入旅客和货物运输成本。

（2）间接费用，是指完成两种或两种以上运输业务共同发生的费用，当分别计算不同运输产品的成本时，必须采取适当的方法将其在各种产品之间进行分配，才能分别列入有关产品（服务）成本。例如，铁路线路和通信信号设备维修费、各项一般生产费用和管理费用等，在分别计算客、货运输成本时，就需按适当的标准进行分配。

此种划分是为了计算不同种类的运输成本。直接费用和间接费用的划分并不是绝对的，而是与运输成本的计算对象有关。当只计算换算吨千米这一种成本时，就无所谓间接费用，所有运输支出都可直接计入换算吨千米成本；而当分别计算客、货运输成本时，有的支出可直接计入有关成本，有的支出需分配后才能计入有关成本；但当更进一步地详细计算客、货运输成本时，有些直接费用还需要再进行分配。

3.按成本发生的生产作业部门分类

按成本发生的生产作业部门分类，主营业务成本可划分为运输、机务、车辆、工务、电务等部门成本。这种分类适应了生产专业分工的需求，能够分别掌握和考核各业务部门的运输成本情况，更好地贯彻成本管理责任制。通常来说，机务部门支出所占比重最大，其次是工务部门，再次是运输和车辆部门。这四个部门的支出占运输成本的绝大部分，其余部门支出比重较小。

4.按成本与运量的相关关系分类

按成本与运量的相关关系分类，主营业务成本可划分为固定成本、变动成本和混合成本。

固定成本总额是指不直接受运量水平变动影响而保持不变的成本，如车站站舍的折旧费和修理费等。

变动成本总额是指随着运营工作量的增减变动而呈正比例变动的成本，如机车牵引电力费用。

混合成本包括固定成本和变动成本两种因素。铁路运输成本的很大一部分属于混合成本，如铁路线路及相关固定设备修理费、电力牵引供电系统修理费等。

此种划分按成本的不同性态对其进行不同的处理，采取各种有效途径最大限度地降低成本，也便于对成本进行预测、决策、分析和考核。

四、铁路运输成本核算科目设置

《中国铁路总公司运输成本费用管理核算规程》（2015年1月1日执行，以下简称为《规程》）的附件1即为《铁路运输成本费用科目表》。铁路运输企业发生的成本、费用通过支出科目进行确认和归集。支出类总账科目的编号和名称见表15-1。

表 15-1　　**支出类总账科目编号和名称**

序号	科目编号	科目名称
1	6401	主营业务成本
2	6402	其他业务成本
3	6403	税金及附加
4	6601	销售费用
5	6602	管理费用
6	6603	财务费用
7	6701	资产减值损失
8	6711	营业外支出
9	6801	所得税费用
10	6901	以前年度损益调整

支出科目由科目编号和科目名称组成。科目编号由类别、部门、顺号、子目、细目、要素六部分构成。企业可根据需要在铁路总公司统一规定的支出科目下增设子目、细目进行明细核算，最末一级为要素（要素编码：1-工资、2-材料、3-燃料、4-电力、5-折旧、6-其他人工、7-其他）。

例如，广州铁路集团公司2015年标准会计科目（部分）中的支出科目编号和级次，见表15-2。

表15-2　　支出类科目级次和编号

科目编码	科目名称
6401	主营业务成本
6401-1	旅客运输成本
6401-1-1001	车站客运人员工资
6401-1-1001-1	车站客运人员工资——国铁（公司）
6401-1-1001-2	车站客运人员工资——接受委托
6401-1-1001-2-1	车站客运人员工资——接受委托——武广客专公司
⋮	⋮
6401-1-1011	旅客列车服务人员工资
6401-1-1011-1	动车组客运乘务人员
6401-1-1011-1-1	动车组客运乘务人员——国铁（公司）
6401-1-1011-1-2	动车组客运乘务人员——接受委托
6401-1-1011-1-2-1	动车组客运乘务人员——接受委托——武广客专公司
⋮	⋮
6601	销售费用
6601-1	运输企业销售费用
6601-1-1801	销售人员工资
6601-1-1801-1	销售人员工资——国铁（公司）
6601-1-1801-2	销售人员工资——接受委托
6601-1-1801-2-1	销售人员工资——接受委托——武广客专公司
⋮	⋮
6602	管理费用
6602-1	运输企业管理费用

科目编码	科目名称
6602-1-1701	管理人员工资
6602-1-1701-1	机关人员工资
6602-1-1701-1-1	机关人员工资——国铁（公司）
⋮	⋮
6603	财务费用
6603-1	运输企业财务费用
⋮	⋮
6603-1-3802	利息支出
6603-1-3802-1	已交付使用固定资产贷款利息
6603-1-3802-1-1	已交付使用固定资产贷款利息——国铁（公司）
6603-1-3802-1-2	已交付使用固定资产贷款利息——接受委托
6603-1-3802-1-2-1	已交付使用固定资产贷款利息——接受委托——武广客专公司
⋮	⋮
6701	资产减值损失
6701-1	运输企业资产减值损失
6701-1-4801	资产减值损失
6701-1-4801-1	坏账准备
6701-1-4801-2	存货跌价准备
⋮	⋮
6711	营业外支出
6711-1	运输企业营业外支出
6711-1-1909	营业外人员工资
6711-1-1909-1	营业外人员工资——国铁（公司）
6711-1-1909-2	营业外人员工资——接受委托
6711-1-1909-2-1	营业外人员工资——接受委托——武广客专公司
⋮	⋮

▶▶▶▶▶▶▶ 第二节　铁路运输企业直接成本的确认与归集

一、主营业务成本核算科目和要求

铁路运输企业产品的生产和销售是同时完成的，所发生的与运输生产相关的耗费通过“主营业务成本”科目核算，该科目核算企业提供旅客、货物运输以及相关服务等日常活动而发生的实际成本。主营业务成本按旅客运输成本、货物运输成本、行包运输成本、基础设施成本、其他成本等五类进行核算。

主营业务成本分类确定的原则是：能够直接归属到相应成本类别的，全额列入该类成本；不能直接归属到成本类别的，按照规定的工作量指标分配列入相应类别成本。分配比例根据运输生产情况测算确定，并在季度决算报告中说明分配比例确定的方法及调整依据。

二、主营业务成本核算的具体内容

（一）主营业务成本的分类核算

主营业务成本应按以下五类进行核算：

（1）旅客运输成本，核算为旅客运输所直接发生的各种支出，包括车站旅客服务、旅客列车（动车组）服务、客车及动车组运用和维护支出，相关服务付费及其他支出。

（2）货物运输成本，核算为货物运输所直接发生的各种支出，包括货物发送、运行、中转、到达作业费用，货车、集装箱运用和维护费用，货车使用费，相关物流辅助服务费及其他支出。

（3）行包运输成本，核算为行李、包裹运输所直接发生的各种支出，包括行包发送、运行、中转、到达作业费用，专用行包车辆运用和维护费用，相关物流辅助服务费及其他支出。

（4）基础设施成本，核算为铁路路网、行车指挥等基础设施运用和维护所发生的各种支出，包括铁路线路设备等行车设施运用和维护费用、行车指挥调度费及其他支出。

（5）其他成本，核算企业运输生产中发生的除旅客、货物、行包运输成本和基础设施成本以外的各种支出。

（二）主营业务成本核算内容的其他说明

1.工务、电务支出

主营业务成本中的工务、电务支出分运行区间、编组站、非编组站核算，电气化铁路供电支出分运行区间核算。核算原则是：正线（含与正线连接的道岔）支出归集到相应运行区间成本，站线支出归集到编组站和非编组站成本；能直接归属运行区间、编组站、非编组站的支出，全额列入相应运行区间和编组站、非编组站成本；不能直接确定归属的共性支出，采用分配方法分摊列入相应运行区间和编组站、非编组站成本。

2.机车折旧、中修、大修支出

机车折旧、中修、大修支出分机型核算，客车折旧、段修、大修支出分车型核算，动车组折旧、三级以上修理分车型核算，货车折旧、段修、大修支出分车种核算。能够直接区分机型（车型、车种）的修理支出，全额列入各机型（车型、车种）的相关成本，不能直接区分的按规定方法分摊。

3.付费支出

企业之间相互提供服务和劳务，提供服务方按规定取得提供服务收入的，其相关支出在运输总支出中分要素核算，接受服务方支付的费用按付费支出核算。

列入主营业务成本的付费支出项目主要包括：

（1）列入旅客运输成本的付费支出项目：客运线路使用费、客运机车牵引服务费、客运跨企业电力机车接触网服务费、车站旅客服务费、旅客列车上水作业服务费、提供加挂客车服务费、售票服务费、客车使用费、客运机车修理服务费、客车修理服务费用、其他服务费等。

（2）列入货物运输成本的付费支出项目：货运线路使用费、货运机车牵引服务费、货运跨企业电力机车接触网服务费、车辆挂运服务费、承运及发送服务费、到达作业服务费、中转作业服务费、车辆使用费、车辆编解服务费、货车使用费、货车空车调用费、集装箱使用服务费、篷布使用服务费、外局货运机车占用服务费、货运机车修理服务费、其他服务费等。

（3）列入行包运输成本的付费支出项目：行包专列线路使用费、行包专列机车牵引服务费、行包专列车辆使用费、行李车邮政车使用费、行李包裹运输车辆使用费、行包跨企业电力机车接触网服务费、行包承运发送服务费、行包到达作业服务费、行包中转作业服务费、行李车修理服务费、行包运输劳务服务费、其他服务费等。

（4）列入基础设施成本的付费支出项目：线路设备修理服务费、其他服务费等。

企业间相互提供的跨企业机客车加油等支出、因企业间移动设备调转应分摊的设备修理支出实行成本转列制度，由双方核对一致后等额转入、转出成本。

4.运输设备维修、中修支出

企业的运输设备的大修、中修、维修业务，首先按照职责分工由运营单位自主完成，发生的支出在运输总支出中分要素核算。受生产能力和技术条件限制，需委托其他单位修理的，应通过招投标方式确定施修单位，发生的支出在其他要素核算。

5.分线成本

运输成本费用分线核算，是指将运输成本费用以线路为归集对象，按照不同线别进行分线核算。能够直接归集到线路的成本费用，在相应的科目号中增加“FX”标识，并按照统一的线路名称直接核算到该线路；不能直接归集的成本费用，按照规定方法分摊到相关线路。

三、主营业务成本核算的账务处理

运输生产领用材料、燃料、低值易耗品，借记“主营业务成本”科目，贷记“原材料”“周转材料”等科目；

结算生产人员工资薪酬，借记“主营业务成本”科目，贷记“应付职工薪酬”科目；

支付生产用水、用电等其他费用，借记“主营业务成本”科目，贷记“银行存款”等科目；

按规定计提固定资产折旧费，借记“主营业务成本”科目，贷记“累计折旧”科目；

其他业务应分摊的间接费用，借记“其他业务成本”科目，贷记“主营业务成本”科目；

支付相关服务费，借记“主营业务成本”科目，贷记“银行存款”等科目。

期末应结转“主营业务成本”科目余额，借记“本年利润”科目，贷记“主营业务成本”科目，结转后“主营业务成本”科目应无余额。

例15-1

NC铁路局甲机务段检修车间8月3日领用检修客运DF4型机车电源柜（属一般互换配件）2个，每个计划价格3 000元。当月甲机务段互换配件成本差异分摊率为-2%。

一般互换配件（电源柜）应分摊的成本差异=3 000×2×（-2%）=-120（元）

编制的会计分录如下：

（1）根据用料单

借：主营业务成本——旅客运输成本——机车互换配件修理——其他互换配件修理　　6 000

贷：原材料——一般互换配件　　6 000

（2）结转材料成本差异

借：主营业务成本——旅客运输成本——机车互换配件修理——其他互换配件修理　　120

贷：材料成本差异——一般互换配件　　120

例15-2

NC铁路局乙工务段8月5日领用一批新钢轨用于抽换旧钢轨，该批钢轨的计划成本为400 000元，成本差异分摊率为1%。

新钢轨应分摊的成本差异=400 000×1%=4 000（元）

编制会计分录如下：

（1）根据用料单

借：主营业务成本——基础设施成本——抽换新钢轨——运行——××区间　　400 000

贷：原材料——线上料　　400 000

（2）结转材料成本差异

借：主营业务成本——基础设施成本——抽换新钢轨——运行——××区间　　4 000

贷：材料成本差异——线上料　　4 000

例 15-3

NC铁路局甲机务段8月10日领用内燃机车用燃料60吨，每吨计划成本为4 000元。燃料成本差异率为2%。

领用燃料应分摊的成本差异=4 000×60×2%=4 800（元）

编制的会计分录如下：

（1）根据用料单

借：主营业务成本——旅客运输成本——内燃机车运行用燃料——运行机车 240 000

贷：原材料——燃料 240 000

（2）结转材料成本差异

借：主营业务成本——旅客运输成本——内燃机车运行用燃料——运行机车 4 800

贷：材料成本差异——燃料 4 800

例 15-4

NC铁路局8月20日购入电力机车高价互换配件一批，价值5 400 000元。依据有关规定，其折旧年限为8年，预计净残值率为2%，采用年限平均法折旧。

年折旧率=（1-2%）÷8=12.25%

9月份应计提的折旧额=5 400 000×12.25%÷12=55 125（元）

编制的会计分录如下：

借：主营业务成本——机车高价互换配件折旧 55 125

贷：累计折旧——高价互换配件 55 125

第三节　铁路运输企业间接成本的确认与归集

一、间接生产成本核算原则

《规程》附件1“铁路运输成本费用科目表”中列示了间接生产费科目编号及名称，附件2“铁路运输成本费用科目说明”对间接生产费科目的核算内容及分摊方法进行了详细解释。

间接生产费中，能够直接区分成本类别的，对应列入相关类别成本；不能直接区分的，按附件2中规定的比例分摊计入旅客运输成本、货物运输成本、行包运输成本。

例如，调度所发生的调度规章、表格、图纸、文具用品费用，电子计算机、传真机等调度设备的运用、维修费，家具备品、消防器材补充修理费用等，计入主营业务成本的基础设施成本。

再如，为机车及列车乘务人员服务的行车公寓、备班室发生的费用中，机务段备班室费用按客运、行包专列、货运机车总走行千米比例分摊列入旅客、货物、行包运输成本，再按行包运输总重占混合运输全部总重比例从旅客、货物运输成本分摊至行包运输成本。行车公寓的费用、企业支付给行车公寓管理单位的服务费用列入基础设施成本。

二、间接生产成本核算内容

间接生产费核算内容见表15-3。

表 15-3　间接生产费核算内容

科目编号	科目名称及核算内容	工作量计量单位	要素	主营业务成本类别
3601	调度所费用			基
	调度所发生的有关费用，包括：			
	1.调度规章、表格、图纸、文具用品		其	
	2.电子计算机、传真机等调度设备的运用、维修费		材其	
	3.家具备品、消防器材补充修理费用		材其	
3602	行车公寓			客货行基
	为机车及列车乘务人员服务的行车公寓、备班室发生的费用，包括：	床位数/接待人次		
	1.家具、卧具、备品补充、修理、洗涤、消毒费用		材其	
	2.制冷、制热设备的运用维修费用		材燃电其	
	3.食堂、浴池、茶炉及发电用燃料费用		燃	
	4.食堂用炊具、餐具的消耗补充及修理费用		材其	
	5.公寓保洁费用，清扫、照明、消毒、取暖用材料，消防器材的补充和修理费用		材其	
	6.动力、照明用电力费用		电	
	7.食堂、浴池、茶炉用水费用		其	
	8.短途运输运用维修及运杂费		材燃其	
	9.服务人员、炊事人员职业健康体检费用		其	
	10.受生产条件限制发生的服务和车辆租赁费用		其	
	11.支付行车公寓管理单位的服务费用		其	
	注：机务段备班室费用按客运、行包专列、货运机车总走行千米比例分摊列入旅客、货物、行包运输成本，再按行包运输总重占混合运输全部总重比例从旅客、货物运输成本分摊至行包运输成本。行车公寓的费用、企业支付行车公寓管理单位的服务费用列入基础设施成本			
3603	生产部门福利费			客货行基其
3603-1	工资	平均人数	工	客货行基其
	单位福利部门人员的工资支出			

续表

科目编号	科目名称及核算内容	工作量计量单位	要素	主营业务成本类别
3603-2	折旧 单位集体福利设施对应的固定资产的折旧费用		折	客货行基其
3603-3	工资附加费 单位福利部门的各项工资附加费		其	客货行基其
3603-4	其他福利费 除以上内容以外的其他福利费支出：			客货行基其
	1.“三不让”补助基金		其	
	2.职工疗养、健康体检支出		其	
	3.供暖费补贴，即按规定支付的职工冬季取暖补助，包括按当地省、市规定标准发放的职工冬季取暖补助，以及按当地省、市规定办法发生的职工暖气费用报销或补助支出		其	
	4.防暑降温费，即按省、直辖市规定标准发生的职工防暑降温费用		其	
	5.集体福利设施支出，即尚未分离的内设集体福利部门所发生的设备、实施费用，包括职工食堂、职工浴室、理发室、医务所、托儿所、集体福利部门的设备、实施维修保养费用		材其	
	6.为职工提供的上下班班车、集体宿舍等尚未实行货币化改革的交通、住房、通信待遇相关支出		材燃电其	
	7.按规定支付的节日慰问支出、书报费、计划生育补贴及幼托费、职工文体活动、职工探亲车船补助费、职工异地安家费、职工遗属生活困难补助费		材燃电其	
	8.按规定计列的离职后福利		工其	
	注：工务段、电务段、供电段、水电段、建筑段、科研所、计量所、信息技术所、统计所、调度所、行车公寓、材料供应段人员，以及企业机关所属各种试验所（车）、业务处调度人员、收入稽查人员、安全监察人员、验收人员、劳保人员、环保人员等人员的职工福利费列入基础设施成本；车站、车务段、客运（列车）段、机务段、车辆段人员的职工福利费，能够直接区分成本类别的，列入相应的类别成本，不能直接区分的，按工资比例分摊计入旅客运输成本、货物运输成本、行包运输成本。保价的职工福利费列入其他成本			
3604	生产用水 除已规定直接列入有关科目以外的生产用水支出（含随水费计收的污水处理费）	千吨	其	客货行基

续表

科目编号	科目名称及核算内容	工作量计量单位	要素	主营业务成本类别
3604	注：能够按消耗场所直接区分的，直接列入相应的类别成本；不能区分的，按生产人员比例分摊列入旅客运输成本、货物运输成本、行包运输成本、基础设施成本			
3605	生产用电 除已规定直接列入有关科目以外的生产用电支出 注：成本类别划分方法同3604科目	千千瓦小时	电	客货行基
3606	生产用燃料		燃	客货行基
3601-1	生产用燃煤	千吨		客货行基
3601-2	生产用燃气	千立方米		客货行基
3601-3	生产用燃油 除已规定直接列入有关科目以外的生产用煤炭、燃气、燃油等燃料支出 注：成本类别划分方法同3604科目	千吨		客货行基
3607	生产用工具备品 除已规定直接列入有关科目以外的生产用工具、仪表、仪器、备品等的补充、修理及其他费用 注：能按使用部门直接区分的，列入相应的类别成本；不能直接区分的，按生产人员比例分摊列入旅客运输成本、货物运输成本、行包运输成本、基础设施成本		材其	客货行基
3608	机械动力设备运用维修 机械、动力、传导设备（如电机、锅炉、风压机、制冷热设备及风、水管路等） 注：成本类别划分方法同3607科目	设备万元	材燃其	客货行基
3609	短途运输	辆	材燃其	客货行基
3609-1	汽车	辆		客货行基
3609-2	其他运输工具 汽车、拖拉机、叉车、铲车、电瓶车、两轮及三轮摩托车等短途运输设备运用、维修用材料、燃料及其他相关费用。与运输生产直接相关的本地市内交通费 注：成本类别划分方法同3607科目	辆		客货行基
3610	办公费 办公用文具、纸张费用，印刷装订、邮电汇费，家具、备品补充修理及洗涤费，报刊、图书、资料费，办公设备运用、维修费，宣传费，会议费 注：成本类别划分方法同3607科目	平均人数	工材其	客货行基
3611	差旅费 按职工差旅费管理办法支付的差旅费 注：成本类别划分方法同3607科目	平均人数	其	客货行基

续表

科目编号	科目名称及核算内容	工作量计量单位	要素	主营业务成本类别
3612	劳动保护	平均人数		客货行基
	按劳动保护有关规定发生的费用，包括：			
	1.工作服及防护用品、特种劳动保护用品检测费		材其	
	2.劳动保护性浴池及更衣室备品补充、修理费		材其	
	3.有害作业营养保健费、体检费		其	
	4.劳动宣传费用及不构成固定资产的劳动保护措施、设施费		材其	
	注：成本类别划分方法同3607科目			
3614	制服补贴	平均人数	其	客货行基
	按规定分摊的职工制服补贴			
	注：能直接按领用制服人员从事业务性质区分的，列入相应的类别成本；不能直接区分的，按生产人员比例分摊列入旅客运输成本、货物运输成本、行包运输成本、基础设施成本			
3615	电子计算机运用维修		材其	客货行基
	除按规定直接列入有关科目以外的电子计算机运用、维修、软件维护费用			
	注：成本类别划分方法同3607科目			
3616	标准计量费			客货行基
	标准计量工作发生的费用，包括：			
	1.制定和修订技术、管理标准发生的试验、资料等费用		材其	
	2.计量工作使用的不构成固定资产的计量检测仪表、器具补充及检定、修理费		材其	
	3.备品（包括工作台、仪器台等）的补充和修理费、计量工作表格费等		材其	
	注：成本类别划分方法同3607科目			
3617	化验检验费			客货行基
	为保证运输生产安全、质量发生的化验、检验费用，包括：			
	1.化验、检验用药品、材料		材其	
	2.各种化验、检验用仪器、备品的补充、修理费用		材其	
	3.委外化验、检验、修理费用		其	
	注：成本类别划分方法同3607科目			
3618	通信费			客货行基
3618-1	频率占用费			客货行基

续表

科目编号	科目名称及核算内容	工作量计量单位	要素	主营业务成本类别
3618-2	支付铁通公司结算费用			客货行基
3618-3	支付其他运营商结算费用			客货行基
3618-4	其他通信费用			客货行基
	除以上项目外的其他通信支出费用，主要核算运输生产单位发生的相关费用：			
	1.租用电信部门的网络、电路、光缆、槽道、管孔、机房等租金费用		其	
	2.支付电话、互联网专线、短消息等公用通信服务费和电信部门的通信费		其	
	各单位按照费用支付单位分明细项目核算			
	注：成本类别划分方法同3607科目			
3620	堵漏保收奖		工	客货
	按规定列支的堵漏保收奖励			
	注：按客运、货运堵漏收入的比例分摊列入旅客运输成本、货物运输成本			
3621	合理化建议及技术改进奖		工	客货行基
	按规定程序批准列支的合理化建议奖、技术改进成果奖、全面质量管理奖			
	注：成本类别划分方法同3607科目			
3622	灾害预防及抢修			客货行基
	为防止灾害的发生，对线路、桥隧建筑物、信号、供电、房屋建筑物等主要运输设施进行预防性整治发生的费用；灾害发生后至恢复开通行车前发生的抢修费用。具体包括：			
	1.预防路基、桥隧、涵渠、调节建筑物、防护设备、其他建筑物等被水冲刷、坍塌、沉陷及灾害抢修的支出		材其	
	2.排除危石及灾害抢修支出		材其	
	3.预防雪、砂设置的防雪、防砂栅栏，设置防雪标志，运用除雪设备，防溜冰、防凌及灾害抢修的支出		材其	
	4.线路、道岔防冻支出		材其	
	5.电务信号设备预防水害及灾害抢修费用		材其	
	6.供电设施预防水害及灾害抢修支出		材其	
	7.供电线路两侧危树整治及砍伐支出		其	
	8.运输用房屋建筑物灾害抢修支出		材其	
	9.抢修用机械设备租用费支出		其	
	注：工务、电务、供电、水电部门支出列入基础设施成本；其他部门支出按设备用途分别列入旅客运输成本、货物运输成本、行包运输成本、基础设施成本			

续表

科目编号	科目名称及核算内容	工作量计量单位	要素	主营业务成本类别
3623	事故损失性费用			客货行基
	由于运输事故等原因发生的损失性支出，包括：			
	1.由于铁路事故造成旅客伤亡所支付的医疗费、赔偿金及相关事故处理费用		其	
	2.路外伤亡所支付的医药费、火化埋葬费		其	
	3.未办理保价的货物在运送中，由于本企业责任发生货物事故，对收、发货人的事故赔偿费和倒装费以及按规定运输企业间互不清算的事故赔偿费和倒装费		其	
	4.未办理保价的行李、包裹在运送中，由于本企业责任发生行李、包裹事故，对收、发货人的事故赔偿费以及按规定运输企业间互不清算的事故赔偿费		其	
	5.行车事故清理及设备修复费用		材其	
	6.收到事故赔偿费用冲减本科目（由于事故造成报废的资产赔偿费除外）		其	
	注：旅客伤亡支出列入旅客运输成本。路外伤亡支出中，纯客运站支出列入旅客运输成本，客货混合站支出列入货物运输成本。行车事故损失中，车务、机务、车辆部门损失按事故的性质直接列入旅客运输、货物运输成本；工务段、电务段、供电段、水电段、房建等部门损失列入基础设施成本			
3624	其他业务应摊费		材燃电其	客货行基
	运营单位承办其他业务应分摊的生产费用，按实际发生各项费用进行分摊			
	注：①材料支出占收入的比重达到70%以上的分摊间管费不得低于收入额的3%；材料支出占收入额的比重低于70%的分摊间管费不得低于收入额的5% ②按生产人员比例分摊列入旅客运输成本、货物运输成本、行包运输成本、基础设施成本			
3625	租用费		其	客货行基
	租用其他单位（部门）线路、机车、客车、货车、电报电话及通信设备、站场等资产支付的租用费			
	注：按租用设备设施用途列入旅客运输成本、货物运输成本、行包运输成本、基础设施成本			
3626	生产用杂费			客货行基
	除已规定直接列入有关科目以外的与运输生产相关的其他费用，包括：			
	1.生产用房屋清扫、照明、取暖、消毒等用材料，消防器材的补充及修理费用		材其	
	2.生产用文具、纸张、表格、规章费用		其	

科目编号	科目名称及核算内容	工作量计量单位	要素	主营业务成本类别
3626	3.支付外单位运杂费、垃圾清运费		其	
	4.材料、配件保管、养护费用		材其	
	5.新建简易料棚及临时建筑物支出		材其	
	6.规定内的材料、燃料自然减量		其	
	7.由本单位负担的交通事故费用（应扣除保险公司及责任人赔偿部分）		其	
	8.小型技术措施费		材其	
	9.生产单位管理的单身宿舍费用（收取的房租冲减本科目）		材其	
	10.企业内部招待所支出（向本企业职工收取的住宿费冲减本科目）		材其	
	注：成本类别划分方法同3607科目			
3627	废旧物资回收冲减			客货行基
	回收除废旧轨料以外的其他废旧物资，根据点收的实际价值扣除收集费用后冲减本科目		材其	
	注：成本类别划分方法同3607科目			
3631	房屋建筑物维修	千换算平方米		客货行基
	生产、办公、其他房屋建筑物（不含住宅）维修所发生的费用，包括：			
	1.生产、办公房屋维修费用和照明用材料费		材其	
	2.建筑物（道路、广场、下水道、场地、栏杆、站台、风雨棚、围墙、天桥、地道等）维修费用		材其	
	3.污物清理费，维修残料清理费		其	
	4.生产、办公房屋建筑物委外修理费		其	
	注：①房建部门的间管费用在其他生产费用、管理费用相关科目中核算			
	②能直接按房屋建筑物使用部门区分成本类别的，直接列入相应成本类别；不能直接区分的，按生产人员比例分摊列入旅客运输成本、货物运输成本、行包运输成本、基础设施成本。企业公共房屋建筑物维修列入基础设施成本			
3632	房屋供暖设备运用维修	千供暖平方米		客货行基
	供暖用锅炉、辅件、传导设备运用、维修费用，包括：			
	1.锅炉、水泵等设备维修费用		材其	
	2.管路传导等供暖设备维修、防寒用材料费		材	
	3.供暖用电、水、燃料费		燃电其	
	4.按规定列入成本的生产办公房屋集中供暖费		其	
	注：能直接按供暖设备使用部门区分成本类别的，直接列入相应成本；不能直接区分的，按生产人员比例分摊列入旅客运输成本、货物运输成本、行包运输成本、基础设施成本。企业公共房屋建筑物供暖列入基础设施成本			

续表

科目编号	科目名称及核算内容	工作量计量单位	要素	主营业务成本类别
3651	房屋建筑物大修		材燃电其	客货行基
	为恢复房建设备原有性能，对房屋建筑物进行的周期性大修理发生的支出			
	注：成本类别划分方法同3631科目			
3652	灾害复旧		材燃电其	客货行基
	发生自然灾害，经抢修开通行车后，为恢复原有设备性能，按技术标准对工务、电务、供电、水电、房建等设备复旧的费用			
	注：工务、电务、供电、水电设备复旧费用列入基础设施成本。其他设备按用途区分，列入旅客运输成本、货物运输成本、行包运输成本、基础设施成本			
3653	其他生产设备大修		材燃电其	客货行基
	运输生产单位除机车、车辆、集装箱、线路、信号设备、电气化供电设备、水电设备、房屋建筑物以外的其他生产设备的大修费用			
	注：成本类别划分方法同3607科目			
3661	保价业务支出			其
3661-1	保价赔偿费	损失件数		其
	保价货物、行李、包裹在运输过程中由于本企业责任发生货物、行李、包裹损失的净支出，包括：			
	1.对旅客、托运人、收货人的赔偿支出		其	
	2.保价货物、行李、包裹变价收入冲减		其	
3661-2	保价安全支出			其
	为保证保价运输货物、行包安全发生的支出，包括：			
	1.组织人员维护车站及货场货物、行包安全的支出		其	
	2.按《铁路货物保价运输管理办法》规定，雇用押运人员的支出		其	
	3.其他用于行包、货物安全防范发生的费用		其	
3661-3	保价损失处理费			其
	处理保价货物、行包损失所发生的支出。含损失现场勘查、施救清理、工具材料购置、损失鉴定等费用		其	
3661-4	保价委外代办业务费			其
	委托其他单位为铁路代办货物、行包保价运输业务支付的劳务费、手续费		其	
3661-5	办公费		材其	其
3661-6	差旅费		其	其

续表

科目编号	科目名称及核算内容	工作量计量单位	要素	主营业务成本类别
3661-7	短途运输		材燃其	其
3661-8	营销宣传费			其
	用于保价营销及宣传的费用		材其	
3661-9	保价大修支出		材燃电其	其
3661-10	运用维修费			其
	与保价运输有关的设备运用维护、维修等费用		材燃电其	
3661-11	保价其他支出			其
	办理保价业务发生的除3661-1至3661-10科目以外的费用		材其	
3665	安全生产费 按规定提取和使用的安全生产费用		其	客货
3672	生产人员工会经费 按规定计提的运输生产人员及运输生产单位的管理、服务人员的工会经费 注：成本类别划分方法同3607科目		其	客货行基
3673	生产人员教育经费 按规定计提的运输生产人员及运输生产单位的管理、服务人员的教育经费 注：成本类别划分方法同3607科目		其	客货行基
3674	生产人员失业保险费 按规定提缴的生产人员及运输生产单位的管理、服务人员的失业保险费 注：成本类别划分方法同3607科目		其	客货行基
3675	生产人员工伤保险费 按规定提缴的生产人员及运输生产单位的管理、服务人员的工伤保险费 注：成本类别划分方法同3607科目		其	客货行基
3676	生产人员基本养老保险费 按规定提缴的生产人员及运输生产单位的管理、服务人员的基本养老保险费 注：成本类别划分方法同3607科目		其	客货行基
3677	生产人员住房公积金 按规定提缴的生产人员及运输生产单位的管理、服务人员的住房公积金 注：成本类别划分方法同3607科目		其	客货行基

续表

科目编号	科目名称及核算内容	工作量计量单位	要素	主营业务成本类别
3678 3678-1 3678-2	生产人员医疗保险费 基本医疗保险费 补充医疗保险费 按规定提缴的生产人员及运输生产单位的管理、服务人员的基本医疗保险费和补充医疗保险费 注：成本类别划分方法同3607科目		其	客货行基 客货行基 客货行基
3679 3679-1 3679-2 3679-3	生产人员其他工资附加费 企业年金 按规定提缴的生产人员及运输生产单位的管理、服务人员的企业年金 生育保险费 按规定提缴的生产人员及运输生产单位的管理、服务人员的生育保险费 其他 经批准按工资总额一定比例提缴的其他工资附加费 注：成本类别划分方法同3607科目		 其 其 其	客货行基 客货行基 客货行基 客货行基

注：①要素包括：工资（工）、材料（材）、燃料（燃）、电力（电）、折旧（折）、其他人工（工）、其他（其）。

②主营业务成本类别包括：旅客运输成本（客）、货物运输成本（货）、行包运输成本（行）、基础设施成本（基）、其他成本（其）。

▸▸▸▸▸▸ 第四节 铁路运输企业成本报表

一、铁路运输企业成本报表概述

依据《规程》附件3的要求，铁路运输企业应编制以下成本费用报表：

（1）运输总支出表（见表15-4）。

（2）铁路运输单位成本、单位支出计算表（会铁048表）（见表15-5）。

（3）成本明细表（会铁881表）（见表15-6）。

（4）成本明细表（会铁882表—会铁890表）（略）。

这些成本费用报表是铁路运输企业成本费用核算的综合反映，也是铁路运输成本费用分析的依据。

表 15-4

运输总支出表

编制单位：　　　　　　年　　季度　　　　　　金额单位：元

项目	行次	计量单位	上年同期实际			本年同期预算			本年实际			要素							成本类别					
			工作量	定额	金额	工作量	定额	金额	工作量	定额	金额	工资	材料	燃料	电力	折旧	其他人工	其他	旅客运输	货物运输	行包运输	基础设施	其他	管理财务等
运输总支出	1																							
（一）主营业务成本	2																							
1.工资支出	3	平均人数																						
其中：（1）运输人员工资	4	平均人数																						
（2）机务人员工资	5	平均人数																						
（3）工务人员工资	6	平均人数																						
（4）通信人员工资	7	平均人数																						
（5）电务人员工资	8	平均人数																						
（6）客车人员工资	9	平均人数																						
（7）货车人员工资	10	平均人数																						
（8）动车组人员工资	11	平均人数																						
（9）大修人员工资	12	平均人数																						
（10）其他人员工资	13	平均人数																						
2.折旧支出	14																							
其中：（1）机车折旧	15	台																						
（2）客车折旧	16	辆																						
（3）动车组折旧	17	配属辆																						
（4）货车折旧	18	辆																						
（5）线路折旧	19																							
（6）信号折旧	20																							

续表

项目	行次	计量单位	上年同期实际			本年同期预算			本年实际			要素							成本类别					
			工作量	定额	金额	工作量	定额	金额	工作量	定额	金额	工资	材料	燃料	电力	折旧	其他人工	其他	旅客运输	货物运输	行包运输	基础设施	其他	管理财务等
（7）通信设备折旧	21																							
（8）其他折旧	22																							
3.大修支出	23																							
其中：（1）内燃、电力机车大修	24	台																						
（2）内燃、电力和谐机车六年检	25	台																						
（3）客车、行李车大修	26	辆																						
（4）动车组三级修	27	辆																						
（5）动车组四级修	28	辆																						
（6）动车组五级修	29	辆																						
（7）货车大修	30	辆																						
（8）换轨大修	31	千米																						
（9）轨枕、道岔大修	32																							
（10）清筛、路基、桥隧大修	33																							
（11）信号设备大修	34																							
（12）通信设备大修	35																							
（13）电气化供电系统和电力设备大修	36																							
（14）房屋建筑物大修	37																							
（15）其他大修	38																							
4.直接生产费	39																							
（1）运输部门支出	40																							
其中：车站旅客服务	41	旅客发送千人																						

续表

项目	行次	计量单位	上年同期实际			本年同期预算			本年实际			要素							成本类别					
			工作量	定额	金额	工作量	定额	金额	工作量	定额	金额	工资	材料	燃料	电力	折旧	其他人工	其他	旅客运输	货物运输	行包运输	基础设施	其他	管理财务等
货物运输	42	货物发送千吨																						
车站调车机运转	43																							
行李包裹运输	44	货物发送千吨																						
旅客列车服务	45	客车千辆千米																						
动车组列车服务	46	动车组千辆千米																						
接取送达费	47	接取送达千吨千米																						
包装费	48	包装货物千件																						
仓储费	49	货物仓储千吨日																						
装卸费	50	货物装卸千吨																						
抑尘费	51	货物抑尘千吨																						
客服费	52																							
两端服务其他生产费	53																							
其他	54																							
（2）机务支出	55																							
其中：机车整备	56																							
内燃机车运行用燃料	57	万总重吨千米																						
		油吨																						
其中：客运	58	万总重吨千米																						
		油吨																						
货运	59	万总重吨千米																						
		油吨																						

续表

项目	行次	计量单位	上年同期实际			本年同期预算			本年实际			要素							成本类别					
			工作量	定额	金额	工作量	定额	金额	工作量	定额	金额	工资	材料	燃料	电力	折旧	其他人工	其他	旅客运输	货物运输	行包运输	基础设施	其他	管理财务等
行包	60	万总重吨千米																						
		油吨																						
调车	61	千机小时																						
		油吨																						
电力机车（动车组）运行用电	62	万总重吨千米																						
		千千瓦小时																						
其中：客运	63	万总重吨千米																						
		千千瓦小时																						
货运	64	万总重吨千米																						
		千千瓦小时																						
行包	65	万总重吨千米																						
		千千瓦小时																						
动车组	66	万总重吨千米																						
		千千瓦小时																						
内燃机车运行用油脂	67	千机千米																						
电力机车运行用油脂	68	千机千米																						
内燃机车维修	69	台数																						
内燃机车中修	70	台数																						
内燃机车二年检	71	台数																						
		定检千机千米																						
电力机车维修	72	台数																						

续表

项目	行次	计量单位	上年同期实际			本年同期预算			本年实际			要素							成本类别					
			工作量	定额	金额	工作量	定额	金额	工作量	定额	金额	工资	材料	燃料	电力	折旧	其他人工	其他	旅客运输	货物运输	行包运输	基础设施	其他	管理财务等
电力机车中修	73	台数																						
电力机车二年检	74	台数																						
		定检千机千米																						
其他	75																							
（3）工务部门支出	76																							
其中：工务三抽支出	77																							
补充道床	78	立方米																						
道岔维修	79	组																						
线路其他维修	80	延长千米																						
路桥隧建筑物维修	81	千换算米																						
线路中修支出	82	千米																						
养路机械运用维修	83																							
旧轨料回收冲减	84																							
其他	85																							
	86																							
（4）电务通信部门支出	87																							
其中：自动闭塞设备运用维修	88	闭塞千米																						
联锁道岔设备维修	89	换算道岔组																						
信号设备中修支出	0	换算道岔组																						
信号设备用电	91	千千瓦小时																						
电务其他支出	92	换算道岔组																						

续表

项目	行次	计量单位	上年同期实际			本年同期预算			本年实际			要素							成本类别					
			工作量	定额	金额	工作量	定额	金额	工作量	定额	金额	工资	材料	燃料	电力	折旧	其他人工	其他	旅客运输	货物运输	行包运输	基础设施	其他	管理财务等
通信设备运用维修	93	换算皮长千米																						
无线通信设备维修	94	换算皮长千米																						
GSM-R系统运用维修	95	换算皮长千米																						
通信线路运用维修	96	换算皮长千米																						
通信设备中修	97	换算皮长千米																						
通信设备用电	98	千千瓦小时																						
其他	99																							
(5) 车辆部门支出	100																							
客车支出合计	101																							
其中：空调车运行用油	102	空调车千辆千米 油吨																						
客车维修	103	配属辆数																						
客车空调设备维修	104																							
客车段修	105	辆																						
其他	106																							
动车组支出合计	107																							
其中：动车组维修	108	动车组千辆千米																						
动车组互换配件修理	109	辆																						
其他	110																							
货车支出合计	111																							
其中：货车维修	112																							

续表

项目	行次	计量单位	上年同期实际			本年同期预算			本年实际			要素							成本类别					
			工作量	定额	金额	工作量	定额	金额	工作量	定额	金额	工资	材料	燃料	电力	折旧	其他人工	其他	旅客运输	货物运输	行包运输	基础设施	其他	管理财务等
机械冷藏车维修	113	配属辆数																						
货车段修	114																							
货车占用费	115																							
其他	116																							
(6)供水供电部门支出	117																							
电气化供电系统运用维修	118																							
电力设备运用维修	119																							
其他	120																							
(7)保价部门支出	121																							
5.间接生产费	122																							
其中:(1)工资附加费	123																							
其中:工会经费	124	万元																						
教育经费	125	万元																						
失业保险费	126	万元																						
工伤保险费	127	万元																						
基本养老保险费	128	万元																						
住房公积金	129	万元																						
基本医疗保险	130	万元																						
补充医疗保险	131	万元																						
其他工资附加费	132	万元																						
其中:企业年金	133																							

续表

项目	行次	计量单位	上年同期实际			本年同期预算			本年实际			要素							成本类别					
			工作量	定额	金额	工作量	定额	金额	工作量	定额	金额	工资	材料	燃料	电力	折旧	其他人工	其他	旅客运输	货物运输	行包运输	基础设施	其他	管理财务等
（2）行车公寓费用	134	床位数																						
（3）生产用水、电、煤	135																							
（4）生产用工具备品	136																							
（5）短途运输	137	辆																						
（6）办公、差旅费	138	平均人数																						
（7）职工福利费	139																							
（8）劳动保护费	140																							
（9）通信费	141																							
（10）堵漏保收奖	142																							
（11）灾害预防及抢修	413																							
（12）其他业务应摊费	144																							
（13）生产用杂费	145																							
（14）房屋建筑物维修	146	千换算平方米																						
（15）房屋供暖设备运用维修	147	千供暖平方米																						
（16）安全生产费	148																							
（17）租用费	149																							
（18）其他	150																							
6.货车使用费	151																							
7.集装箱及篷布使用服务费	152																							
8.其他付费支出	153																							
（二）销售费用	154																							

续表

项目	行次	计量单位	上年同期实际			本年同期预算			本年实际			要素							成本类别					
			工作量	定额	金额	工作量	定额	金额	工作量	定额	金额	工资	材料	燃料	电力	折旧	其他人工	其他	旅客运输	货物运输	行包运输	基础设施	其他	管理财务等
1.工资支出	155	平均人数																						
2.工资附加费	156																							
其中：（1）工会经费	157	万元																						
（2）教育经费	158	万元																						
（3）失业保险费	159	万元																						
（4）工伤保险费	160	万元																						
（5）基本养老保险费	161	万元																						
（6）住房公积金	162	万元																						
（7）基本医疗保险	163	万元																						
（8）补充医疗保险	164	万元																						
（9）其他工资附加费	165	万元																						
其中：企业年金	166																							
3.折旧支出	167																							
4.大修支出	168																							
5.其他营业费用	169																							
其中：（1）福利费	170																							
（2）办公、差旅费	171																							
（3）短途运输	172	辆																						
（4）劳动保护费	173																							
（5）制服补贴	174																							
（6）营销费用	175																							

续表

项目	行次	计量单位	上年同期实际			本年同期预算			本年实际			要素							成本类别					
			工作量	定额	金额	工作量	定额	金额	工作量	定额	金额	工资	材料	燃料	电力	折旧	其他人工	其他	旅客运输	货物运输	行包运输	基础设施	其他	管理财务等
（7）房屋建筑物维修	176																							
（8）房屋供暖设备运用维修	177																							
（三）管理费用	178																							
1.工资支出	179	平均人数																						
2.工资附加费	180																							
其中：（1）工会经费	181	万元																						
（2）教育经费	182	万元																						
（3）失业保险费	183	万元																						
（4）工伤保险费	184	万元																						
（5）基本养老保险费	185	万元																						
（6）住房公积金	186	万元																						
（7）基本医疗保险	187	万元																						
（8）补充医疗保险	188	万元																						
（9）其他工资附加费	189	万元																						
其中：企业年金	190																							
3.折旧支出	191																							
4.大修支出	192																							
5.上交共同费用	193																							
6.管理的其他费用	194																							
其中：（1）办公、差旅费	195																							
（2）管理人员福利费	196																							

续表

项目	行次	计量单位	上年同期实际			本年同期预算			本年实际			要素							成本类别					
			工作量	定额	金额	工作量	定额	金额	工作量	定额	金额	工资	材料	燃料	电力	折旧	其他人工	其他	旅客运输	货物运输	行包运输	基础设施	其他	管理财务等
（3）其他	197																							
（四）财务费用	198																							
（五）营业外支出	199																							
1.工资支出	200	平均人数																						
2.工资附加费	201																							
其中：（1）工会经费	202	万元																						
（2）教育经费	203	万元																						
（3）失业保险费	204	万元																						
（4）工伤保险费	205	万元																						
（5）基本养老保险费	206	万元																						
（6）住房公积金	207	万元																						
（7）基本医疗保险	208	万元																						
（8）补充医疗保险	209	万元																						
（9）其他工资附加费	210	万元																						
其中：企业年金	211																							
3.折旧支出	212																							
4.大修支出	213																							
5.补贴支出	214																							
其中：移交补贴支出	215																							
6.补助公安经费	216																							
7.非常损失	217																							
8.其他营业外支出	218																							
其中：（1）营业外人员福利费	219																							
（2）其他	220																							
（六）资产减值损失	221																							

表 15-5

铁路运输单位成本、单位支出计算表

单位编码：　　　　　　　　　　　　　　　　　　　　　　　　报表：会铁 048 表

编制单位：　　　　　　　　年　季度　　　　　　　　　　　　金额单位：元

项　目	行次	合计	旅客运输			货物运输			行包运输		
			直接列入	分摊列入	小计	直接列入	分摊列入	小计	直接列入	分摊列入	小计
一、客、货、行包运输总支出	1										
（一）客、货、行包运输成本	2										
1. 旅客运输成本	3										
（1）工资	4										
（2）工资附加费	5										
（3）折旧	6										
（4）大修	7										
（5）直接生产费	8										
（6）间接生产费（不含工资附加费）	9										
（7）其他付费支出	10										
2. 货物运输成本	11										
（1）工资	12										
（2）工资附加费	13										
（3）折旧	14										
（4）大修	15										
（5）直接生产费	16										
（6）间接生产费（不含工资附加费）	17										

续表

项　目	行次	合计	旅客运输			货物运输			行包运输		
			直接列入	分摊列入	小计	直接列入	分摊列入	小计	直接列入	分摊列入	小计
（7）机车牵引费收付费差（扣除接触网使用费）	18										
（8）集装箱及篷布使用费	19										
（9）货车使用费	20										
（10）其他付费支出	21										
其中：货车修理支出（运输总支出）	22										
3.行包运输成本	23										
（1）工资	24										
（2）工资附加费	25										
（3）折旧	26										
（4）大修	27										
（5）直接生产费	28										
（6）间接生产费（不含工资附加费）	29										
（7）机车牵引费收付费差（扣除接触网使用费）	30										
（8）其他付费支出	31										
4.基础设施成本	32										
（1）工资	33										
（2）工资附加费	34										
（3）折旧	35										

续表

项　目	行次	合计	旅客运输			货物运输			行包运输		
			直接列入	分摊列入	小计	直接列入	分摊列入	小计	直接列入	分摊列入	小计
（4）大修	36										
（5）其他支出	37										
5.其他成本（保价）	38										
（1）工资	39										
（2）工资附加费	40										
（3）折旧	41										
（4）大修	42										
（5）其他支出	43										
（二）销售费用	44										
（1）工资	45										
（2）工资附加费	46										
（3）折旧	47										
（4）大修	48										
（5）其他支出	49										
（三）管理费用	50										
（1）工资	51										
（2）工资附加费	52										
（3）折旧	53										

续表

项　目	行次	合计	旅客运输			货物运输			行包运输		
			直接列入	分摊列入	小计	直接列入	分摊列入	小计	直接列入	分摊列入	小计
（4）大修	54										
（5）其他支出	55										
（四）财务费用	56										
（五）营业外支出	57										
（六）资产减值损失	58										
二、周转量（万人千米、万吨千米）	59										
三、单位成本（元/万人千米、万吨千米）	60										
四、单位支出（元/万人千米、万吨千米）	61										

说明：

1.该表涉及支出均以“运输支出总表”为依据，机车牵引费、接触网使用费等支出取自“成本明细表”，机车牵引费收入、接触网服务费收入取自“营业收入计算表”。

2.各项支出不含对本企业合并报表范围内的付费支出，但货物运输成本需包括跨局机车牵引费收付费差（扣除接触网使用费）、集装箱及篷布使用费、货车使用费，行包运输成本需包括跨局机车牵引费收付费差（扣除接触网使用费）。

3.周转量均为管界口径。按照旅客、货物、行包实际运输周转量填列。

4.主营业务“基础设施成本”中的属于纯客运、纯货运的支出，分别直接列入旅客运输成本、货物运输成本；其余的主营业务“基础设施成本”中的工资及工资附加费，按直接列入旅客、货物、行包运输成本的工资及工资附加费的比例分摊列入旅客、货物、行包运输成本；其他支出按照旅客、货物、行包的周转量比例分摊列入。

5.主营业务“其他成本”中的属于纯货运单位的支出，直接列入货物运输成本；其余的主营业务“其他成本”中的工资及工资附加费，按直接列入货物运输成本、行包运输成本的工资及工资附加费的比例分摊列入货物运输成本、行包运输成本；其他支出按照货物、行包的周转量比例分摊列入。

6.销售费用、管理费用、财务费用、营业外支出、资产减值损失中属于纯客运、纯货运的支出，分别直接列入客运总支出、货运总支出；其余的销售费用、管理费用中的工资及工资附加费，按直接列入客运、货运、行包总支出的工资及工资附加费的比例分摊列入旅客、货物、行包总支出；销售费用、管理费用中的其他支出，以及其余的财务费用、营业外支出、资产减值损失，按照旅客、货物、行包的周转量比例分摊列入。

7.铁路局计算货物运输成本时，应扣除“货车修理支出”（运输总支出）。

表 15-6

成本明细表

单位编码：　　　　　　　　　　　　　　　　　　　　　　　报表：会铁 881 表

编制单位：　　　　　　　年　季度　　　　　　　　　　　　金额单位：元

科目代码	科目名称	行次	计量单位	上年同期			本年实际			要素							成本类别					
				工作量	定额	金额	工作量	定额	金额	工资	材料	燃料	电力	折旧	其他人工	其他	旅客运输	货物运输	行包运输	基础设施	其他	管理财务等
1001	车站客运人员工资	1	平均人数																			
1002	车站货运人员工资	2	平均人数																			
1003	车站行包运输人员工资	3	平均人数																			
1004	编组站调车人员工资	4	平均人数																			
1005	非编组站调车人员工资	5	平均人数																			
1006	车站运转人员工资	6	平均人数																			
1009	车站其他人员工资	7	平均人数																			
1011	旅客列车服务人员工资	8	平均人数																			
1011-1	动车组客运乘务人员工资	9	平均人数																			
1011-2	其他旅客列车服务人员工资	10	平均人数																			
1012	行李车乘务人员工资	11	平均人数																			
1019	旅客列车其他人员工资	12	平均人数																			
1051	接取送达人员工资	13	平均人数																			
1052	包装人员工资	14	平均人数																			

续表

科目代码	科目名称	行次	计量单位	上年同期			本年实际			要素							成本类别					
				工作量	定额	金额	工作量	定额	金额	工资	材料	燃料	电力	折旧	其他人工	其他	旅客运输	货物运输	行包运输	基础设施	其他	管理财务等
1053	仓储人员工资	15	平均人数																			
1054	装卸人员工资	16	平均人数																			
1055	抑尘人员工资	17	平均人数																			
1056	客服人员工资	18	平均人数																			
1059	两端服务其他人员工资	19	平均人数																			
1101	机车整备人员工资	20	平均人数																			
1101-1	内燃机车整备人员工资	21	平均人数																			
1101-2	电力机车整备人员工资	22	平均人数																			
1102	内燃机车乘务人员工资	23	平均人数																			
1102-1	运行机车	24	平均人数																			
1102-2	调车机车	25	平均人数																			
1103	电力机车乘务人员工资	26	平均人数																			
1104	动车组驾驶人员工资	27	平均人数																			
1105	内燃机车检修人员工资	28	平均人数																			
1106	内燃机车大修人员工资	29	平均人数																			

续表

科目代码	科目名称	行次	计量单位	上年同期			本年实际			要素							成本类别					
				工作量	定额	金额	工作量	定额	金额	工资	材料	燃料	电力	折旧	其他人工	其他	旅客运输	货物运输	行包运输	基础设施	其他	管理财务等
1107	电力机车检修人员工资	30	平均人数																			
1108	电力机车大修人员工资	31	平均人数																			
1109	内燃和谐机车二年检人员工资	32	平均人数																			
1110	内燃和谐机车六年检人员工资	33	平均人数																			
1111	电力和谐机车二年检人员工资	34	平均人数																			
1112	电力和谐机车六年检人员工资	35	平均人数																			
1113	轮渡人员工资	36	平均人数																			
1114	救援列车人员工资	37	平均人数																			
1119	机务其他人员工资	38	平均人数																			
1129	和谐机车检修其他人员工资	39	平均人数																			
1201	线路维修人员工资	40	平均人数																			
1201-1	运行——××××区间	41	平均人数																			
1201-2	编组站——××××	42	平均人数																			
1201-3	非编组站	43	平均人数																			
1202	线路中修人员工资	44	平均人数																			

续表

科目代码	科目名称	行次	计量单位	上年同期			本年实际			要素							成本类别					
				工作量	定额	金额	工作量	定额	金额	工资	材料	燃料	电力	折旧	其他人工	其他	旅客运输	货物运输	行包运输	基础设施	其他	管理财务等
1202-1	运行——××××区间	45	平均人数																			
1202-2	编组站——××××	46	平均人数																			
1202-3	非编组站	47	平均人数																			
1203	线路大修人员工资	48	平均人数																			
1203-1	运行——××××区间	49	平均人数																			
1203-2	编组站——××××	50	平均人数																			
1203-3	非编组站	51	平均人数																			
1209	工务其他人员工资	52	平均人数																			
1301	信号修理人员工资	53	平均人数																			
1301-1	运行——××××区间	54	平均人数																			
1301-2	编组站——××××	55	平均人数																			
1301-3	非编组站	56	平均人数																			
1302	信号设备大修人员工资	57	平均人数																			
1302-1	运行——××××区间	58	平均人数																			
1302-2	编组站——××××	59	平均人数																			

续表

科目代码	科目名称	行次	计量单位	上年同期			本年实际			要素							成本类别					
				工作量	定额	金额	工作量	定额	金额	工资	材料	燃料	电力	折旧	其他人工	其他	旅客运输	货物运输	行包运输	基础设施	其他	管理财务等
1302-3	非编组站	60	平均人数																			
1303	通信维修人员工资	61	平均人数																			
1304	通信设备大修人员工资	62	平均人数																			
1309	电务通信其他人员工资	63	平均人数																			
1309-1	电务其他人员工资	64	平均人数																			
1309-2	通信其他人员工资	65	平均人数																			
1401	客车维修人员工资	66	平均人数																			
1402	客车段修人员工资	67	平均人数																			
1403	客车大修人员工资	68	平均人数																			
1404	行李车维修人员工资	69	平均人数																			
1405	行李车段修人员工资	70	平均人数																			
1406	行李车大修人员工资	71	平均人数																			
1407	客车乘列检人员工资	72	平均人数																			
1408	空调车运行人员工资	73	平均人数																			
1409	客车其他人员工资	74	平均人数																			

续表

科目代码	科目名称	行次	计量单位	上年同期			本年实际			要素							成本类别					
				工作量	定额	金额	工作量	定额	金额	工资	材料	燃料	电力	折旧	其他人工	其他	旅客运输	货物运输	行包运输	基础设施	其他	管理财务等
1411	货车维修人员工资	75	平均人数																			
1412	货车段修人员工资	76	平均人数																			
1413	货车大修人员工资	77	平均人数																			
1414	货车列检人员工资	78	平均人数																			
1415	机械冷藏车运行人员工资	79	平均人数																			
1419	货车其他人员工资	80	平均人数																			
1421	动车组乘检人员工资	81	平均人数																			
1422	动车组运用检修人员工资	82	平均人数																			
1423	动车组定期检修人员工资	83	平均人数																			
1424	动车其他人员工资	84	平均人数																			
1501	电气化铁路供电系统运用维修人员工资——××××区间	85	平均人数																			
1502	电气化铁路供电系统大修人员工资——××××区间	86	平均人数																			
1509	电气化铁路供电系统其他人员工资	87	平均人数																			
1511	供水人员工资	88	平均人数																			
1512	供电人员工资	89	平均人数																			

续表

科目代码	科目名称	行次	计量单位	上年同期			本年实际			要素							成本类别					
				工作量	定额	金额	工作量	定额	金额	工资	材料	燃料	电力	折旧	其他人工	其他	旅客运输	货物运输	行包运输	基础设施	其他	管理财务等
1519	水电其他人员工资	90	平均人数																			
1519-1	供水其他人员工资	91	平均人数																			
1519-2	供电其他人员工资	92	平均人数																			
1609	其他部门人员工资	93	平均人数																			
1609-1	调度所人员工资	94	平均人数																			
1609-1	行车公寓人员工资	95	平均人数																			
1609-3	其他人员工资	96	平均人数																			
1651	其他设备大修人员工资	97	平均人数																			
1661	保价运输人员工资	98	平均人数																			
1701	管理人员工资	99	平均人数																			
1701-1	机关人员工资	100	平均人数																			
1701-2	直附属机构人员工资	101	平均人数																			
1701-3	防疫人员工资	102	平均人数																			
1702	长病人员工资	103	平均人数																			
1703	辞退福利	104	平均人数																			
1801	营销人员工资	105	平均人数																			
1802	营销机构其他人员工资	106	平均人数																			
1909	营业外人员工资	107	平均人数																			

二、铁路运输成本的计算

《规程》附件5是对铁路运输单位成本、单位支出计算的相关规定。铁路运输单位成本计算、单位支出计算均以“运输支出总表”“成本明细表”“营业收入计算表”中的数据为依据。各项支出不含对国铁企业（含控股合资公司）的付费支出，但货物运输成本需包括跨局机车牵引费收付费差（扣除接触网使用费）。周转量均为管界口径。计算周转量分摊比例时，旅客周转量、行包周转量需乘以系数2.36。

（一）客运成本、货运成本、行包成本计算

1.客运成本、货运成本、行包成本，分别以主营业务“旅客运输成本”“货物运输成本”“行包运输成本”扣除对国铁企业（含控股公司）的付费支出计算。但是，货运成本需包括集装箱及篷布使用费、跨局机车牵引费收付费差（扣除接触网使用费）和货车使用费；行包成本需包括跨局机车牵引费收付费差（扣除接触网使用费）。

2.客运专线等单纯经营客运业务的铁路企业及单纯为客运服务的生产单位，其主营业务“基础设施成本”和“其他成本”直接列入客运成本；单纯经营货物运输的铁路企业及单纯为货运服务的生产单位，其主营业务“基础设施成本”和“其他成本”直接列入货运成本。

3.除直列成本外，其余主营业务“基础设施成本”中的工资及工资附加费，按直接列入客运成本、货运成本、行包成本的工资及工资附加费的比例分摊列入，除工资及工资附加费外的支出，按照旅客、货物、行包的周转量比例分摊列入。

4.除直列成本外，其余主营业务“其他成本”中的工资及工资附加费，按直接列入客运成本、货运成本、行包成本的工资及工资附加费的比例分摊列入，除工资及工资附加费外的支出，按照旅客、货物、行包的周转量比例分摊列入。

客运成本、货运成本和行包成本的计算公式如下：

客运成本 = 主营业务“旅客运输成本” − 付费支出 + 直接列入的纯客运铁路企业及生产单位的主营业务“基础设施成本”和“其他成本” + 分摊列入的直营业务“基础设施成本”和“其他成本”

货运成本 = 主营业务“货物运输成本” − 付费支出 − 货车修理支出 + 集装箱及篷布使用费 + 跨局机车牵引费收付费差（扣除接触网使用费） + 货车使用费 + 直接列入的纯货运铁路企业及生产单位的主营业务“基础设施成本”和“其他成本” + 分摊列入的直营业务“基础设施成本”和“其他成本”

行包成本 = 主营业务“行包运输成本” − 付费支出 + 跨局机车牵引费收付费差（扣除接触网使用费） + 分摊列入的直营业务“基础设施成本”和“其他成本”

（二）客运总支出、货运总支出、行包总支出计算

1.主营业务成本的分摊

上述客运成本、货运成本、行包成本分别直接列入客运总支出、货运总支出、行包总支出。

2.期间费用及营业外支出、资产减值损失的分摊

客运专线等单纯经营客运业务的铁路企业及单纯为客运服务的生产单位，其期间费用、营业外支出、资产减值损失直接列入客运总支出。单纯经营货物运输的铁路企业及单纯为货运服务的生产单位，其期间费用、营业外支出、资产减值损失直接列入货运总支出。

其余管理费用、销售费用中的工资及工资附加费，按直接列入客运总支出、货运总支出、行包总支出的工资及工资附加费的比例分摊列入客运总支出、货运总支出、行包总支出；其余管理费用、销售费用中除工资及工资附加费以外的支出，以及直列后剩余的财务费用、营业外支出、资产减值损失，按照旅客、货物、行包的周转量比例分摊列入。

客运总支出、货运总支出、行包总支出的计算公式如下：

$$\text{客运总支出}=\text{客运成本}+\begin{array}{c}\text{直接列入的纯客运铁路企业及生产单位的}\\\text{期间费用、营业外支出、资产减值损失}\end{array}+\begin{array}{c}\text{分摊列入的期间费用、}\\\text{营业外支出、资产减值损失}\end{array}$$

$$\text{货运总支出}=\text{货运成本}+\begin{array}{c}\text{直接列入的纯货运铁路企业及生产单位的}\\\text{期间费用、营业外支出、资产减值损失}\end{array}+\begin{array}{c}\text{分摊列入的期间费用、}\\\text{营业外支出、资产减值损失}\end{array}$$

行包总支出=行包成本+分摊列入的期间费用、营业外支出、资产减值损失

（三）单位成本和单位支出计算

1.单位成本计算

单位成本是按运输产品计算的单位产品主营业务成本，以客、货、行运输成本和对应周转量计算得出。

单位旅客运输成本=客运成本÷旅客周转量

单位货物运输成本=货运成本÷货物周转量

单位行包运输成本=行包成本÷行包周转量

单位核算周转量成本=客、货、行成本合计÷换算周转量

2.单位支出计算

单位支出是按运输产品计算的单位产品运输总支出，以客、货、行运输总支出和对应周转量计算得出。

单位客运支出=客运总支出÷旅客周转量

单位货运支出=货运总支出÷货物周转量

单位行包支出=行包总支出÷行包周转量

单位换算周转量支出=客、货、行运输总支出÷换算周转量

思考与练习

1.铁路运输总支出包括哪些内容？

2.铁路运输企业的成本计算对象是什么？

3.铁路运输生产经营过程中发生的各种耗费，按成本、费用要素划分为哪些类别？

4.铁路运输主营业务成本分为哪些类别进行核算？

5.铁路运输成本计算包括哪些内容？

6.铁路运输企业的成本费用报表一般包括哪些？

第十六章

水路运输企业成本核算

培根铸魂

深入调查研究，兴求真务实之风

毛泽东同志指出："没有调查，没有发言权。"邓小平同志指出，要把调查研究"作为永远的、根本的工作方法"。习近平总书记作出"调查研究是我们党的传家宝，是做好各项工作的基本功"的深刻论断。党的二十大报告进一步强调，"弘扬党的光荣传统和优良作风，促进党员干部特别是领导干部带头深入调查研究"。调查研究不是为了做表面文章，而是为了真正发现问题、解决问题，要坚持问题导向。毛泽东同志形象地比喻：调查就像"十月怀胎"，解决问题就像"一朝分娩"。要做到情况明、决心大、方法对，首先就要摸清情况，做调查研究。

大学生无论是针对某一问题做研究、写论文，还是对于就业及人生做选择，以及对一些问题下结论或找对策，都需要调查研究，如查阅一定的文献资料、发放调查问卷、汇总分析、深入考察了解……作为新时代的大学生，我们要传承好中国共产党的"传家宝"，练好这个基本功。无论现在在校学习，还是以后走向社会，都要将调查研究发扬光大，察实情、出实招、求实效，力戒形式主义、官僚主义，大兴求真务实之风。

▸▸▸▸▸▸▸ 第一节 水路运输企业成本核算的特点及内容

水路运输是利用船舶等水运工具，在江、河、湖、海及人工运河等水道运输旅客、货物的一种运输方式。水路运输企业主要包括在中华人民共和国境内从事内河、海洋旅客和货物运输业务的水上运输企业（简称“航运企业”），以及从事旅客接送、货物装卸、堆存及相关港务管理业务的港口、码头企业（简称“港口企业”）。本章所指的水路运输企业主要指航运企业，该类企业的主要经营业务为水路航运运输业务，主要包括内河运输和海洋运输，如图16-1所示。

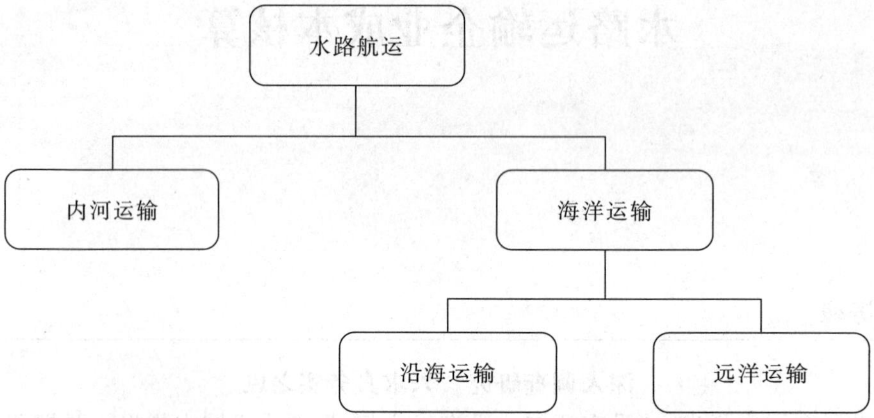

图16-1 水路运输企业分类

内河运输是指使用船舶和其他水运工具在国内江、河、湖泊进行的旅客及货物运输，该类运输业务的载运能力大、能耗少、运输成本低廉；但受自然条件影响较大，连续性差，速度较慢。

海洋运输根据船舶航行的海域范围，分为沿海运输和远洋运输：

（1）沿海运输是指使用船舶和其他水运工具沿国内海岸线进行的旅客及货物运输，该类运输业务的运输能力大、运输成本低廉，运输速度比内河航运快。

（2）远洋运输是指国际海上客货运输，该类运输主要为国际贸易服务，其特点基本上和沿海运输相同。

船舶航行在水面上进行货物运输，受自然条件和气候的影响较大，因此遇险的可能性也大。故该类企业的初次资本投入、船舶的后续养护支出以及保险损失等占企业成本费用的主要部分。

一、水路运输企业成本的构成

水路运输企业的耗费包括营业成本、税金及附加、期间费用和营业外支出，如图16-2所示。

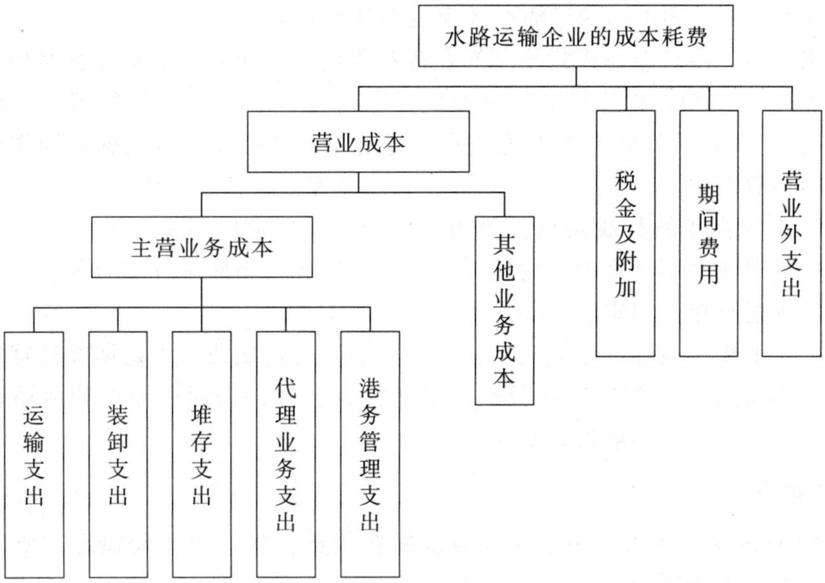

图 16-2　水路运输企业的成本耗费

水路运输企业的营业成本包括主营业务成本和其他业务成本。

对于水路航运企业而言，主营业务成本主要是指运输支出，包括：企业在营运生产过程中实际消耗的各种燃料、油料、润料等动力支出，备品配件、垫隔材料等材料支出；动力照明、低值易耗品等物质性消耗支出；企业直接从事生产活动人员的工资、奖金、津贴、补贴等人工劳务性支出；企业在营运过程中实际发生的固定资产的折旧费、修理费、经营租赁费、取暖费、水电费、办公费、保险费、劳动保护费、季节性以及修理期间的停工损失等支出。代理业务支出核算企业经营各种代理业务所发生的各项费用，包括：职工薪酬、材料、折旧费、水电费、修理费、租赁费、劳动保护费等。装卸支出、堆存支出、港务管理支出的具体项目和运输支出类似。

其他业务成本包括水路运输企业从事材料销售、租赁、救援等业务发生的相关费用，以及和这些业务相关的职工薪酬、差旅费、办公费、折旧费等。

水路运输企业的税金及附加、期间费用以及营业外支出等方面的内容都与一般运输企业无异，在此不再赘述。

二、水路运输企业成本核算的特点

（一）成本计算对象

通常来说，水路运输企业的成本计算对象可以依情况分为以下几类：

1.运输综合成本。以企业、货物综合运输业务为成本计算对象。

2.运输种类成本。以货运、客运、油运、排运等业务为成本计算对象。

3.船舶类型成本。以客轮、货轮、驳船等不同类型的船舶运输业务为成本计算对象。

4.航线成本。以不同航线的运输业务为成本计算对象。

5.航次成本。以不同航次的运输业务为成本计算对象。

6.单船成本。以不同单船的运输业务为成本计算对象。

一般说来，海河港口企业以货物装卸业务和货物堆存业务为成本计算对象，装卸业务可根据具体情况和需要，以主要装卸货物的品种（煤炭、粮食、集装箱等）或责任部门（如人工装卸队、机械装卸队）等作为成本计算对象。堆存业务可依据装卸作业区或责任部门作为成本核算对象。

内河运输企业由于航行线路短，船舶吨位较小，通常以运输种类（客运、货运、油运、排运等）或船舶类型（客轮、货轮、油轮、拖轮等）为成本计算对象；对于吨位较大的船舶也可单独进行单船归集。

沿海运输企业则一般计算单船成本，并在此基础上定期或者不定期地计算客运和货运成本；远洋运输企业由于航次时间较长、船舶大，各会计期间运输量和运输费用相差较大，成本计算一般以单船单航次为对象。

（二）成本计算期

沿海和内河运输的航次较短，未完航次的费用比较少，也比较稳定，所以，一般以月、季、年作为成本计算期。

远洋运输企业的航次普遍较长，因而远洋航次的成本计算期为每个航次的时间。远洋运输企业只计算报告期内已完成的航次成本，而将未完成的航次的运输费用转入下一期。

（三）成本计算单位

水路运输企业营运业务的运输单位成本是以运输总成本除以运输周转量得到的。

水路运输企业营运业务的运输单位成本=运输总成本/客货运输换算周转量（千换算吨千米/海里）

水路运输企业客运单位成本=客运总成本/客运周转量（千人千米/海里）

水路运输企业货运单位成本=货运总成本/货运周转量（千吨千米/海里）

如前所述，水路运输综合成本计算单位为千吨千米/海里。客运、货运周转量换算比例如下：

沿海运输、内河运输企业：1个铺位人海里（或3个座位人千米）=1吨千米

远洋运输企业：1人海里=1吨海里

（四）成本核算项目

水路运输企业的成本主要为直接成本和间接成本之和。

直接成本主要指和航行有关的，有明确服务对象的费用，即船舶航行成本或者是航次运行成本。

间接费用除了包括营运间接费用、辅助营运费用、集装箱固定费用等科目之外，还依照不同类型企业的特点，包含船舶维护费用（内河运输企业）、船舶固定费用、船舶共同费用（海洋运输企业）等。

以上具体内容总结见表16-1。

表 16-1　　航运业务的成本计算对象、计算单位、计算期与成本项目

<table>
<tr><th>航运业务</th><th>海洋运输业务</th><th>内河运输业务</th></tr>
<tr><td>成本计算对象</td><td colspan="2">（1）运输综合业务：旅客、货物运输
（2）旅客、货物的运输业务：分别客运、货运（包括集装箱、干货、散货、油运、排运等）
（3）单船（或船舶类型）：不同的船舶（或船舶类型）的运输
（4）航次运输业务成本：经营船舶航次的运输
（5）航线运输业务成本：经营船舶航行的不同区域、线路的运输</td></tr>
<tr><td>成本计算单位</td><td colspan="2">（1）运输综合成本：千换算吨海里
（2）客运成本：千人海里
（3）货运成本：千吨海里
（4）集装箱运输成本：千标准箱海里（空箱不计）</td></tr>
<tr><td>成本计算期</td><td>航次（远洋）、会计期（沿海）</td><td>会计期</td></tr>
<tr><td rowspan="2">主要成本项目</td><td>（一）航次运行费用
1.燃料费　2.港口费
3.货物费　4.集装箱货物费
5.中转费　6.客运费
7.垫隔材料费　8.速遣费
9.事故损失费　10.航次其他运行费用</td><td>（一）船舶航行费用
1.燃料　2.港口费　3.工资
4.润料　5.物料　6.职工福利费
7.航养费　8.过闸、翻坝费
9.运输管理费　10.折旧费
11.修理费　12.保险费　13.租费
14.税金　15.劳动保护费
16.事故损失费　17.其他费用</td></tr>
<tr><td>（二）船舶固定费用
1.工资　2.职工福利费
3.润料费　4.物料费
5.船舶折旧费　6.船舶修理费
7.保险费　8.税金
9.船舶非营运期费用：燃料费、港口费用、其他非营运期费用
10.船舶共同费用：工资、职工福利费、职工教育经费、养老保险基金、工会经费、失业保险基金、船员服装费、船员差旅费、文体宣传费、单证资料费、电信费、研究试验费、专有技术使用费、营运间接费用、其他船舶共同费用
11.其他船舶固定费用</td><td>（二）船舶维护费用
1.工资
2.职工福利费
3.燃料费
4.材料费
5.保卫费
6.破冰费
7.其他费用</td></tr>
</table>

续表

航运业务	海洋运输业务	内河运输业务
主要成本项目	（三）集装箱固定费用 1.集装箱费用：空箱保管费、集装箱折旧费、集装箱修理费、集装箱租费、集装箱保险费、底盘车费用分摊、其他集装箱固定费用 2.底盘车费用：底盘车保管费、底盘车折旧费、底盘车修理费、底盘车保险费、底盘车租费、其他底盘车固定费用	（三）集装箱固定费用 1. 折旧费 2. 修理费 3. 保管费 4. 保险费 5. 租金费 6. 其他费用
	（四）船舶租费、舱（箱）位租费 1.期租费　2.程（航次）租费 3.光租费　4.舱（箱）位租费	（四）营运间接费用

（五）成本费用核算的主要账户设置

从成本计算的需要出发，各类水运企业营运费用主要分为直接成本和间接成本，具体的核算科目见表16-2。

表 16-2　**不同类别的水路运输企业会计科目设置一览表**

企业类别	海洋运输企业	内河运输企业	港口企业
直接成本	主营业务成本——运输支出（航次运行费用）	主营业务成本——运输支出（船舶航行费用）	主营业务成本——装卸支出 主营业务成本——堆存支出 主营业务成本——港务管理支出
间接成本	船舶固定费用 船舶共同费用 集装箱固定费用 营运间接费用 船舶租费	船舶维护费用 集装箱固定费用 辅助营运费用 营运间接费用 船舶租费	辅助营运费用 营运间接费用
期间费用	销售费用 管理费用 财务费用	销售费用 管理费用 财务费用	销售费用 管理费用 财务费用
其他	其他业务支出	其他业务支出	其他业务支出

▸▸▸▸▸▸▸ 第二节 水路运输企业直接成本的确认与归集

一、直接成本核算账户

水路运输企业的直接成本是指企业在运输、装卸或者其他业务中发生的能直接计入某成本计算对象的费用。在运输企业营运成本的构成中，没有像工业产品成本那样能构成产品实体并占比相当高的原材料和主要材料，而多是与运输工具使用有关的费用，如燃料、修理、折旧等支出。所以，在一定时期内的运输生产成本可视为这一期间的产品销售成本。根据现行会计制度，这些成本在运输企业的“主营业务成本”科目中核算。该科目的借方登记能直接计入成本核算对象的运输业务的各种直接耗费和按照一定标准分配到各个成本核算对象的间接耗费。该科目的余额期末应结转至“本年利润”科目的借方，结转后一般无余额。远洋运输企业按已完成航次作为核算期并结转成本，其期末未完成航次所发生的费用，则可保留在该科目内。

一般说来，水路运输企业的成本核算一般需要按照业务设置“主营业务成本——运输支出\装卸支出\堆存支出\代理业务支出\港务管理支出”等明细科目。

二、成本核算的内容

（一）主营业务成本——运输支出

“主营业务成本——运输支出”科目核算内河、沿海、远洋运输企业经营旅客、货物运输业务所发生的各项费用支出。该科目应按成本计算对象（如船舶的类型、单船或者航线等）设立明细账，并按规定的成本项目进行明细核算，主要包括：

（1）企业在营运生产过程中实际消耗的各种燃料、油料、润料等动力，备品配件、垫隔材料等材料，专用工器具等物件，动力照明、低值易耗品等物质性消耗支出。

（2）企业直接从事营运生产活动人员的工资、福利费、奖金、津贴和补贴。

（3）企业在营运生产过程中发生的固定资产折旧费、修理费、经营租赁费、取暖费、水电费、办公费、保险费、劳动保护费、季节性及修理期间的停工损失等支出。

除此之外，水路运输企业的营运成本还包括下列费用：引水费、港务费、停泊费、代理费、理货费、拖轮费、开关舱费、扫舱费、翻舱费、洗舱费、烘舱费、转口费、倒载费等港口使用费；集装箱费用、破冰费、船舶检验费、速遣费、旅客接送费、水路运输管理费、航道养护费、灯塔费，以及航行国外及港澳地区船舶发生的吨税、过境税、运河费等营运性支出。

（二）主营业务成本——装卸支出

“主营业务成本——装卸支出”科目核算海、河港口企业因经营装卸业务所发生的各项费用支出。该科目应按照专业作业区、货物种类或者规定的成本项目进行明细核算。企业经营装卸业务所发生的各种耗费，应该按相应的成本计算对象和规定的成本项目进行汇集。

（三）主营业务成本——堆存支出

“主营业务成本——堆存支出”科目核算企业因经营仓库和堆场业务所发生的费用支出。该科目应按照装卸作业区、仓库、堆场设备种类和规定的成本项目进行明细核算。企业经营堆存业务所发生的各项费用，应按照成本计算对象和规定的成本项目予以归集。

（四）主营业务成本——代理业务支出

“主营业务成本——代理业务支出”科目核算企业经营各种代理业务所发生的各项费用支出，包括：执行代理业务人员的工资、福利费、材料、低值易耗品、折旧费、水电费、修理费、租赁费、差旅费、业务票据费、取暖费、劳动保护费等。该科目应按照代理业务的种类和规定的成本项目进行明细核算。企业经营代理业务所发生的各项费用，应按照成本计算对象和规定的成本项目予以归集。

（五）主营业务成本——港务管理支出

“主营业务成本——港务管理支出”科目核算沿海、内河港口企业所发生的各项港务管理支出。

三、直接成本核算举例

（一）水路运输企业直接成本的计算

水路航运企业的直接成本即为航次运行费用，亦称船舶费用。内河、沿海及远洋运输企业所发生的船舶费用均在“主营业务成本——运输支出”科目中归集。

客、货轮航次运行费用中，可以直接由客运和货运负担的费用，应直接计入客运成本和货运成本。例如，货物费、中转费、垫隔材料、速遣费、货损货差损失等，直接计入货运成本；而客运费、旅客伤亡事故损失等则直接计入客运成本。客、货轮船舶固定费用中凡可以直接由客运和货运负担的费用（如客运业务员、货运业务员的工资及福利费等），也应直接分别计入客运成本和货运成本。

客、货轮航次运行费和船舶固定费用中，凡不能直接计入客运、货运成本的共同性费用，企业应运用职业判断，采用一定的分配方法分配计入客运成本和货运成本。

（二）水路运输企业直接成本的会计处理

1.企业耗用的燃、润料的核算

水路运输业的流动资产中，存货品种和种类都较少，对存货管理的要求也较低，一般采用实际成本法进行存货计价，也可根据需要采用计划成本法进行计价。燃料和备品配件是水路运输企业最重要的存货，在存货中的占比较大，因此，加强对油耗的控制管理就成了水路运输企业存货管理最重要的内容。满油箱制油耗和盘存制油耗是水路运输企业的两种重要的燃料盘存制度。

企业耗用的燃、润料应根据实际情况与方法来计量本期的实际消耗数，按企业需求设置库存和船存明细账。

企业船舶领用及外购燃料，应作为“船存燃料”处理，不得以领代耗。期末应实地盘点，查明存量，根据轮机日志计算填制轮机报告，填明燃料上期结存、本期补给、本期结存的数量，经审核后，送交财会部门汇总编制“燃润料消耗汇总表”。

装卸机械燃料的实际消耗，可采用“满油箱制”等办法，即在月初、月末和每单次油箱加满的前提下，当月各次加油的累计数就是当月燃料实际消耗数。因此，车存燃料数是一个固定数，即油箱的容积是多少，车存燃料的数量就是多少（即领用即耗用）。实行油票管理办法的，每月由供应部门按定额发给司机油票，月终结算。

月终，企业财会部门应根据有关部门提供的原始凭证和燃润料消耗汇总表，核算本月运输船舶、装卸机械等实际耗用的燃、润料，按照成本计算对象和成本责任部门，分别计入有关业务成本或期间费用。

运输船舶耗用的燃、润料，应由相关的运输业务成本负担，记入“主营业务成本——运输支出”账户的“燃料”和“船舶固定费用”中的“润料”项目。有封冻、枯水等非通航期的企业，非通航期用于船舶照明、取暖等所耗用的燃料，记入“船舶维护费用”账户中的“燃料”项目。如因发生洪水或建设水利、水电设施造成断航，船舶在断航期用于船舶照明、取暖等所耗用的燃料，记入“营业外支出”账户。

企业的辅助营运部门及企业自营港埠、船队等耗用的各种燃料，应记入“辅助营运费用”和“营运间接费用”账户的有关成本项目，并按规定的分配方法，计入有关营运业务成本或期间费用。企业行政管理部门所耗用的各种燃、润料，记入“管理费用”账户的有关项目。

（1）满油箱制的核算

例16-1

顺水运输公司系一家内河水路运输企业，其燃料采用满油箱制度，202×年3月末企业根据原始凭证和“燃润料消耗汇总表”，核算本月运输船舶等实际耗用的燃、润料。具体耗用情况见表16-3。

表16-3　**满油箱制下燃料耗用计算总汇**　单位：元

领用单位或用途	成本
客运一船	35 000
货运一船	50 000
企业交通船	7 500
对外销售	100 000
合计	192 500

借：主营业务成本——运输支出——客运　35 000

——货运　50 000

辅助营运费用　7 500

其他业务支出　100 000

贷：原材料——燃料　192 500

(2) 盘存制的核算

当月实际耗用数=月初船存油料数+本月领用油料数-月末船存油料数

例 16-2

顺水运输公司采用盘存法管理制度，按计划成本计价进行燃料核算。月末，根据燃料领料凭证及船存燃料盘点表等有关资料汇总燃料耗用，见表 16-4。

表 16-4　　燃料耗用计算总汇

领用单位	本月领用（升）	期初存油（升）	期末存油（升）	本期耗用（6元/升）	计划成本（升）	成本差异（2%）（元）
客船	55 000	3 000		56 000	336 000	6 720
货船	88 000	3 500	2 000	86 000	516 000	10 320
交通船	4 000		5 500	4 000	24 000	480
外销	3 500			3 500	21 000	420
合计	150 500	6 500	7 500	149 500	897 000	17 940

①油库向船队发出燃料时，按计划单位成本 6 元/升将"库存"转为"船存"：

借：原材料——燃料——船存　　858 000

　贷：原材料——燃料——库存（(55 000+88 000) ×6)　　858 000

②油库向交通船发出燃料和对外销售燃料时：

借：辅助营运费用　　24 000

　　其他业务支出　　21 000

　贷：原材料——燃料——库存　　45 000

③结转本月船队耗用燃料计划成本时：

借：主营业务成本——运输支出——客运　　336 0000

　　　　　　　　　　　　　　——货运　　516 0000

　贷：原材料——燃料——船存　　852 000

④结转本月材料成本差异时：

借：主营业务成本——运输支出——客运　　6 720

　　　　　　　　　　　　　　——货运　　10 320

　　辅助营运费用　　480

　　其他业务支出　　420

　贷：材料成本差异　　17 940

2. 客、货运业务核算

水路运输企业的客货运业务的耗费可以直接由客运和货运成本负担的，应分别直接计入客货轮客运和客货轮货运成本。如果客货轮费用中有不能直接计入客运或货运成本的共同性费用，应按客货运换算周转量的比例分摊。在归集和分配过程中，企业应注意分配标准的选择和标准之间的正确换算。

具体公式为：

每千换算吨千米费用=客货轮船舶直接费用/客货运换算周转量（千换算吨千米）

客货轮客运应负担费用= 每千换算吨千米费用×客货轮客运换算周转量（千换算吨千米）

客货轮货运应负担费用=每千换算吨千米费用×客货轮货运周转量（千换算吨千米）

例 16-3

顺水运输公司的航次运行费按照客轮、货轮、客货轮、油轮等船舶类型归集，平时根据有关原始凭证费用分配表计入不同船舶的运输支出，期末将上述按船舶类型归集的费用，再根据运输种类按一定标准进行分配，分别由客运、货运、油运等运输种类分摊。客货轮船舶费用分配见表16-5，根据分配表编制分配船舶费用的会计分录。

表 16-5　　客货轮船舶费用分配表

202×年 3 月

项目	单位	数量
客货轮船舶费用	元	240 000
客货轮营运人千米（定额铺位）	千人千米	100
客货轮营运人千米（定额座位）	千人千米	240
客货轮营运吨千米（定额载货吨）	千吨千米	80
总换算吨千米*	千换算吨千米	260
千换算吨千米费用	元	923.08
应分配给客运	元	166 153.85
应分配给货运	元	73 846.15

注：*总换算吨千米=100+240÷3+80=260

编制分配船舶费用的会计分录如下：

借：主营业务成本——运输支出——客运　　166 153.85

　　　　　　　　　　　　　——货运　　73 846.15

　贷：主营业务成本——运输支出——客货轮　　240 000

例 16-4

顺水运输公司拖轮的船舶费用通常按“每营运马力拖轮费用”和“使用拖轮马力天数”在拖驳客运、拖驳货运、拖驳油运之间计算分配。各拖驳运输种类成本负担的拖轮船舶费用，加上各自的驳船船舶费用，就是拖驳运输种类的船舶费用总额。拖轮、驳船船舶费用分配见表16-6，根据分配表编制分配拖轮和驳轮费用的会计分录。

表 16-6　　拖轮、驳船船舶费用分配表

202×年 3 月　　金额单位：元

运输种类	拖轮船舶费用			驳船船舶费	船舶费用合计
	千马力天	每千马力天船舶费用	金额		
拖驳客运	150	200	30 000	25 000	55 000
拖驳货运	3 000	200	600 000	510 000	1 110 000
拖驳油运	1 500	200	300 000	190 000	490 000
合计	4 650		930 000	725 000	1 655 000

编制分配拖轮和驳轮费用的会计分录如下：

借：主营业务成本——运输支出——拖驳客运　　55 000
　　　　　　　　　　　　　——拖驳货运　　1 110 000
　　　　　　　　　　　　　——拖驳油运　　490 000
　贷：主营业务成本——运输支出——拖轮　　930 000
　　　　　　　　　　　　　　——驳船　　725 000

3.装卸业务核算

水路运输企业可以按照不同业务进行成本核算，如果港口企业经营装卸业务，将其发生的成本费用单独归集和核算，则应分机械装卸和人工装卸编制装卸成本计算表，核算装卸成本。因装卸业务发生的工资、福利费、燃料费、材料费、折旧费、劳保费、外付装卸费、修理费以及有关费用均记入“主营业务成本——装卸支出”账户据以计算装卸总成本和单位成本。

装卸成本的计算程序和方法以及计算用的各种分配表，与运输成本核算基本相同。装卸作业的单位成本为“元/千操作吨”，其计算公式如下：

装卸单位成本（元/千操作吨）=装卸总成本÷装卸操作量

例16-5

某港口企业202×年3月装卸成本见表16-7。

表16-7　　装卸成本计算表

编制单位：　　202×年3月　　金额单位：元

项目	本月实际	累计实际
一、装卸费用		略
应付职工薪酬——工资	860 000	
应付职工薪酬——福利费	120 400	
燃料	1 100 000	
材料	370 000	
折旧费	450 000	
修理费	160 000	
劳动保护费	70 000	
外付装卸费	90 000	
其他	120 000	
装卸总成本	3 340 400	
二、装卸作业量（千操作吨）	4 000	
三、单位成本（元/千操作吨）	835.1	

期中，水路运输企业发生能直接计入成本计算对象的装卸支出、堆存业务支出、代理业务支出，会计处理如下：

借：主营业务成本——装卸支出　　3 340 400

　贷：应付职工薪酬——工资　　860 000

　　　　　　　　——福利费　　120 400

　　原材料——燃料　　1 100 000

　　　　　——材料　　370 000

　　累计折旧　　450 000

　　营运间接费用　　350 000

　　应付账款　　90 000

期末，装卸支出结转至“本年利润”科目，会计处理如下：

借：本年利润　　3 340 400

　贷：主营业务成本——装卸支出　　3 340 400

4.堆存业务、代理业务核算

企业经营仓库和堆场业务所发生的各项费用，通过“主营业务成本——堆存支出”科目归集，并记入按成本项目设置专栏的“堆存支出明细账”，堆存业务发生的各项费用加上按规定分摊的营运间接费用即堆存业务的总成本。企业经营代理业务所发生的各项费用，通过“代理业务支出”科目归集，并记入按成本项目设专栏的“代理业务支出明细账”，代理业务支出的计算和堆场业务支出类似，都只计算总成本，不必计算单位成本，也可以不编制堆存业务、代理业务的成本计算表。

例16-6

某港口企业当月发生堆存业务支出：工资费用20 000元，福利费用2 800元，燃料及动力费2 000元，材料费2 300元，折旧费5 000元，应分摊营运间接费用14 000元。堆存业务总成本为46 100元。

期中，水路运输企业发生能直接计入成本计算对象的堆存业务支出，会计处理如下：

借：主营业务成本——堆存支出、代理业务支出　　46 100

　贷：应付职工薪酬——工资　　20 000

　　应付职工薪酬——福利费　　2 800

　　原材料——辅助材料（燃料动力）　　2 000

　　原材料——主要材料　　2 300

　　累计折旧　　5 000

　　营运间接费用　　14 000

同期，堆存支出结转至“本年利润”科目的借方：

借：本年利润　　46 100

　贷：主营业务成本——堆存支出、代理业务支出　　46 100

▸▸▸▸▸▸▸ 第三节　水路运输企业间接成本的确认与归集

一、间接成本核算内容

水路运输企业的间接成本是指企业在运输、装卸或者其他业务中发生的由多个成本核算对象负担的，不直接计入某成本计算对象的费用。间接成本包括企业在营运生产过程中实际发生的固定资产的折旧费、水电费、办公费、保险费、劳动保护费、季节性及修理期间的停工损失等支出；除此之外，还包括集装箱固定费用、不直接计入成本计算对象的船队费用、运输或港口企业发生的辅助船舶费用（包括由轮驳公司等部门集中管理的拖轮、驳船、浮吊、燃料物、供应船、交通船等所发生的辅助船舶费用）和港埠费用，以及企业辅助生产部门提供的维修劳务费用等。

沿海、内河运输企业先在明细账中归集各间接成本，月末根据成本计算要求或按直接费用的比例将间接成本分配给运输、装卸、堆存和其他业务；远洋运输企业则先按船归集间接成本，月末根据各船已完成航次和未完成航次的营运天数将间接成本分配给各航次。

二、间接成本核算账户

水路运输企业的间接成本科目根据不同类型企业的不同业务进行设置。总体来说，海洋、内河运输和港口企业之间既有共同的通设科目，核算的内容大致一致；也有针对不同类型企业不同业务的专设科目，核算的内容差异较大。具体分为以下几类：

（一）海洋、内河运输、港口企业通设科目——营运间接费用

“营运间接费用”科目核算企业营运过程中发生的不能直接计入成本核算对象的各种间接生产费用和船队费用，如实行内部独立核算单位的船队费用、码头作业区管理费用、装卸队费用、自营港埠费用、船员管理部门费用以及相关杂费等。本科目应按照发生费用的不同部门设置明细科目，并分别按费用设置专栏进行明细核算。

月中，企业按照具体业务，在发生营运间接费用时，借记“营运间接费用”科目，贷记“银行存款”“应付职工薪酬”“累计折旧”等科目。

期末，企业按照一定的分配标准，将当期发生的营运间接费用在有关受益对象间进行分配。海洋运输企业借记“船舶共同费用——营运间接费用”科目，贷记本科目；内河运输企业借记“主营业务成本——运输支出”科目，贷记本科目；港口企业借记“主营业务成本——装卸支出\堆存支出\港务管理支出”等科目，贷记本科目。本科目分配后期末无余额。

（二）内河运输、港口企业共设科目——辅助营运费用

“辅助营运费用”科目核算航运企业、港口企业的辅助生产船舶所发生的辅助船舶费用和企业其他辅助生产部门生产产品、提供劳务所发生的辅助生产费用。该科目一般应设置“辅助船舶费用”和“辅助生产费用”明细科目。

辅助船舶费用是指运输、港口企业所属辅助营运部门为营运生产服务的辅助船舶发生的各项费用，包括由轮驳等部门集中管理的拖轮、驳船、浮吊、燃物料（淡水）供应船、交通船等。辅助船舶费用应按单船（或船舶类型）设置三级明细科目，可按费用设专栏进行明细核算。

辅助生产费用是指企业所属辅助生产部门为营运生产提供工业性产品和劳务（如制造工具、备件，修理车、船、装卸机械，供应水、电、气等）所发生的各种辅助生产费用。企业可按辅助生产部门、生产的产品和劳务等设置三级明细科目。

水路运输企业发生辅助营运费用时，先借记“辅助营运费用”科目，贷记“应付职工薪酬”“原材料——燃料\材料”“营运间接费用”等科目。月末，按照规定的分配标准将辅助营运费用分配给各项受益业务对象，借记“其他业务成本”“主营业务成本——运输支出\装卸支出”等科目，贷记本科目。分配标准可以根据各部门生产的产品总成本、单位成本及提供劳务作业的劳务费进行确定，辅助生产的劳务费分配应按受益部门进行。辅助生产部门之间相互提供的劳务作业，视其数量的大小，可进行交互分配，也可全部对外分配。

本科目结转后期末一般无余额。若有余额，则反映从事工业性产品生产的辅助生产部门期末尚未完工的产品成本。

此外，企业发生的辅助船舶费用和其他辅助生产部门发生的产品、劳务成本，能直接计入各成本核算对象的，应直接计入有关成本对象的主营业务成本；不能直接计入的，按一定的分配标准分配计入各项成本对象的主营业务成本。

（三）海洋、内河运输企业通设科目——集装箱固定费用

集装箱固定费用是指为保证集装箱的良好使用状态所发生的经常性费用。“集装箱固定费用”科目核算企业自有或租入的集装箱在营运过程中发生的固定费用，包括集装箱的保管费、折旧费、修理费、保险费、租赁费、底盘车费用以及其他费用等。其中，集装箱保管费，指空箱存放堆场支付的堆存费用，以及空箱在港口之间调运所发生的运送费；底盘车费用指企业自有或租入的集装箱底盘车发生的保险费、折旧费、租金、保管费、修理费等。

另外，水路运输企业发生的集装箱货物费（包括集装箱装卸、绑扎、拆箱、换装、整理等费用）则直接记入“主营业务成本——运输支出”科目，不通过本科目核算。

该科目应该按集装箱类型和底盘车存放的港口、地区或国家分别设置明细账，并分别按集装箱费用和底盘车费用设置三级明细科目进行核算。对于不能直接按港口、地区或国家归集的集装箱租金、折旧、修理费等费用的核算，应单独设置“集装箱共同费用”明细科目核算。

该科目借方用来归集平时发生的集装箱固定费用，借记本科目，贷记“银行存款”“应付账款”“累计折旧”“其他应付款”等科目。月终，应将通过本科目（集装箱共同费用）明细科目归集的集装箱共同费用，分配计入各港口、地区和国家的集装箱固定费用和各船舶航次成本。

底盘车一般在航区（线）内使用。期末，应先将当期发生的底盘车费用结转至所在港口的集装箱费用。期末，将各港口、地区或国家发生的集装箱固定费用（以下简称“区域

集装箱费用”），分配给有关船舶的航次成本和集装箱出租成本。

若底盘车出租，参照上述集装箱出租的计算办法，先按当月出租车天数，将出租期内由底盘车出租成本负担的底盘车费用，从所在港口当月发生的全部底盘车费用内扣除，余额再转入该港口的集装箱费用，分配计入运输业务成本。本科目期末结转分配后没有余额。

（四）海洋运输企业单设科目——船舶固定费用

“船舶固定费用”科目核算的是以计算航次成本为主的远洋运输企业为保持船舶适航状态所发生的费用，如船员的工资、津贴、福利费、润料费、物料费、船舶的折旧及修理费、船舶保险费、车船税、牌照费、船舶证书费、检验费以及其他需经过分配由各船共同负担的固定费用。远洋运输船舶的航次运行费用，发生时直接记入“主营业务成本——运输支出”科目，不通过本科目进行核算。

本科目应按单船设置明细科目，并按费用项目设置专栏进行明细核算。如果企业租入按合同需要负担船舶固定费用的船舶（如光租租入船舶），应视同自有船舶，设置明细科目。

“船舶固定费用”科目根据具体情况归集日常经营所发生的船舶固定费用，发生船舶固定费用时，借记本科目，贷记“应付职工薪酬”“原材料”“银行存款”“累计折旧”“应付账款”等科目。期末，企业先按照船舶共同费用分配表列明的各船舶（或船舶类型）分配负担的船舶共同费用金额，借记本科目，贷记“船舶共同费用”科目。然后，企业再按照规定的分配标准和方法，分配由航次成本或出租业务负担的船舶固定费用。

船舶非营运期间的费用应先归集在“船舶固定费用”账户的“船舶非营运期间费”二级科目之内，期末再计算船舶非营运期间的全部费用。

如果企业出租部分舱（箱）位，应按出租舱（箱）位占该船舱（箱）位总数的比例，计算舱（箱）位出租成本应负担的固定费用。年末，未完航次也应按年度内实际营运天数分担当年固定费用。本科目期末分配结转后，应无余额。

（五）海洋运输企业单设科目——船舶共同费用

“船舶共同费用”科目核算从事海洋运输业务的企业发生的所有运输船舶共同受益，但不能分船直接负担，需经过分配由各船负担的费用。本科目应按费用项目设置专栏进行明细核算。

当海洋运输企业发生各项船舶共同费用时，借记本科目，贷记“应付职工薪酬”“无形资产”“银行存款”“营运间接费用”等科目。

期末，应按规定的分配标准分配由各运输船舶承担的船舶共同费用，借记“船舶固定费用——××轮”科目，贷记本科目。船舶共同费用可以按各船的营运艘天、吨天比例或其他比例分配。本科目期末分配结转后，应无余额。

在实务中，企业也可以不单设“船舶共同费用”科目，而在“船舶固定费用”科目下设船舶共同费用二级科目。

（六）内河运输企业单设科目——船舶维护费用

“船舶维护费用”科目核算有封冻、枯水等非通航期的内河运输企业所发生的，应由通航期成本负担的船舶维护费用。其主要包括：应计入船舶维护费的留船人员的工资及福利、非通航期船舶照明用燃料费用、非通航期领用的维护用材料及低值易耗品费用、保卫费及破冰费、车船使用税及其他费用。该科目按照船舶的类型（或单船）设置明细账，并按费用项目设置专栏进行明细核算。企业在非通航期从事其他业务所发生的费用，应记入“其他业务支出”等科目，不通过这一科目核算。

在非通航期间，水路运输企业在该科目的借方归集非通航期发生的船舶维护费用，借记本科目，贷记“应付职工薪酬”“原材料——燃料”“应付账款”等相关科目。期末，企业将所归集的船舶维护费用按适当的分配标准分配至航期每个月各成本计算对象应负担的船舶维护费用。

在通航期，根据规定的分配标准计算每个月应负担的船舶维护费用，借记“主营业务成本——运输支出”科目，贷记本科目。在分配船舶维护费用时，为简化每月的财务核算工作量，也可以按计划费用分配数进行分配。当实际发生的船舶维护费用与计划分配数相差较大时，应及时调整分配标准。年度终了，企业应将全年的船舶维护费用实际发生数与分配数的差额，在本年度内调整。当实际发生数大于分配数的差额时，借记“主营业务成本——运输支出”科目，贷记本科目；当实际发生数小于分配数的差额时，用红字分录冲回。“船舶维护费用”科目年末结转分配后，没有余额。

企业在非通航期发生的船舶维护费用，航期前的费用视同“待摊费用”处理，航期后的费用视同“预提费用”处理。

（七）内河、海洋运输企业其他共同科目——船舶租费

船舶的租费，指企业租入运输船舶参加营运，按照规定应列入成本的期租费或程租费。

月中，企业发生船舶租费时，借记“船舶租费”科目，贷记“库存现金”“银行存款”等科目。

期末，企业按照一定的分配标准，将当期发生的船舶租费在有关受益对象间进行分配。该科目分配后期末无余额。

三、间接成本分配

月中，企业在运输或生产经营中发生的各种间接支出，先分别在间接营运费用、船舶固定费用、辅助营运费用、集装箱固定费用等间接支出科目中归集；期末，按照一定的标准分配给各个成本对象，形成水路运输企业的运输业务成本。

（一）营运间接费用（船队费用）的分配

1.船舶费用分配法

营运间接费用分配率=（运输业务应负担的营运间接费用÷运输船舶的船舶费和集装箱固定费用）×100%

（1）内河、沿海运输企业的营运间接费用在运输中按照船型分配

单船（船型）负担营运间接费用=营运间接费用分配率×该船（船型）船舶费用和集装箱固定费用及租金

(2) 远洋运输企业按照航次分配营运间接费用

某船应承担营业间接费=营运间接费用分配率×该船已完航次船舶费用

某船某已完航次应负担营运间接费用=营运间接费用分配率×该船该航次船舶费

2.船舶营运吨天比例分配法

每营运吨天间接费用分配率=（运输业务应负担的营运间接费用÷船舶营运总吨天数）×100%

某船（船型）应负担营运间接费用=每营运吨天营运间接费用×单船（船型）船舶营运吨天

例16-7

顺水运输公司2月发生的船舶类型费用总额为1 500 000元，其中：货船费用900 000元，油船费用300 000元，客船费用300 000元。营运间接费用共计300 000元。该公司的营运间接费用均由运输业务负担。请计算营运间接费用在各种运输业务中的分配额。

营运间接费用分配率=300 000÷1 500 000=0.2

货船负担的营运间接费用=0.2×900 000=180 000（元）

油船负担的营运间接费用=0.2×300 000=60 000（元）

客船负担的营运间接费用=0.2×300 000=60 000（元）

编制会计分录如下：

借：主营业务成本——运输支出——货轮	180 000	
——客轮	60 000	
——油轮	60 000	
贷：营运间接费用		300 000

（二）集装箱固定费用的核算

1.海洋运输企业

每标准箱天集装箱固定费用=集装箱固定费用÷集装箱标准箱天数

船舶运输成本应摊集装箱固定费用=装用集装箱标准箱天数×每标准箱天集装箱固定费用

2.内河运输企业（按船或者运输种类分）

某船集装箱固定费用分配额=（集装箱固定费用总数÷全部船舶的使用天数）×该船使用箱天数

某运输种类成本应负担的集装箱固定费用=该运输种类船舶直接费用×集装箱固定费用分配率

集装箱固定费用分配率=集装箱固定费用÷各运输种类船舶直接费用总额

例16-8

华远公司系一家远洋运输企业。该企业使用的20英尺集装箱和40英尺集装箱数量分别为100箱和50箱，2013年9月共支付集装箱固定费用525 000元，×轮×航次装20英尺集装箱10箱，该航次计25天。求应分摊集装箱固定费用。注：其中40英尺的集装箱折算成2TEU（标准集装箱）。

每标准箱天集装箱固定费用=525 000元÷[30天×（100+50×2）箱]=87.5元/天箱

船舶分摊集装箱固定费用=装用集装箱标准箱天数×每集装箱天集装箱固定费用

=25天×10箱×87.5元/天箱=21 875元

其他间接费用分配方法借鉴营运间接费用和集装箱固定费用的处理，此处不再赘述。

四、水路运输企业间接费用核算举例

（一）人工费用和燃料费用的归集和分配

例16-9

顺水公司系经营内河运输业务的水运企业，主要业务有客、货运业务，下辖一个独立核算的船队以及由轮驳等部门集中管理的交通船。客货轮总换算吨天为260千换算吨天，按照一定标准分配之后，客轮的工作量为180千人天，货轮为80千吨天。本月发生的各项营运费用见表16-8。

表16-8

人工及材料分配表

202×年3月31日

单位：元

项目	工资	福利费	燃料	润料	合计
客运成本	220 000	30 800	60 000	2 000	312 800
货运成本	180 000	25 200	40 000	2 000	247 200
独立核算船队支出	70 000	9 800	20 000	25 000	124 800
供应船支出	45 000	6 300	10 000	13 000	74 300
行政管理部门	10 000	1 400			11 400
合计	525 000	73 500	130 000	42 000	770 500

根据表16-8，编制如下会计分录：

借：主营业务成本——运输支出——客运成本　　312 800
　　　　　　　——运输支出——货运成本　　247 200
　　营运间接费用　　124 800
　　辅助营运费用　　74 300
　　管理费用　　11 400
　贷：应付职工薪酬——工资　　525 000
　　　　　　　——福利费　　73 500
　　　原材料——燃料　　130 000
　　　　　——润料　　42 000

（二）折旧费用的归集和分配

水路运输企业一般按工作量法计提折旧，即按换算吨天计算折旧额，船舶折旧一般采用不同船舶类型分别计算。

例 16-10

顺水公司折旧费分配见表 16-9。

表 16-9

折旧费分配表

202×年 3 月 31 日

单位：元

应借账户	本月计提折旧			合计
	船舶	机器	房屋	
客运成本	125 000			125 000
货运成本	104 000			104 000
独立核算船队	1 000		25 000	26 000
供应船	500	5 000	10 000	15 500
行政管理部门		2 000	10 000	12 000
合计	230 500	7 000	45 000	282 500

根据表 16-9，编制如下会计分录：

借：主营业务成本——运输支出——客运成本　　125 000
　　　　　　　——运输支出——货运成本　　104 000
　　辅助营运费用　　15 500
　　营运间接费用　　26 000
　　管理费用　　12 000
　贷：累计折旧　　282 500

（三）辅助营运费用归集和分配

例 16-11

期末顺水公司按照营运业务小时分配辅助营运费用，编制费用分配表，见表 16-10。

表 16-10

辅助营运费用分配表

202×年 3 月 31 日

金额单位：元

项目	分配标准（小时）	分配率	分配金额
客运成本	10 000		17 960
货运成本	15 000		26 940
其他业务支出	25 000		44 900
合计	50 000	1.796	89 800

根据 16-10，编制如下会计分录：

借：主营业务成本——运输支出——客运成本　　17 960
　　　　　　　——运输支出——货运成本　　26 940
　　其他业务支出　　44 900

贷：辅助营运费用　　89 800

（四）营运间接费用归集和分配

本月归集的营运间接费用总额按船舶费用或者船舶营运吨天比例分配计入其营运成本。

例16-12

顺水公司营运间接费用总额为150 800元，月末按照客货船费用进行分配，编制的分配表见表16-11。

表16-11 营运间接费用分配表

202×年3月31日　　金额单位：元

项　目	分配标准（元）	分配率	分配金额
客运成本	437 800		83 663.58
货运成本	351 200		67 136.42
合计	789 000	0.1911	150 800

根据表16-11，编制如下会计分录：

借：主营业务成本——运输支出——客运成本　　83 663.58

　　　　　　　——运输支出——货运成本　　67 136.42

　贷：营运间接费用　　150 800

第四节　水路运输企业成本报表

一、水路运输企业基本成本报表格式

水路运输企业的主要企业有海洋和内河运输企业，本节就水路运输企业特殊的成本报表加以说明，管理、销售以及财务等明细表和其他类型企业无异，本节不再赘述。以下分别以海洋和内河水路运输企业为例，列示其成本报表的主要内容：

（1）海洋运输成本表（见表16-12）；

（2）内河运输成本表（见表16-13）；

（3）装卸成本表（略）；

（4）堆存成本表（略）；

（5）港务管理成本表（略）；

（6）管理费用明细表（略）、财务费用明细表（略）、销售费用明细表（略）；

（7）营业外支出明细表（略）。

表 16-12 海洋运输成本表

编制单位： 202×年或者××航次

项目	行次	金额（元）
一、航次运行费用	01	
1.燃料费	02	
2.港口费	03	
3.货物费	04	
4.集装箱货物费	05	
5.中转费	06	
6.垫隔材料	07	
7.速遣费	08	
8.客运费	09	
9.事故损失	10	
10.航次其他费用	11	
二、船舶固定费用	12	
1.工资	13	
2.职工福利费	14	
3.润料	15	
4.物料	16	
5.船舶折旧费	17	
6.船舶保险费	18	
7.船舶修理费	19	
8.税金	20	
9.船舶共同费用	21	
10.船舶非营运期费用	22	
11.其他船舶固定费用	23	
加：上年未完航次支出	24	
减：本年未完航次支出	25	
计入运输成本的船舶固定费用	26	
三、集装箱固定费用	27	
四、船舶租费	28	
五、营运间接费用	29	

续表

项目	行次	金额（元）
减：与运输无关支出	30	
六、运输总成本	31	
其中：客运成本	32	
货运成本	33	
七、运输周转量	34	
客运周转量（千人海里）	35	
货运周转量（千吨海里）	36	
八、运输单位成本（元/千换算吨海里）	37	
客运单位成本（元/千人海里）	38	
货运单位成本（元/千吨海里）	39	
九、成本降低额	40	
客运成本降低额	41	
货运成本降低额	42	
十、成本降低率	43	
客运成本降低率（%）	44	
货运成本降低率（%）	45	
补充资料	46	
本年耗油数（吨）	47	

单位负责人：　　　　审核人：　　　　填报人：

表 16-13　　　　**内河运输成本表**

编制单位：　　　　202×年

项目	行次	金额（元）
一、船舶直接费用	01	
1.工资	02	
2.职工福利费	03	
3.燃料	04	
4.润料	05	
5.物料	06	
6.港口费	07	
7.航养费	08	
8.过闸费	09	

续表

项目	行次	金额（元）
9.折旧费	10	
10.修理费	11	
11.事故损失	12	
12.租费	13	
13.保险费	14	
14.劳动保护费	15	
15.税金	16	
16.其他费用	17	
二、船舶维护费用	18	
三、集装箱固定费用	19	
四、营运间接费用	20	
减：与运输无关支出	21	
五、运输总成本	22	
其中：客运成本	23	
货运成本	24	
六、运输周转量	25	
客运周转量（千人千米）	26	
货运周转量（千吨千米）	27	
七、运输单位成本（元/千换算吨千米）	28	
客运单位成本（元/千人千米）	29	
货运单位成本（元/千吨千米）	30	
八、成本降低额	31	
客运成本降低额	32	
货运成本降低额	33	
九、成本降低率	34	
客运成本降低率（%）	35	
货运成本降低率（%）	36	
补充资料	37	
本年耗油数（吨）	38	

单位负责人：　　　　　　　审核人：　　　　　　　填报人：

二、水路运输企业运输成本的计算

水路运输总成本分为客船运输总成本、货船运输总成本和客、货船综合运输总成本进行计算。期末，企业应根据主营业务成本明细账汇集的营运直接成本和间接成本，以及其他有关资料，编制主营业务成本表，反映主营业务成本总额和营运单位成本。

各类营运业务的总成本除以各自完成的业务周转量，即为该运输种类的单位成本，其计算公式如下：

内河运输企业的运输总成本=船舶航行费用+船舶维护费用+集装箱固定费用+营运间接费用

海洋运输企业总成本=航次运行费用+船舶固定费用+船舶租费、舱(箱)位租费+集装箱固定费用+营运间接费用+上年未完航次支出-本年未完航次费用

运输成本降低额=上年实际单位成本×本期实际周转量-本期实际成本

成本降低率=成本降低额÷（上年实际单位成本×本年实际周转量）×100%

值得注意的是，无论航次开始在哪一个成本报告期，航次运行费用都以航次结束的期间作为核算的会计期间，而船舶固定费用则按照日期分摊。

例16-13

华洋远洋运输公司某船某航次于202×年3月26日从上海驶出，202×年4月16日抵达地中海某港，那么，在核算三月份的航次成本时不应把该航次费用计算在内，而是将其作为四月份的前期未完成航次成本的一部分计算。四月份该船该航次分摊的固定费用则按在该月运行16天来分摊16天的费用。

例16-14

承【例16-12】，顺水运输公司202×年3月的货船周转量为900 000千换算吨千米，客船周转量为400 000千换算吨千米。该公司上月运输单位成本、客运和货运的单位成本分别为0.6082元、1.42775元和0.38469元。请根据【例4-9】至【例4-12】的有关数据资料，编制该公司主营业务成本计算表，见表16-14。

表16-14 内河运输成本表

编制单位：顺水运输公司 202×年3月 金额单位：元

项目	行次	货运	客运	合计金额
一、船舶直接费用	01	351 200	437 800	789 000
1.工资	02	180 000	220 000	400 000
2.职工福利费	03	25 200	30 800	56 000
3.燃料	04	40 000	60 000	100 000
4.润料	05	2 000	2 000	4 000
5.折旧费	06	104 000	125 000	229 000
二、船舶维护费用	07			

续表

项目	行次	货运	客运	合计金额
三、集装箱固定费用	08			
四、辅助营运费用	09	26 940	17 960	44 900
五、营运间接费用	10	67 124	83 676	150 800
减：与运输无关支出	11			
六、运输总成本	12	445 264	539 436	984 700
七、运输周转量	13	900 000	400 000	1 300 000
八、运输单位成本（元/千换算吨千米）	14	0.494738	1.34859	0.75746
九、成本降低额	15	-99 043	31 664	-194 040
十、成本降低率	16	-28.61%	5.54%	-24.54%

单位负责人：　　　　　　　　审核人：　　　　　　　　填报人：

顺水运输公司的运输单位成本计算如下：

运输单位成本=984 700÷1 300 000=0.75746（千吨海里）

客运总成本=539 436÷400 000=1.34859（千人海里）

货运单位成本=445 264÷900 000=0.494738（千吨海里）

运输单位成本降低额=0.6082×1 300 000-984 700=-194 040（元）

运输单位成本降低率=-194 040÷（0.6082×1 300 000）×100%=-24.54%

货运运输成本降低额=0.38469×900 000-445 264=-99 043（元）

货运成本降低率=-99 043÷（0.38469×900 000）×100%=-28.61%

客运运输成本降低额=1.42775×400 000-539 436=31 664（元）

客运成本降低率=31 664÷（1.42775×400 000）×100%=5.54%

此外，企业还可以根据需要对成本表的项目进行增设。例如，增设计划成本等项目，以便进行成本比较和考核。

思考与练习

1.水路运输企业的成本费用包括哪些具体内容？

2.水路运输企业的成本计算单位是什么？内河运输企业的成本计算单位和海运企业的成本计算单位有何不同？

3.水路运输企业的成本计算期如何确定？内河运输和海洋运输企业的成本计算期的确定有何区别？

4.海洋运输企业的船舶固定费用与船舶共同费用的区别是什么？

5.水路运输企业的船舶维护费用包括哪些？它和海洋运输企业的船舶固定费用有何区别？

6.水路运输企业营运间接费用如何分配和核算？

第十七章

航空运输企业成本核算

培根铸魂

国产大飞机研制成功，弘扬科技自立自强精神

大型飞机集成高新科技，反映一个国家的科技实力和工业水平。让中国的大飞机翱翔蓝天，是国家的意志、人民的期望。

C919是中国按照国际通行适航标准自行研制、具有自主知识产权的首款大型商用飞机，打破了全球航空运输150座以上客机由波音、空客两巨头垄断的局面。从1970年的大型军用运输机“运十”研制立项，到2017年大型商用飞机C919成功首飞，中国人的“大飞机梦”穿越了47个春秋。除中航工业集团外，先后有哈工大、西北工大、大连理工等数十所高校参与技术攻关。C919不只是一个机型的成功，更代表着一种能力——中华民族的能力！它体现了中国科技自立自强和航空报国精神，是建设创新型国家的标志性工程。截至2024年2月29日，C919全球订单达1 201架。

我国未来的科技创新之路道阻且长，作为新时代的大学生，我们要发扬科技自立自强、航空报国的精神，未来在不同的行业和岗位努力为建设现代化强国、实现中华民族伟大复兴贡献力量！

▸▸▸▸▸▸▸ 第一节　航空运输企业成本核算的特点及内容

一、航空运输企业成本的构成

航空运输企业的成本耗费包括营业成本、税金及附加、期间费用和营业外支出，如图17-1所示。

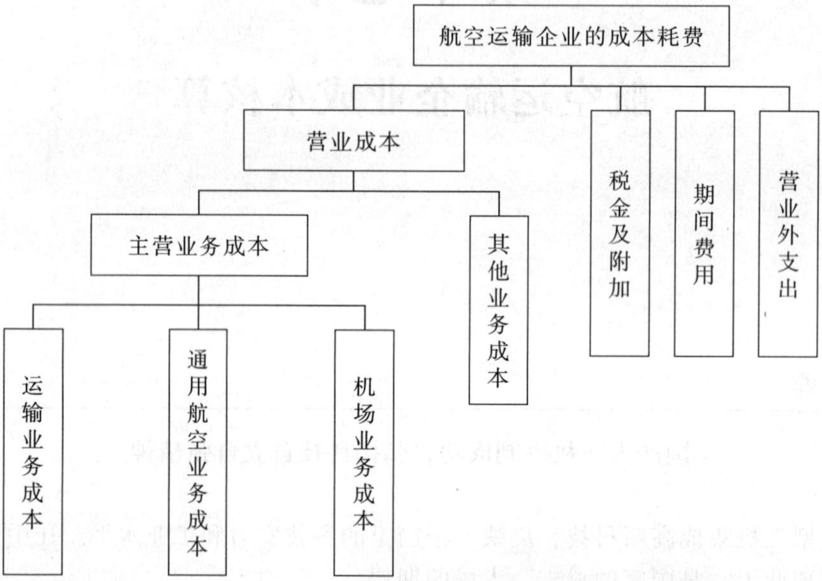

图17-1　航空运输企业的成本耗费

航空运输企业的营业成本包括主营业务成本和其他业务成本。对于航空企业而言，主营业务成本主要是指运输支出，包括飞行费用和飞机维修费用两大类：

1.飞行费用

它是指执行飞行任务而发生的与飞机飞行直接相关的费用，具体包括：空勤人员工资及福利费、航空油料消耗、飞机折旧费、飞机大修理费用、飞机租赁费、飞机起降服务费、飞机保险费、旅客供应服务费等。

2.飞机维修费

它是指除飞机、发动机大修改装以外的各种检修和技术维护费。

此外，航空运输企业的营运成本还应包括熟练飞行训练费和乘客紧急救护费等支出。

其他业务成本包括航空运输企业从事材料和餐食销售、租赁等业务发生的相关费用，包括和这些业务相关的职工薪酬、差旅费、办公费、通信费、折旧费、修理费、低值易耗品摊销等。

航空运输企业的税金及附加、期间费用以及营业外支出等方面的内容都与一般运输企业相同，此处不再赘述。

二、航空运输企业成本核算的特点

（一）成本计算对象

航空运输企业的主要业务分为：

（1）飞机的维修；

（2）航空运输的生产与经营；

（3）通用航空业务。

该类企业的特点为：行业受政府的管制较大，属于国家控制的产业；航空运输的成本昂贵，投资较大；国内外航空运输企业之间的关系非常密切；航空运输的技术含量高，操作比较复杂。

航空企业一般拥有多种机型，各型飞机的技术性能不同，单位运输支出有很大差别。为便于成本管理和经济效益分析，航空企业成本核算一般以各种机型为成本计算对象，归集和分配各类费用，计算各种型号飞机的机型成本。

（二）航空运输企业成本计算期

航空运输企业的成本计算期为会计报告期，一般以月、季、年为成本计算期。

（三）航空运输企业成本计算单位

航空运输企业的产品是旅客和货物的空中位移，其航空运输业务和通用航空业务的成本计算单位分别为元/吨千米和元/飞行小时。

某机型吨千米成本（元/吨千米）=机型总成本（元）÷该机型运输周转量（吨千米）

某机型的生产飞行小时成本（元/飞行小时）=机型总成本（元）÷该机型的生产飞行小时

货运周转量和客运周转量的换算比例为：

国内航线1人千米=0.072吨千米

国际航线1人千米=0.075吨千米

（四）成本核算方式

航空运输企业的主营业务成本也是通过直接计入和分配计入两种方式核算确定。

直接计入成本一般直接在“主营业务成本”科目中核算，有的企业也可以设置“直接运输成本”科目核算。间接计入成本主要在“营运间接费用”科目中核算，也有企业开设“间接运输成本”科目核算。

（五）成本构成内容的特点

航空公司的运输支出费用与其他运输企业的成本费用在科目的设置、核算的程序与方法等方面都有许多相同之处，但在航空运输支出的具体构成内容及相关费用的分摊方面仍有较大差别。

在流动资产方面，飞机的维修是其生产经营活动的重要组成部分，维修中使用的物资以及航材消耗件就成为航空运输企业存货的主要组成部分。因航材消耗件、高价周转件等单价高、消耗量大，因此，该部分费用在航空运输成本中占有一定的比重。

在固定资产方面，由于航空公司的主要生产设备是飞机，而飞机的价格昂贵，每架飞机都以亿美元计算，很多航空公司的飞机往往以融资租赁的手段购入，因此，融资租赁固定资产在航空公司固定资产中的占比很大，是其他任何行业所无法比拟的。

▸▸▸▸▸▸▸ 第二节　航空运输企业直接成本的确认与归集

一、直接成本核算的内容

航空运输企业的直接成本是指企业在运输、装卸或者其他业务中发生的能直接计入成本计算对象的费用。由于航空运输企业的成本核算主要是以飞机机型为对象，因而该类企业的直接成本主要包括不同机型的飞机在执行航空运输业务过程中发生的各项费用，包括：能直接计入机型成本的直接运营费，如空勤人员、机务人员工资及福利费、取暖降温费、上下班交通补贴、制服费、航空油料消耗、国外加油价差、飞机（含发动机）折旧费、经营性租赁飞机的租赁费、修理费、保险费、高价周转件折旧或摊销、飞行训练费、国内外起降服务费、旅客餐宿供应品费、客舱服务费、赔偿费、营运过程货物和行李损失、丢失赔偿净损失，以及其他直接飞行费用等。

二、直接成本核算账户的设置及说明

（一）运输业务直接成本科目：主营业务成本——运输支出

航空运输企业一般设置“主营业务成本——运输支出”科目来核算航空运输企业的直接成本。运输支出科目核算企业在执行航空运输业务过程中所发生的各项费用，包括：能直接计入机型成本的直接营运费用，以及不能直接计入机型成本，需按照一定办法进行分摊的间接运营费。

企业发生的各项运输支出，借记“主营业务成本——运输支出”科目，贷记“库存现金”“银行存款”“航材消耗件”“高价周转件”“累计折旧”“机上供应品”“低值易耗品”“应付职工薪酬——工资”等科目。期末，应将本科目的余额转入“本年利润”科目。结转后本科目无余额。本科目应按照机型或机号、费用项目设置明细账，进行明细核算。

此外，为更加明晰航空企业的成本核算，业务比较简单的航空企业可以根据自身业务的特点，不再设置“主营业务成本——运输支出”科目，而用“直接运输成本”科目替代直接成本科目，该科目下设“航空油料消耗”（机务耗油、本场训练、调机试航、航油成本差异、不正常航班）、“机场起降服务费”（起降费、训（熟）练、试飞飞行和备降、备降机场起降服务费）、“民航基础设施建设基金”、“餐食”、“供应品费”（饮料、食品、书报杂志、纪念品）等明细科目。

例 17-1

乘风航空公司202×年3月计算当月暂估机务消耗航油成本1 800 000元，其中，甲型飞机为1 000 000元，乙型飞机为800 000元。月末经结算发生实际航油成本1 850 000元。乙型飞机航油消耗超支50 000元。

①暂估计价账务处理：

借：主营业务成本——运输支出——航空油料消耗——甲型飞机　1 000 000

　　　　　　　　　　　　　　　　　　　　　——乙型飞机　800 000

　贷：应付账款——暂估款——油料　1 800 000

②结算实际航油成本账务处理：

借：主营业务成本——运输支出——航空油料消耗——航油成本差异——乙型飞机

　　　　　　　　　　　　　　　　　　　　　　　　　　50 000

　　应付账款——暂估款——油料　1 800 000

　贷：应付账款——航线成本类——航油款（××公司）　1 850 000

如果设置“直接运输成本”账户，则航空企业会计处理如下（以下例题处理类似，不再赘述）：

借：直接运输成本——航空油料消耗——机务耗油——甲型飞机　1 000 000

　　　　　　　　　　　　　　　　　　　　　——乙型飞机　800 000

　贷：应付暂估款——油料　1 800 000

借：直接运输成本——航空油料消耗——航油成本差异——乙型飞机　50 000

　　应付暂估款——油料　1 800 000

　贷：应付账款——航线成本类——航油款（××公司）　1 850 000

例 17-2

乘风航空公司202×年3月计提当月民航基础设施建设基金70 000元，其中，甲型飞机为50 000元，乙型飞机为20 000元。

借：主营业务成本——运输支出——民航基础设施建设基金——甲型飞机　50 000

　　　　　　　　　　　　　　　　　　　　　　　　——乙型飞机　20 000

　贷：应交税费——应交民航基础设施建设基金　70 000

例 17-3

乘风航空公司202×年3月乙型飞机发生航班延误赔偿支出60 000元、超售赔偿20 000元、旅客行李赔偿费1 500元，所有款项已以现金方式支付。因航班延误、取消产生旅客餐食、住宿、交通等不正常航班费用，按协议应支付给机场32 000元，款项尚未支付。

借：主营业务成本——运输支出——航班延误现金赔偿——乙型飞机　60 000

　　　　　　　　　　　　——不正常航班食宿及供应品费用——乙型飞机

　　　　　　　　　　　　　　　　　　　　　　　　　　32 000

　　　　　　　　　　　　——其他起降服务——乙型飞机　1 500

　　销售费用——超售赔偿　20 000

贷：库存现金　　81 500

应付账款——其他起降服务　　32 000

一般来说，我国航空公司国内航班延误4~8小时，采用现金补偿方式：延误4~5小时补偿100元；延误5~6小时补偿不超过200元；延误6~8小时补偿不超过300元。各航空公司各站站长可根据现场实际情况在标准范围内灵活处理。

例17-4

乘风航空公司202×年3月应支付给A供应商的经济舱餐食费用为48 000元，其中，甲型飞机消耗30 000元，乙型飞机消耗18 000元。

借：主营业务成本——运输支出——餐食——外配经济舱——甲型飞机　　30 000

——乙型飞机　　18 000

贷：应付账款——餐食类——外站餐食（A公司）　　48 000

航空公司为节约成本，自行生产和代理生产各种航空餐食业务的，成本核算同制造业企业生产产品，设置“生产成本”科目来核算生产航空餐食的直接成本和人工支出，在生产餐食、配备机上所需用品过程中所产生的间接费用，通过“制造费用”科目进行归集。期末，将完工餐食等用品自“生产成本”科目转入“库存商品”科目，待领用餐食时，再转入“主营业务成本”科目或“直接运输成本”科目。

例17-5

乘风航空公司202×年3月自行生产航空餐食——番茄酱，月初没有未完工产品。本期生产餐食消耗原材料50 000元、人工支出10 000元、和番茄酱相关的间接费用2 000元。本月生产番茄酱全部完工入库，月末，公司领用当月生产的50%的番茄酱用于经济舱航空服务，甲、乙两机型飞机各一半；领用10%的番茄酱作为两舱休息室的服务品；甲型飞机航班延误，发生地面加餐餐食，消耗5%的番茄酱；食堂小卖部领用5%的番茄酱对外销售。

发生番茄酱直接生产费用时：

借：生产成本——餐食——番茄酱　　60 000

贷：原材料——餐食原材料——番茄　　50 000

应付职工薪酬——工资　　10 000

结转番茄酱的间接生产成本：

借：生产成本——餐食——番茄酱　　2 000

贷：制造费用　　2 000

结转完工番茄酱生产成本：

借：库存商品——餐食——番茄酱　　62 000

贷：生产成本——餐食——番茄酱　　62 000

公司领用番茄酱：

借：主营业务成本——运输支出——餐食——内配经济舱——甲型飞机　　15 500

——乙型飞机　　15 500

主营业务成本——赔偿——不正常航班食宿及供应品费用——甲型飞机　　3 100

借：营运间接费用——两舱休息室服务费　　6 200

其他业务成本——食堂成本——小卖部成本　　3 100

贷：库存商品——餐食——番茄酱　　43 400

（二）通用航空业务直接成本科目：主营业务成本——通用航空成本

一般航空运输企业通过“主营业务成本——运输支出”或者“直接运输成本”科目核算直接成本，而开展通用运输业务的航空公司，除设置上述科目之外，还应该设置“主营业务成本——通用航空成本”科目。航空运输作为民用航空的一个部分划分出去之后，民用航空的其余部分统称为通用航空，因而通用航空包含多项内容，范围十分广泛，可以大致分为以下几类：

（1）工业航空：包括使用航空器进行工矿业有关的各种活动，如航空摄影、航空遥感、航空物探、航空吊装、石油航空、航空环境监测、航空探矿、航空摄影等。

（2）农业航空：包括为农、林、牧、渔各行业提供的航空服务活动，如森林防火及灭火、撒播农药等。

（3）航空科研和探险活动：包括新技术的验证、新飞机的试飞，以及利用航空器进行的气象天文观测和探险活动。

（4）飞行训练：除培养空军驾驶员外，培养各类飞行人员的学校和俱乐部的飞行活动。

（5）航空体育活动：用各类航空器开展的体育活动，如跳伞、滑翔机、热气球以及航空模型运动。

（6）公务航空：大企业和政府高级行政人员用单位自备的航空器进行公务活动。跨国公司的出现和企业规模的扩大，使企业自备的公务飞机越来越多，公务航空就成为通用航空中的一个独立部门。

（7）私人航空：私人拥有航空器进行航空活动。

通用航空在我国主要指前面5类，后2类在我国才开始发展，但在一些航空强国，公务航空和私人航空所使用的航空器占通用航空的绝大部分。

“通用航空成本”科目核算企业在执行通用航空业务过程中所发生的各项费用，包括可以直接计入机型成本的费用和不能直接计入机型成本而需按一定办法进行分摊的间接费用。

企业发生的通用航空成本，借记“通用航空成本”科目。期末，将本科目的余额转入“本年利润”科目，结转后本科目无余额。本科目应按机型或机号、费用项目设置明细账，进行明细核算。

（三）机场业务直接成本科目：主营业务成本——机场服务费用

1.机场的分类

机场又称空港，主要包括军用机场和民用机场两种。其中，民用机场又包括：①航空港；②单位或私人机场。本教材只研究航空港。

航空港是指民用机场中用于商业性航空运输的机场。我国一般称大型的民用机场为航空港，称小型的民用机场为航站，但按照国际航空的惯例，民用机场无论大小一律称为空港。空港分为重要空港、一般空港、通用空港和备用空港。

（1）重要空港，是指在一个国家航空运输中占据核心地位的空港，在我国一般指年客流量在50万人次以上的大型机场；

（2）一般空港，指重要空港之外的小型空港，在我国一般指规模较小的航站；

（3）通用空港，指用于通用航空，也为专业航空的小型飞机或直升机服务的空港；

（4）备用空港，是指平时不安排航班，只为通用航空和航空爱好者服务，当交通拥挤时，可以暂时地为商业航空服务的空港。

2.机场的主要业务

空港日常的主要业务见表17-1。

表17-1 **空港日常的主要业务**

飞机服务业务	为各航空公司提供有偿起降、停航、加油等服务，并保证飞行区、地面运输区的安全运行
过港旅客服务业务	为旅客提供检票、安检、候机、海关、检疫及各种公共设施服务和商业设施服务等
设备、地皮出租业务	空港将候机楼内的场地租赁给他人用于办公或经营，出租给航空公司等
安全营运保护业务	为确保空港的安全营运所进行的道面的维修、除雪和除冰，急援救，安全保卫，地面勤务，空港总体安全检查等

3.机场服务费用的核算

“机场服务费用”科目核算机场为各航空公司飞机起降，进出港旅客、货物、行李、邮件，以及驻机场单位提供服务时发生的与服务直接相关的各种费用，具体见表17-2。

表17-2 **机场服务费用核算的内容**

种类	具体内容举例
飞行场地支出	跑道、滑行道、机坪的维护费用，照明、服务车辆、救火设施的使用维护费用
候机楼支出	候机楼各种设施和建筑的维护费用，停车场的维护费用，候机楼的供电、供水、供热、废物处理费用，候机楼的环境美化和绿化费用等
机库、货运设施等建筑和空港的地面设施支出	空港环境保护和美化费用，机库等建筑的维护、空港进出道路的维护、各种管道（上水、下水、供热、供油）的维护费用等
经常性管理费用	行政人员、后勤人员的工资及其他管理费用

企业发生的机场服务费用，借记“机场服务费用”科目。期末，应将本科目的余额转入“本年利润”科目，结转后本科目无余额。本科目应按机型或机号、费用项目设置明细账，进行明细核算。

▸▸▸▸▸▸▸ 第三节　航空运输企业间接成本的确认与归集

一、间接成本核算科目

航空运输企业的间接成本在“营运间接费用”科目进行归集和分配。该科目核算企业营运过程中所发生的不能直接计入成本核算对象的各种间接生产费用。该科目应按照发生费用的不同部门设置明细科目，并按人员职工薪酬、航材消耗件、机上供应品、折旧费、修理费、制服费、劳动保护费、警卫消防费、地面运输费、租赁费、办公费、水电费、差旅费等费用分别设置专栏进行明细核算。

月中，企业按照具体业务，在发生营运间接费用时，借记“营运间接费用”科目，贷记“库存现金”“银行存款”“原材料”“应付职工薪酬”“累计折旧”等科目。

期末，企业按照一定分配标准，将当期发生的营运间接费用在有关受益对象间进行分配，借记“生产成本——运输支出/通用航空成本”科目，贷记“营运间接费用”科目。该科目分配后期末无余额。

二、间接成本核算内容

（一）飞行费用

1.航空油料消耗

航空油料消耗是指飞机在飞行或在地面机修试车时所消耗的航空油料和润滑油。该项费用按机型的发生数直接记入各机型飞行费用明细账。如果有由各机型分摊的费用，一般按照机型的飞行时间等标准进行分配。

2.工资及福利费

工资及福利费是指直接从事飞机飞行的空勤人员和乘务人员的工资及福利费，凡直接从事某种机型飞行的空勤人员的工资、福利费属直接费用，按所飞的机型分别计入各种机型成本。凡从事多种机型飞行的乘务人员的工资及福利费，应按一定的标准分配后计入各种机型成本。分配标准可以根据各种机型乘务员配备人数和本月飞行小时制定。

3.飞机、发动机大修理费用

飞机、发动机大修理费用指各机型飞机、发动机进行大修理所发生的费用。飞机、发动机大修理费用核算可采用两种方法：一是按月预提大修理费用；二是大修理费用发生后按月摊销。

4.飞机、发动机折旧费

航空运输企业的飞机和发动机折旧费的计提方法有两种：一是按实际工作量（飞行小时）计提折旧；二是按使用年限平均计提折旧。

5.飞机保险费

飞机保险费指航空运输企业向保险公司投保航空险的费用，包括机身险、旅客和货物意外险、战争险、第三者责任险等。企业预付的保险费用在“待摊费用”科目核算，按月平均摊销记入各机型飞行费用明细账科目。

6.旅客供应服务费

旅客供应服务费指航空公司在飞机上提供各种服务所发生的费用，以及由于航空公司原因取消飞行，按规定由航空公司负责的旅客餐宿费等。对于能分清机型的旅客供应服务费，直接记入各机型飞行费用明细账科目；对于不能分清机型的旅客供应服务费，可按照各机型完成的周转量比例分配记入各机型飞行费用明细账科目。

7.飞机起降服务费

飞机起降服务费指航空运输企业在国内外机场起降，按规定标准或协议支付给机场和航管等部门的各项服务费。飞机起降服务费发生时，分机型记入各机型飞行费用明细账科目。

8.熟练飞行训练费用

企业发生的熟悉飞行训练费用经归集后，应按运输周转量、飞行小时等标准分配计入各机型成本。

（二）飞机维修费

间接维修费不能直接计入某个机型或成本核算对象的飞机、发动机及零附件因维护检修所发生的费用。飞机维修费应归集在按机型设置的明细账中，企业发生飞机维修费，先按修理机型进行汇总，修理完毕后，各机型飞机的直接维修费直接转入各机型成本，间接维修费应按各机型的修理小时等分配计入各机型成本。

企业应按机型设置“间接飞机维修费”科目，在“飞机维修费”科目下设置“材料费”“人工费”“间接维修费”三个明细账科目。因维护检修飞机而领用的高价周转件摊销、消耗性材料以及按耗用工时计算的人工费，作为直接费用应记入各机型的“飞行维修费”明细账科目。有关管理和监督维修工作发生的间接维修费，应按适当的标准（如消耗维修工时数）分配记入各机型“飞行维修费”明细账科目。

月末，航空企业根据飞行维修费明细账，编制飞机维修费分配表，其格式见表17–3。

表17–3 **飞行维修费分配表**

202×年×月

金额单位：元

项目	直接费用			间接费用			合计
	消耗材料	高价周转件摊销	其他直接维修费	分配标准（维修工时）	分配率	应分配费用	
甲机型 乙机型 ⋮							
合计							

三、间接成本核算举例

例17-6

乘风航空公司有甲、乙两种机型各一架，从事运输生产，本月直接计入甲机型和乙机型成本的空勤人员工资分别为50 000元和64 000元，另外发生乘务员工资80 000元，需在甲、乙机型之间进行分配。甲、乙机型每架飞机分别配备4名乘务员和6名乘务员，飞行小时均为100小时。

发生人工费时，编制会计分录：

借：主营业务成本——运输支出——甲型飞机	50 000	
——乙型飞机	64 000	
营运间接费用	80 000	
贷：应付职工薪酬——工资		194 000

根据上述资料，乘务员工资分配如下：

甲型飞机应分配乘务员工资=80 000×［4×100÷（4+6）×100］=32 000（元）

乙型飞机应分配乘务员工资=80 000×［6×100÷（4+6）×100］=48 000（元）

编制会计分录：

借：主营业务成本——运输支出——甲型飞机	32 000	
——乙型飞机	48 000	
贷：营运间接费用		80 000

例17-7

乘风航空公司202×年3月发生两舱休息室费用22 000元。

借：营运间接费用——两舱休息室费用	22 000	
贷：应付账款——其他起降服务费		22 000

例17-8

乘风航空公司202×年3月末将本期发生的除人工费之外的间接服务费按照客运周转量分配到甲乙两类飞机成本，其中，甲型飞机的客运周转量为2 000 000人千米，乙型飞机的客运周转量为1 000 000人千米。

本期发生的营运间接费用=6 200+22 000=28 200（元）

营运间接费用分配率=28 200÷3 000 000=0.0094（元/人千米）

甲型飞机分配的营运间接费用=0.0094×2 000 000=18 800（元）

乙型飞机分配的营运间接费用=0.0094×1 000 000=9 400（元）

编制会计分录如下：

借：主营业务成本——运输支出——甲型飞机	18 800	
——乙型飞机	9 400	
贷：营运间接费用		28 200

四、运输总成本和单位成本的计算

各机型运输支出之和就是航空运输企业总成本，航空运输企业总成本除以总运输周转量即运输单位成本。航空运输企业各机型的飞行费用和飞机维修费用之和就是该机型的运输支出，某机型的运输支出除以该机型的运输周转量就得到该机型的运输单位成本。月末，航空运输企业应编制航空运输支出计算表，以反映运输总成本与单位成本，其格式见表17-4。

表 17-4　　××航空公司运输支出计算表

202×年×月　　金额单位：元

项目	行次	甲型	乙型	…	合计
一、飞行费用					
1.航空油料费					
2.空勤人员工资及福利费					
3.飞机、发动机大修费					
4.飞机、发动机折旧费					
5.飞机保险费					
6.飞机租赁费					
7.旅客供应服务费					
8.飞机起降服务费					
9.其他					
二、飞机维修费					
三、运输总成本					
四、周转量					
五、运输单位成本					

五、器材物资的财务核算

航空运输企业用于维护和修理飞机、发动机以及地面各种设备的各种器材及物资，统称为器材物资。由于航空飞机的机型较多，各种机型的器材基本上相互通用，所需器材向国外订货的周期较长，而且飞机在国内、国际航线上飞行，或为工农业生产从事专业飞行，停经各地，均需进行维护和修理，均需储备器材。另外，各种地面设备（如地面通信、导航设备、机动车辆、房屋建筑物等）也需要进行维护和修理，也需要储备器材物资，因此，航空公司器材物资的储备量较大，占用的资金较多。下面简单介绍器材物资的财务核算方法。

（一）器材物资的分类

器材物资按照使用的对象以及在营运中的作用不同，可以分为以下几类：

1.航空器材

航空器材物资指专供维护和修理飞机机体、动力装置、电子仪表装置以及其他系统的各种物资。飞机由机体、动力装置和电子仪表装置三部分构成：

（1）机体由机身、机翼、尾翼、起落架等组成，是飞机的躯干。

（2）动力装置由发动机、螺旋桨、辅助动力装置等组成，是飞机的心脏。

（3）电子仪表装置由通信系统、飞行系统和飞机控制仪表等组成，是飞机的大脑和神经系统。

为保证飞机的正常运行，航空公司必须储备相关的器材物资，包括机体所需的飞机轮胎、起落架、方向舵、作用筒、滑油管等，动力装置所需的气缸活塞环、火星塞、磁电机、尾喷管、压气管等，电子仪表装置所需的气压高度表、空速表、电子综合仪表、油量表、自动驾驶仪及通信导航器材等。

航空器材按价值高低、使用时间长短、是否采用序号跟踪管理等，又可分为航材消耗件和航材周转件：

（1）航材消耗件，一般指一次性领用并被消耗的零附件。航材消耗件价值较低，日常收发的数量较多，装机以后，从经济角度考虑不适合进行修复，一般不再修理，只有少数航材消耗件装机以后进行修理，如飞机的轮胎和发动机的叶片等。航空运输企业的航材消耗件主要有油滤、螺栓、垫片等，以及维修生产活动中由用户自己决定用量的消耗品，如原材料、化工品等。此类件通常只有件号而没有序号。

（2）航材周转件。按照我国航空界的一般认识，航材周转件又叫高价周转件，是指飞机在正常情况下维修和经常更换的而可被恢复正常使用状态的部件。此类部件价值比较高，有时间限制，除具备件号外还有序号进行跟踪管理，可以进行多次修复保用。据统计，高价周转件一般占到航空公司航材储备的80%。航材周转件包括两部分：一部分指飞机在正常情况下经常维修和经常更换的、价值较高、有时间限制、有序号进行跟踪管理的零附件，如飞机的自动驾驶仪、惯性导航设备、气象雷达等；另一部分指大型成套、价值较高、不经常使用，又必须准备的零附件，如起落架、操纵面等。

2.普通器材

普通器材指用于维护和修理各种地面设备的器材，主要包括：

（1）通信器材，指维修地面通信、导航设备用的各种器材。

（2）车辆器材，指维修各种机动车辆用的器材。

（3）建筑材料，指维修房屋建筑物用的材料。

（4）金属材料，指维修用的各种有色金属和黑色金属等。

（5）其他油料及材料，指航材油料和材料之外的其他各种油料及材料。

3.低值易耗品

低值易耗品是指使用年限在一年以内的各种物资，如各种工具、管理用具、仪器、飞行制服、工作服等。

4.机上供应品

机上供应品是指在飞机上为旅客提供的各种用品，如书报杂志、食品、纪念品等。机上供应品可以外购、自制或委托加工，每次飞行结束后，剩余的机上供应品应该退库，日后对外销售或作其他处理。

在实际工作中，为加强器材物资的管理，航空器材通常在上述分类的基础上，再根据飞机的机型进行细分，如B-737、B-747、B-757、B-767、A-300、A-310、MD-80、MD-82、MD-11、SAAB-340、TU-154、BAE-146、C-130等。由于器材物资种类繁多，所以会计部门除进行总分类和明细分类核算之外，还应编制“物资目录”，以列明器材物资的类别、编号、名称、规格、性能、计量单位等。

（二）器材物资的财务核算方法

与原材料相似，器材物资有两种核算方法：实际成本核算法和计划成本核算法。从财务核算方法来看，可以比照原材料进行。但由于器材物资的性质、用途及特点与原材料不完全相同，因而，根据行业特殊性，一般应该设置不同的一级账户，如“航材消耗件”“高价周转件”“低值易耗品”“普通器材”“机上供应品”“器材采购” 等账户。根据新准则，也可以设置各行业通用的账户（如“周转材料”）来核算器材物资，同时将上述账户设为二级账户。

1.航材消耗件的财务核算

企业应设置“航材消耗件”科目，用来核算库存的航材消耗件的实际成本。该科目借方登记入库航材消耗件的实际成本，贷方登记出库航材消耗件的实际成本，余额在借方，表示月末库存航材消耗件的实际成本。该科目应按航材消耗件的种类和机型设置明细科目。下面举例说明按实际成本计价的航材消耗件的财务核算。

例17-9

乘风航空公司购买的航材消耗件入库，价款及运杂费共500 000元（不含税）。根据发票账单和入库单按实际成本记账，应编制会计分录如下：

借：航材消耗件　　500 000
　　应交税费——应交增值税（进项税额）　　85 000
　贷：银行存款　　585 000

例17-10

乘风航空公司维修部门领用甲型飞机的航材消耗件计200 000元，用于维修和修理收音机、发动机。根据领料单，按实际成本记账，应编制会计分录如下：

借：主营业务成本——运输支出——飞机修理费——甲型飞机　　200 000
　贷：航材消耗件　　200 000

2.高价周转件的财务核算

高价周转件是指可反复修理使用、价值较高、具有单独序号的航空器材。在航空公司的器材物资中，高价周转件的财务核算比较特殊。高价周转件价值较高，可以多次参加运输生产而不改变其实物形态，其价值是逐渐转移到航空运输支出中的，使用期间在一年以上的，根据现行会计准则列为固定资产管理，并按规定计提折旧。目前在实务中也有企业将其按照存货核算。企业按固定资产管理高价周转件时应设置“固定资产——高价周转件”账户，其账务处理与“固定资产”处理基本一致。本教材重点介绍企业按存货管理高价周转件的账务处理。

（1）高价周转件增加时的会计分录

①外购高价周转件时：

借：材料采购

　　应交税费——应交增值税（进项数额）

　贷：银行存款

借：高价周转件——在库

　贷：材料采购

　借或贷：材料成本差异

②维修、索赔以后重新入库高价周转件时：

借：高价周转件——可用件

　　材料成本差异——高价周转件

　贷：银行存款等

高价周转件维修费用不列入当期的成本费用，而是在重新入库时作为可用件成本记入“高价周转件”科目，并随着高价周转件一并进行摊销。

（2）高价周转件减少时的会计分录

①维修部门领用高价周转件维修飞机时：

借：高价周转件——摊销

　贷：高价周转件——在库

　借或贷：材料成本差异

②对外销售和报废时，按高价周转件的余额编制会计分录：

借：其他业务成本

　贷：高价周转件——在库

同时，按取得的收入编制会计分录：

借：银行存款

　贷：其他业务收入

　　应交税费——应交增值税（销项税额）

（3）高价周转件的摊销方法

高价周转件的摊销额一般按四年计算：第一年摊销高价周转件净增加价值的50%；第二年摊销净增加价值的25%；第三年摊销净增加价值的15%；第四年摊销净增加价值的10%。某年高价周转件摊销额合计应该等于上一年起以往连续四年高价周转件摊销额的合计数，用公式表示如下：

高价周转件年摊销额 = 四年前高价周转件净增加值×10% + 三年前高价周转件净增加值×15% + 两年前高价周转件净增加值×25% + 一年前高价周转件净增加值×50%

例17-11

幸运航空公司将高价周转件作为存货核算，2021年增加500万元，减少200万元；2022年增加300万元，减少150万元；2023年增加400万元，减少200万元；2024年增加450万元，减少150万元。其2025年高价周转件的摊销额应为252.5万元，计算过程如下：

2024年摊销额=（450−150）×50%=150（万元）

2023 年摊销额=（400-200）×25%=50（万元）

2022 年摊销额=（300-150）×15%=22.5（万元）

2021 年摊销额=（500-200）×10%=30（万元）

2025年摊销额合计为252.5万元。

高价周转件在摊销时应该注意以下几点：

（1）高价周转件摊销额是根据其库存量、消耗量和周转天数确定的。高价周转件不管是在几月份购入的，当年都不摊销成本，一律从第二年开始摊销，按季度或月份摊销。

（2）对于两种和两种以上机型通用的高价周转件的摊销，原则上将通用高价周转件摊入最新的机型中，其次列入数量最多的机型中，也可以按照机型的比例摊销。

（3）高价周转件的维修费，一般作为可用的高价周转件价值入库，所以，在计算摊销额时应将其作为购入的高价周转件数额参与摊销。

（4）财务部门根据航材库每月报来的高价周转件汇总凭证，编制季度、月份或年度的高价周转件进出汇总表，见表17-5，并据以编制季度、月份或年度的高价周转件摊销表，见表17-6。

表 17-5　　**2024 年度高价周转件进出汇总表**　　金额单位：万元

季度	增加数			减少数			待摊销高价周转件的成本（净增加额）
	购入数调入数	可用件维修费用	合计	本单位领用数	所属单位领用	合计	
1			150			50	100
2			100				100
3			100			50	50
4			100			50	50
合计			450			150	300

表 17-6　　**2024 年度购进高价周转件摊销表**　　金额单位：万元

季度	成本	2025 年（50%）	2026 年（25%）	2027 年（15%）	2028 年（10%）	合计
1	100	50	25	15	10	100
2	100	50	25	15	10	100
3	50	25	12.5	7.5	5	50
4	50	25	12.5	7.5	5	50
合计		150	75	45	30	300

表17-5和表17-6中的高价周转件是按季度摊销的，2024年度高价周转件净增加额是300万元，按照四年摊销法，这300万元应该分别在2025年、2026年、2027年和2028年摊销完，每年摊销的比例分别是高价周转件净增加额的50%、25%、15%和10%，摊销的金额分别是150万元、75万元、45万元和30万元。为准确核算摊销额，每年每个季度的

摊销额可以按照2024年每个季度高价周转件增加额的净额计算。

高价周转件摊销时的会计分录如下：

借：主营业务成本——运输支出

　贷：高价周转件——摊销

　借或贷：材料成本差异

3.机上供应品的财务核算

为核算航空公司机上供应品的计划成本或实际成本，企业应设置“机上供应品”科目。该科目借方登记验收入库的机上供应品的计划成本或实际成本，贷方登记发出机上供应品的计划成本或实际成本，期末借方余额表示库存机上供应品的计划成本或实际成本。当按规定领用航线运营中免费为旅客提供的机上供应品时，乘务员应按领用清单上的数量和金额计入运输支出。航空公司销售机上供应品而取得的收入记入“其他业务收入”科目，其成本结转到“其他业务成本”科目。

与机上供应品核算相关的会计分录如下：

（1）领用免费机上供应品时：

借：主营业务成本——运输支出

　贷：机上供应品

（2）当飞行结束，剩余机上供应品办理退库时：

借：机上供应品

　贷：主营业务成本——运输支出

（3）销售机上供应品，并结转成本时：

借：库存现金

　贷：其他业务收入

　　　应交税费——应交增值税（销项税额）

借：其他业务成本

　贷：机上供应品

▸▸▸▸▸▸ 第四节　航空运输企业成本报表

一、航空运输企业的主要成本报表

航空运输企业的成本报表是对各会计期间成本费用进行日常核算后的综合体现，是用以反映运输生产运营所发生的成本费用情况的会计报表，是会计报表的重要组成部分。对成本报表进行分析可以考核企业成本计划执行结果。同时，成本报表所提供的信息也是进行成本预测、决策、控制和分析等成本管理活动的重要依据。航空运输企业的主要成本报表有：

（1）运输成本表（见表17-7）。

表 17-7 **运输成本表**

编制单位： 年 季 金额单位：元

项目	行次	所有机型	机型1	机型2	机型3
一、运输成本	1				
1.直接营运费	2				
其中：工资、奖金、津贴和补贴	3				
空勤伙食费	4				
地勤伙食费	5				
飞行小时费	6				
福利费	7				
制服费	8				
航空油料消耗	9				
航材消耗件消耗	10				
高价周转件摊销	11				
飞机、发动机折旧费	12				
飞机、发动机大修费	13				
飞机、发动机日常修理费	14				
飞机、发动机保险费	15				
经营性租赁费	16				
国内机场起降服务费	17				
国外机场起降服务费	18				
国内航线餐食供应品费	19				
国际航线餐食供应品费	20				
飞行训练费	21				
客舱服务费	22				
行李、货物、邮件赔偿费	23				
其他直接营运费	24				
2.间接营运费	25				
二、运输飞行小时（小时）	26				
三、运输总周转量（万吨千米）	27				
四、单位成本	28				
1.每飞行小时成本（元）	29				
2.每吨千米成本（元）	30				
3.每飞行小时耗油量（千克）	31				

（2）通用航空成本表（略）。该表与运输成本表基本一致，只是将“运输飞行小时”调整为“通用航空飞行小时”，该表不需要填制“运输总周转量”，在“单位成本”项目里不需要计算“每吨千米成本”，故省略该表。

（3）机场服务费用表（见表17-8）。

表 17-8 **机场服务费用表**

编制单位： 年 季 金额单位：元

项目	行次	金额
1.工资、奖金、津贴和补贴	1	
其中：空勤伙食费	2	
地勤伙食费	3	
飞行小时费	4	
2.福利费	5	
3.制服费	6	
4.各种燃料及动力	7	
5.器材、配件和工具	8	
6.低值易耗品	9	
7.水电消耗	10	
8.折旧费	11	
9.修理费	12	
10.租赁费	13	
11.保险费	14	
12.办公费	15	
13.业务费	16	
14.差旅费	17	
15.急救费	18	
16.防汛、防灾、防火、防疫费	19	
17.绿化、环卫费	20	
18.排污及污水处理费	21	
19.行李、货物赔偿费	22	
20.运输费	23	
21.专用线路维护费	24	
22.劳动保护费	25	
23.其他费用	26	
机场服务费用合计	27	

（4）间接营运费用明细表（见表17–9）。

表17–9　**间接营运费用明细表**

编制单位：　　　　　　　　　　　　　　年　季　　　　　　　　　　　　金额单位：元

项目	行次	运输成本	通用航空成本	合计
1.工资、奖金、津贴和补贴	1			
其中：空勤伙食费	2			
地勤伙食费	3			
飞行小时费	4			
2.福利费	5			
3.制服费	6			
4.折旧费	7			
5.维修费	8			
6.办公费	9			
7.水电费	10			
8.差旅费	11			
其中：空勤人员误餐补助	12			
9.保险费	13			
10.租赁费	14			
11.机物料消耗	15			
12.劳动保护费	16			
13.警卫消防费	17			
14.地面运输费	18			
15.环境绿化费	19			
16.职工教育经费	20			
17.其他费用	21			
间接营运费合计	22			

（5）根据管理需要设置的其他的成本费用或辅助表格（略）。

二、航空运输企业运输成本的计算

航空运输企业的各机型运输支出就是该机型的飞行费用和飞机维修费用之和，某机型的运输支出除以该机型的运输周转量就得到该机型的运输单位成本。各机型运输支出之和就是航空运输企业总成本，航空运输企业总成本除以总运输周转量即运输单位成本。月末，航空运输企业应编制航空运输支出计算表，以反映运输总成本与单位成本。具体计算公式如下：

航空运输企业运输总成本=各机型的飞行费+飞机维修费

航空运输企业单位运输成本=航空运输企业总成本÷总运输周转量

其中，航空运输业务和通用航空业务的成本计算单位分别为元/吨千米和元/飞行小时。

例 17-12

乘风航空公司202×年3月承担的甲型机承担的国内客运周转量为3 000 000人千米，乙型机承担的国际客运周转量为2 000 000人千米，丙型机承担货运业务，货运周转量为6 000 000吨千米。具体分项成本及单位成本计算见表17-10。

表 17-10　　　　**运输成本表**

编制单位：乘风航空公司　　　　202×年 3 月　　　　金额单位：元

项目	行次	所有机型	甲型机	乙型机	丙型机
一、运输成本	1	5 317 800	1 460 900	1 156 900	2 700 000
1.直接营运费	2				
其中：工资、奖金、津贴和补贴	3	214 000	50 000	64 000	100 000
航空油料消耗	9	3 850 000	1 000 000	850 000	2 000 000
航材消耗件消耗	10	400 000	200 000		200 000
⋮					
国内机场起降服务费	17	245 100	95 100		150 000
国外机场起降服务费	18	180 000		180 000	
国内航线餐食供应品费	19	45 500	45 500		
国际航线餐食供应品费	20	33 500		33 500	
⋮					
行李、货物、邮件赔偿费	23	1 500	1 500	20 000	150 000
其他直接营运费	24	220 000	50 000		
2.间接营运费	25	128 200	18 800	9 400	100000
二、运输飞行小时（小时）	26				
三、运输总周转量（万吨千米）	27	636.6	21.6	15	600
四、单位成本	28				
1.每飞行小时成本（元）	29				
2.每吨千米成本（元）	30	0.835344	6.7634	7.7126667	0.45
3.每飞行小时耗油量（千克）	31				

甲型机国内客运周转量换算成总运输周转量=3 000 000×0.072=216 000（吨千米）

乙型机国内客运周转量换算成总运输周转量=2 000 000×0.075=150 000（吨千米）

乘风公司所有机型总运输周转量=216 000+150 000+6 000 000=6 366 000（吨千米）

乘风公司单位运输成本=5 317 800÷6 366 000=0.835344（元/吨千米）

甲型机吨千米成本=1 460 900÷216 000=6.7634（元/吨千米）

乙型机吨千米成本=1 156 900÷150 000=7.7126667（元/吨千米）

丙型机吨千米成本=2 700 000÷6 000 000=0.45（元/吨千米）

思考与练习

1.航空运输企业的成本费用包括哪些具体内容？

2.航空运输企业的成本计算单位是什么？如何理解？

3.航空运输业的航材消耗件和航材周转件有何区别？各自应怎样核算？

4.航空运输企业的直接费用包括哪些内容？

5.航空运输企业的间接费用如何核算？

6.航空运输企业的成本报表一般包括哪些？

第十八章

环境成本核算

培根铸魂

保护环境，促进经济高质量发展

面对资源约束趋紧、环境污染严重、生态系统退化的严峻形势，党中央、国务院先后将生态文明建设提升到国家战略层面，提出新发展理念，推动绿色发展，促进人与自然和谐共生，建设美丽中国。

显然，我国正推动经济社会发展全面绿色转型，坚定不移地走生态优先、绿色低碳的高质量发展道路。国家的发展战略和路线方针政策对企业在环境保护和资源利用方面提出了更高要求，企业应履行环境责任，因此需对生产经营活动中的环境成本进行确认计量。但环境会计的核算对象较为特殊，不仅在基本前提方面与现行会计有所不同，并且对各个会计要素，尤其是环境成本的确认和计量与现行会计也有所不同。

▸▸▸▸▸▸▸ 第一节　环境会计概述

一、环境会计的产生与发展

日益严重的环境问题正威胁到人类经济的可持续发展，世界各国对环境污染问题予以足够的重视，并相继提出可持续发展战略，人们期望通过各种途径来处理环境问题。其中重要的是对企业环境活动的规范，但现行会计在这一方面还不能发挥应有作用，因此需要设计一种新的会计制度，以对企业环境活动进行有效规范，于是环境会计应运而生。在可持续发展目标的指引之下，环境会计把企业的环境活动和经济活动相结合，使得会计信息的披露更为完整、更具相关性。

环境会计的重要性逐渐在全球范围内得到重视，这也促进了学术界对环境会计制度建立和实施的研究。环境会计的思想渊源可以追溯到福利经济学的创始人庇古（A. C. Pigou）在1920年出版的《福利经济学》一书，其提出应当根据污染所造成的危害对排污者征税，即庇古税。环境会计的研究始于20世纪70年代早期，1971年比蒙斯（F.A.Beams）撰写的《控制污染的社会成本转换研究》和1973年马林（J.T.Marlin）的文章《污染的会计问题》揭开了环境会计研究的序幕。

1987年，世界环境与发展委员会发表了《我们共同的未来》（又称《布伦特兰报告》），该报告首次提出“可持续发展”的定义。到1992年6月，联合国历史上空前的一次“地球首脑会议”——联合国环境与发展大会——在巴西的里约热内卢召开，《里约宣言》、《21世纪议程》和《关于森林问题的原则声明》三个框架文件在会上得到一致通过。

从20世纪90年代开始，有大量的文献和报告探讨环境会计问题，如1992年联合国提出“环境与经济综合核算体系”，1993年的《国民经济核算体系》增加了环境核算的附属框架。奥达姆（H.T.Odum）于1996年编写的《环境会计》成为首部环境核算方面的里程碑著作。1998年2月召开的联合国国际会计和报告标准政府间专家工作组（International Standard for Accounting and Report，ISAR）第15次会议讨论通过了《环境会计和报告的立场公告》，这是第一份环境会计和报告的国际指南。

目前关于环境会计的文章已有数百篇，内容包括国外环境会计、环境会计计量、环境会计信息披露、环境管理和环境审计等。

二、环境成本会计的概念和分类

《环境会计和财务报告的立场公告》认为：环境成本指本着对环境负责的原则，为管理企业活动对环境造成的影响而采取或被要求采取的措施的成本，以及企业因执行环境目标和要求所付出的其他成本。环境成本有别于传统会计成本，主要有强制性、突发性、一体性和增长性等特点。

环境成本的定义包括以下几方面含义：

（1）环境资源是有价值的。随着人类环境污染的加剧，环保意识不断增强，原本被认为取之不尽、用之不竭的环境资源如森林、矿产、水、大气等，均会随着人类的盲目使用和开采而枯竭。要使环境资源不枯竭，就要进行保护和再生，这就要投入，有投入就会涉及价值和计价问题，因此，笔者将环境资源称为环境资产。

（2）环境资产的使用和损耗，必须由使用的企业支付相应成本和费用，以便公共部门进行全面保护和再生。

（3）环境资产保护和再生不只是政府的责任，在企业生产经营相关的范围内，也是企业的责任。从短期看，企业对环境资源保护和再生的支出构成了企业环境成本的一部分；从长期看，企业环保和再生支出会改善环境，形成良好的环境资源，这时原来的支出积累形成了企业的环境资产，进而可以带来收益。

目前来看，环境成本分类方法众多，远未达成一致。主要的分类方法有以下几种：

（1）按内涵的不同分类，环境成本可以分为广义环境成本和狭义环境成本。

（2）加拿大特许会计师协会将环境成本分为环境预防成本、环境维持成本和环境损失成本。

（3）日本环境省将环境成本分为生产领域成本、上游/下游成本、管理活动成本、研发成本、社会活动成本以及环境损害成本。

（4）Alcoa研究的分类。在美国铝制品公司的一项环境成本研究中，环境成本依据二重标准进行分类：一是根据与企业现有成本核算系统的关系，分为显性成本和隐性成本；二是根据是否追溯，分为已追溯环境成本和未追溯环境成本。

（5）根据企业所发生环境成本支出的不同功能，环境成本可分为：弥补已发生的环境损失的环境成本、维护环境现状的环境成本、预防将来可能出现的不利环境影响的环境成本。这种分类也可以看作基于环境成本支出动因的分类。

（6）以企业是否承担会计当期所发生的可计量环境成本为标准，环境成本可以划分为内部环境成本和外部环境成本。

（7）按照环境成本驱动因素分类，环境成本可以划分为以下两种：一是为达到环境保护法规所强制实施的环境标准所发生的费用；二是在政府实施经济手段保护环境时，企业所发生的成本费用。对于前者而言，我国的环境标准包括环境质量标准、污染物排放标准、环保基础标准、环保方法标准和环保样品标准。

（8）《环境管理会计国际指南——公开草案》将环境成本分为六大类：

①产品输出包含的资源成本：指进入有形产品中的能源、材料等成本。

②非产品输出包含的资源成本：指已经转变成废弃物、排放物的能源、水、原材料的成本。

③废弃物和排放物控制成本：指对废弃物和排放物的处理和处置成本、环境损害恢复成本、受害人补偿成本及环保法规所要求支付的控制成本。

④预防性环境管理成本：指预防性环境管理活动成本。这些活动包括绿色采购、供应链环境管理、清洁生产、生产者社会责任履行等。

⑤研发成本：指环境问题相关项目的研究与开发费用，如原材料潜在毒性研究费用、研发有效率能源产品的费用，以及可提升环保效率的设备改造费用。

⑥不确定性成本：指与不确定性环境问题相关的成本，包括因环境污染造成的生产力降低成本，潜在环境负债成本等。

▶▶▶▶▶▶ 第二节　环境成本的核算

环境成本核算方法的选择是环境成本核算过程中的重要环节，除现有核算方法（如制造成本法、作业成本法）外，企业还可以采用一些特殊的成本核算方法，如生命周期成本法和完全成本法，这些核算方法的选择并不是互相排斥的，如作业成本法和生命周期成本法就可以一起使用。

在环境成本核算方法中，生命周期成本法从产品的生命周期角度出发，把产品整个生命周期中的成本都考虑在内，克服了传统成本制度下企业仅考虑产品生产过程中发生的环境成本的缺点，补充计算了潜在成本，使得产品成本信息更为准确完整。尽管在生命周期成本法下产品成本的可靠性较弱，但由于能够及时地提供更为完全的环境成本信息，有利于企业产品的正确定价，并且可以使企业按照既定环境管理战略有效管理环境成本，是较为理想的环境成本核算方法。同时，环境成本会计系统设计和运行之初，企业采用作业成本法也不失为可行，至少可以使得企业管理层对企业整体的环境管理活动影响的广度和重要性有所认识，并确认那些应该引起环境管理注意的产品和服务以及相应的成本，也可以将环境成本纳入风险管理以及某些产品和服务的定价。

一、环境成本的确认

环境成本与传统企业成本相比具有不确定性，但仍能根据相关法律或文件进行推定。在目前的会计制度体系中，在权责发生制原则下，环境成本应满足以下两个条件：

第一，导致环境成本的事项确已发生。这是确认环境成本的首要条件。如何确定环境成本事项的发生，关键是看此项支出是否与环境相关，并且，此项支出能导致企业或公司的资产减少或者负债增加，最终导致所有者权益减少。在此，我们必须分清环境成本与环境资产。根据划分收益性支出与资本性支出的原则，考虑到长期待摊费用的摊销期一般在5年以内，因此建议凡是受益期在5年以上，能形成有形或无形资产的支出应计入环境资产，如支出后营造的森林，以及空气和水的净化。反之，受益期在5年以内、1年以上的环境支出，应列入“长期待摊费用——环境支出”科目；受益期在1年以内的环境支出则直接计入当年的环境成本。

第二，环境成本的金额能够合理计量或合理估计。环境成本的内容涉及比较广泛，如上所述，《环境管理会计国际指南——公开草案》将环境成本分为六大类。其中，有些支出的发生能够确认，并且可以量化。例如，采矿企业对其产生的矿渣及矿坑污染，每年需支付相应的回填、覆土、绿化的费用，这就很容易确认和计量。但有些与环境相关的成本一时不能确切地予以计量，对此我们可以采用定性或定量的方法，予以合理的估计。例如，水污染、空气污染的治理成本和费用，在治理完成之前无法准确计量，只能根据小范围治理或其他企业治理的成本费用进行合理估计。

同理，我们应当遵循权责发生制的原则，分清当期与非当期的环境成本，合理确定当期成本，并区分环境成本与环境负债（尤其是或有环境负债）。例如，过度开采地下水可能导致水位下降，进而使用水的成本上升、周围地面及道路开裂、房屋受损，这就属于或有环境负债，不能计入环境成本；由于以前的污染治理而需支付的金额，属于环境负债，不应直接计入环境成本。

二、环境成本的会计处理

（一）科目设置

为了强化企业的环保意识，应单独设置“环境成本”会计科目，并按上述环境成本的内容设置6个明细账。该科目属损益类会计科目，借方登记当期发生的环境成本支出以及分配计入本期的环境成本，平时借方余额反映企业本期实际的环境成本。期末，该科目借方数全部从其贷方转入“本年利润”会计科目，结转后无余额。

（二）账务处理

（1）本期发生与本期相关的费用：发生时借记“环境成本”科目，贷记“银行存款”“应付职工薪酬”“材料”等相关科目。

（2）本期发生与本期非相关的费用：发生的预付待摊费用，当待摊期在一个会计年度以内时，发生时借记“环境成本”科目，贷记“银行存款”等相关科目。当摊销期限超过一个会计年度时，发生待摊费用时借记“长期待摊费用”科目，贷记“银行存款”等相关科目；摊销时借记“环境成本”科目，贷记“长期待摊费用”科目。

期末结转损益时，应借记“本年利润”科目，贷记“环境成本”科目。

三、环境成本会计报告

环境成本应在相应的财务会计、统计核算和环境业绩报告中加以披露。近年来，国际组织及各国相关机构也在环境会计领域进行了广泛而深入的研究，但由于其复杂性，环境会计报表应当反映哪些内容迄今尚未达成共识。表18-1列出了企业环境成本表的样本以供参考。

表18-1　　企业环境成本表

202×年　　金额单位：元

环境领域环境相关成本种类	空气	气候	废水	废弃物	土壤	地表水	其他	总和
产品的原材料采购成本								
NPOs的原材料采购成本								
原材料								
包装物								
辅助材料								
经营性材料								
能源								
水								

续表

环境领域环境相关成本种类	空气	气候	废水	废弃物	土壤	地表水	其他	总和
NPOs的原材料处理成本								
小计								
废弃物、排放物控制成本								
设备折旧								
经营性材料和服务								
佣金、税收和罚款								
小计								
预防性环境管理成本								
环境管理的外部服务								
环境保护的内部员工薪酬								
小计								
研发成本								
不确定性成本								
环境相关的成本总额								
环境相关的收益总额								
环境相关的成本与收益总额								

注：环境相关的成本与收益总额数据以百分比表示。

思考与练习

1.谈谈你对环境成本会计的认识。

2.环境成本核算包括哪些内容?

3.环境成本的确认条件是什么?

4.如何确认本期和非本期的环境成本?

主要参考文献

[1] 许先春. 习近平关于发展我国数字经济的战略思考 [J]. 中共党史研究，2022 (3)：17-30.

[2] 番场嘉一郎. 会计学大词典（条目选译）[M]. 司徒淳，译. 北京：中国展望出版社，1981.

[3] 马克思，恩格斯. 马克思恩格斯全集（第25卷）[M]. 中共中央著作编译局，译. 北京：人民出版社，1974.

[4] 欧阳清，杨雄胜. 成本会计学 [M]. 北京：首都经济贸易大学出版社，2004.

[5] 王艳茹，孙茂竹，李朝晖. 成本管理会计 [M]. 4版. 大连：东北财经大学出版社，2021.

[6] 刘萍，陈燕萍. 成本会计 [M]. 上海：立信会计出版社，2011.

[7] 冯巧根，冯圆. 成本会计学 [M]. 北京：中国人民大学出版社，2013.

[8] 万寿义，任月君. 成本会计 [M]. 6版. 大连：东北财经大学出版社，2022.

[9] 鲁亮升，庞碧霞. 成本会计 [M]. 3版. 大连：东北财经大学出版社，2020.

[10] 企业产品成本会计编审委员会. 企业产品成本会计核算详解与实务 [M]. 北京：人民邮电出版社，2020.

[11] 张敏，黎来芳，于富生. 成本会计学 [M]. 9版. 北京：中国人民大学出版社，2021.

[12] 程明娥，王志红. 成本会计学 [M]. 北京：高等教育出版社，2022.

[13] 周海娟. 反倾销应诉中的成本会计核算分析 [J]. 中国注册会计师，2019 (2)：96-99.

[14] 钱吉奎. 铁路运输企业管理 [M]. 北京：中国铁道出版社，2010.

[15] 俞蒙. 铁路运输企业内部控制体系 [M]. 北京：中国财政经济出版社，2011.

[16] 方晓平，毛成辉. 交通运输企业管理 [M]. 长沙：中南大学出版社，2012.

[17] 夏洪山. 现代航空运输管理 [M]. 北京：科学出版社，2021.

[18] 彭本红，吴桂平. 航空公司运营管理 [M]. 武汉：武汉理工大学出版社，2017.

[19] 邵瑞庆. 水运企业会计核算办法——关于营运成本、费用的核算问题 [J]. 交通财会，2005 (5)：47-55.

[20] 邵瑞庆. 水运企业会计核算办法——关于固定资产的核算问题 [J]. 交通财会，2005 (7)：52-59.

[21] 吴昊. 车站旅客服务成本与运输工作量相关性研究 [J]. 铁道运输与经济，2012，34 (9)：4-9.

[22] 高文靠. 公路运输企业代理业务劳务费应在成本中核算 [J]. 财务与会计，

1993（4）：59.
［23］刘燕．公路运输企业运输成本核算探究［J］．知识经济，2015（1）：116.
［24］李小强．对于铁路运输企业成本管理的分析［J］．会计师，2015（2）：35-36.
［25］张春皓．我国铁路运输企业成本预算管理分析探究［J］．中国证券期货，2013（3）：81-82.
［26］孙创国．企业专属铁路运输公司成本管理中的问题及对策分析［J］．环渤海经济瞭望，2023（1）：55-57.
［27］姜逸凡．企业物流成本会计核算问题分析［J］．中国储运，2023（8）：105-106.
［28］金钊．企业的物流成本会计核算策略分析［J］．中国物流与采购，2023（11）：91-92.
［29］魏蓝．生态文明建设背景下企业环境会计发展现状及优化探究［J］．环境工程，2022，40（7）：301.
［30］胡蓉，沈洪涛，张睿敏．“双碳”背景下企业环境会计核算体系构建研究——以A公司为例［J］．会计之友，2022（16）：67-74.
［31］陈鑫．基于完全成本法的环境成本会计核算探讨［J］．财会通讯，2017（31）：72-75.
［32］王丹，刘春明．基于低碳经济视角的环境成本会计核算研究［J］．财会通讯，2018（1）：61-64.
［33］周烨．物质流成本会计方法下的环境收入计量分析［J］．财会通讯，2020（11）：101-104.